【作者简介】

姜国柱

男，1938年4月生，辽宁省盖州市人。曾任中国社会科学院研究生院教授、武夷山国际兰亭学院客座教授、中国哲学史学会理事、中华朱子学会常务理事、国家级有突出贡献专家。1964年毕业于辽宁大学哲学系，1981年毕业于中国社会科学院研究生院，哲学硕士。长期从事中国哲学史研究工作。主要著作有《张载的哲学思想》、《李觏思想研究》、《论人·人性》(合著)、《中国历史上的人性论》(合著)、《中国认识论史》、《吴廷翰哲学思想探索》、《兵学与哲学》等，发表中国哲学思想史学术论文八十多篇。

辛　旗

字重光，满族，1961年12月生于北京，祖籍河北定州。“文革”期间在北京受小学、中学教育，1976年步入社会，曾在工厂、医院工作。1979年考入河北大学哲学系，后考入厦门大学，获历史学硕士学位。长期从事中国古代思想史、哲学、宗教学以及国际关系、台湾问题研究。1985年开始参与中央对台政策咨询，先后参加了对台政策白皮书、重要文告及有关法律的起草。多次赴美国、日本、欧洲诸国参加国际学术会议。1996年应时任美国总统克林顿邀请赴美访问一个月，与美政、学界进行广泛对话。多次率团访问美国、印度、蒙古、朝鲜等国，就国际关系、地区安全问题进行高层对话与战略磋商。现任中华文化发展促进会副会长，中国国际友好联络会副会长，和平与发展研究中心研究员，中国宗教学会、海峡两岸关系协会、中国和平统一促进会理事，北京大学客座教授，清华大学国际传播研究中心特约研究员。

出版专著有：《诸神的争吵——国际冲突的宗教根源》、《中国历代思想史（魏晋南北朝隋唐卷）》、《阮籍评传》、《文化新视野——看世界、论中国、说台湾》、《百年的沉思——回顾20世纪主导人类发展的文化观念》、《跨世纪思考——以台湾问题为焦点的综合研究》、《一个中国学者的世界话语》等。主编台湾问题论文集六部，在海内外发表学术论文、政论文、散文、诗歌以及文物鉴赏方面的文章等数百篇。撰写电视系列专题片《黑白魂——围棋与中国文化》、《自强之路——中国工业发展寻踪》等。曾在中央电视台国际卫星频道“海峡两岸关系论坛”节目担任嘉宾主持人。

·湖北省社会公益出版专项资金资助项目·

中国思想通史

【秦汉卷】

姜国柱　辛　旗　著

图书在版编目(CIP)数据

中国思想通史.秦汉卷/姜国柱,辛旗著.—武汉:武汉大学出版社,2011.7

ISBN 978-7-307-08580-0

Ⅰ.中… Ⅱ.①姜…②辛… Ⅲ.思想史—中国—秦汉时代 Ⅳ.B2

中国版本图书馆 CIP 数据核字(2011)第 035988 号

责任编辑:朱凌云　　责任校对:黄添生　　版式设计:马　佳

出版发行:**武汉大学出版社**　(430072　武昌　珞珈山)

(电子邮件:cbs22@whu.edu.cn　网址:www.wdp.com.cn)

印刷:武汉中远印务有限公司

开本:720×1000　1/16　印张:31.25　字数:447 千字　插页:4

版次:2011 年 7 月第 1 版　2011 年 7 月第 1 次印刷

ISBN 978-7-307-08580-0/B·314　定价:68.00 元

总　　序

姜国柱

中国是世界文明古国之一，中华民族是世界上最古老的民族之一。在中国五千年的历史发展过程中，中华民族虽历经磨难，屡遭变乱，但终能由乱返治，使民族命脉繁衍不绝，生生不息，并创造了光辉灿烂的思想文化，为人类思想文化的发展作出了巨大历史贡献。这些优秀而丰富的思想文化遗产，不仅是中华民族聪明智慧的结晶，而且是人类思想文化宝库中的珍品。

中国哲学思想是一个不断发展，前后相承的连续体，它有艰苦探索的昨天，才有辉煌发展的今天，更有朝气蓬勃的明天。在中国思想发展的悠久历史中，向世人展示出它是：源远流长，绵延不断，思想纷繁，内容丰富，博大精深，影响深广的人类思想瑰宝。

中国历史思想的发展，与整个人类思想的发展一样，充满了矛盾，经历着曲折，它依赖于不同社会发展的历史阶段。社会发展的阶段性而呈现出思想起落的阶段性，由殷周时代先民思想的萌芽和初期宗教观念的产生，春秋战国时代诸子百家争鸣局面的形成，汉代经学的出现，魏晋玄学的滥觞，南北朝佛学与反佛学斗争的展开，隋唐时代思想的发展，宋明理学的创立，清代经世致用之学的深化，无一不呈现出哲学思想发展的阶段性及其对社会经济发展的依赖性，同时又呈现出哲学思想发展的相对独立性和思想的继承性。每个阶段思想的发展，都有其完整的发展过程，从观点的提出，矛盾的展开，范畴的演化，讨论的深入，到观点的论证，问题的解决，思想的总结，都有一个相对独立的逻辑发展过程。在这个发展过程中，由于客观矛盾的发展和主观认识能力的深化，思想认识发展经历着曲折和反复，肯定和否定，由低到高，由浅入深，而形成螺旋式的发展，波浪式的前进。这便是人类思想认识发展的共同规律，中国思想史的发展亦是如此。

在丰富多彩、纷繁宏大的中国思想发展史中，我们可以看到，它虽然经历着漫长而曲折的历史发展过程，但却不是“周而复始”的简单循环，也不是万古一系的圣学道统的简单流年，而是源远流长的中华民族的思想智慧的光辉结晶和人类认识真理的光辉记录。我们不论总观几千年中国思想发展的历史长河中的各种思潮的历史发展，还是具体分析一个思想家思想发展的具体表现，都可以看出中国思想史上的若干认识的曲折性和波浪性，它充分地显示了中国思想发展的阶段性和内容的丰富性。

中国思想发轫之初，与其他地域的思想，虽有相似之处，但因社会经济、政治、自然环境诸条件之异，经过历代哲人智士的创造发明、增益充实，而形成了中华民族独具特色，优异于其他民族的思想文化。中华民族善于吸取和消融外来思想文化，从不照搬照抄，而是经过加工、改造，使之中国化。外来思想文化到了中国，如不改变成为中国的模式，就无法立足、存在，因为我华夏思想文化有着悠久的历史，深厚的经济、政治根基，形成了自己独特的民族性格和完整的思想体系。中国思想史不仅是国内各民族思想文化交流、融合的结晶，而且也吸取、改造外来的思想文化来丰富、充实自己体系的内容，如汉魏以后吸收和消融了佛教的思想，宋代理学以儒家思想为基础，吸取佛、道二家思想，将儒、佛、道三家思想融为一体，而构筑成最完备而严密的理学思想体系。中国思想史在构成东方世界文明及对世界思想文化的发展作出了巨大的历史贡献。

中国历史上出现了许许多多伟大的哲学家、思想家和博学者，如春秋时期的老子、孔子、孙子；战国时期的墨子、孟子、庄子、荀子、韩非子；汉代以后的董仲舒、王充、王弼、向秀、郭象、范缜、王通、韩愈、柳宗元、刘禹锡、玄奘、惠能、李觏、邵雍、周敦颐、司马光、张载、王安石、程颢、程颐、朱熹、张栻、吕祖谦、陆九渊、陈亮、叶适、陈献章、王守仁、罗钦顺、王廷相、吴廷翰、李贽、黄宗羲、顾炎武、王夫之、方以智、颜元、戴震等。其人物之多，思想造诣之精微，理论体系之博大，思维程度之严密，都是外国中世纪思想家所无法比拟的，是世界思想史上所仅见的。只是到了明朝中期以后，由于封建社会步入了后期，封建统治者的思想禁锢，以及传统思想的某些消极作用的限制，而使中国仍停滞于封建社会，此时西方已进入了资本主义的时代，这样中国便渐渐地落后了。尤其是清朝统治者的反动统治，使中国这个伟大的文明古国成为时代的落伍者，处于被动挨打的境地。即使这样，中国清代也出现了龚自珍、魏源、严复、康有为、谭嗣同、章炳麟、梁启超、孙中山等思想家，他们首开风气，打破"万马齐喑"的局面，而向西方寻求救国救民的真理，成为先进的中国人。

中国思想的发展，贯通古今数千年，对于这样恢弘巨大、内容丰富的思想发展史，要进行全面的历史的分析论述，是一件极为艰难的事业，并近于不大可能。我们只能根据充分的历史资料，本着实事求是的态度，遵循思想家所走过的轨迹，而进行探索研究、分析论述。

这部《中国思想通史》，依据历代思想发展、演变、思潮起伏、内容繁简而分为六卷。以华夏民族的思想认识为开端，论证中华民族思想的产生、形成、发展的历史演进的逻辑过程，以先秦时期为第一卷。汉承秦制，从社会政治到经济体制都是一脉相承，秦汉时代的思想，是为封建大一统的政治集权制立论的，故以秦汉时期为第二卷。魏晋隋唐时期，佛教传入、发展，道教建立、兴盛，儒学玄学化，儒、释、道三教，互争雄长，彼此攻讦，互相吸取，宗教思想颇为发展，故以魏晋隋唐时期为第三卷。宋元时期，理学创立，并形成理论严密、博大精深的思想体系，故以宋元时期为第四卷。明代，理学进一步发展、完善，反理学思想亦进一步形成、发展，理学与反理学思想都在论争中深化、展开，加之明代思想研究专著尚少，故以明代为第五卷。清代，明清之际，天崩地解，群星灿烂，思想纷呈，清代晚期，即将步入近代，在历史变动时期，思想活跃，内容繁杂，为充分展现这一时代的思想内容、特点，故以清代为第六卷。我们之所以这样分卷，既考虑历史时代的划分，又考虑思想发展的特点，尤考虑思想内容的繁简。因为随着历史的前进，思想的发展愈来愈丰富，所以从宋代以后而分为三卷加以论述。

中国思想史，就是中华民族思想发展的历史。纵观世界各个国家，各个民族的思想文化，有的国家、民族的思想文化，古代辉煌灿烂，后来消沉式微；有的国家、民族的思想文化，近代煊赫震烁，古代却渺茫无迹；有的国家、民族的思想文化，虽中世纪繁华鼎盛，但却昙花一现，不久即衰落下去。唯我中华民族的思想文化，历经阽危，而久盛不衰，并融合各民族、各国的优秀思想文化，而使之百川归大海，最终形成中国思想文化。中国思想史是中华民族优秀精神文明的集中表现。我们撰写《中国思想通史》，旨在弘扬中华民族的优秀思想、民族精神，增强民族凝聚力，提高民族自豪感，树立爱国主义精神，创造美好的未来。

目　录

第一章　秦汉时代的政治思想大势

秦汉时代是中国历史上一个重要的历史时代，亦是一个英雄辈出的伟大时代。中国由分裂、纷争走向统一，中华民族的主体汉族及民族精神等，都是由这个伟大时代造就、形成和确立的。因此，我们在具体分析论述这一历史时代的思想之前，有必要先概括分析评述一下这一历史时代的政治思想局势，只有这样才能深入揭示、公允评价、正确理解这一历史时代的思想内容、本质特点。

第一节　秦汉时代的政治形势

春秋以后，中国历史进入战国时代(公元前475—公元前221年)。战国时代，中国社会步入封建社会。

由于春秋时期各诸侯国间的长期、激烈的争霸、兼并战争，许多诸侯国灭亡了。到战国时代，只有齐、楚、燕、韩、赵、魏、秦七个大诸侯国争霸称雄，一些中小诸侯国已经没有战争实力了。周王室已名存而实亡，再也没有人“尊王”了。七个大国的诸侯则自己“称王”。

七个大国的诸侯为了争夺土地、人口，扩充实力，展开了比春秋时代规模更巨大、更激烈的争霸、兼并战争，这就是中国历史上的“七雄争霸”。到公元前221年，秦消灭了东方六国，统一了中国，结束了战国时代。

秦统一中国，经历了漫长而复杂的政治、军事斗争过程。战国七雄中的韩、赵、魏是从原来的晋国分裂出来的三个新兴国家。春秋后期，晋国的政权已被韩、赵、魏三家大夫所控制。公元前453年，这三家贵族共同瓜分了晋国的土地、人口，所谓“三家分晋”。

到公元前403年，韩、赵、魏三家各立为诸侯，各自为政，建立了三个国家。在齐国，以田氏为代表的新贵族已控制了政权。公元前386年，田和正式废黜了齐康公，自立为国君，使田齐代替了姜齐。楚、燕、秦三国在战国时期，新兴地主阶级逐渐地取得了统治地位，实现了封建统治。

新兴的地主阶级为巩固封建政权，促进经济发展，以为进行争霸、兼并战争创造有利的条件，准备物质基础，各诸侯国都先后进行了社会改革，实行了种种变法。诸如：魏文侯任用李悝变法，秦孝公任用商鞅变法等。由于封建制的确立和变法政策的实施，解放了广大的劳动者，促进了社会经济的发展和科学技术的发展。

随着社会经济的发展，各个区域之间的联系密切了。然而，各诸侯国之间的割据和战争，却阻碍了社会经济的发展。因此，由分裂割据到走向融合统一，已经成为广大人民的思想意愿和历史发展的必然趋势。

在“七雄争霸”的时代，由分裂割据到融合统一，只能通过各诸侯国之间的兼并战争来完成、实现。历史进程，正是这样。

战国初期，各诸侯国为了聚集力量，扩大势力，都在进行兼并战争，中小国家被纷纷吞并。大国之间，战争不断。公元前354年，魏国派庞涓率八万大军包围赵都邯郸，企图一举灭赵，称霸中原。赵国连败，向齐国求救。齐威王派田忌为大将、孙膑为军师，率军救赵。孙膑采用“批亢捣虚”、“疾走大梁”、“攻其必救”的战法，激怒庞涓，并将齐军的主力埋伏在魏军必经的桂陵，准备与魏军决战。庞涓果然中计，终于惨败，齐军大胜，解除了魏军对邯郸的包围，这就是历史上有名的“围魏救赵”之战。13年后，魏与赵攻韩，韩告急于齐。齐军在田忌、孙膑率领下，直奔大梁。庞涓闻讯，回师迎击齐军，而齐军已向西进发。孙膑以减灶之法，制造齐军锐减的假象，诱骗庞涓。庞涓率魏军少数精锐，日夜兼程，追逐齐军。追踪三日，到了马陵，夜幕降临，道路狭窄，两旁险隘。庞涓只见一棵大树削去皮露白，书写几字，便令人“钻火烛之”，“读其书未毕，齐军万弩俱发，魏军大乱相失。庞涓自知智穷兵败，乃自刭”。“齐因乘胜尽破其军，虏魏太子申以归。孙膑以此名显天下，世传其兵法。”[①]这就是中国历史上著名的孙膑“智取庞涓”的“马陵之战”。魏国经过“马陵之战”的失败，开始衰弱了。与此同时，秦国的势力日趋强大，地位不断上升，吞并了西方诸国，接连打了许多胜仗，从而引起了东方六国的惊恐和关注。

东方六国为了共同对付秦国，他们采纳了苏秦的策略，组成了反秦联盟。由于他们六国在地理位置上是从南到北的纵向联盟，所以称为“合纵”。其策略是“合众弱以攻一强”，而使秦兵不敢东进。但因六国各怀心腹事，各有所图谋，而彼此争夺地盘，扩充自己的势力，所以“合纵”联盟并不巩固，却使秦国有隙可乘。

秦国为了分化瓦解东方六国的“合纵”联盟，采纳了张仪的“连横”策略。其策略是与一国或几国结成联盟，去攻打其他的某一个国家，最终达到各个击破的目的。由于这种联盟是西方的秦国与东方的诸国之间的横向联盟，所以称为“连横”。

战国时代，秦国与六国，苏秦与张仪，围绕争霸称雄，打败对手，而展开了“合纵”与“连横”的策略斗争和一系列的规模巨大的兼并战争。由于秦国采取了“远交而近攻”的政治、军事斗争策略，分化瓦解东方六国，实施各个击破，致使秦国势力日益强大。到秦王政掌权后，做了几年准备，便开始了大规模的统一战争。经过十年的东征西讨，南征北战，终于取得了统一战争的胜利，从而建立了统一的多民族的封建专制主义中央集权制的国家。

秦王政统一中国后，为了巩固国家的统一和自己的统治，建立一整套封建专制主义的中央集权制度和采取一系列的政治统治措施。诸如：自称“始皇帝”，企图建立“万古一系”、“传之无穷”的家天下；推行郡县制；统一文字、货币、度、量、衡；焚书坑儒等。

与此同时，秦始皇对广大劳动人民实行了最残酷的剥削和压迫。他为了过豪华奢侈的生活，大兴土木，修建宫殿，建造陵墓，劳民伤财，严刑峻法，残害百姓，屠杀人民。广大人民已无法生活，忍无可忍，终于爆发了陈胜、吴广领导的农民大起义。起义军

① 《史记·孙子吴起列传》。

得到了各地人民的响应，迅速扩展，遍及全国。

在农民起义军打击下，暴秦被推翻了。秦朝灭亡后，项羽与刘邦进行了楚与汉的战争。经过多次大战，刘邦打败了项羽。垓下决战，项羽陷入“四面楚歌”之境，而于乌江自杀。刘邦战胜项羽，使持续四年的楚汉战争结束。公元前202年，刘邦称帝，定都长安，建立西汉。

刘邦建立西汉王朝后，总结秦朝短命而亡的历史教训，实行“轻徭薄赋”、“与民休息”、“无为而治”的政策，因而使社会经济得到了恢复和发展。在汉初的六七十年间，社会经济达到了前所未有的繁荣，“太仓之粟，陈陈相因”，以致“腐败不可食”。到汉代中期，汉武帝为了巩固封建中央集权制的统治，采取了一系列的政治、经济、军事、思想措施，以适应封建大一统的政治需要。这些措施确实使封建中央集权制得到了巩固。

西汉中期，社会经济得到了空前的发展。然而，经济的发展，却没有使广大人民的生活改善，而是使封建剥削者的财富更为集中和生活更加腐化。西汉中后期，出现了大量的豪强地主，他们与大官僚勾结，或本身就是大官僚，利用政治和经济势力，兼并大片土地，奴役大量农民，使用大量奴婢，使广大农民处于水深火热之中。

广大农民处于这种悲惨境地，在忍无可忍的情况下，发动起义，进行反抗。在农民起义的打击下，西汉王朝处于风雨飘摇之中。面对这种窘境，统治集团中的一些人要求“改制”，甚至要求“改朝”。于是王莽便打着“改制”的旗号，自称“受命于天”。他毒死汉平帝后，于公元8年，穿上皇袍，宣告以“新朝”代替汉朝。西汉结束了，“改制”开始了。

王莽宣布全国土地为“王田”，私人奴婢为“私属”，一律不准买卖；又实行经济“改革”，加强官府的控制、垄断。王莽集团利用“改革”，把大量的财富掠夺到自己手里。王莽“改制”的十多年间，全国经济愈改愈乱，广大百姓愈来愈穷。“农商失业”，“百姓困乏”，农民失去了土地，处境更悲惨，严重地破坏了社会生产力，广大人民已无法生活，终于爆发了赤眉、绿林大起义。

王莽政权在赤眉、绿林军的打击下，经过昆阳大战，被推翻和消灭了。刘秀利用与汉室同姓和绿林军将军的身份，以恢复刘氏天下为号召，收编起义队伍，广纳豪族地主武装，不断扩充势力，终于在公元25年，自称皇帝，定都洛阳，建立东汉。

刘秀建立的东汉王朝，基本上继承了西汉王朝的制度。刘秀被称为东汉光武帝(公元25—57年)。东汉王朝在最初的八九十年间，社会经济有了一定的恢复和发展，冶铁和农耕技术有了新发展。

东汉时期，豪强地主势力空前膨胀起来，逐渐形成了外戚、宦官和世家官僚三大政治势力。他们相互勾结利用，又相互倾轧斗争，都想把皇帝玩弄于股掌之中，以争夺更多的政治权力和经济利益。由于这些政治派系势力的盘根错节、勾心斗角的相互斗争，使东汉后期政权内部充满杀机。章帝以后，形成外戚、宦官两大豪强势力交替专权，使东汉政权更加黑暗、腐败。

由于东汉王朝在豪强集团势力的把持下，公开卖官鬻爵，搜刮民财，行贿纳贿，聚敛财富，欺压百姓，敲诈勒索，使广大人民贫困破产，流离失所，饿殍满野，横尸街头。广大民众怒不可遏，忍无可忍，终于爆发了以张角为领导的黄巾大起义。张角及其弟子们决定利用太平道发动群众，在甲子年(公元184年)三月五日发动起义。他们宣传道："苍天已死，黄天当立，岁在甲子，天下大吉。"①各地贫苦农民纷纷加入黄巾军，形成声势浩大的起义队伍。黄巾军虽然被地主阶级联合镇压下去，但却沉重地打击了东汉王朝，使其名存实亡。

第二节 秦汉时代的思想局面

思想意识形态是社会政治经济因素的综合反映，并对社会发展产生着重大的影响。社会思想意识包括主导思想、学术思潮与世俗民风、民间思想等各个方面，即官方的主流思想意识与民间的社会

---

① 《后汉书·皇甫嵩传》。

信仰观念。二者既有其内在的思想联系，又有各自的独立形态，构成了社会思想意识形态。本书主要任务是分析论述前者，故对后者存而不论，只对秦汉时代的主流思想意识作分析论述。

我们说过，秦汉时代，中国社会政治形势发生了巨大的变化，伴随社会政治形势的巨大变化，社会主流思想也发生了相应的深刻改变。社会思想意识的变迁、确立，既是社会发展的客观需要，又是思想家的加工创造，也是统治者的提倡选择。社会存在决定社会意识，社会意识促进社会发展，社会发展需要相应的社会思想，思想家们就会加工创造出来，这是社会思想产生、形成、发展、确立的一般规律。

秦汉时代社会主流思想的产生、形成、发展、确立，也是如此，秦消灭东方六国，统一了天下，结束了战国时代“七雄争霸”的分裂割据局面，思想意识形态也由战国时代的“百家争鸣”而走向崇尚一家。秦朝崇尚法家，汉初尊崇黄老，武帝独尊儒术等，都是社会思想适应社会政治需要的结果和明证。

秦始皇统一中国后，“刚毅戾深，事皆决于法，刻削毋仁恩和义。……于是急法，久者不赦”，推行严刑重法政策。“皇帝临位，作制明法，臣下修饬”，“端公法度，万物之纪。以明人事，合同父子”，“大圣作治，建定法度，显著纲纪。……普施明法，经纬天下，永为仪则”①等巡行各地的立石所刻的歌功颂德的大量颂词中，反复强调秦始皇的明法度，一法令，施严法，垂于世的“功德”。于中却道出秦始皇自始至终都把明法、严令、重刑视为统一天下、治理万民的利器的本质。

法家的政治思想主张是“不别亲疏，不殊贵贱，一断于法，则亲亲尊尊之恩绝矣”。② 先秦早期法家，商鞅重“法”，申不害重“术”，慎到重“势”。韩非作为先秦法家的集大成者，继承和发展了早期法家的法、术、势思想，并提出了以法治为中心，法、术、势相结合的法治思想主张。

① 《史记·秦始皇本纪》。

② 《史记·太史公自序》。

商鞅重法，认为法是治民、利国的主要工具。他说：“法者所以爱民也，礼者所以便事也。”①又说：“法令者，民之命也，为治之本也。”②因此，商鞅“不贵义而贵法”。申不害重术，认为术是君主驾驭群臣的权术。他说：“善为主者，倚于愚，立于不盈，设于不敢，藏于无事，窜端匿迹，示天下无为。”③又说：“君必有明法正义，若悬权衡以称轻重，所以一群臣也。”④高明的君主，抱着大智若愚的态度，表现出无事无为的样子，深藏而不露形迹，同时要以法律和正义为标准，来辨别群臣的忠奸，考核群臣的能力，衡量群臣的言行，这样才能更好地驾驭群臣。慎到重势，认为势能使人屈服，无势则人们不会服从统治。他说：“腾蛇游雾，飞龙乘云，云罢雾霁，与蚯蚓同，则失其所乘也。故贤而屈于不肖者，权轻也；不肖而服于贤者，位尊也。尧为匹夫，不能使其邻家；至南面而王，则令行禁止。由此观之，贤不足以服不肖，而势位足以屈贤矣。”⑤只有权势重、威势隆，才能使人服从政令，听从指挥。没有权势、威势，即使是尧这样的圣君，也“不能使其邻家”，“不能治三人”。只有地位高、权势重、威势隆，才能令行禁止，一呼百应，统治天下。

韩非比较了前期法家各派思想主张的利弊、得失，总结出一套以法为中心，法、术、势相结合的君主集团的统治术。在韩非看来，法、术、势是只持其一而遗其二，故“皆未尽善也”。他说：“申不害不擅其法，不一其宪令，则奸多。”商鞅只讲法，不讲术，其以法治理秦国，虽使“其国富而兵强。然而无术以知奸，则以其富强也资人臣而已矣”。结果是“战胜则大臣尊，益地则私封立，主无术以知奸也。商君虽十饰其法，人臣反用其资，故乘强秦之资

① 《商君书·更法》。

② 《商君书·定分》。

③ 《申子·大体篇》。

④ 《申子·佚名》。

⑤ 《慎子·威德篇》。

数十年而不至于帝王者，法不勤饰于官，主无术于上之患也”。① 因此，必须将法、术、势三者结合起来，联系起来，才能统一全国，治好国家。韩非说：“抱法处势则治，背法去势则乱。”②“君无术则弊于上，臣无法则乱于下。此不可一无，皆帝王之具也。”③ 君主没有统一的法，则不能治民防奸；无操纵统治群臣的术，则不能驾驭他们；没有崇高、势重的地位、权势，就不能治理天下。所以要把“抱法”、“处势”、“行术”三者结合起来，相辅为用，天下才能治理。

韩非对于什么是法、术、势作了说明。法是有利于政权统一的标准。他说：“法者，宪令著于官府，刑罚必于民心，赏存乎慎法，而罚加乎奸令者也，此臣之所师也。”④术是根据法控制官吏的手段、权术。他说：“术者，因任而授官，循名而责实，操杀生之柄，课群臣之能者也，此人主之所执也。”⑤法和术是人主治国家、课群臣、理百姓的“大物”。法是著之于书、公之于众的律令，术是人主藏匿于胸、隐而不见的手段。所以说：“人主之大物，非法则术也。法者，编著之图籍，设之于官府，而布之于百姓者也。术者，藏之于胸中以偶众端，而潜御群臣者也。故法莫如显，而术不欲见。”⑥势就是权势、威势。他说：“夫势者，名一而变无数者也。势必于自然，则无为言于势矣。吾所为言势者，言人之所设也。”⑦ 人有势就有权，有了权势，就能实行统治。

法家的法治思想，尤其是韩非的法、术、势相结合的法治思想，为秦始皇的中央集权制的专制统治提供了理论根据和统治权术，所以秦始皇崇尚法家思想，大行重刑苛法的统治权术。

法家的不分亲疏、贵贱，一断于法的“亲亲尊尊之恩绝”的弱

---

① 《韩非子·定法》。

② 《韩非子·难势》。

③ 《韩非子·定法》。

④ 《韩非子·定法》。

⑤ 《韩非子·定法》。

⑥ 《韩非子·难三》。

⑦ 《韩非子·难势》。

点、特点，被秦始皇充分利用和实施了。秦始皇治国不懂得文武相兼、刚柔相济的道理和策略。当时秦朝靠战争武力统一中国，长期战争，耗物伤财，杀戮民命，天下已定，国家统一，民众期望过和平日子，渴望休养生息。秦始皇却大施淫威，大行暴政，严刑峻法，苛虐百姓，把法家的思想主张推向极端，“焚书坑儒”便是一例。此事发生在公元前213年，司马迁在《史记·秦始皇本纪》中作了这样的记载：

> 始皇置酒咸阳宫，博士七十人前为寿。仆射周青臣进颂曰：“他时秦地不过千里，赖陛下神灵明圣，平定海内，放逐蛮夷，日月所照，莫不宾服。以诸侯为郡县，人人自安乐，无战争之患，传之万世。自上古不及陛下威德。”始皇悦。博士齐人淳于越进曰：“臣闻殷周之王千余岁，封子弟功臣，自为枝辅。今陛下有海内，而子弟为匹夫，卒有田常、六卿之臣，无辅拂，何以相救哉？事不师古而能长久者，非所闻也。今青臣又面谀以重陛下之过，非忠臣。”始皇下其议。丞相李斯曰：“五帝不相复，三代不相袭，各以治，非其相反，时变异也。今陛下创大业，建万世之功，固非愚儒所知。且越言乃三代之事，何足法也？异时诸侯并争，厚招游学。今天下已定，法令出一，百姓当家则力农工，士则学习法令辟禁。今诸生不师今而学古，以非当世，惑乱黔首。丞相臣斯昧死言：古者天下散乱，莫之能一，是以诸侯并作，语皆道古以害今，饰虚言以乱实，人善其所私学，以非上之所建立。今皇帝并有天下，别黑白而定一尊。私学而相与非法教，人闻令下，则各以其学议之，入则心非，出则巷议，夸主以为名，异取以为高，率群下以造谤。如此弗禁，则主势降乎上，党与成乎下。禁之便。臣请史官非秦记皆烧之。非博士官所职，天下敢有藏《诗》、《书》、百家语者，悉诣守、尉杂烧之。有敢语《诗》、《书》者弃市。以古非今者族。吏见知不举者与同罪。令下三十日不烧，黥为城旦。所不去者，医药卜筮种树之书。若欲有学法令，以吏为师。”制曰：“可。”

秦始皇采纳和批准了李斯的意见，下令在全国范围内焚烧《诗》、《书》、百家之语、六国史书，这就是“焚书”。同时实行韩非的“以法为教，以吏为师”①的法治主张。

秦始皇不仅“焚书”，而且“坑儒”。当时有两个方士，侯生和卢生，被秦始皇召到宫里求仙药，以求长生不死，长久统治天下。侯、卢二人知仙药不可求，又对秦始皇的苛政有看法，就逃亡了。据《史记·秦始皇本纪》载：

> 侯生、卢生相与谋曰：“始皇为人，天性刚戾自用，起诸侯，并天下，意得欲从，以为自古莫及己。专任狱吏，狱吏得亲幸。博士虽七十人，特备员弗用。丞相诸大臣皆受成事，倚辨于上。上乐以刑杀为威，天下畏罪持禄，莫敢尽忠。上不闻过而日骄，下慑伏谩欺以取容。秦法，不得兼方，不验，辄死。然候星气者至三百人，皆良士，畏忌讳谀，不敢端言其过。天下之事无小大皆决于上，上至以衡石量书，日夜有呈，不中呈不得休息。贪于权势至如此，未可为求仙药。”于是乃亡去。始皇闻亡，乃大怒曰：“吾前收天下书不中用者尽去之。悉召文学方术士甚众，欲以兴太平，方士欲练以求奇药。今闻韩众去不报，徐市等费以巨万计，终不得药，徒奸利相告日闻。卢生等吾尊赐之甚厚，今乃诽谤我，以重吾不德也。诸生在咸阳者，吾使人廉问，或为妖言以乱黔首。”于是使御史悉案问诸生，诸生传相告引，乃自除。犯禁者四百六十余人，皆坑之咸阳，使天下知之，以惩后。益发谪徙边。始皇长子扶苏谏曰：“天下初定，远方黔首未集，诸生皆诵法孔子，今上皆重法绳之，臣恐天下不安，唯上察之。”始皇怒，使扶苏北监蒙恬于上郡。

由于侯生、卢生不为秦始皇求仙药，还议论秦始皇严刑峻法，专任

① 《韩非子·王蠹》。

狱吏以刑杀为威的暴行，二人于公元前212年逃跑了，秦始皇大怒，说是侯、卢二人诽谤、诬蔑了他，又说咸阳城里的儒生在散布“妖言”，于是令御史追查，逼儒生相互告发，结果将四百六十多名儒生逮捕，全部在咸阳活埋，这就是“坑儒”。

秦始皇的长子扶苏对“坑儒”表示不同意，秦始皇很震怒，把扶苏派到北边蒙恬部队做监军。“焚书坑儒”是秦始皇把法家的主张推到极端，是其暴政的充分表现，也使其政权走向灭亡的边缘。秦朝短命而亡，是历史的明证，亦为历代统治者提供了历史的镜鉴。

汉代秦后，虽然在政治制度上是“汉承秦制”，但是在思想意识上却吸取秦朝崇法家、专任刑的教训，在汉朝初年崇尚道家思想，提倡黄老无为而治。

西汉开国之初，面对的是秦朝暴政和长期战争所造成的民穷国乱的严重局面。要想建立正常的社会秩序，巩固政治统治，必须安定民心，休养民力，发展生产。秦朝统治者用法家思想的横征暴敛，严刑峻法那一套导致自己灭亡的哲学思想、统治方略，显然不行。经过刘邦与陆贾的马上夺得天下与马上治理天下的讨论，使刘邦认识到儒家的“文武并用”、“宽猛相济”的统治方术对巩固政治统治的作用，所以他开始采用儒家的统治术。刘邦之后，汉代的几个皇帝，采取了黄老思想为指导，为他们的“与民休息”政策提供理论根据。道家的“清静无为”、“无为而治”的结果，则是汉初“文景之治”的繁荣局面。因此，汉初道家思想流行。司马谈在《论六家要指》中说：

道家使人精神专一，动合无形，赡足万物。其为术也，因阴阳之大顺，采儒墨之善，撮名法之要，与时迁移，应物变化，立俗施事，无所不宜，指约而易操，事少而功多。

道家无为，又曰无不为，其实易行，其辞难知。其术以虚无为本，以因循为用。无成势，无常形，故能究万物之情。不为物先，不为物后，故能为万物主。有法无法，因时为业；有度无度，因物与合。故曰“圣人不朽，时变是守”。虚者道之

> 常也，因者君之纲也。群臣并至，使各自明也。其实中其声者谓之端，实不中其声者谓之窾。窾言不听，奸乃不生，贤不肖自分，白黑乃形。在所欲用耳，何事不成。乃合大道，混混冥冥。光耀天下，复反无名。凡人所生者神也，所托者形也。神大用则竭，形大劳则敝，形神离则死。死者不可复生，离者不可复反，故圣人重之。由是观之，神者生之本也，形者生之具也。不先定其神[形]，而曰我"有以治天下"，何由哉?①

由于道家思想具有兼采阴阳、儒、墨、名、法诸家思想之要、之善，且有与时迁移、应物变化的特点，又尚清静无为，以无为而无所不为，故适应汉初的政治需要，而使其在此时畅行、流行。陆贾的《新语》、刘安的《淮南子》等，都应运而生，都是以道家思想为主导的哲学、政治著作，为适应政治需要的学术著作。

西汉中期，汉武帝即位，为适应封建大一统的中央集权制的政治需要，要选择、确立适合这一政治需要的统一思想，经过下诏策问，选定了董仲舒"罢黜百家，独尊儒术"的思想文化主张。儒家思想取代了黄老之学，成为官方政治哲学思想，奠定了中国两千多年封建社会的哲学思想基础，其他诸家思想被禁锢延续发展。

西汉末年，政治腐败，儒学被神学宗教化，从而形成了谶纬迷信思潮。王莽篡汉，谶纬发挥了重要作用，刘秀建立东汉政权也把谶纬作为舆论工具。刘秀在东汉初年，便正式宣布图谶于天下，刹时间"儒者争学图纬，兼复附以妖言"，造成政治思想界的极度混乱。张衡"以图纬虚妄，非圣人之法"，上疏揭露谶纬之伪、之害。指出谶纬之论，"皆欺世罔俗，以昧执位，情伪较然。……譬犹画工，恶图犬马而好作鬼魅，诚以实事难形，而虚伪不穷也"。所以必须禁绝谶纬泛滥："宜收藏图谶，一禁绝之，则朱紫无所眩，典籍无瑕玷矣。"②禁止图谶，纯正儒学，是汉末进步思想家的战斗任务。

---

① 《史记·太史公自序》。

② 《后汉书·张衡传》。

因此，东汉时期，以王充为代表的哲学家、思想家，他们高举“疾虚妄”的旗帜，与谶纬神学展开了针锋相对的斗争。东汉末年，由于政治的黑暗，图谶的泛滥，思想的混乱，而涌现出以王符、仲长统、崔寔、荀悦等为代表的一大批思想家，他们针对社会政治的黑暗，思想的荒谬，掀起一股社会批判思潮，在批判中阐发了自己的哲学观点，政治思想。

秦汉时代的思想发展、变化，与任何时代一样，是与社会政治、政权更迭相一致的，具有其时代特征。

第三节　秦汉时代的思想特点

春秋战国时代，学术思想界呈现出诸子蜂起、百家争鸣的思想局面。这是一个政治动荡、政权分裂的时代，亦是一个思想活跃、诸家纷呈的时代。

在这个伟大时代里，面对着社会形态由奴隶制向封建制的急剧转变而动荡不已的政治形势，各个阶级、各个学派及其代表人物，纷纷登上学术思想舞台，发表自己的思想观点，提出自己的思想主张。他们或著书立说，申明己见，或互相论争，互相诘辩，从而形成了“百家争鸣”的思想局面。在这种形势下，虽然各家都想以自己的思想说服别人，统一别人的思想，但是却是不可能做到，无法实现的。因为谁都没有政治强权迫使别人接受自己的思想，又不可能从理论上彻底驳倒别人的思想而使其不存在，所以便是一个思想纷呈的争鸣局面。

春秋战国时代，百家争鸣中的各家，均各有所主、各有所长。司马谈在《论六家要指》中，对各家的是非、得失、长短、思想要旨，作了精当的揭示、评论：

> 《易大传》：“天下一致而百虑，同归而殊涂。”夫阴阳、儒、墨、名、法、道德，此务为治者也，直所从言之异路，有省不省耳。尝窃观阴阳之术，大祥而众忌讳，使人拘而多所畏；然其序四时之大顺，不可失也。儒者博而寡要，劳而少

功，是以其事难尽从；然其序君臣父子之礼，列夫妇长幼之别，不可易也。墨者俭而难遵，是以其事不可遍循；然其强本节用，不可废也。法家严而少恩；然其正君臣上下之分，不可改矣。名家使人俭而善失真；然其正名实，不可不察也。道家使人精神专一，动合无形，赡足万物。其为术也，因阴阳之大顺，采儒墨之善，撮名法之要，与时迁移，应物变化，立俗施事，无所不宜，指约而易操，事少而功多。儒者则不然。①

司马谈把先秦诸子百家概括划分为：阴阳、儒、墨、名、法、道德六家。其后，班固根据刘向、刘歆父子的《七略》，在《汉书·艺文志》的《诸子略》中，把先秦诸家学说分为：儒、道、阴阳、法、名、墨、纵横、杂、农、小说十家。从司马谈的"六家"，到班固的"十家"，大体上把先秦诸子的学派划分确定下来。除此之外，兵家单列而独立存在。两千多年来，一直沿用此说。

先秦时代的诸子百家，各有自己的思想观点、政治主张，都想说服别人，企图以自己的思想来统一别家的思想，取得"定于一尊"的地位，然而却做不到，亦不可能实现，所以只能百家争鸣，彼此共存。因为当时的政权是诸侯争霸、相互兼并、纷争割据的状态，这就为各家的思想主张提供了根植的土壤和表现的舞台，所以不可能形成、确立"定于一尊"的思想。

秦汉时代则不同，随着国家的统一，中央集权制的形成，在思想意识形态领域必然要求统一，不能允许各家各派的不同观点，各有所主，争论不休的状态存在下去。历史要求或殊途而同归的思想融合，或一家独尊而废黜他家的思想排斥。秦朝崇尚法家而"焚书坑儒"，《吕氏春秋》的"一则治"、"一则安"，又容纳各家长处的精神；汉初采纳道家思想，是因其取阴阳、儒、墨、名、法之要、之善，而无所不宜，无所不为的融道精神，黄老无为而治，《淮南子》的编撰；汉代中期武帝采纳董仲舒"罢黜百家，独尊儒术"等，都是秦汉时代思想融合、思想一尊的具体表现和思想特点。

① 《史记·太史公自序》。

吕不韦作为秦朝相国以及其与秦始皇特殊而密切的关系，召集其门客编撰《吕氏春秋》，其思想初衷是为秦朝新政权提供思想指导和统治根据。《吕氏春秋》虽然兼采容纳了各家的思想观点、理论学说，肯定各家思想的优点、长处。然而，治国却不能各持一见，所以说："听众人议以治国，国危无日矣。何以知其然也？老聃贵柔，孔子贵仁，墨翟贵兼，关尹贵清，子列子贵虚，陈骈贵齐，阳生贵己，孙膑贵势，王廖贵先，儿良贵后。有金鼓所以一耳也；同法令所以一心也；智者不得巧，愚者不得拙，所以一众也；勇者不得先，惧者不得后，所以一力也。故一则治，异则乱；一则安，异则危。"①治国只能用一种思想学说，用两种，听众议，则国不治而危无日，所以要"不二"而"一"也。

《吕氏春秋》的"不二"而"一"的思想，显然是以法家思想统一众心耳目，推行国家政令。秦始皇的"以法为教"，"以吏为师"，"焚书坑儒"，便是以法家思想统一思想、治理国家的具体表现和实际措施。由于法家"严而少恩"，加之秦始皇将其推之极端，而实行严刑峻法，苛政天下，故使暴秦苛政短命而亡，法家也好景不长。

西汉初年，思想家总结和吸取了暴秦用法家思想行苛政、施重刑短命而亡的历史教训，认识到法家的偏颇、短处，认为要吸取、采纳各家的优点、长处。各家学说的"一致而百虑，同归而殊涂"的思想要旨，都是治国、平天下所需要的。尤其是道家能博采众家之长，又能"与时迁移，应物变化，立俗施事，无所不宜，指约而易操"，即"无为"，又"无不为"，"其实易行"，对于这种"事少而功多"的学说，当然要采用作为治国的理论指导和统一各家思想的理论基础了。因此，淮南王刘安便组织其宾客编撰了《淮南子》一书。

《淮南子》的写作目的、思想要旨是："纪纲道德，经纬人事，上考之天，下揆之地，中通诸理。""故著书二十篇，则天地之理究矣，人间之事接矣，帝王之道备矣。""若刘氏之书，观天地之象，

① 《吕氏春秋·不二》。

通古今之事，权事而立制，度形而施宜，原道(德)之心，合三王之风……以统天下，理万物，应变化，通殊类，非循一迹之路，守一隅之指，拘系牵连之物，而不与世推移也。”①究天地之理，通古今之事，应万物之化，合三王之风，立适宜之制，旨在备帝王之道以统理天下，治理万民，这便是《淮南子》的出发点和归宿地，即为当时的政治统治提供思想指导和理论根据。该书具有理论的综合性和时代性的思想特点。

西汉中期，汉武帝为确立适应封建大一统政治统治的思想权威，采纳了董仲舒“罢黜百家，独尊儒术”的对策，这种尊崇儒家而排斥各家的统一意识形态，虽然适应了大一统封建政权的需要，但却限制了人们思想的自由发展，影响了民族创造力的正常发挥，扼杀了百家争鸣的思想局面，亦为“君权神授”制造了理论根据。先秦时代的百家争鸣的思想活跃局面，《吕氏春秋》和《淮南子》吸纳百家、融合各家的“杂家”思想体系，被单一的儒家思想学说所排斥、所代替了。

秦汉时代的思想特点与先秦相比，由于政权是统一的，所以要求思想也是统一的。不论是《吕氏春秋》和《淮南子》的“杂家”体系，还是儒家独尊的单一思想，都反映这一时代思想适应政治需要而趋于统一的思想特点。

与此同时，由于时代的发展，认识的提高，理论的深化，哲学家、思想家在“究天人之际，通古今之变”的过程中，开始确立系统的宇宙观，发展了辩证法，并使哲学与自然科学(诸如天文学、医学、养生学等)紧密地结合起来。汉末，谶纬迷信的滥觞，批判思潮的形成，异端与经学的斗争等，都显现了这一时代的思想特点，亦说明用一种思想统一、禁锢人们，是不会成功的，因为文化专制只能行一时，不可能长久，每个人都是有自己的思想和主体意识的。

---

① 《淮南子·要略》。

第二章 《吕氏春秋》的思想

《吕氏春秋》是吕不韦招致门客编著的一部在中国思想史上占有极为重要地位的学术著作。

吕不韦，卫国濮阳(今河南濮阳)人，原为阳翟(今河南禹县)大贾人，约生于公元前292年(一说公元前284年)，死于公元前235年。

吕不韦在赵国首都邯郸经商，在市上遇到在赵国为人质的秦公子子楚，子楚财用不足，居处困，不得意。吕不韦知而怜之，认为“此奇货可居”，于是往见子楚说：“吾能大子之门。”子楚笑着说：“且自大君之门，而乃大吾门!”吕不韦说：“子不知也，吾门待子门而大。”子楚深知其意，二人遂密谋深语。吕不韦说：“秦王老矣，安国君得为太子。窃闻安国君爱幸华阳夫人，华阳夫人无子，能立适嗣者独华阳夫人耳。今子兄弟二十余人，子又居中，不甚见幸，久质诸侯。即大王薨，安国君立为王，则子毋几得与长子及诸子旦暮在前者争为太子矣。……子贫，客于此，非有以奉献于亲及结宾客也。不韦虽贫，请以千金为子西游，事安国君及华阳夫人，立子为适嗣。”子楚赞同说：“必如君策，请得分秦与君共之。”于是吕不韦以重金与子楚，为进用，结宾客。又以重金买奇物玩好，而去秦求见华阳夫人，将其物献给华阳夫人。同时，言说子楚如何贤能，结诸侯宾客遍天下，子楚“以夫人为天，日夜泣思太子及夫人”。华阳夫人大喜，并对安国君讲子楚绝贤而受人称誉，要求安国君立子楚为适嗣，安国君同意乃立子楚为适嗣，吕不韦预谋的第一步达到了目的。接着，吕不韦在邯郸取“诸姬绝好善舞者与居，知有身。子楚从不韦饮，见而说之”，吕不韦“欲以钓奇，乃遂献其姬。姬自匿有身，至大期时，生子政(嬴政)。子楚遂立姬为夫人”。子楚在吕不韦的帮助下，逃归秦国。

秦昭王死，太子安国君为王，华阳夫人为王后，子楚为太子。秦孝文王立一年而死，太子子楚代立，是为秦庄襄王。“庄襄王元年，以吕不韦为丞相，封为文信侯，食河南雒阳十万户。庄襄王即位三年，薨，太子政立为王，尊吕不韦为相国，号称‘仲父’。秦王年少，太后(赵姬)时时窃私通吕不韦。不韦家僮万人。”当时，战国四君子魏国的信陵君、楚国的春申君、赵国的平原君、齐国的孟尝君，都礼贤下士，各养门客数千人，并以此相炫耀、攀比。“吕不韦以秦之强，羞不如，亦招致士，厚遇之，至食客三千人。是时诸侯多辩士，如荀卿之徒，著书布天下。吕不韦乃使其客人人著所闻，集论以为八览、六论、十二纪，二十余万言。以为备天地万物古今之事，号曰《吕氏春秋》。布咸阳市门，县千金其上，延诸侯游士宾客有能增损一字者予千金。”秦始皇益壮，吕不韦恐自己与太后私通祸己，遂引嫪毐与太后淫乐。嫪毐与太后私乱，生二子。此事被人告发，吕不韦受牵连，而被免除相国之位。后令其迁蜀，吕不韦深恐被诛，“乃饮鸩而死”。[①] 这便是吕不韦的生平简况及《吕氏春秋》的编写情况。

东汉学者高诱在《吕氏春秋序》中说：“此书所尚，以道德为标的，以无为为纲纪，以忠义为品式，以公方为检格，与孟轲、孙卿、淮南、扬雄相表里也。”实为中的之论。《吕氏春秋》博采众家思想而构建了自己的思想。

第一节 《吕氏春秋》的哲学思想

《吕氏春秋》综合、吸取了先秦各家的宇宙观和天人论，从而构建了自己的宇宙生成论和天人关系说。

《吕氏春秋》的作者认为，天地生成、万物化生，不是由神主宰和创造的，而是由一个最初的混沌无间的原始状态的“太一”分为阴阳二气而化生、形成的。这个“太一”，亦叫做“道”、“一”，

① 以上引文均见《史记·吕不韦传》。

所以说：

> （万物）本于太一。太一出两仪，两仪出阴阳。阴阳变化，一上一下，合而成章。浑浑沌沌，离则复合，合则复离，是谓天常。天地车轮，终则复始，极则复反，莫不咸当。日月星辰，或疾或徐，日月不同，以尽其行。四时代兴，或暑或寒，或短或长，或柔或刚。万物所出，造于太一，化于阴阳。萌芽始震，凝寒以形。……道也者，视之不见，听之不闻，不可为状。……道也者，至精也，不可为形，不可为名，强为之谓之太一。故一也者制令，两也者从听。先圣择两法一，是以知万物之情。①

宇宙万物，天下万事，都本于太一，生于太一。由太一分出两仪，两仪分出阴阳，阴阳不断变化，上下往来，不断轮转，周而复始，物极必反，从而产生了宇宙万物。所以说“万物所出，造于太一，化于阴阳”。“太一”，亦即“道”或“一”。因为“道”是阴阳未分、未形成天地万物的“浑浑沌沌”的宇宙原始本然状态，是无形无名、不见不闻、无所不在的广大无限者，所以只能强名之为“太一”、“一”。

人和万物的产生、变化，都是“太一”分出“阴阳”的“离合”的表现和结果。“合”者，阴阳合和产生天地万物；“离”者，一物脱离他物而产生新物。就万物同出于“太一”这个本原来说是“大同”，就“太一”所产生的万千不同事物来说是“众异”。所以说：

> 天地有始，天微以成，地塞以形。天地合和，生之大经也。以寒暑日月昼夜知之，以殊形殊能异宜说之。夫物合而成，离而生。知合知成，知离知生，则天地平矣。平也者，皆当察其情，处其形。
>
> 天地万物，一人之身也，此之谓大同。众耳目鼻口也，众

① 《吕氏春秋·大乐》。

> 五谷寒暑也，此之谓众异。则万物备也。①

《吕氏春秋》的作者，认识到宇宙万物的统一性和差别性的道理及其关系。人认识了这个道理，便可以备万物而总览万物以知人事，使人和万物各得其所、各得其乐、天下平安。

《吕氏春秋》的作者指出，“道”作为天地万物的最初本原，由它产生的“殊类殊形”的万物，虽“皆有分职”，但却“不能相为”，只有“道”才能相为相兼，即作为万物的总规律而役作万物。人认识了这个道理，不仅认识了宇宙的最高真理，而且掌握了治身、治国之术。所以说：

> 以言说一，一不欲留，留运为败，圜道也。一也齐(者)至贵，莫知其原，莫知其端，莫知其始，莫知其终，而万物以为宗。圣王法之，以令其性，以定其正，以出号令。②
>
> 无以害其天则知精，知精则知神，知神之谓得一。凡彼万形，得一后成。故知一，则应物变化，阔大渊深，不可测也。德行昭美，比于日月，不可息也。……故知知一，则复归于朴，嗜欲易足，取养节薄，不可得也。离世自乐，中情洁白，不可量也。……故知知一，则可动作当务，与时周旋，不可极也。……故知知一，则若天地然，则何事之不胜，何物之不应?③

“一”、“道”作为人和天地万物的本根和总原则，人和天地万物都由它产生和规范，所以只要认识和把握了它，遵循它的规律、原则去行事，就可以万事成功，并可以久而不衰，以至于王天下。

《吕氏春秋》由这种宇宙发生论和万物运动观出发，论述了天人关系。

---

① 《吕氏春秋·有始》。

② 《吕氏春秋·圜道》。

③ 《吕氏春秋·论人》。

《吕氏春秋》的作者认为，天是四时、寒暑、日月、星辰运行及万物变化的自然之天，不是有意志性和主宰性的神秘之天。所以说：

> 民无道知天，民以四时、寒暑、日月、星辰之行知天。四时、寒暑、日月、星辰之行当，则诸生有血气之类，皆为得其处而安其产。①
>
> 始生之者，天也；养成之者，人也。能养天之所生而勿撄之谓天子。天子之动也，以全天为故者也。此官之所自立也。立官者以全生也。②

天为产生自然万物及四时、天体、气象万千变化的自然事物。人要认识、审知天，就要观察、审视自然现象的变化。如此，因时因势而行事，则必然成功，战无不胜。这就是："夫审天者，察列星而知四时，因也。推历者，视月行而知晦朔，因也。……故因则功，专则拙。因者无敌。"③人认识了天的自然变化，因势利导，就会取得人事及战争的胜利。

有天则有地，"天地合和"，化生万物，"生之大经"，这便是天生之、地养之、人成之的意义。"天有九野，地有九州，土有九山，山有九塞，泽有九薮，风有八等，水有六川"，"天地万物，一人之身也"。④ 这便是天、地、人作为宇宙"三级"、"三才"的重要地位及其相互之间的依赖关系。因此，人要效法天地，顺应天地，顺天应人，才能取得成功。《吕氏春秋·序意》篇记述吕不韦论《十二纪》的思想宗旨时，说：

> 盖闻古之清世，是法天地。凡《十二纪》者，所以纪治乱

---

① 《吕氏春秋·当赏》。

② 《吕氏春秋·本生》。

③ 《吕氏春秋·贵因》。

④ 《吕氏春秋·有始》。

> 存亡也，所以知寿夭吉凶也。上揆之天，下验之地，中审之人，若此则是非可不可无所遁矣。天曰顺，顺维生；地曰固，固维宁；人曰信，信维听。三者咸当，无为而行。行也者，行其理也。行数，循其理，平其私。

人只有认识、审知天、地、人三者的真实情况、真正道理，才能指导自己的正确行动。遵循事物发展的必然趋势“数”和固有规律“理”行事，排除私己意见、成见，出以公心、正行，便会取得成功。

《吕氏春秋》就是依循天、地、人的相互关系、综合先秦各家思想，而构成十二纪、八览、六论的庞大体系，“以为天地万物古今之事”。十二纪分为春、夏、秋、冬四季，第一纪又分为孟、仲、季三纪；每三纪为一时，十二纪与十二月相对应。按照春生、夏长、秋刑、冬藏的思维路径来编排、阐发宇宙万物之理和社会人事之道。如：春纪与“生”有关的篇目则是：《本生》、《重己》、《贵公》、《贵生》、《情欲》、《尽数》、《先己》、《论人》等，意在揭示“春生”之理和做人之道。夏纪与“长”有关的篇目则是：《劝学》、《尊师》、《用众》(一作《善学》)、《大乐》、《适音》(一作《和乐》)、《古乐》、《音律》、《制乐》、《明理》等，夏季万物蓬蓬勃勃、茂盛生长，对于人来说，人出生之后，在其成长的过程中，为使之成为有用之材，就必须向学、善学，而学习求知，则必须尊师重教。音乐可以陶冶人的性情，调节人的情绪，提高人的情操，有利于人的成长，所以《吕氏春秋》十分重视音乐的积极作用，而多有论述。秋纪与“刑”有关的篇目则是：《荡兵》(一作《用兵》)、《振乱》、《禁塞》、《怀宠》、《论威》、《简选》、《决胜》、《爱士》、《顺民》、《知士》、《审己》、《精通》等，秋季“始用刑戮”，所以有关用兵征战、诛暴禁乱、用法刑杀、赏功罚罪等，都要在秋季施行。冬纪与“藏”有关的篇目则是：《节葬》、《安死》、《异宝》、《异用》、《至忠》、《忠廉》、《当务》、《长见》、《士节》、《介立》(一作《立意》)、《诚兼》、《不侵》等，冬季是闭藏之时，人和万物一样，有生必有死，知死则安死。岁终，人死，则结束一生，人应当怎样度过一生，做到善始善终，《吕氏春秋》在这里列举了各类典型人物，供人们思考、去取、效法。

人生如四季一样，从春生到冬终，完成一个自然历史过程。将天、地、人作为一个整体系统来揭示宇宙万物深化和人生修为之理，从而构成《吕氏春秋》宏大而严密的哲学思想体系。《吕氏春秋》的这种哲学思想体系蕴涵着丰富的内容。

第二节 《吕氏春秋》的政治思想

《吕氏春秋》的作者们，在其哲学思想的指导下，阐发了政治思想，而其政治思想主张则是为秦朝统治政权服务的。

《吕氏春秋》认为，人类社会历史是发展变化的、不断前进的。人类社会之初的太古时代没有君主，是群居杂处的，所以也没有君亲男女之别、长幼上下之道、进退揖让之礼和各种器物之用。这就是：

> 昔太古尝无君矣，其民聚生群处，知母不知父，无亲戚兄弟夫妻男女之别，无上下长幼之道，无进退揖让之礼，无衣服履带宫室畜积之便，无器械舟车城郭险阻之备。①

这是人类早期原始的母系氏族社会的情状，当时人们并没有君臣尊卑之义，长幼上下之序，当然也不知礼义了，而处于与禽兽相似的状态。在这种状态下，人们以有力者为尊长，“少者使长，长者畏壮，有力者贤，暴傲者尊，日夜相残，无时休息，以尽其类”。面对这种混乱无序，长少、贤傲颠倒的状态，“圣人深见此患也，故为天下长虑，莫如置天子也；为一国长虑，莫如置君也”。立君是为了行道、治天下。如果君主不行君道而治天下，则为非君，非君可废，而君道不可废。“君道不废者，天下之利也。”②就是说，立

① 《吕氏春秋·恃君》。

② 《吕氏春秋·恃君》。

君主、置天子是社会发展、进步的结果，亦是为民、治国之必然。

《吕氏春秋》指出，立君主、置天子旨在为民、治国，所以为君者要行君道、尽君职而治天下。君道、君职之道、之要，则是以天下为公，爱利万民。所以说：

> 置君非以阿君也，置天子非以阿天子也，置官长非以阿官长也。德衰世乱，然后天子利天下，国君利国、官长利官，此国所以递兴递废也，乱难之所以时作也。故忠臣廉士，内之则谏其君之过也，外之则死人臣之义也。①
>
> 昔先圣王之治天下也，必先公，公则天下平矣。平得于公。尝试观于上志，有得天下者众矣，其得之以公，其失之必以偏。凡主之立也，生于公。故《洪范》曰："无偏无党，王道荡荡；无偏无颇，遵王之义；无或作好，遵王之道；无或作恶，遵王之路。"②

立君、置君的目的，是以天下为公，以万民为务，治理国家、爱利百姓，不是让君主、人臣、百官为自己结党营私，为己谋利，为害百姓的。因此，为君、为臣、为官，治理天下，"必先公"，做到公平、公正，无偏、无私。因为立君、设官的本义，就是出于人心之公，"凡主之立也，生于公"，就是这个意义。

"公"的出发点和归宿地则以民为本。《吕氏春秋》继承了其思想先行者"民惟邦本，本固邦宁"③，"天视自我民视，天听自我民听"④，"民之所欲，天必从之"⑤的民本论思想，肯定人民是国家存在的基础、根本，没有人民的存在和拥护，君主也就不可能维护其政权和巩固其地位，国家也不可能存在和安宁，故君主治国要务

① 《吕氏春秋·恃君》。
② 《吕氏春秋·贵公》。
③ 《尚书·五子之歌》。
④ 《尚书·泰誓中》。
⑤ 《尚书·泰誓上》。

必以民为本。

《吕氏春秋》的民本论，再现了姜太公的如下思想："天下非一人之天下，乃天下之天下也。同天下之利者，则得天下；擅天下之利者，则失天下。天有时，地有财，能与人共之者，仁也。仁之所在，天下归之。免人之死，解人之难，救人之患，济人之急者，德也。德之所在，天下归之。与人同忧同乐，同好同恶者，义也。义之所在，天下归之。……能生利者，道也。道之所在，天下归之。"①这是说，天下是天下人共有的天下，不是一个人私自占有的天下；国家是国中人共有的国家，不是一家一姓私有的国家。因此，在上者的国君及其大臣、百官，都必须与广大民众同甘苦，共患难，共利害，同忧乐，万万不可擅天下之利为己利，为自己享乐而不顾民众的安危、死活，这才是有道之君。《吕氏春秋》继承和引申了这些思想，亦明白地道出：

> 天下非一人之天下也，天下之天下也。阴阳之和，不长一类；甘露时雨，不私一物；万民之主，不阿一人。②

天下是天下人共有的天下，不是君主、帝王一个私有的天下。所以治理天下的君主、帝王应当"遵王之道"，出于公心，贵公无私，公正不偏，公平对待天下万民。要像阴阳调和使万物生长，甘露普降不偏施一物一样，公平、公正地对待人民。这才是君主的真正职责，亦是好的君主的标准。"万民之主，不阿一人"，就是此义。

《吕氏春秋》指出，圣人立君主、天子、百官，就是为了"利天下"、"利国家"，不是为了"阿君主"、"阿天子"、"阿百官"。就是说，是让他们为天下万民办好事的，不是让他们享清福的。因为天下没有天子、君主，天下就会相互争斗、残杀，祸乱不休，人民就会遭殃。所以说：

---

① 《六韬·文韬·文师》。

② 《吕氏春秋·贵公》。

乱莫大于无天子，无天子则强者胜弱，众者暴寡，以兵相残，不得休息，今之世当之矣。①

无天子、国君治理天下，管理国家、安定百姓，就会发生混乱，兵戎相残，不得休息，战乱不已。所以天子要像大禹那样勤政治天下，而不争物欲；要像周文王重用姜太公那样得贤而用，治世理乱，使天下得治。因为明君勤政、得贤而用，是治国为政之本。所以说："主贤世治则贤者在上，主不肖世乱则贤者在下。"②"身定、国安、天下治，必贤人。……得贤人，国无不安，名无不荣；失贤人，国无不危，名无不辱。"③国家之治，功名之立，为政之本，就在于得贤人而用之。为此，明君为政，必须千方百计，想尽办法，不拘一格去察贤、求贤、索贤、聚贤、用贤。所以说：

先王之索贤人无不以也，极卑极贱，极远极劳。……尧传天下于舜，礼之诸侯……以求贤人，欲尽地利，至劳也。……故贤主之于贤者也，物莫之妨；戚爱习故，不以害之，故贤者聚焉。贤者所聚，天地不坏，鬼神不害，人事不谋，此五常之本事也。④

求之其本，经旬必得；求之其末，劳而无功。功名之立，由事之本也，得贤之化也。非贤其孰知乎事化？故曰其本在得贤。……故贤主之求有道之士，无不以也；有道之士求贤主，无不行也；相得然后乐。不谋而亲，不约而信，相为殚智竭力，犯危行苦，志欢乐之，此功名所以大成也。⑤

求贤、索贤，要不辞劳苦，不论贵贱，不分亲疏，以礼待之，礼贤

① 《吕氏春秋·谨听》。
② 《吕氏春秋·谨听》。
③ 《吕氏春秋·求人》。
④ 《吕氏春秋·求人》。
⑤ 《吕氏春秋·本味》。

之士，才得贤士。“有道之士固骄人主，人主之不肖者亦骄有道之士，日以相骄，奚时相得？……贤主则不然，士虽骄之，而己愈礼之，士安得不归之？士所归，天下从之帝。帝也者，天下之适也；王也者，天下之往也。”①礼贤下士，天下贤人归之、聚之，如此则可以成就帝王之业，成大功名。不仅要礼贤、聚贤，而且要用贤、尚贤。《吕氏春秋》一再强调对待贤人、有道之士要“无不以也”。高诱注曰：“以，用也。”就是说，贤主求到了贤人、贤士，一定要予以用之、重用。求而不用，得而不任，等于不求、不得。

《吕氏春秋》从立君为治国、平天下、理万民的君道论出发，认为立君主、天子，就是为了统一天下，而统一天下则天子必须处于最高的地位，掌握统一的权力。因为天下之“乱莫大于无天子”，有了天子统一天下，就必须赋予其统一天下的地位、权力。不能政出多门，号令不一，这是执一为政的不二法门。否则，天下同样会陷入混乱状态。所以说：

> 听群众人议以治国，国危无日矣。……有金鼓所以一耳也；同法令所以一心也；智者不得巧，愚者不得拙，所以一众也；勇者不得先，惧者不得后，所以一力也。故一则治，异则乱；一则安，异则危。②
>
> 王者执一，而为万物正。军必有将，所以一之也；国必有君，所以一之也；天下必有天子，所以一之也；天子必执一，所以抟之也。一则治，两则乱。③

君主、天子必须掌握统一天下的最高权力，不能听群众议论治国，也不能与他人共享治国的最高权力。因为“权钧则不能相使，势等则不能相并，治乱齐则不能相正，故小大、轻重、多少、治乱不可

① 《吕氏春秋·下贤》。

② 《吕氏春秋·不二》。

③ 《吕氏春秋·执一》。

不察，此祸福之门也”。① 执一不二、集权、重势、慎势、便势是君主、帝王执政的关键，这显然是先秦法家慎到思想的引申、体现。《韩非子·难势》篇说：

> 慎子曰：“飞龙乘云，腾蛇游雾，云罢雾霁，而龙蛇与螾蚁同矣，则失其所乘也。贤人而诎于不肖者，则权轻位卑也；不肖而能服于贤者，则权重位尊也。尧为匹夫，不能治三人；而桀为天子，能乱天下：吾以此知势位之足恃，而贤智之不足慕也。夫弩弱而矢高者，激于风也；身不肖而令行者，得助于众也。尧教于隶属而民不听，至于南面而王天下，令则行，禁则止。由此观之，贤智未足以服众，而势位足以缶(诎)贤者也。”

《吕氏春秋》所讲的“慎势”，要君主、帝王不能与民众“均权”、“等势”，而要位尊、权重、势威、执一、不二。只有这样，才能号令天下，令行禁止。所谓“位尊者其教受，威立者其奸止，此畜人之道也。……王也者，势也；王也者，势无敌也。势有敌则王者废矣”②就是这个意思。《吕氏春秋》的这个思想，显然与慎到的重势思想一脉相承。

《吕氏春秋》的政治思想，是在总结先秦各国治乱兴衰的经验教训的基础上，以民本思想为依归，以立君治国为要务，而提出的一整套的治国方案，是为秦朝统一的封建帝国集权统治服务的。

第三节 《吕氏春秋》的人生理论

人生问题是古代思想家最为关注的一个重要问题，亦是他们思考、议论最多的一个重要问题。春秋战国诸子百家，乃至秦汉以降的各家各派，无一不是如此。因为这是一个古老而常新的永恒

① 《吕氏春秋·慎势》。
② 《吕氏春秋·慎势》。

课题。

《吕氏春秋》总结、综合了春秋战国时代诸子百家的人生理论，作了评判、去取，从而构建了自己的人生理论体系。

讨论人生问题，首先必须论证人性问题。因为人性论是人生论、道德论的思想基础，所以各家在谈人生问题时，都首先谈人性问题。

战国中期以后，人生和人性问题，逐渐被提到哲学家、思想家争论的日程上来了。在争论中，他们提出了种种不同的人性观点。从《孟子·告子上》中记述孟子的学生公都子问孟子关于人性善恶的问题来看，有如下四种思想观点：

> 公都子曰：告子曰："性无善无不善也。"或曰："性可以为善，可以为不善，是故文武兴，则民好善；幽厉兴，则民好暴。"或曰："有性善，有性不善，是故以尧为君而有象；以瞽瞍为父而有舜；以纣为兄之子，且以为君，而有微子启、王子比干。"今曰："性善。"然则彼皆非与？

公都子把当时流行的人性观点归纳为：性无善无不善；性可以为善，可以为不善；有性善，有性不善；性善。这四种观点是战国中期思想界较为流行的人性观点。又据王充《论衡·本性篇》说：

> 周人世硕，以为人性有善有恶，举人之善性，养而致之则善长；性恶，养而致之则恶长。如此，则性各有阴阳，善恶在所养焉。故世子作《养书》一篇。密子贱、漆雕开、公孙尼子之徒，亦论性情，与世子相出入，皆言性有善有恶。

综合观之，先秦时代各家的人性理论，则有如下诸派：一派是世硕的人性有善有恶论；一派是告子的性无善恶论；一派是孟子的性善论；一派是老子的人性自然论；一派是荀子、韩非的性恶论。

《吕氏春秋》分析、综合、改造、去取了各家的人性理论，建立了自己的人性理论。这就是：

天生人而使有贪有欲。欲有情，情有节。圣人修节以止欲，故不过行其情也。故耳之欲五声，目之欲五色，口之欲五味，情也。此三者，贵贱愚智贤不肖欲之若一，虽神农、黄帝其与桀、纣同。圣人之所以异者，得其情也。由贵生动则得其情矣，不由贵生动则失其情矣。此二者，死生存亡之本也。①

人之情，欲寿而恶夭，欲安而恶危，欲荣而恶辱，欲逸而恶劳。四欲得，四恶除，则心适矣。四欲之得也，在于胜理。胜理以治身则生全以(矣)，生全则寿长矣。②

人生而有性，有性则有情，有情则有欲。人之情是欲寿恶夭，欲安恶危，欲荣恶辱，欲逸恶劳；耳之欲五声，目之欲五色，口之欲五味，鼻之欲芬香，这是情的表现。这种“情欲”是人性之必然表现，是人生的合理要求，是任何人都具有的，不论是圣人还是众人，帝王还是百姓，高贵贤智还是卑贱愚下者，都是相同的，亦是合理的。人有情欲并得到满足，才能生存。否则，无人性、人生可言。然而，圣贤与众人不同的是：虽然“欲有情”，但是“情有节”，“修节以止欲，故不过行其情”，所以能“得其情也”；众人是欲而无节，肆欲放情，所以“失其情矣”。这二者的不同欲求，则是“死生存亡之本也”。就是说，圣贤与众人都有情欲、都以生命为贵，但欲求的方法、度量不同，圣贤能以“理”“节”之而使情欲有节制而适度，故能“得情欲”而“贵生”，众人则反之。

由此说来，人要“贵生”，就必须讲究贵生之术，而贵生之术，就是合理、适度调节、节制欲求，不得擅行、妄行，使情欲泛滥。所以说：

圣人深虑天下，莫贵于生。夫耳、目、鼻、口，生之役也。耳虽欲声，目虽欲色，鼻虽欲芬香，口虽欲滋味，害于生

① 《吕氏春秋·情欲》。

② 《吕氏春秋·适音》。

> 则止。在四官者不欲，利于生者则弗为。由此观之，耳、目、鼻、口，不得擅行，必有所制。……此贵生之术也。①

人贵生要讲究“贵生之术”，不可无节制、无度量地追求满足自己的耳、目、鼻、口之欲，适可而止，害于生则止，利于生则为，这样“贵生”而能“全生”。以“此贵生之术”，才能实践“全性之道”。所以说：

> 今有声于此，耳听之必慊已，听之则使人聋，必弗听。有色于此，目视之必慊已，视之则使人盲，必弗视。有味于此，口食之必慊已，食之则使人瘖，必弗食。是故圣人之于声色滋味也，利于性则取之，害于性则舍之，此全性之道也。世之富贵者，其于声色滋味也多惑者，日夜求，幸而得之则遁焉。遁焉，性恶得不伤？②

耳、目、鼻、口，喜欢追求声色滋味，过分追求，不能节制，流逸不能自禁，日夜求之不已，便会伤性害生。所以圣贤对于声色滋味，则是“利于性则取之，害于性则舍之”，这才是“全性之道也”，亦是“养生之要也”。

《吕氏春秋》从“生命之本”、“全性之道”的思想出发，肯定人欲出自人的天性、本性，因而是不可改变、去掉的，所以为政治国应当顺人性、适人欲。所以说：

> 始生人者天也，人无事焉。天使人有欲，人弗得不求，天使人有恶，人弗得不辟。欲与恶所受于天也，人不得与焉，不可变，不可易。③

---

① 《吕氏春秋·贵生》。

② 《吕氏春秋·本生》。

③ 《吕氏春秋·大乐》。

欲恶是人受于天的本性，所以是不可变易、亦不能根灭的，只能顺性、适欲，这是治国、理民、用人的出发点和原则。人之欲与人之为密切相关，有欲则有为，人有欲有为才可用。“故人之欲多者，其可得用亦多；人之欲少者，其可得用亦少；无欲者，不可得用也。……善为上者，能令人得欲无欲，故人之可得用亦无穷也。”①“欲”自之于天性，是人生的条件，进取的动力，欲多求多则用多，欲少求少则用少，无欲无求则无用。治国、理民、用人，不是令民去欲、无欲，而是审视、明白人们的“得欲之道”，使其得欲之正以顺天性。“欲不正，以治身则夭，以治国则亡。故古之圣王，审顺其天而以行欲，则民无不令矣，功无不立矣。”②因此，治人、治物、治国、治天下的根本要务，不是使人无欲、绝欲，而是欲正、适当，当行其道而顺天行欲。所以说：

> 治物者不于物于人，治人者不于事[人]于君，治君者不于君于天子，治天子者不于天子于欲，治欲者不于欲于性。性者万物之本也，不可长，不可短，因其固然而然之。此天地之数也。③

治国、理民，必须认识人和万物的天性、本性和人的欲望要求。因为“性者万物之本也”，所以要“因其固然而然之”，依此“审顺其天而以行欲”，便会使民从令、治理天下，建立功业。反之，违反天性，根灭人欲，则是不合天性、道义的，亦是不会成功的。

在《吕氏春秋》的人生论中，还有一个重要的内容，就是崇尚“全生”，反对“迫生”。它援引子华子的话，阐发了“全生”的要旨、意义。这就是：

> 子华子曰：“全生为上，亏生次之，死次之，迫生为下。”

① 《吕氏春秋·为欲》。
② 《吕氏春秋·为欲》。
③ 《吕氏春秋·贵当》。

> 故所谓尊生者，全生之谓。所谓全生者，六欲皆得其宜也。所谓亏生者，六欲分得其宜也。……所谓死者，无有所以知，复其未生也，所谓迫生者，六欲莫得其宜也，皆获其所甚恶者，服是也，辱是也。辱莫大于不义，故不义，迫生也，而迫生非独不义也，故曰迫生不若死。①

全生为六欲皆得其宜；亏生为六欲分得其宜；死生为舍生取义，迫生为六欲莫得其宜——行不义，受辱而生。“六欲”为：生、死、耳、目、口、鼻或喜、怒、哀、乐、爱、恶。根据所得之“六欲”不同，而分为“全生”、“亏生”、“死生”、“迫生”。“迫生”为不义而生，不义而生不如“死生”，舍生取义亦是可取的。当然人生的最高层次是“全生”，即“六欲皆得其宜而生”。这显然是承认人的物质欲望要求、合理满足的合理性。非如此，人不可以为生，所以必须使人适欲而生。

《吕氏春秋》对养生之道，也作了具体的论述。人有了生命，为了维持生命，必须满足合理的欲望；为了健康长寿，必须讲究养生之道、之法。

养生要重己、贵生。人的生命是上天赋予的，而保养生命，则是自己的事。保养生命之要、之道，则是重己、贵生，即认识自己生命的重要性、珍贵性。所以说：

> 今吾生之为我有，而利我亦大矣。论其贵贱，爵为天子，不足以比焉；论其轻重，富有天下，不可以易之；论其安危，一曙失之，终身不复得。此三者，有道者之所慎也。②
>
> 道之真，以持身；其绪余，以为国家；其土苴，以治天下。由此观之，帝王之功，圣人之余事也，非所以完身养生之道也。今世俗之君子，危身弃生以徇物，彼且奚以此之也？彼

① 《吕氏春秋·贵生》。
② 《吕氏春秋·重己》。

> 且奚以此为也?[1]

生命是我自己所固有的，对我来说是利大无比的，天下没有什么事业，即使是天子之贵，帝王之功，也没有生命重要、珍贵。而生命对于人来说，一旦失去，便不可复生，所以要慎重、认真对待生命，珍惜生命，“以完身养生之道”为一生之要道、本务。

养生要早啬、去甚。要养生使生命长寿而不早夭，就要对养生之道及早认识，而使生活安逸适度，不可过分追求侈靡的物质享受，过度地追求物质欲望享受则会损性、害生的。所以说：

> 古人得道者，生以寿长，声色滋味，能久乐之，奚故？论早定也。论早定则知早啬，知早啬则精不竭。……故古之治身与天下者，必法天地也。尊酌者众则速尽。……故大贵之生常速尽。[2]

要想保生长，就必须尽早认识保养生命的道理，不认识保生长寿的道理，追求物欲，求大贵之生，以消耗精力，结果使精力早日消耗，所以使生命速尽而早死。知道养生保精的人，则效法天地，体道无欲像天地，故能长寿，终其性命，享受天年。

养生长寿，还必须去甚、适欲，欲望不可无，亦不可过。人的耳、目、口、鼻、身的五官、六欲之求是必然的、合理的，不可去的。然而，过分的物欲追求享受，也会害生折寿的，所以要认识这种害处，去掉这些害处，以求全生、保性，这才是养生之本。所以说：

> 天生阴阳寒暑燥湿，四时之化，万物之变，莫不为利，莫不为害。圣人察阴阳之宜，辨万物之利以便生，故精神安乎形，而年寿得长焉。长也者，非短而续之也，毕其数也。毕数

① 《吕氏春秋·贵生》。
② 《吕氏春秋·情欲》。

> 之务，在乎去害。何谓去害？大甘、大酸、大苦、大辛、大咸，五者充形则生害矣。大喜、大怒、大忧、大恐、大哀，五者接神则生害矣。大寒、大热、大燥、大湿、大风、大霖、大雾，七者动精则生害矣。故凡养生，莫若知本，知本则疾无由至矣。①

“大”为过制、过度。人的生活环境、条件，不外乎利与害两个方面，人要辨别诸种利、害，取其利，去其害，而能尽其长久之数以尽享天年。去掉害形体之“五大”、害精神之“五大”、害精气之“七大”。如此者，才是知养生之本，不会产生疾病，使人健康长寿。

养生长寿，还必须运动、通气。《吕氏春秋》认为，人的生命在于运动。因为人受天地之中以生，精气构成人的生命，运动使精气周流畅通，不使精气郁积堵塞，人就不会得病，而会寿命长久。所以说：

> 精气之集也，必有入也。……流水不腐，户枢不蝼，动也。形气亦然，形不动则精不流，精不流则气郁。郁处头则为肿为风，处耳则为挶为聋，处目则为矆为盲，处鼻则为鼽为窒，处腹则为张为府，处足则为痿为蹶。②

气郁堵塞，就会产生各种疾病，运动使精气畅通，就不会产生各种疾病，所以要常运动，活络筋骨，而不使血脉郁积，发生疾病。所以说：

> 凡人三百六十节，九窍五藏六府。肌肤欲其比也，血脉欲其通也，筋骨欲其固也，心志欲其和也，精气欲其行也，若此则病无所居而恶无由生矣。病之留、恶之生也，精气郁也。③

① 《吕氏春秋·尽数》。

② 《吕氏春秋·尽数》。

③ 《吕氏春秋·达郁》。

人通过运动使肌肤、筋骨、周身的血脉、精气流行畅通无阻、没有郁积、化郁、开塞，人就能健康而无各种疾病发生，当然也能健康长寿了。这也是“流水不腐，户枢不蠹”的道理。《吕氏春秋》的养生理论，是综合先秦各家相关理论而构建的，有许多思想是合理的，是对中国古代医学作出的有益贡献。

第四节 《吕氏春秋》的军事思想

在《吕氏春秋》综合庞大而兼采各家的思想体系中，还包涵着一个十分重要的内容，就是军事思想。其中《荡兵》、《振乱》、《禁塞》、《怀宠》、《论威》、《简选》、《决胜》、《顺民》、《知士》、《审己》、《上德》、《用民》、《适威》、《为欲》、《贵信》、《贵卒》等篇，则为兵家之言，论兵之作，其他诸篇中，也时有言兵、论兵的内容。其军事思想内容主要有如下诸端。

第一，有民有兵，兵不可偃。

《吕氏春秋》认为，自从有人类以来就有兵事、战争。吕书作者不同意惠施、公孙龙的偃兵、寝兵之说，提出有民即有兵，兵不可偃，亦不能寝，肯定偃兵、寝兵之说，是虚浮之言，不实之论，根本不可能实现。据《吕氏春秋·审应》篇载：

> 赵惠王谓公孙龙曰：“寡人事偃兵十余年矣而不成，兵不可偃乎?”公孙龙对曰：“偃兵之意，兼爱天下之心也。兼爱天下，不可以虚名为也，必有其实。今蔺、离石入秦，而王缟素布总；东攻齐得城，而王加膳置酒。秦得地而王布总，齐亡地而王加膳，所非兼爱之心也。此偃兵之所以不成也。”今有人于此，无礼慢易而求敬，阿党不公而求令，欲号数变而求静，暴戾贪得而求定，虽黄帝犹若困。

公孙龙认为，人只要有兼爱之心，就可以实现“偃兵之意”，兼爱天下，不是以虚名，而是有实际行动。其所以使偃兵不成，就在于人没有兼爱天下之心。因此，公孙龙主张以“兼爱之心”，实现“偃兵之意”。

惠施亦主张“偃兵”之说。据《韩非子·内储说上》载：

> 张仪欲以秦、韩与魏之势伐齐、荆，而惠施欲以齐、荆偃兵。二人争之。群臣左右皆为张子言，而以攻齐、荆为利，而莫为惠子言，王果听张子，而以惠子言为不可。攻齐、荆事已定，惠子入见。王言曰：“先生毋言矣！攻齐、荆之事果利矣，一国尽以为然。”惠子因说：“不可不察也。夫齐、荆之事也诚利，一国尽以为利，是何智者之众也？攻齐、荆之事诚不可利，一国尽以为利，何愚者之众也？凡谋者，疑也。疑也者，诚疑以为可者半，以为不可者半。今一国尽以为可，是王亡半也。劫主者，固亡其半者也。”

《战国策·魏策一》对此亦有相近的记载。惠施认为，战争之所以发生，是由于人们有贪争之心，如果能止其贪争之心，就可以偃兵息武了。

针对惠施、公孙龙的“偃兵”之说，《吕氏春秋》在说明“兵不可偃”的同时，还阐发了其历史原因和理论根据。

其一，兵与民俱，兵来久远，故不可偃。这就是：

> 古圣王有义兵而无有偃兵，兵之所自来者上矣，与始有民俱。……兵所自来者久矣，黄、炎故用水火矣，共工氏固次作难矣，五帝固相与争矣。递兴废，胜者用事。人曰“蚩尤作兵”，蚩尤非作兵也，利其械矣。未有蚩尤之时，民固削林木以战矣，胜者为长。长则犹不足治之，故立君。君又不足以治之，故立天子。天子之立也出于君，君之立也出于长，长之立也出于争。争斗之所自来者久矣，不可禁，不可止，故古之贤王有义兵而无有偃兵。①

① 《吕氏春秋·荡兵》。

战争是与人类俱生共存的社会现象，有人类就有战争，“与始有民俱”，“兵所自来者久矣”。战争又是人类社会中必然产生的社会现象，有人类就必然有争斗、争夺，而必然有战争。自古以来，即使是圣王当政，亦只有义兵而无偃兵。所以说兵不可偃、不可禁、不可止。

其二，兵为威力，合乎天性，故兵不可偃。所以说：

> 凡兵也者，威也，威也者，力也。民之有威力，性也。性者所受于天也，非人之所能为也，武者不能革，而工者不能移。①

威力是民众的天性，是受之于天的，天性是不能泯灭、消亡的。有威力就会引发争斗，爆发战争，所以兵不可偃。

其三，兵为良药，良药活人，故兵不可偃。所以说：

> 夫有以噎死者，欲禁天下之食，悖；有以乘舟死者，欲禁天下之船，悖；有以用兵丧其国者，欲偃天下之兵，悖。夫兵不可偃也，譬之若水火然，善用之则为福，不善用之则为祸；若用药者然，得良药则活人，得恶药则杀人。义兵之为天下良药也亦大矣。②

当时有人以有的国家因为战争而亡国为理由，说明应当偃兵、禁兵、息兵。对此，《吕氏春秋》从利害观上加以说明：义兵为良药，得良药则可以活人，为了去恶为善，去大害取大利，所以兵不可偃。

第二，用兵行义，诛暴禁乱。

《吕氏春秋》认为，战争不是目的，而是达到政治目的一种重

---

① 《吕氏春秋·荡兵》。

② 《吕氏春秋·荡兵》。

要手段。用兵是为了行义救民，诛暴禁乱，不是为了掠物害民。所以说：

古之圣王有义兵而无有偃兵。兵诚义，以诛暴君而振苦民，民之说也，若孝子之见慈亲也，若饥者之见美食也；民之号呼而走之，若强弩之射于深溪也，若积大水而失其壅堤也。①

当今之世，浊甚矣，黔首之苦，不可以加矣。天子既绝，贤者废伏，世主恣行，与民相离，黔首无所告诉。世有贤主秀士，宜察此论也，则其兵为义矣。……凡为天下之民长也，虑莫如长有道而息无道，赏有义而罚不义。……夫攻伐之事，未有不攻无道而罚不义也。攻无道而伐不义，则福莫大焉，黔首利莫厚焉。禁之者，是息有道而伐有义也，是穷汤、武之事而遂桀、纣之过也。②

用兵作战的目的是为了诛伐暴君乱政害民的罪行，是救民众于水火之中的义举，这种举义用兵当然会受到广大民众的积极拥护，他们会十分高兴，奔走相告，热烈欢迎，如同孝子见慈母，饥者见美食，强弩射深溪，积水决壅堤，势不可挡。对于救民禁乱，诛暴除害的义兵，不仅不能禁止，而且还要奖赏。因为这是为民兴利除害，造福除祸，有恩于民，有利于民。

《吕氏春秋》指出，举义用兵，诛伐不道，为民兴利除害，使民获恩受益的义战，不仅合民意，而且顺天道，所以必然受到人民的拥护而取得胜利。所以说：

义理之道彰，则暴虐奸诈侵夺之术息也。暴虐奸诈之与义理反也，其势不俱胜，不两立。故兵入于敌之境，则民知所庇矣，黔首知不死矣。……兵之来也，以救民之死。子之在上无

① 《吕氏春秋·荡兵》。

② 《吕氏春秋·振乱》。

道，据傲荒怠，贪戾虐众，恣睢自用也，辟远圣制，謷丑先王，排訾旧典，上不顺天，下不惠民，征敛无期，求索无厌，罪杀不辜，庆赏不当。若此者，天之所诛也，人之所仇也，不当为君。今兵之来也，将以诛不当为君者也，以除民之仇而顺天之道也。……今有人于此，能生死一人，则天下必争事之矣。义兵之生一人亦多矣，人孰不说？故义兵至，则邻国之民归之若流水，诛国之民望之若父母，行地滋远，得民滋众，兵不接刃而民服若化。①

举义用兵，旨在救民于水火之中，所以在讨伐、诛杀暴君之时，不要殃及其民，这种顺天之道，惠民之举，救民之死的战争，是必要的、必需的。这种正义战争，万民归之若流水，望之若父母，所以必然胜利。这就是义战必胜的道理。

第三，用兵有时，不违农时。

用兵旨在以义伐不义，诛暴禁乱，救民于水火，不是为害民众。因此，要选择出兵作战的时机、时节，不能不顾民生而随意攻伐。在中国古代以农业为本的社会生产中，首先要考虑战争时机与农业生产季节的关系。因此，《吕氏春秋》对战争时间与农业生产的关系作了规定、说明。不能因为战争而违误农时，影响农业生产，而要因时用兵，不违误农时。

《吕氏春秋》按照春、夏、秋、冬四季春生、夏长、秋收、冬藏之义，认为春生、夏长之季，不可用兵，此时用兵耽误农时，农作物不能及时播种、生长、收获，则影响民食、国用、军需，此时用兵必有天殃。因此，孟春之月不可用兵。所以说：

是月也，不可以称兵，称兵必有天殃。兵戎不起，不可以从我始。无变天之道，无绝地之理，无乱人之纪。②

① 《吕氏春秋·怀宠》。
② 《吕氏春秋·孟春纪》。

就是说，孟春之月不可以发动战争，如果发动战争必然招致天灾。所谓"不可以称兵"，"兵戎不起，不可以从我始"，是指我不可以举兵攻伐他人，不主动发动战争。当然，如果是月他人以兵戎强加于我，则是兵戎必起，自卫反击，可以免殃。故不能固守是月"兵戎不起"之论，而要该起则起，打击侵略者。

《吕氏春秋》指出，仲春之月亦不可举兵戎、兴征伐之事，以免妨碍农事：

> 是月也，耕者少舍，乃修阖扇，寝庙必备。无作大事，以妨农功。①

"大事"是指战争，即兵戎征伐之事。春秋战国以来，诸子百家，都把战争视为"国之大事"。如《孙子·计篇》开宗明义就说："兵者，国之大事。"《左传》成公十三年："国之大事，在祀与戎。"都是说战争是国之大事或大事之一。仲春之月，正是农事繁忙之时，故不能以兵戎之事妨碍农事之功，切不可在此月发动战争。

《吕氏春秋》认为，夏长之时，也不可以发动、进行战争。夏季之月，正是农作物茂盛之时，需要加强田间管理，故不可以大兴土木建设，更不可以发动战争、兴兵举事。所以说：

> 是月也，树木方盛，乃命虞人入山行木，无或斩伐。不可以兴土功，不可以合诸侯，不可以起兵动众。无举大事，以摇荡于气。无发令而干时，以妨神农之事。水潦盛昌，命神农，将巡功。举大事则有天殃。②

"季夏"为夏之六月，正是农作物生长，需要耕耘之时，这时如果发动战争，必然妨碍农事，不得收成，招致灾难，故不可举大事而招灾殃。所以又说："林钟之月（按：六月），草木盛满，阴将始

① 《吕氏春秋·仲春纪》。

② 《吕氏春秋·季夏纪》。

刑，无发大事，以将阳气。”[①]六月盛夏，万物繁茂，蓬勃生长，需要管理，故不可兴师动众进行战争，以摇荡养育万物的阳气，要让农作物茁壮成长，以求获得好的收成。

春生、夏长之季，不可发动战争，到了秋季，庄稼成熟，丰收在望，这时要选练士卒，修兵备战，征伐不义，以怀万民。所以说：

> 夷则(按：七月)之月，修法饬刑，选士厉兵，诘诛不义，以怀远方。[②]
>
> 孟秋之月。……是月也，以立秋。……立秋之日，天子亲率三公九卿诸侯大夫以迎秋于西郊。还，乃赏军率武人于朝，天子乃命将帅，选士厉兵，简练桀俊；专任有功，以征不义；诘诛暴慢，以明好恶；巡彼远方。[③]

“夷则之月”、“孟秋之月”，为农历七月。七月为秋初，立秋之日，简选武士，厉利其兵，征伐不义，诛杀暴慢，以怀远方。为此，要修兵备寇，准备战争，讨伐暴遂，为国除奸，为民除害。这些思想，显然是合理的。

第四，知敌谋兵，智勇者胜。

《吕氏春秋》继承和吸取了孔子的“智、仁、勇”者胜和孙子的“不战而屈人之兵”、“知彼知己，百战不殆”的思想，强调“知兵”、“谋胜”。

《吕氏春秋》认识到，战争是敌我交战双方的智慧和力量对抗，要想取胜，就必须知彼知己，自知知人。只有察微观远，知情观变，全面掌握敌我情况，才能战胜敌人。所以说：

> 孔子见之以细，观化远也。……凡持国，太上知始，其次

---

① 《吕氏春秋·音律》。

② 《吕氏春秋·音律》。

③ 《吕氏春秋·孟秋纪》。

知终，其次知中。三者不能，国必危，身必穷。……故凡战必悉熟偏备，知彼知己，然后可也。①

察微观远，知彼知己，知始知终，全面认识战争，认真准备战争，方可进行战争，赢得战争。

战争同其他事物一样，有其产生、发展的所以然的缘故，知其“故”则胜，不知其“故”则败。所以要“察其所以”，“知其所以”，即要审察之所以胜败的原因。否则，战之必败。

战争是关系国之安危、人之生死的大事，对于这等大事，不可不察，不可不知，决定战与不战，关键在于“察知”敌我双方的各种情况，有取胜的把握就战，没有取胜的把握则不战，这就是用兵作战的精妙处。所以说：

凡敌人之来也，以求利也。今来而得死，且以走为利。敌皆以走为利，则刃无与接。故敌得生于我，则我得死于敌；敌得死于我，则我得生于敌。夫得生于敌，与敌得生于我，岂可不察哉？此兵之精者也。存亡死生，决于知此而已矣。②

战争是生死存亡的利害之争，故不可轻举妄动，面对敌人的来犯，如何调动、指挥军队，是关系战争胜负、人之生死的根本，故不可不深察、熟知用兵之道、之法。知而战，战而胜，胜而生，这才是用兵之精妙者。不知此者，不可以用兵。

《吕氏春秋》指出，决定战争胜负的因素是多方面的，有多种条件在起作用，而其“本干”则是“义、智、勇”。因此，《吕氏春秋·决胜》篇在论述决胜之道时，开宗明义：

夫兵有本干：必义，必智，必勇。义则敌孤独，敌孤独则上下虚，民解落；孤独则父兄怨，贤者诽，乱内作。智则知时

① 《吕氏春秋·察微》。

② 《吕氏春秋·爱士》。

化，知时化则知虚实盛衰之变，知先后远近纵舍之数。勇则能决断，能决断则能若雷电飘风暴雨，能若崩山破溃，别辨霣坠；若鸷鸟之击也，搏攫则殪，中木则碎。此以智得也。

两军决战，取胜之道，根本之要，是义、智、勇。就是说，正义者必胜，智勇者必胜。反之，必败。所以是否与敌人决战而取胜，其基本条件是看这三条是否具备。《吕氏春秋》还以历史事实说明这个道理。

第五，用兵无形，兵贵神速。

由于战争是交战双方活动着的人在进行智勇之争，又有天、地、时、事、人等多种因素在起作用，因而使敌我态势，战争形势，千变万化，神妙莫测。所以要想在战争中取得胜利，就必须“知时化”，“知虚实盛衰之变”，“知先后远近纵舍之数”①。只有这样，方能隐蔽自己，出其不意地消灭敌人。“隐则胜阐”，“微则胜显”。高明的战争指挥者，就在于其兵胜而不见其形，使自己深藏不露而能战胜敌人。这才是贤明之将。

《吕氏春秋·期贤》篇中以魏文侯礼贤士段干木而使秦国不敢进攻魏国为例，说明魏文侯善用兵，成其功，则在于其用兵无形，而为智者。愚蠢的用兵者，虽然声势浩大，鼓声震天动地，但是却不知国之存亡、主之生死。《吕氏春秋》评论道：

魏文侯可谓善用兵矣。尝闻君子之用兵，莫见其形，其功已成，其此之谓也。野人之用兵也，鼓声则似雷，号呼则动地，尘气充天，流矢如雨，扶伤舆死，履肠涉血，无罪之民其死者量于泽矣，而国之存亡、主之死生犹不可知也，其离仁义亦远矣。

高明的用兵者，能以无形之兵胜敌，而敌人却不知其兵形，不是以有形之兵杀人，而是以无形之兵胜人。这样既行仁义，又胜敌人，

① 《吕氏春秋·决胜》。

行其道，而成其功。相反，野人用兵，大张旗鼓，号令动地，兴师动众，尸横遍野，却不成功。所以说兵贵无形，以无形胜有形，才为善用兵者。

战争瞬息万变，认识虚实、盛衰之变和先后、远近、纵舍之数，就要抓住战机，出其不意，攻其不备，果断出击，迅速攻敌，不可误失战机。因为兵贵神速，机不可失，时不再来。所以说：

> 力贵突，智贵卒。得之同则速为上，胜之同则湿为下。所为贵骥者，为其一日千里也，旬日取之，与驽骀同。所为贵镞矢者，为其应声而至，终日而至，则与无至同。①
>
> 凡兵欲急疾捷先。欲急疾捷先之道，在于知缓徐迟后而急疾捷先之分也。急疾捷先，此所以决义兵之胜也。②

指挥驾驭战争，以义伐不义，要运筹帷幄，制定上策。实施战争时，要随机应变，不失时机，急疾捷先，果断神速，应声而至，一日千里，迅速取胜，这才是胜兵之上策。

《吕氏春秋》的军事思想，还包括军民一心、天下无敌；举贤用人，知人者胜；骄主必亡，因敌而胜；兵为凶器，胜而不美等思想内容，于中可见其博大精深之处。

---

① 《吕氏春秋·贵卒》。

② 《吕氏春秋·论威》。

第三章 《黄帝内经》的思想

《黄帝内经》是一部托名黄帝所著的中国古代极为重要的医学典籍。它包括《素问》和《灵枢》两大部分。班固在《汉书·艺文志》中说："《黄帝内经》十八卷。"说明西汉时代《黄帝内经》已流行于世。

《黄帝内经》究竟成书于何时，目前学术界存在不同的看法。有人认为"大约成书于春秋战国时代"；有人认为"成书于战国时期"；有人认为"出于战国、秦汉之人"；有人认为"成书的时间可能大体在西汉中期或晚期"等。

《汉书·艺文志》已收录了《黄帝内经》中关于元气、阴阳、天地、天人、养生等许多说法、观点，都与《吕氏春秋》、《淮南鸿烈》、《春秋繁露》等相同、相近，而这些说法、观点，恰恰是秦汉、西汉前期所流行的说法、观点。据此，我们把《黄帝内经》视为西汉前期的著作。具体考证，在此不论。

《黄帝内经》是我国最早的一部医学经典。它所阐发的医学理论、养生学说、治疗方法，包含着极为丰富的唯物主义和辩证法思想，也可以说它以唯物主义和辩证法为理论基础和指导方法，论述了医学理论、养生学说、治疗方法，并将哲学与医学融为一体。《黄帝内经》为我国医学，尤其是中医学的发展奠定了理论基础，并产生了重大的影响。

第一节 《黄帝内经》的元气本体论

《黄帝内经》的作者继承和发展先秦时期的精气说，尤其是《管子》把精气视为万物的本原，人的生命的根本要素，精气的存在与否，而决定人的生死寿夭的思想。如《管子·内业》篇中说："精也者，气之精者也。气道乃生，生乃思，思乃知，知乃止矣。""凡人之生也，天出其精，地出其形，合此以为人。和乃生，不和不生。……精之所舍，而知之所生。""灵气在心，一来一逝，其细无内，其大无外。所以失之，以躁为害。心能执静，道将自定。得道之人，理丞而屯泄，匈中无败。节欲之道，万物不害。"这是说，精气聚合、结合产生了人，人要保持自己的生命，就要保持自己的精气，而保持精气的基本方法，则是修养内心，做到内心虚静，排除烦躁，坚持心静专一，抵制外物干扰，节制物欲，不受其害。如此，便能保持生命本原的精气，实现生命的意义。

《黄帝内经》的作者认为，广大无垠的太空、太虚中充满着物质元气，元气中包涵着阴阳二气，由于阴阳二气的刚柔相推、上下往来、升降浮沉、聚散和合，而产生、形成了人和天地万物。所以说：

> 《太始天元册》文曰："太虚寥廓，肇基化元，万物资始，五运终天，布气真灵，揔统坤元，九星悬朗，七曜周旋，曰阴曰阳，曰柔曰刚，幽显既位，寒暑弛张，生生化化，品物咸章。"①

《太始天元册》为记述太始天真元气运行之书也。它上面说道："广袤无垠的宇宙太空，充满着物质元气，是化生万物的始基，万物依靠它而成长，五行运动，终始更迭，周而复始。太虚元气，无所不在，真灵之气，统摄万物，天地元气，资生万物。九星悬天，七曜旋转。于是便有了阴阳天道，刚柔地道，昼夜往来，寒暑更替，生生不息，变化不断，万事万物，繁茂成长。"一句话，就是宇宙中的万事万物，都是禀真元灵气而化生、繁育的。

那么，元气怎样化生、繁育万物的呢？《黄帝内经》的作者，作了具体的论证。这就是：

---

① 《黄帝内经·素问·天元纪大论篇》。

夫五运阴阳者，天地之道也，万物之纲纪，变化之父母，生杀之本始，神明之府也。……夫变化之为用也，在天为玄，在人为道，在地为化。……故在天为气，在地成形，形气相感而化生万物矣。然天地者，万物之上下也；左右者，阴阳之道路也。①

阴阳者，天地之道也，万物之纲纪，变化之父母，生杀之本始，神明之府也。②

天覆地载，万物悉备，莫贵于人，人以天地之气生，四时之法成。……夫人生于地，悬命于天，天地合气，命之曰人。③

这几段话的思想主旨十分明确，就是元气中所包涵的阴阳二气，由于其相互作用，彼此聚合，共同结合，而化生、形成了人和天地万物，没有阴与阳之间的这种相互作用，就没有人和天地万物的化生、形成。所谓“阴阳者”为“变化之父母，生杀之本始，神明之府也”，就是这个意思。所以说：“阴阳者，万物之根本也。”④“自古通天者生之本，本于阴阳。”⑤都是说，阴阳是产生人和万物的本根、父母、本原、始基。

关于阴阳与天地的关系，《黄帝内经》的作者，亦作出了自己的阐释。在论述“阴阳者，天地之道也”的同时说：“积阳为天，积阴为地。……清阳为天，浊阴为地；地气上为云，天气下为雨；雨出地气，云出天气。”⑥这是说，阴阳是天地变化生成所必由之道路，由于阴阳的变化，清阳上浮而积为天，浊阴下降而积为地，所

① 《黄帝内经·素问·天元纪大论篇》。
② 《黄帝内经·素问·阴阳应象大论篇》。
③ 《黄帝内经·素问·宝命全形论篇》。
④ 《黄帝内经·素问·四气调神大论篇》。
⑤ 《黄帝内经·素问·生气通天论篇》。
⑥ 《黄帝内经·素问·阴阳应象大论篇》。

以说天地是由阴阳积聚而形成的，即阴阳为天地的本根。

阴阳产生天地之后，天有天气，地有地气，由于天地之气的升降变化，而形成云雨等万物的不同变化，所以说："阴阳者，万物之能始也。""天地者，万物之上下也"，"故天有精，地有形，天有八纪，地有五里，故能为万物之父母。清阳上天，浊阴归地，是故天地之动静，神明为之纲纪，故能以生长收藏，终而复始。"①阴阳变化而为天地，天地之气的变化而为万物，万物的生长变化都是"天地之动静"的表现、结果，究其本根、初始者，则是阴阳，"阴阳者，万物之能始也"，就是这个意思。

《黄帝内经》认为"太虚"充满着物质元气，元气蕴涵着阴阳，阴阳化生天地，天地化生万物，人禀精气而生，这便是它的宇宙演化模式和过程。因此，我们称其为元气本体论。

第二节 《黄帝内经》的阴阳气化论

《黄帝内经》是中医经典著作，中医理论最为讲究和重视的是"阴阳"范畴，所以书中对"阴阳"的相互关系及其作用，进行了大量而具体的论述，形成了阴阳气化论、转化论。

《黄帝内经》的作者认为，由阴阳所化生的人和万物，无一不具有阴阳、包涵阴阳，并且是"阴中有阴，阳中有阳"，"阳中有阴，阴中有阳"，"天有阴阳，地亦有阴阳"，"人亦有阴阳"。人认识、明白了这个基本道理，才能了解、掌握人和万物的生存、发展的道理、法则，方可顺应天地阴阳的发展、变化。所以说：

> 阴中有阴，阳中有阳。平旦至日中，天之阳，阳中之阳也；日中至黄昏，天之阳，阳中之阴也；合夜至鸡鸣，天之阴，阴中之阴也；鸡鸣至平旦，天之阴，阴中之阳也。故人亦应之。夫言人之阴阳，则外为阳，内为阴。言人身之阴阳，则背为阳，腹为阴。言人身之脏腑中阴阳，则脏者为阴，腑者为

① 《黄帝内经·素问·阴阳应象大论篇》。

阳。……故背为阳，阳中之阳，心也；背为阳，阳中之阴，肺也；腹为阴，阴中之阴，肾也；腹为阴，阴中之阳，肝也；腹为阴，阴中之至阴，脾也。此皆阴阳表里内外雌雄相输应也，故以应天之阴阳也。①

天有阴阳，地亦有阴阳。木火土金水火，地之阴阳也，生长化收藏。故阳中有阴，阴中有阳。所以欲知天地之阴阳者，应天之气，动而不息，故五岁而右迁，应地之气，静而守位，故六期而环会，动静相召，上下相临，阴阳交错，而变由生也。②

人和天地万物都有阴阳，而且是阴中有阴，阴中有阳，阳中有阳，阳中有阴。由于阴阳之间的相互交错，上下相临，动静往来，运动不息，阳舒阴布，五化宣布，寒暑迎随，内外分合，循环往复，变化多端，而使人和万物生生不息，不断发展。人和万物顺应了这个变化之道，便可以顺阴阳之大化流行而生存发展。人们认识了这个变化之道，掌握了阴阳变化之理，便能明乎中道，不太过，亦不不及，从而可以德化政令，免灾保生，通于神明，无所不通。所以说：

夫道者，上知天文，下知地理，中知人事，可以长久。……位天者，天文也。位地者，地理也。通于人气之变化者，人事也。故太过者先天，不及者后天，所谓治化而人应之也。

德化者气之祥，政令者气之章，变易者复之纪，灾眚者伤之始，气相胜者和，不相胜者病，重感于邪则甚也。……善言天者，必应于人，善言古者，必验于今，善言气者，必彰于物，善言应者，同天地之化，善言化言变者，通神明之理。③

① 《黄帝内经·素问·金匮真言论篇》。

② 《黄帝内经·素问·天元纪大论篇》。

③ 《黄帝内经·素问·气交变大论篇》。

人认识、顺应了阴阳气化之道、之理，便能顺天应人，同天地之化，得阴阳之和，便可以政通人和，祛病保身，这才是善言变化而通神明之理的智者。

《黄帝内经》的作者进一步指出，由于阴阳之间的不断变化，彼此消长，屈伸往来，当一方增长、发展到了顶点、极致，就要向对立的方面转化，这就是“物极必反”的道理。所以说：

> 阴静阳躁，阳生阴长，阳杀阴藏。阳化气，阴成形。寒极生热，热极生寒。……阳胜则热，阴胜则寒。重寒则热，重热则寒。……故重阴必阳，重阳必阴。①
>
> 四时之变，寒暑之胜，重阴必阳，重阳必阴，故阴主寒，阳主热，故寒甚则热，热甚则寒。故曰：寒生热，热生寒，此阴阳之变也。②

由于阴阳的气化而产生了人和天地万物，阳气的本质特性是热，阴气的本质特性是寒。阳发展到极点则生寒而转化为热，阴发展到极点则生热而转化为寒，这就是物极之变，生化之理。这种变化是阴阳的自己变化，因而是无形迹而神妙莫测的。所以说“阴阳者”“变化之父母”，“故物生谓之化，物极谓之变，阴阳不测谓之神，神用无方谓之圣”。③ 又说：“夫物之生从于化，物之极由乎变，变化之相薄，成败之所由也。”④阴阳是万物变化的父母、根源、动力，由于阴阳的自动变化，而使万物产生神妙莫测，往复不断，生生不息，这就是事物变化的“神机”。如果“神机化灭”而“升降息则气立孤危”。⑤ 当然也就没有万物的生存变化了，只能是“不生化”的

① 《黄帝内经·素问·阴阳应象大论篇》。
② 《黄帝内经·灵枢·论疾诊尺篇》。
③ 《黄帝内经·素问·天元纪大论篇》。
④ 《黄帝内经·素问·六微旨大论篇》。
⑤ 《黄帝内经·素问·六微旨大论篇》。

“不生不化”了。由此可见，《黄帝内经》的阴阳气化论、物极必反论，充满着唯物论和辩证法思想。

《黄帝内经》的作者，由阴阳气化论而引申出天人合一论，人和天都是从气化而来的，所以人和天是相类的、相通的、相同的、对应的、合一的，天有什么，人亦有什么，二者是合而为一的。《黄帝内经》对天人合一作了详细的论述，举其要者，录之如下：

> 夫人生于地，悬命于天，天地合气，命之曰人。人能应四时者，天地为之父母；知万物者，谓之天子。天有阴阳，人有十二节；天有寒暑，人有虚实。……人生有形，不离阴阳，天地合气，别为九野，分为四时。①
>
> 人之合于天道也，内有五脏，以应五音、五色、五时、五味、五位也；外有六腑，以应六律，六律建阴阳诸经而合之十二月、十二辰、十二节、十二经水、十二时、十二经脉者，此五脏六腑之所以应天道。②
>
> 天圆地方，人头圆足方以应之。天有日月，人有两目。地有九州，人有九窍。天有风雨，人有喜怒。天有雷电，人有音声。天有四时，人有四肢。天有五音，人有五脏。天有六律，人有六腑。天有冬夏，人有寒热。天有十日，人有手十指。辰有十二，人有足十指、茎、垂以应之；女子不足二节，以抱人形。天有阴阳，人有夫妻。岁有三百六十五日，人有三百六十节。地有高山，人有肩膝。地有深谷，人有腋腘。地有十二经水，人有十二经脉。地有泉脉，人有卫气。地有草蓂，人有毫毛。天有昼夜，人有卧起。天有列星，人有牙齿。地有小山，人有小节。地有山石，人有高骨。地有林木，人有募筋。地有聚邑，人有䐃肉。岁有十二月，人有十二节。地有四时不生草，人有无子。此人与天地相应者也。③

① 《黄帝内经·素问·宝命全形论篇》。

② 《黄帝内经·灵枢·经别篇》。

③ 《黄帝内经·灵枢·邪客篇》。

阴阳化生了天、地、人，天、地有什么，人亦有什么与天、地对应，这就是“有天有地有人也”①的道理。根据这个道理，人“必应于天地”，方可与天地协调同行，动而不息，生生不已，变化发展，这才是“通于人气之变化者”。因此，人必须“上知天文，下知地理，中知人事”。只有如此者，才“可以长久”存在、发展。

《黄帝内经》的天人合一论，与《淮南鸿烈》、《春秋繁露》的天人合一论，是相应、相近、相同的，我们将依次作分析评述，请读者注意其相近、相同之外，并由此可以证明它们是一个时代的著作。

第三节 《黄帝内经》的知情反映论

《黄帝内经》由阴阳气化论，引申出知情反映论，并以此为理论基础，建立了中医的辩证施治论。《黄帝内经》作为中医经典著作，不仅为中医提供了理论基础、指导，而且为中医治病指明了实践方法、技术。

《黄帝内经》的作者指出，人和宇宙万物都是由“阴阳”化生、形成的，所以对于人和万物都必须用“阴阳”来认识、说明。离开了“阴阳”便不可能认识人和万物的产生之源和化生之理。因为“天人合一”，人与天地相随、相应、相类、相威，所以人要上知天文，下知地理，中知人事，如此同天地之化，才是通神明之理，知人事之道，这样方可以人应天，与阴阳相和，顺阴阳之化。

就中医认识论而言，要做到治病救人，就必须找到病的根源、症状、表现，对症下药，方可药到病除。就是说，只有认识人、人体，才能治病、用药，我们称之为知情反映论，即中医的认识论。

中医的知情反映论是全面而系统的、合理而辩证的。具体说来，主要包括下面几个方面的内容：

第一，审知阴阳，可知人体。

---

① 《黄帝内经·素问·三部九候论篇》。

《黄帝内经》的作者认为，由于人体是由阴阳化生、组成的，所以要认识人体，就要“审知阴阳”，认识了阴阳，就是认识了人体，认识了人体，方可认识病根，找出病源，调理阴阳、刚柔、强弱、长短，使之平衡、协调、合理，便可以治病。这就是：

> 黄帝问于少师曰：“余闻人之生也，有刚有柔，有弱有强，有短有长，有阴有阳，愿闻其方。”
>
> 少师答曰：“阴中有阴，阳中有阳，审知阴阳，刺之有方，得病所始，刺之有理，谨度病端，与时相应，内合于五脏六腑，外合于筋骨皮肤。是故内有阴阳，外亦有阴阳。在内者，五脏为阴，六腑为阳；在外者，筋骨为阴，皮肤为阳。故曰病在阴之阴者，刺阴之荥俞；病在阳之阳者，刺阳之合；病在阳之阴者，刺阴之经；病在阴之阳者，刺络脉。故曰病在阳者名曰风，病在阴者名曰痹，阴阳俱病名曰风痹。病有形而不痛者，阳之类也；无形而痛者，阴之类也。无形而痛者，其阳完而阴伤之也，急治其阴，无攻其阳；有形而不痛者，其阴完而阳伤之也，急治其阳，无攻其阴。①
>
> 圣人之治病也，必知天地阴阳，四时经纪，五脏六腑，雌雄表里，刺灸砭石、毒药所主，从容人事，以明经道。……审于分部，知病本始，八正九候，诊必副矣。②

这是说，要治病，就必须知病，只有知病之始、之根、之源，才能有效地治病。否则，乱投药、乱用针，则会误病害人的。要知病，必知阴阳，审知阴阳，方可治之有方。依据病之阴阳所在，“得病所始”，而投药石，阴伤治阴，阳伤治阳，阴阳平衡，病可治愈。

《黄帝内经》的作者指出，病之所以可以治，在于人体之可以知。因为人体是有限的、具体的、看得见、摸得着，故可以知。不像“天至高，不可度，地至广，不可量。……非人力之所能度量而

① 《黄帝内经·灵枢·寿夭刚柔篇》。

② 《黄帝内经·素问·疏过五论篇》。

至也”。[1] 而人则与“天之高，地之广”不同。所以说：“若夫八尺之士，皮肉在此，外可度量切循而得之，其死可解剖而视之，其脏之坚脆，腑之大小，谷之多少，脉之长短，血之清浊，气之多少，十二经之多血少气，与其少血多气，与其皆多血气，与其皆少血气，皆有大数。其治以针艾，各调其经气，固其常有合乎!”[2]人体作为有形而具体存在的客观事物，是可以认识、诊知的，活着可以从外部度量切循而知之，死后可以解剖而视之，从内外而察知其表征状况和五脏六腑的具体情况，以及其经脉血气的长短多少。作为人体而言，“皆有大数”。针对其具体病症，治以针艾，调其经气，则百病可治。

据此，《黄帝内经》的作者进一步指出，没有不可治的病。如果认为有不可治的病，则是由于其医术不高、不精所致。所以说：

> 今夫五脏之有疾也，譬犹刺也，犹污也，犹结也，犹闭也。刺虽久，犹可拔也；污虽久，犹可雪也；结虽久，犹可解也；闭虽久，犹可决也。或言久疾之不可取者，非其说也。夫善用针者，取其疾也，犹拔刺也，犹雪污也，犹解结也，犹决闭也。疾虽久，犹可毕也。言不可治者，未得其术也。[3]

这是说，五脏有病，就好像肌肉扎了刺，物体被污染，绳索打了结，水道被淤塞一样。刺虽久，却可以拔掉；物体污染虽久，却可以洗净；绳结虽久，却可以解开；水道淤塞虽久，却可以疏通。病虽久，亦是可以治愈的。有人认为久病痼疾是不可以治愈的，这种说法是没有道理的。善于用针治病的医生，其治病就如同拔刺、洗污、解结、清淤一样。得病虽然日久，但还是可以治愈的。那种说久病不可治愈的人，是因为他没有掌握治病的医术。如果掌握了治病的医术，就没有不可治愈的病症。总而言之，人体是可知的，百

---

① 《黄帝内经·灵枢·经水篇》。
② 《黄帝内经·灵枢·经水篇》。
③ 《黄帝内经·灵枢·九针十二原篇》

病是可治的。

第二，五脏六腑，各有其职。

《黄帝内经》的作者认为，人体是一个由各种器官组成的系统整体，这个整体是一个组织系统，每个器官又是一个组织系统。各个器官都有自己的职能，各司其职，使身体正常运动，人才能健康长寿。所以说：

> 心者，君主之官也，神明出焉。肺者，相傅之官，治节出焉。肝者，将军之官，谋虑出焉。胆者，中正之官，决断出焉。膻中者，臣使之官，喜乐出焉。脾胃者，仓廪之官，五味出焉。大肠者，传道之官，变化出焉。小肠者，受盛之官，化物出焉。肾者，作强之官，伎巧出焉。三焦者，决渎之官，水道出焉。膀胱者，州都之官，津液藏焉，气化则能出矣。凡此十二官者，不得相失也。故主明则下安，以此养生则寿，殁世不殆，以为天下则大昌。①

心，在人体中的重要地位如同君主，人的聪明智谋都由心中产生出来。肺，如同宰相，主一身之气，人体的各种活动，都由肺来调节。肝，如同智勇兼备的将军，勇而能断，智而能谋，都由肝中发生出来。胆，如同中正之官，刚正果决，直而不疑，决断果敢，都由胆中发布出来。膻中，为包蔽在心脏外面的气海，分布阴阳，如同贴近君主的近臣，故君主的喜乐由它来表现出来。脾胃，如同仓廪之官，容纳五味，供养全身。大肠，如同传道之官，主管运输，使食物糟粕，变化排出。小肠，如受盛之官，接受脾胃已消化之食物后，再进一步分化，传入大肠。肾，如同作强之官，是精力的源泉，能产生力量和技巧。三焦，如同决渎之官，引导阴阳，开通闭塞，使水道畅通。膀胱，如同州都之官，是津液储藏之所，经过气化作用，把尿液排除体外。以上这十二个器官的作用，必须相互协调，不得失调，这是养生益寿的根本法则。依据这个道理来养生，

① 《黄帝内经·素问·灵兰秘典论篇》。

就能健康长寿，终其一生都不会发生大的疾病。如果按照这个道理来治理国家，国家也会国祚昌盛。相反，若十二官受到伤害，各个器官的活动闭塞不通，身体大伤，以此养生则必遭灾殃，以此治国则国家危亡。因此必须谨慎警戒，安不忘危。这就是说，人体作为一个系统的整体，每个器官各司其职，协调一致，人就可以健康长寿，终享天年。

《黄帝内经》所说的人体的各个器官，主要指五脏六腑而言。"五脏"为：心、肝、肺、脾、肾。"所谓五藏者，藏精气而不泻也，故满而不能实。""六腑"为：胆、胃、小肠、大肠、三焦、膀胱。"六腑者，传化物而不藏，故实而不能满也。"①"五脏"以精气为满，藏而不泻，"故满而不能实"；"六腑"以水谷为实，把食物消化吸收后，把糟粕排出，"故实而不能满"。"五脏"与"六腑"各自成为人体的循环运动系统，使人的生命延续不断。五脏六腑各有所主、各司其职，故能使人体的各个循环系统运动有序，变化不乱，人才能健康长寿。

《黄帝内经》的作者，对五脏六腑的功能作了具体的论述。这就是：

> 心者，生之本，神之变也，其华在面，其充在血脉，为阳中之太阳，通于夏气。肺者，气之本，魄之处也，其华在毛，其充在皮，为阳中之太阴，通于秋气。肾者，主蛰封藏之本，精之处也，其华在发，其充在骨，为阴中之少阴，通于冬气。肝者，罢极之本，魂之居也，其华在爪，其充在筋，以生血气，其味酸，其色苍，此为阳中之少阳，通于春气。脾、胃、大肠、小肠、三焦、膀胱者，仓廪之本，营之居也，名曰器，能化糟粕，转味而入出者也，其华在唇四白，其充在肌，其味甘，其色黄，此至阴之类，通于土气。凡十一脏，取决于胆也。②

① 《黄帝内经·素问·五藏别论篇》。

② 《黄帝内经·素问·六节藏象论篇》。

心、肺、肾、肝、脾、胃、大肠、小肠、三焦、膀胱、胆，各有自己的职能、功用，而其职能、功用发挥得如何，皆取决于胆的功能是否正常，所以说“取决于胆也”。而胃的功能，亦很重要。因为“胃者，水谷之海，六腑之大源也。五味入口，藏于胃以养五脏气，气口亦太阴也。是以五脏六腑之气味，皆出于胃，变见于气口”。[①]“胃者，五脏六腑之海也，水谷皆入于胃，五脏六腑皆禀气于胃。五味各走其所喜，谷味酸，先走肝，谷味苦，先走心，谷味甘，先走脾，谷味辛，先走肺，谷味咸，先走肾。谷气津液已行，营卫大通，乃化糟粕，以次传下。”[②]胃是水谷之海，五脏六腑之源。水谷入胃，将食物化成精微之气，五脏六腑从中吸取各自需要的气味，滋养自己，从而发挥各自的功用，使之正常运动，没有胃供应养料，五脏六腑就不能发挥作用、正常运动。所以说胃是五脏六腑所需之气的源泉、运动的动力、生命的基础。五脏六腑所需之气味，都出于胃，不同气味，被其所喜欢的器官吸纳，剩下糟粕，排除体外。这一个消化循环系统，各个器官都必须正常运动、发挥作用。否则，人便会生病而短命。

《黄帝内经》的作者进一步指出，五脏六腑作为一个消化循环系统，其所以能够正常运动，动而不乱，化而有序，就在于十二经脉把内之脏腑、外之肢节联系起来，从而使人体能正常、健康地生活、发展。“夫十二经脉者，内属于腑脏，外络于肢节。”[③]由于十二经脉把五脏六腑与肢体联系起来，使人成为一个完整而系统的整体，人的机体才能正常运转，生命才能延续不断。否则，经脉不通，百病丛生，人的生命也就停止了。因为“经脉者，所以能决生死，处百病，调虚实，不可不通”。[④] 为此，必须调节虚实，疏通经脉，保气养生。

---

① 《黄帝内经·素问·五藏别论篇》。

② 《黄帝内经·灵枢·五味篇》。

③ 《黄帝内经·灵枢·海论篇》。

④ 《黄帝内经·灵枢·经脉篇》。

人的五脏六腑与手足四肢的对应部位，都由其相应的经脉联系、联结着。经脉是深而隐不可见者，络脉是浮而可见者，这是经脉与络脉的区别。所以说：

> 经脉十二者，伏行分肉之间，深而不见；其常见者，足太阴过于外踝之上，无所隐故也。诸脉之浮而常见者，皆络脉也。……经脉者常不可见也。其虚实也以气口知之，脉之见者皆络脉也。①

经脉深不可见，根据经脉的变化，可以决断人的生死，处理百病，调整虚实，这是必须明白的道理。经脉都隐伏在体内而行于分肉之间，在体表是看不见的，要了解它的虚实，可以从气口切脉诊察了解。根据每个人的经脉不同，而调节其虚实，使之畅通，医治百病。

人体是一个由经脉联系、联结的系统，是由阴阳精气产生的，所以人体与自然的四时变化相伴随、相适应、相对应，经脉的运行，也是这样。这就是“经脉十二者，别为五行，分为四时”，“五行有序，四时有分，相顺则治，相逆则乱。……经脉十二者，以应十二月；十二月者，分为四时，四时者，春秋冬夏。其气各异，营卫相随，阴阳已和，清浊不相干，如是则顺之而治”。② 人体的十二经脉，分属五行，分别与四时相应。五行有相生相克的次序，四时有自己变化的规律，与它们相顺应就会协调治理，相违反就会得病紊乱。十二经脉对应十二个月，十二个月分为四季，四季为春夏秋冬。每个季节的气候各不相同，人的营卫之气与之相随，阴阳相和，清浊之气不相干扰，这就表明经脉与四季气候变化相顺，人体也就健康无病了。所以人体十二经脉就随四时阴阳变化而变化，而不可违逆之。因为这是生命之根本，生长之门径，故不可逆而行之，必须顺而从之。所以说：

---

① 《黄帝内经·灵枢·经脉篇》。

② 《黄帝内经·灵枢·五乱篇》。

夫四时阴阳者，万物之根本也。所以圣人春夏养阳，秋冬养阴，以从其根，故与万物沉浮于生长之门。逆其根，则伐其本，坏其真矣。故阴阳四时者，万物之终始也，生死之本也。逆之则灾害生，从之则苛疾不起，是谓得道。道者，圣人行之，愚者佩之。从阴阳则生，逆之则死，从之则治，逆之则乱。①

人和万物都是由阴阳气化而生成的，人只有随着阴阳四时的冷暖变化而变化，才能健康生存，不得病招灾。如果违背了阴阳四时的变化规律，就会得病招灾。人治病、养生，都必须遵循、顺应自然变化的规律，这才是智者之行。

第三，望闻问切，辩证施治。

人体是一个系统的整体，又由经脉把脏腑与肢节联系起来，根据脏腑与经脉的表现症状，可以认识人体的健康与否，察知其病情状况，进行有针对性的治疗。中医诊病、治病，就是把人体作为一个系统的整体，综合观察，辩证施治，其具体方法则是望、闻、问、切。

治病和认识事物一样，要治病，就必须知病，要知病，就必诊断病因、病根、病源、病症。由于脏腑与肢节通过经脉紧密相联，所以要把人体作为一个整体，内外会诊，表里兼顾，三部相会，综合治疗。黄帝与岐伯有这样的问对：

黄帝问于岐伯曰：夫百病之始生也，皆生于风雨寒暑，清湿喜怒。喜怒不节则伤脏，风雨则伤上，清湿则伤下。三部之气，所伤异类，愿闻其会。

岐伯曰：三部之气各不同，或起于阴，或起于阳，请言其方。喜怒不节，则伤脏，脏伤则病起于阴也；清湿袭虚，则病起于下；风雨袭虚，则病起于上，是谓三部。至于其淫泆，不

① 《黄帝内经·素问·四气调神大论篇》。

可胜数。①

诊病之道，观人勇怯骨肉皮肤，能知其情，以为诊法也。故饮食饱甚，汗出于胃。惊而夺精，汗出于心。持重远行，汗出于肾。疾走恐惧，汗出于肝。摇体劳苦，汗出于脾。故春秋冬夏，四时阴阳，生病起于过用，此为常也。②

人的各种疾病的发生，都是由于风雨、寒暑、清湿、喜怒等内外诸种原因所造成的。喜怒失控而过度，就会伤害内脏；风雨加身，就会伤害人体上部；清冷阴湿之气袭身，就会伤害人体下部。上中下三部之气对人体的伤害各不相同，或起始于阴内，或起始于阳表。喜怒失节则伤害内脏，伤害内脏则病发于阴内；清冷寒湿乘虚袭入则伤害下部，伤害下部则病发于下部；风雨乘虚袭入则伤害上部，伤害上部则病发于上部。这是百病起因初发的三大部位。至于病邪侵淫扩散，就不可一一述说了。所以诊病之道，要从人的三大部位作总体观察，阴阳、表里、内外兼顾，视其是否与四时阴阳相随、相适、相顺，不适其性，强为过度，失去协调，就会生病，这是诊病之常道，知病之常理。

认识了疾病发生的原因，了解诊病的道理，要想真正地懂得、获取病症，还必须了解、掌握诊病的方法。这就是中医的望、闻、问、切的“四诊”方法。《黄帝内经》作了具体的论证。

《黄帝内经》的作者指出，人体作为一个系统的整体，五脏六腑有病失调，必然通过肢体的相应部位表现出来，透过肢体异常变化，便可以诊断脏腑的病症。《灵枢·师传篇》对此作了详细的说明。如说：“五脏六腑者，肺为之盖，巨肩陷咽，候见其外。”“五脏六腑，心为之主，缺盆为之道，骷骨有余，以候髑骬。”“肝者主为将，使之候外，欲知坚固，视目小大。”“脾者主为卫，使之迎粮，视唇舌好恶，以知吉凶。”“肾都主为外，使之远听，视耳好恶，以知其性。”“六腑者，胃为之海，广骸、大颈、张胸，五谷乃

① 《黄帝内经·灵枢·百病始生篇》。

② 《黄帝内经·素问·经脉别论篇》。

容。鼻隧以长，以候大肠。唇厚、人中长，以候小肠。目下果大，其胆乃横。鼻孔在外，膀胱漏泄。鼻柱中央起，三焦乃约。此所以候六腑者也。上下三等，脏安且良矣。”五脏六腑的表象，可以从外部肢体的表现去观察了解。五脏六腑，肺的位置最高，如遮盖一样，肩高和咽喉的凹陷情况，就是肺部情况的外部表现。五脏六腑，心是主宰者，缺盆是气血的通道。从肩端骨两端的相距大小，可以观察缺盆骨的部位形态，从而观察心脏的种种情况。肝如同将军，它抵御外邪入侵，要想知道肝的健康情况，可以观察眼睛的大小、明暗。脾保卫身体健康，它接受食物，运送食物的精华到身体各个部分，观察嘴唇和舌头的色泽的正常与否，就可以知道脾的健康情况。肾主水在体内运行，肾气通耳而影响听力，观察耳的听力好坏，可以知道肾的功能好坏。六腑中，胃是饮食之海，一个人脸颊丰满、颈项粗大、胸部宽阔，表明他的胃容纳五谷是好的。鼻道长短，可以观察大肠的情况。嘴唇厚，人中长，可以观察小肠的情况。眼睛下眼泡大，表明胆有问题。鼻孔向上外露，表明膀胱不固而漏泄。鼻梁中央隆起，表明三焦强健。这些是用来观察六腑情况的方法。人体的上中下三部分匀称和谐，就表明内脏是安定而健康的。以上这些从外部肢体表现状态来观察五脏六腑的健康状况。这实际是讲“望”的诊法。观、望、看、视，都讲的是相同的内容。

关于“闻”、“问”的诊法。“闻”为听见，主要是指听音声的长短、粗细、快慢，而知道患者的病症和苦处，即根据呼吸的长短、粗细、快慢，而断定患者的病情。“闻”与“问”紧密相联，要了解病情，必须向患者询问病情，有问必有听，细问还要谨听，医生与患者通过“闻问”而互通信息、病情。《黄帝内经》中，对“问”诊法讲得较为详备。如说：“入国问俗，入家问讳，上堂问礼，临病人问所便。”①“凡未诊病者，必问尝贵后贱，虽不中邪，病从内生，名曰脱营。……凡欲诊病者，必问饮食居处，暴乐暴苦，始乐后苦，皆伤精气，精气竭绝，形体毁沮。暴怒伤阴，暴喜伤阳，厥气上行，满脉去形。……诊有三常，必问贵贱，封君败伤，及欲侯

① 《黄帝内经·灵枢·师传篇》。

王。故贵脱势，虽不中邪，精神内伤，身必败亡。始富后贫，虽不伤邪，皮焦筋屈，痿躄为挛。……凡诊者，必知终始，有知余绪，切脉问名，当合男女。”①“诊病不问其始，忧患饮食之失节，起居之过度，或伤于毒，不先言此，卒持寸口，何病能中，妄言作名，为粗所穷，此治之四失也。”②“问”是诊病的一个重要方法。问病如同入国问习俗，入家问忌讳，入庙堂问礼节，看病要问病人的身体病状。具体说来，要问病人的生活状况、社会地位、饮食起居、发病之始、现在病状等，从其病的初始到现在病症的种种情况，都要问清楚明白。“不问”是诊病、治病的“四失”、“四过”之一。因为病情与生活状况、精神情绪、社会地位、人事变迁等都有密切关系，所以“问”对诊病、知病、治病是十分重要的。

关于“切”的诊法。“切”为切脉。《黄帝内经》记述了许多脉象和切脉的方法。切脉之“切”与“望、闻、问”之诊法，是一个诊治系统，密切相联，不可分割。望、闻、问之后，接着便是切，切诊脉象便可以知病情、病症，从而确定诊治方法，以至确定病人的生死之分。所以说：

> 切脉动静而视精明，察五色，观五脏有余不足，六腑强弱，形之盛衰，以此参伍，决死生之分。夫脉者，血之府也，长则气治，短则气病，数则烦心，大则病进，上盛则气急，下盛则气胀，代则气衰，细则气少，涩则心痛，浑浑革至如涌泉，病进而色弊，绵绵其去如弦绝，死。③
>
> 必审问其所始病，与今之所方病，而后各切循其脉，视其经络浮沉，以上下逆从循之，其脉疾者不病，其脉迟者病，脉不往来者死，皮肤著者死。……经病者治其经，孙络病者治其孙络血，血病身有痛者治其经络。④

---

① 《黄帝内经·素问·疏过五论篇》。

② 《黄帝内经·素问·征四失论篇》。

③ 《黄帝内经·素问·脉要精微论篇》。

④ 《黄帝内经·素问·三部九候论篇》。

在切脉诊察病人脉搏动静变化的时候，还要审视病人两眼的神气，观察面色的光泽，分析其五脏是有余，还是不足，六腑是强，还是弱，形体是盛，还是衰，将这些情况综合考虑，就可以判断病人的生死之分。脉是血液会聚的地方。脉长表明血气平治，脉短表明血气有病，脉数表明心里烦躁，脉大表明病情发展，上部脉盛是病气塞于胸，下部脉盛是病气胀于腹，代脉是病气衰，细脉是病气少，涩脉是心绞痛，脉动刚急如涌泉是病情急剧加重，脉动似有若无，其去如弓弦断绝，则是死亡的征兆。所以说，治病时必须详细询问病人开始发病的情状与现在的症状，然后按其各个部位切其脉搏，从而观察其经络的浮沉，以及其上下逆顺。如果其脉搏顺利则无病，脉搏迟滞则有病，脉搏不往不来则死，皮肤干枯附于骨上必死。治病还必须根据脉象，对症治疗。病在经的治其经，病在孙络的治其孙络，属于血病而身有疼痛症状的治其经络。根据脉象，对症施治，方能治愈。

由于人体是一个系统的整体，所以诊病治疗也要综合诊断、辩证施治，不能头疼医头，脚疼医脚，要将望、闻、问、切这“四诊”联系起来，同时并用。所以说：

> 善诊者，察色按脉，先别阴阳；审清浊，而知部分；视喘息，听音声，而知所苦；观权衡规矩，而知病所主。按尺寸，观浮沉滑涩，而知病所生。以治无过，以诊则不失矣。①

这是说，善于诊病的医生，观察病人的颜色和切脉时，先要辨别阴阳，诊知病症属阴还是属阳。审视病人五色的清浊，断定病症来自哪个部位，观察病人的喘息状况，听其声音的长短粗细，便可以知道病人的病痛部位及痛苦程度。观察病人四时不同的脉象，从而诊知病症出之何种脏腑。按尺肤、审寸口，观察脉象的浮沉滑涩，从而了解发病的原因和治疗的方法。用这种方法诊断和治疗，就不会

① 《黄帝内经·素问·阴阳应象大论篇》。

发生诊断和治疗上的失误。这当然是“善诊者”了。

《黄帝内经》在治疗方法上，其总的原则是调理阴阳，本末兼治，使人体各个器官阴阳平衡、协调，功能正常、和谐，不失其职能，不发生紊乱。所以说，治疗就是调理、调整功能，使人体各个器官正常发挥作用，各司其职，而不失调、失职。这就是：

> 必先度其形之肥瘦，以调其气之虚实，实则泻之，虚则补之。必先去其血脉而后调之，无问其病，以平为期。①
>
> 形气不足，病气有余，是邪胜也，急泻之。形气有余，病气不足，急补之。形气不足，病气不足，此阴阳气俱不足也。……形气有余，病气有余，此谓阴阳俱有余也，急泻其邪，调其虚实。故曰有余者泻之，不足者补之，此之谓也。②

“平”为平衡阴阳、虚实；“调”为调整阴阳之气，使阴阳、虚实平衡、正常。具体办法是：根据脉象、血脉、形气、病气的具体情况，“有余者泻之，不足者补之”，从而使之平衡，“以平为期”，达到了阴阳、虚实的平衡，病症即消失而痊愈了，治病就是这个道理。调节了阴阳、虚实，精气充沛，形气合一，器官正常，人就可以健康地生活了。这便是治病的目标、目的。

要想达到阴阳、虚实的有余与不足的平衡、协调，就必须了解什么是虚与实、有余与不足。《黄帝内经》对此作了明确的论述：

> 气实形实，气虚形虚，此其常也，反此者病。谷盛气盛，谷虚气虚，此其常也，反此者病。脉实血实，脉虚血虚，此其常也，反此者病。……夫实者，气入也。虚者，气出也。气实者，热也。气虚者，寒也。③
>
> 黄帝问曰：“余闻刺法言，有余泻之，不足补之，何谓有

① 《黄帝内经·素问·三部九候论篇》。

② 《黄帝内经·灵枢·根结篇》。

③ 《黄帝内经·素问·刺志论篇》。

余？何谓不足?”岐伯对曰：“有余有五，不足亦有五，帝欲何问?”帝曰：“愿尽闻之。”岐伯曰：“神有余有不足，气有余有不足，血有余有不足，形有余有不足，志有余有不足，凡此十者，其气不等也。”①

由于人体是由血和气所组成的，“有者为实，无者为虚，故气并则无血，血并则无气，今血与气相失，故为虚焉。络之与孙脉俱输于经，血与气并，则为实焉”。② 明白了虚实之理，知道了有余不足之处，掌握了虚实之要，方可做到调节阴阳、虚实，泻有余，补不足，从而养血气，保健康，以保生。这就是“高者抑之，下者举之，有余折之，不足补之，佐以所利，和以所宜，必安其主客，适其寒温，同者逆之，异者从之”③的治病道理、方法。

《黄帝内经》的作者指出，病有标有本，治病也应当有标有本，标本并重、兼治。治病不知标本者则是妄行，只有知标本者，才是正行万当者。所以说：

凡刺之方，必别阴阳，前后相应，逆从得施，标本相移，故曰有其在标而求之于标，有其在本而求之于本，有其在本而求之于标，有其在标而求之于本。故治有取标而得者，有取本而得者，有逆取而得者，有从取而得者。故知逆与从，正行无问，知标本者，万举万当，不知标本，是谓妄行。……人有客气有同气。小大不利治其标，小大利治其本。病发而有余，本而标之，先治其本，后治其标。病发而不足，标而本之，先治其标，后治其本。谨察间甚，以意调之，间者并行，甚者独行。先小大不利而后生病者治其本。④

① 《黄帝内经·素问·调经论篇》。

② 《黄帝内经·素问·调经论篇》。

③ 《黄帝内经·素问·至真要大论篇》。

④ 《黄帝内经·素问·标本病传论篇》。

因为“病有标本”，所以治病也要标本兼治。针刺治疗的方法，首先要认识、辨别病情属阴或属阳，并将病的前期和后期联系起来综合分析，然后确定施行逆治还是从治，治本还是治标。所以说，有的病在标而治标，有的病在本而治本，有的病在本而治标，有的病在标而治本。因此，治病有治标而得治者，有治本而得治者，有逆治而得治者，有顺治而得治者，所以知道逆治与顺治的法则，就可以放手治疗而无疑问；懂得了标本兼治者，则会万无一失，百治百愈；如果不知标本而去治病，则是妄行乱治，肯定失败。人体内有邪气，也有真气。大小便不利的先治其标，大小便通利的先治其本。病发表现为有余的实症，应用本而标之的治法，先治其本，后治其标。病发表现不足的虚症，应用标而本之的治法，先治其标，后治其本。要谨慎地观察病情的轻重，根据其具体情况进行合理的治疗、调理。病症轻的，可以标本兼治；病症重的，要从实际出发，或者治本，或者治标。先大小便不通利而后并发其他病症的，要先治其本。如此本末、本标兼治，则无病不可治。所谓“知标本者，万举万当”，就是这个意思。

《黄帝内经》作为我国医学最古老的一部经典，对人的生命的产生形成、人体的复杂结构、认识人体的思想方法、诊治病症的原则方法、养生保健的具体措施等，都作了详细而具体的论证、规定，它不仅奠定中医的理论基础，而且提供了治病的实践方法。因此，它具有重要的理论指导意义和实际应用价值。正因为如此，几千年来，流行不断，传播甚广，影响巨大。伴随历史的发展，它的价值愈来愈被人们所认识，而成为中医学说、中华文化的珍宝之一。

第四章　陆贾的思想

陆贾，生卒年月不详，楚国人。《史记索隐》案：《陈留风欲传》云："陆氏，春秋时陆浑国之后。晋侯伐之，故陆浑子奔楚。贾其后。"司马迁说：陆贾"以客从高祖定天下，名为有口辩士，居左右，常使诸侯"①。陆贾青年时代跟随刘邦定天下，善于辞令，富有辩才，被称为"有口辩士"。刘邦对陆贾很赏识，令陆贾在其左右，出使诸侯，从事外交工作。

汉高祖时，中国初定，南越尉赵佗平定了南越，而自立为南越王。高祖派陆贾出使南越。陆贾到后，赵佗傲慢无礼，一身夷人装束，"箕倨见陆生"。陆贾见于此，便以他的口辩之才，并以中国传统的"华夷之辨"和儒家孝道，对赵佗动之以情，晓之以理，劝说赵佗不要蛮横无礼，企图独立，称霸一方。如果一意孤行，割据一方，与大汉为敌，则会大祸临头的。陆贾以秦汉、楚汉相争的政治形势、历史结局，告诫赵佗闹独立是没有好下场的，只有接受高祖赐封，才是唯一出路。陆贾对赵佗说：

> 足下中国人，亲戚昆弟坟墓在真定。今足下反天性，衣冠带，欲以区区之越与天子抗衡为敌国，祸且及身矣。且夫秦失其政，诸侯豪杰并起，唯汉王先入关，据咸阳。项羽倍约，自立为西楚霸王，诸侯皆属，可谓至强。然汉王起巴蜀，鞭笞天下，劫略诸侯，遂诛项羽灭之。五年之间，海内平定，此非人力，天之所建也。天子闻君王王南越，不助天下诛暴逆，将相欲移兵而诛王，天子怜百姓新劳苦，故且休之，遣臣授君王

① 《史记·郦生陆贾列传》。

印，剖符通使。君王宜郊迎，北面称臣，乃欲以新造未集之越，屈强于此。汉诚闻之，掘烧王先人冢，夷灭宗族，使一偏将将十万众临越，则越杀王降汉，如反覆手耳。①

经过陆贾的这一番分析辩说，尉(赵)佗便肃然起敬，站起来拜谢陆贾说：我"居蛮夷中久，殊失礼义"。又经过一系列的问辩和几个月的相处交谈，赵佗最终接受高祖的赐封而为南越王，称臣奉汉约。陆贾离开南越时，赵佗送给他许多宝物，价值千金。陆贾出色地完成了高祖交给的出使南越的任务。归来后，报告高祖，高祖极为高兴，封陆贾为太中大夫。

汉朝初定，对于如何建立国家的政治策略、统治方术，陆贾经常考虑，并时时在刘邦面前讲论、称道《诗》、《书》等儒家经典的要义。刘邦听不下去，并骂道："乃公居马上而得之，安事《诗》、《书》！"②对此，陆贾回答道：

居马上得之，宁可以马上治之乎？且汤、武逆取而以顺守之，文武并用，长久之术也。昔者吴王夫差、智伯极武而亡；秦任刑法不变，卒灭赵氏。乡使秦已并天下，行仁义，法先圣，陛下安得而有之？③

刘邦听了陆贾的这一番议论，心里虽然不高兴，但是面色却是惭愧，觉得陆贾说得有道理。于是刘邦便对陆贾说："试为我著秦所以失天下，吾所以得之者何，及古成败之国。"从此陆贾便"粗述存亡之征，凡著十二篇。每奏一篇，高祖未尝不称善，左右呼万岁，号其书曰《新语》"。④ 这就是历史上所谓"马上得天下"与"马上治天下"的由来，以及《新语》产生的历史背景。它告诫历代的统治

① 《史记·郦生陆贾列传》。
② 《史记·郦生陆贾列传》。
③ 《史记·郦生陆贾列传》。
④ 《史记·郦生陆贾列传》。

者，用武力可以夺取政权，但却不能治理国家、安定天下。治理国家、安定天下，则必须文武并用，刚柔相济，推行仁政，实行德治，不可凭暴力，任刑法，害百姓。

陆贾后来在诛除吕后家族擅权专政，立孝文帝的斗争中，都起了重要作用。孝文帝即位后，丞相陈平力荐陆贾再次出使南越。陆贾到南越后，"令尉他去黄屋称制，令比诸侯，皆如意旨"。① 由于陆贾的智慧、辩才，不仅能出色地完成出使任务，运筹治国方略，而且能避祸免灾，竟以寿终。所以《汉书》赞曰："高祖以征伐定天下，而缙绅之徒骋其知辩，并成大业。……陆贾位止大夫，致仕诸吕，不受忧责，从容(陈)平、(周)勃之间，附会将相以强社稷，身名俱荣，其最优乎!"②是为公允之论。

第一节 "本于天地"的道术论

陆贾的《新语》第一篇为《道基》，且书中论"道"之处很多。据此，有的学者认为，陆贾的"道"是天地万物的始基、本原，与老子的"道"为"天地之始"、"万物之母"之义相同。如熊铁基在《秦汉新道家略论稿》中说：《新语》"第一篇《道基》。这一篇名表明，作者认为道是天地万物的基础，是事物的本原。这就是《老子》'天地之始'、'万物之母'的意思。《老子》说：'道生一，一生二，二生三，三生万物，万物负阴而抱阳，冲气以为和。'(四十二章)所谓'大道汜兮，其可左右，万物恃之而生而不辞……衣养万物而不为主'"。其实，这个论断不符合陆贾著《新语》的本意，亦不符合《道基》的原意。我们说过，陆贾著《新语》是奉刘邦之命为总结历史经验教训、治理安定国家而作，也就是为统治者提供治国、平天下的道术、方术，即"王道"、"仁义"的"道术"，而非探讨万物本原的"基础"。

我们综观《新语》，细读《道基》等篇，就会清楚地认识到，陆

① 《史记·郦生陆贾列传》。

② 《汉书·郦陆朱刘叔孙传》。

贾讲的“道”是“本于天地”的“道”，而非产生天地的“道”。他说：

> 夫世人不学《诗》、《书》，存仁义，尊圣人之道，极经义之深，乃论不验之语，学不然之事，图天地之形，说灾变之异，乖先王之法，异圣人之意，惑学者之心，移众人之志，指天画地，是非世事，动人以邪变，惊人以奇怪，听之者若神，视之者如异；然犹不可以济于厄而度其身。……故事不生于法度，道不本于天地，可言而不可行也，可听而不可传也，可小玩而不可大用也。①

这一段话出自《新语·怀虑》篇。唐晏在《怀虑》篇题解中说：“此篇主义窒欲。”就是说，治国治民者，不贪欲图利，而要窒欲兴教，政令专一，执一政而御万民。文中所说的“道不本于天地，可言而不可行也，可听而不可传也，可小玩而不可大用也”，换言之“道本于天地，可言而可行也，可听而可传也，可小玩而可大用也”。“道本于天地”之义，是说天地是道的本原、本根，而非道为天地万物的本原、本根。

因此，陆贾论“道”，常讲天道、地道、人道，并将三者区别开来，这个“道”不是讲宇宙万物的本体、根源，而是天、地、人的本质属性和遵循规律。尤其是当陆贾把“道”与“术”结合起来时，“道术”便成为治道艺术，治理方法，统治方术。陆贾说：

> 传曰：“天生万物，以地养之，圣人成之。”功德参合，而道术生焉。②
>
> 圣贤与道合，愚者与祸同，怀德者应以福，挟恶者报以凶，德薄者位危，去道者身亡，万世不易法，古今同纪纲。……道术蓄积而不舒，美玉韫椟而深藏。故怀通者须世，抱朴者待工，道为智者设，马为御者良，贤为圣者用，辩为智

① 《新语·怀虑》。

② 《新语·道基》。

者通，书为晓者传，事为见者明。故制事者因其则，服药者因其良。书不必起仲尼之门，药不必出扁鹊之方，合之者善，可以为法，因世而权行。①

陆贾所言之"道"、"道术"是讲治世之道、治道艺术。因为他看到"礼义不行，纲纪不立，后世衰废，于是后圣乃定《五经》，明《六艺》"②和"世人不学《诗》、《书》，存仁义，尊圣人之道"的形势，所以他便以"善言古者合之于今，能述远者考之于近。……校修《五经》之本末，道德之真伪"③的精神，为汉朝统治者制定统治原则、方法、艺术。正如南宋学者黄震所言："贾庶几以道事君者。"④所以说陆贾的"道"、"道术"是为汉家"定天下，安社稷"而立论、开方的。

我们知道，"道术"一词最早出于《庄子·天下》篇："天下之治方术者多矣，皆以其有为不可加矣。古之所谓道术者，果恶乎在？曰：'无乎不在。'"成玄英《疏》云："方，道也。自轩辕已下，迄于尧、舜，治道艺术，方法甚多，皆随有物之情，顺其所为之性，任群品之动植，曾不加之于分表，是以虽教不教，虽为不为矣。"又《疏》云："上古三皇所行道术，随物任化，淳朴无为，此之方法，定在何处？假设疑问，发明深理也。答曰：无为玄道，所在有之，自古及今，无处不遍。"可见，"道术"是指"治道艺术"，统治方术，因为它是无处不在的，所以"方法甚多"。自古及今，普遍存在，随物变化。显然，陆贾的"道术"与庄子的"道术"是大体相近的。

陆贾依据"天生万物，以地养之，圣人成之"，即天生之、地养之、人成之"而道术生焉"的原理，而讲天道、地道、人道。他所讲的天道、地道是天文、地理的自然变化规律，故为天地之道。

① 《新语·术事》。
② 《新语·道基》。
③ 《新语·术事》。
④ 《黄氏日抄》卷四十八。

他所说的天、地、人之道为：

> 张日月，列星辰，序四时，调阴阳，布气治性，次置五行，春生夏长，秋收冬藏，阳生雷电，阴成霜雪，养育群生，一茂一亡，润之以风雨，曝之以日光，温之以节气，降之以殒霜，位之以众星，制之以斗衡，苞之以六合，罗之以纪纲，改之以灾变，告之以祯祥，动之以生杀，悟之以文章。故在天者可见，在地者可量，在物者可纪，在人者可相。
>
> 地封五岳，画四渎，规洿泽，通水泉，树物养类，苞植万根，暴形养精，以立群生，不违天时，不夺物性，不藏其情，不匿其诈。
>
> 故知天者仰观天文，知地者俯察地理。……于是先圣乃仰观天文，俯察地理，图画乾坤，以定人道，民始开悟，知有父子之亲，君臣之义，夫妇之别，长幼之序。于是百官立，王道乃生。①

陆贾所说的天道、地道，是指天文、地理的自然现象和运行规律，并且是可以认识的。所谓“在天者可见，在地者可量，在物者可纪”，就是这个意思。

正因为天道、地道及其变化规律是可以认识的，所以圣人仰观天文，俯察地理，图画乾坤，以定人道，而效法天地之道，建立人伦道德，设立百官，产生王道，从而使人们知礼义，讲道德，畏法令，弃贪鄙，兴清洁，消逸乱，以共生，这便是“王道”政治，即“天人合策，原道悉备”②的太平盛世。陆贾把人效法“天道”而行“王道”的天人合一之道，视为最好的治道。

然而，由于“后世衰废”、“后世淫邪”，而使礼义不行，纲纪不立，而产生浮华、淫乐、暴力、战争等邪行。于是便有圣人君子据道而治，制止邪行，以德配天，为民除害，为天下行仁义。陆

---

① 《新语·道基》。

② 《新语·道基》。

贾说：

> 是以君子握道而治，据德而行，席仁而坐，杖义而强，虚无寂寞，通动无量。故制事因短，而动益长，以圆制规，以矩立方。圣人王世，贤者建功，汤举伊尹，周任吕望，行合天地，德配阴阳，承天诛恶，克暴除殃，将气养物。①

由此可见、陆贾所说的“人道”，主要是指以“仁义为本”、“怀仁仗义”、“行合天地”、“德配阴阳”的仁政治道。就是说，人要效法天地，宽博浩大，廓然大公，附远宁近，协和万邦，实行仁道，光耀于天地，功垂于万代，这才是圣人的仁义之政。

因此，陆贾一再申明、强调仁义之治、之政的人道，极力反对，揭露暴政统治的失德、无道。他说：

> 治以道德为上，行以仁义为本。故尊于位而无德者绌，富于财而无义者刑，贱而好德者尊，贫而有义者荣。段干木徒步之士，修道行德，魏文侯过其闾而轼之。夫子陈、蔡之厄，豆饭菜羹，不足以接馁，二三子布弊褞袍，不足以御寒，倥偬屈厄，自处甚矣。然而夫子当于道，二三子近于义。②

治政理民、为人修身，都要以道德为上，以仁义为本。由于“圣人怀仁仗义”，所以其治理天下符合天道原则，故能“危而不倾，佚而不乱”，这就是“仁义之所治也”③的结果。因此，“圣人居高处上，则以仁义为巢，乘危履倾，则以圣贤为杖，故高而不坠，危而不仆”。④ 执政者一定要以仁义为本，施行仁道，这是扶危定倾、安而不危，高而不坠，危而不倾，逸而不乱的关键。

---

① 《新语·道基》。

② 《新语·本行》。

③ 《新语·道基》。

④ 《新语·辅政》。

反之，则必然危亡。陆贾在论述行仁义之道、之政而安定的同时，又指明施行暴力、苛刑必亡的事实。他以历史上的具体事实作为论证。他说："太公自布衣升三公之位，累世享千乘之爵；智伯仗威任力，兼三晋而亡。""夫谋事不并仁义者后必败，殖不固本而立高基者后必崩。……德盛者威广，力盛者骄众。齐桓公尚德以霸，秦二世尚刑而亡。"①就是说，以仁义道德，施行仁政，"行合天地，德配阴阳"者，必胜、必王；以暴力执政，施行严刑峻法，残害万民者，必败、必亡。姜太公、齐桓公属于前者；智伯、秦二世属于后者。这是陆贾总结历史经验和秦朝灭亡的历史教训所得出的结论。所以他在《新语·道基》篇最后总结道：

> 仁者道之纪，义者圣之学。学之者明，失之者昏，背之者亡。陈力就列，以义建功，师旅行阵，德仁为固，仗义而强，调气养性，仁者寿长，美才次德，义者行方。君子以义相褒，小人以利相欺，愚者以力相乱，贤者以义相治。《穀梁传》曰："仁者以治亲，义者以利尊。万世不乱，仁义之所治也。"②

陆贾在其《新语》开卷第一《道基》篇，以"道术"为始，以天、地、人之道为"道术"之"基"，以"仁义"为人道之"本"展开了全面论述。意在告诉人们，特别是告诫为政的统治者，不论是做人修身，还是治政理民，都要以行仁义为本，行之者昌，背之者亡，这才是圣人之学，万世不乱之本。

第二节 "无为而治"的政治论

陆贾在其"道术"论的哲学政治论的基础上，总结历史经验和秦朝灭亡的教训，根据当时的政治形势，为刘邦统治制造理论根据，提供思想指导，他吸取了老子的"无为"而治的思想，全面阐

① 《新语·道基》。

② 《新语·道基》。

发了“无为而治”的政治论。

陆贾在《新语》中，设《无为》篇，专论“无为而治”之治，其旨意在揭露秦始皇的暴兵极刑骄奢之患，彰显秦朝苛政之失，提倡虞舜、周公之治，论说得人任官、无为而治，如此者，便可以“无为而无不为也”。他说：

> 道莫大于无为，行莫大于谨敬。何以言之？昔舜治天下也，弹五弦之琴，歌《南风》之诗，寂若无治国之意，漠若无忧天下之心，然而天下大治。周公制作礼乐，郊天地，望山川，师旅不设，刑格法悬，而四海之内，奉供来臻，越裳之君，重译来朝。故无为者乃有为也。①

这段话最后一句“故无为也乃有为也”，原为“故无为也乃无为也”，下有校语曰“有误”。今人王利器在《新语校注》中按“《别解》作‘故无为也，乃有为也。’”依《老子》三十七章：“道常无为而无不为。”又四十八章：“无为而无不为。”又六十四章：“圣人无为故无败。”所以说：“故无为者乃有为也”为确。我们知道，老子的“道”是作为宇宙本体、本原而论的，“无为”是“道”的一种本质属性和重要功能。只有“道”才能“无为而无不为”，“无为则无不治”，“无为故无败”。陆贾的“道莫大于无为”的“道”，显然是讲治国、治天下的治道。只有依此“道”而“治天下”，才使“天下大治”。这种“道”的“无为者”，才是真正的“有为也”。这是陆贾的政治论的思想主旨。

据此，陆贾对秦始皇的暴行、苛政、极刑、峻法之患、之失作了揭露、总结。他说：

> 秦始皇设刑罚，为车裂之诛，以敛奸邪，筑长城于戎境，以备胡、越，征大吞小，威震天下，将帅横行，以服外国，蒙恬讨乱于外，李斯治法于内，事逾烦天下逾乱，法逾滋而天下

① 《新语·无为》。

> 逾炽，兵马益设而敌人逾多。秦非不欲治也。然失之者，乃举措太众、刑罚太极故也。①

由于秦始皇的暴行、苛政，对内严刑峻法，对外连年用兵，治法于内，讨乱于外，举措太众，刑罚太极，返种失德，失政之治，故愈治则愈失，愈治则愈乱。最终只有灭亡。此非不欲治也，而是治之失也。

那么，怎样才算是好的治道、治政呢？陆贾认为，在“无为”而“有为”的原则指导下，实行中和宽舒之道、仁义道德之政，才是好的治道、治政。他说：

> 是以君子尚宽舒以褒其身，行身中和以致疏远；民畏其威而从其化，怀其德而归其境，美其治而不敢违其政。民不罚而畏，不赏而劝，渐渍于道德，而被服于中和之所致也。②

实行了中和之道的治道，既不威严、威刑过度，又不失之于法、宽之过度。这种中道政治，既可以法诛暴，又可使民畏法。所以说，实行中道、法教，可使“尧、舜之民，可比屋而封”，而“桀、纣之民，可比屋而诛”，这是“教化使然也”。陆贾尤强调帝王要端正身行，为百姓树立好的榜样。因为“南面之君，乃百姓之所取法则者也，举措动作，不可以失法度。……故上之化下，犹风之靡草也。王者尚武于朝，则农夫缮甲兵于田。故君子之御下也，民奢应之以俭，骄淫者统之以理；未有上仁而下贼，让行而争路者也。故孔子曰：‘移风易俗。’岂家令人视之哉？亦取之于身而已矣”。③ 帝王以身作则，上行下效，实行德治教化，身行俗化，移风易俗，民人可治，这也是无为而无不为之治也。

陆贾进一步指出，无为而治是最好的政治。这种政治是以修德

---

① 《新语·无为》。

② 《新语·无为》。

③ 《新语·无为》。

为要，以顺天下，和睦万民，上下无怨。如此，则心不烦，身不劳，民众归。这便是“至德”之治，“君子”之治。所以陆贾说：

> 是以君子之为治也，块然若无事，寂然若无声，官府若无吏，亭落若无民，闾里不讼于巷，老幼不愁于庭，近者无所议，远者无所听，邮无夜行之卒，乡无夜召之征，犬不夜吠，鸡不夜鸣，耆老甘味于堂，丁男耕耘于野，在朝者忠于君，在家者孝于亲。于是赏善罚恶而润色之，兴辟雍庠序而教诲之，然后贤愚异议，廉鄙异科，长幼异节，上下有差，强弱相扶，大小相怀，尊卑相承，雁行相随，不言而信，不怒而威，岂待坚甲利兵、深牢刻令、朝夕切切而后行哉?[①]

在陆贾看来，实行了“无为而治”，就可以达到“至德”之治，“至德”之治，才是“得民”之治。要得民，就必须顺民心、合民意。如此者不用坚甲利兵、深牢刻令、切切相责，便可以使国治民安，民众和睦，老幼相序，上下有等，大小相怀，不言而信，不怒而威。朝野内外，上下远近，官吏民众，都安然无事，这就是君子之治。所以说：“欲富国强威，辟地服远者，必得之于民。”要得民，必怀德，“怀德者众归之。”只有这样，才能“亲近而致远也”。[②] 使近者悦，远者归，才是富国强威之道、之治。

相反者，如晋厉公、齐庄公、楚灵王，“三君弑于臣之手”，宋襄公“死于泓之战”，都是因为他们“乘大国之权，杖众民之威，军师横出，陵轹诸侯，外骄敌国，内刻百姓，邻国之仇结于外，君臣之怨积于内”，并“轻师尚威”而造成的结果。据此，告诫当政者“强其威而失其国，急其刑而自贼，斯乃去事之戒，来事之师也”。[③] 即要“前事之不忘，后事之师也”。[④] 这显然是陆贾总结历

① 《新语·至德》。

② 《新语·至德》。

③ 《新语·至德》。

④ 《战国策·秦策上》。

史经验教训，尤其是秦朝灭亡的教训，期望汉代的统治者从这些历史教训中，吸取政治教训，实行顺民至德之治、无为而治，不可强其威、急其刑、刻其民，这就是陆贾的政治要旨，当然更是他著《新语》的宗旨了。

我们还必须看到，陆贾所主张的"无为而治"，不是要统治者不做事，而是要他们不要违反天地之道、圣人之道而胡作非为，胆大妄为，乱施淫威，失于法度，残害无辜，祸乱天下。陆贾说：

> 夫持天地之政，操四海之纲，屈伸不可以失法，动作不可以离度，谬误出口，则乱及万里之外，何况刑无罪于狱，而诛无辜于市乎？故世衰道失，非天之所为也，乃君国者有以取之也。①

陆贾在这里明确告诫统治者，万万不可失人道、逆天道、失法度，而承意妄行，失于治道。如果"治道失于下，则天文变于上；恶政流于民，则螟虫生于野"。② 陆贾以天人感应，天道因人道而变，"明诫"统治者要谨言慎行，去恶为善，观天地之化，因天地之利，顺天应人，推行善政，推恩于民，使百姓悦、远人附、近人归，这便是顺道而行的治道。

第三节　"因世权变"的方法论

陆贾认为，历史是发展的，古今是变化的，但是其基本法则、纲纪是相通的，所以智者认识事物、治理国家、修身立德，都要以古鉴今，因世而权行，因时而权变，因势而利导。他说：

> 善言古者合之于今，能述远者考之于近。故说事者上陈五帝之功，而思之于身，下列桀、纣之败，而戒之于己，则德可

---

① 《新语・明诫》。

② 《新语・明诫》。

以配日月，行可以合神灵。[1]

谈论古事是为了指导现今，叙述远事是为了验证近事。所以说陈述三皇五帝的功绩是为了创立不朽的功业，列举桀、纣的败绩是为了警戒自己的言行，这样便可以德配日月，行合神灵，有德有功。

关于如何对待古今的问题，陆贾主张重今轻古，古为今用。因此，他力辟世俗的重古轻今之说。他说："世俗以为自古而传之者为重，以今之作者为轻，淡于所见，甘于所闻，惑于外貌，失于中情。"[2]就是说，世俗那种重古轻今，重耳闻而轻目见，则会被表面现象所迷惑，而不能认识事物的本质和历史事实的真相。据此，陆贾以历史事实进一步申论道："道近不必出于久远，取其致要而有成。《春秋》上不及五帝，下不至三王，述齐桓、晋文之小善，鲁之十二公，至今之为政，足以知成败之效，何必于三王？故古人之所行者，亦与今世同，立事者不离道德，调弦者不失宫商，天道调四时，人道治五常，周公与尧、舜合符瑞，二世与桀、纣同祸殃。"[3]这是说，治国之道不一定是远古时就有的，总结吸取近代的主要经验教训，也会取得成功。《春秋》就是上不及五帝，下不及三王，只述齐桓公、晋文公、鲁国十二公(隐公、桓公、庄公、闵公、僖公、文公、宣公、成公、襄公、昭公、定公、哀公)之事，当今的为政者，从这些近代的历史事实中，就可以找出成败的经验教训，又何必去舍近求远而到三王时代去寻求成败的历史镜鉴呢？求其实，古人所奉行的，亦与今世大体相同。"立事者不离道德，调弦者不失宫商"，这是基本的道理、法则。道德、治道好的，周公与尧、舜相符合；道德、治道坏的，秦二世与桀、纣同祸殃。所以说："文王生于东夷，大禹出于西羌，世殊而地绝，法合而度同。故圣贤与道合，愚者与祸同，怀德者应以福，挟恶者报以凶，

① 《新语·术事》。
② 《新语·术事》。
③ 《新语·术事》。

德薄者位危，去道者身亡，万世不易法，古今同纪纲。”[①]以道德、道术治国，是圣贤之道，万世不易之法，古今共同之纲。治国者应当遵循这些大的道德原则、法规。

然而，在具体实施治国之道、之法时，又不可泥古不化，因循不变，而要因时而适变，因事而变通，因世而权行。所以陆贾说：

> 故良马非独骐骥，利剑非惟干将，美女非独西施，忠臣非独吕望。……故怀道者须世，抱朴者待工，道为智者设，马为御者良，贤为圣者用。……故制事者因其则，服药者因其良。书不必起于仲尼门，药不必出扁鹊之方，合之者善，可以为法，因世而权行。[②]

事物千差万别，各有千秋，不是一种一样，独一无二的，所以智者识事、治国，不固守一途一方，只要合乎道理，符合道的原则，就是可以采用的。书不一定是孔子写的，药方不一定是扁鹊开的，只要有道理、是良方，就可以为法，灵活运用，权变而行。

陆贾认为，只要以“天地之法而治其事，则世之便而设其义，故圣人不必同道”。因为“万端异路，千法异形”，所以“圣人因其势而调之”，“圣人因变而立功，由异而致太平”。[③] 所谓“圣人不必同道”，是说圣人治国、修身，也不是都遵循相同的原则、办法。《孟子·万章上》云：“圣人之行不同也，或远或近，或去或不去，归洁其身而已矣。”就是说，圣人的行为可能有不同，有的疏远君主，有的靠近君主，有的离开朝廷，有的留在朝廷，归根结底都是洁身自好，不沾污点。陆贾的圣人不同道，也就是这个意思。

究其实，这就是讲权变通达的道理、方法。陆贾引申孔子的相关思想，作了进一步的论证：

---

① 《新语·术事》。

② 《新语·术事》。

③ 《新语·思务》。

> 夫目不能别黑白，耳不能别清浊，口不能言善恶，则所谓不能也。故设道者易见晓，所以通凡人之心，而达不能之行。道者，人之所行也。夫大道履之而行，则无不能，故谓之道。故孔子曰："道之不行也。"言人不能行之。故谓颜渊曰："用之则行，舍之则藏，惟我与尔有是夫。"言颜渊道施于世而莫之用。由人不能怀仁行义，分别纤微，忖度天地，乃苦身劳形，入深山，求神仙，弃二亲，捐骨肉，绝五谷，废《诗》、《书》，背天地之宝，求不死之道，非所以通世防非者也。①

陆贾所引述的孔子的话，前者出自《礼记·中庸》，后者出自《论语·述而》。意思是说，人生于世，意在行道，只有行道，才是人的正当行为，人们遵循道的原则去行政、办事，则无所不能。然而，当今的人们，尤其是国君，却不行道，而说人们不能行之。孔子对得意门生颜渊说：用我行道，我就去干；不用我行道；我就藏起来不干。当今只有我和你才能做到这样。陆贾在引述孔子的话之后，认为孔、颜之道，其所以不行推行，就在当政者不怀仁义，不别大小，忖度天地，苦身劳形，入深山，求神仙，弃双亲，捐骨肉，绝五谷，废《诗》、《书》，背离天地之宝，追求长生不死之道，这种人君简直是颠倒黑白、不辨是非、不别清浊、不分善恶，逆道而行。对这种无道的人君，圣贤君子不可留恋权位，只好"舍之则藏"了。陆贾以圣贤君子通达权变之法，而革君心之非，求行仁义之道。这显然是取鉴秦始皇之政、之行，以警戒汉代当政者。

第四节　"依杖圣贤"的人才观

陆贾认为，最高统治者的帝王，要想巩固自己的统治政权，使国治民安，就必须建立合理的选人任官制度和政治统治系统，而为政在人，尤其是"卿相辅佐，人主之基杖也，不可不早具也"。② 人

---

① 《新语·慎微》。

② 《荀子·君道》。

君不能独治国家，必须依靠卿相辅佐。要想治理好国家，做到长治久安，就必须尽早注意选拔和任用人才。

陆贾依据荀子“卿相辅佐，人主之基杖”的思想，提出“以圣贤为杖”的人才思想。他说：

> 夫居高者自处不可以不安，履危者任杖不可以不固。自处不安则坠，任杖不固则仆。是以圣人居高处上，则以仁义为巢，乘危履倾，则以圣贤为杖，故高而不坠，危而不仆。[①]

辅政必得人才，人主为政，必须任用真正的仁义之人，即以圣贤为权。这样才能居高位而不坠，履危境而不颠，所以治国用人必得其才。

陆贾以历史经验和秦朝教训进一步说明了这个道理。历史上尧以仁义为巢，舜以稷、契为杖，所以能够高而益安，动而益固。处高位之安，乘克让之敬，德配天地，光照天下，功垂万世，名传不朽。其所以如此，就在于他们“任杖得其人也”。相反，“秦以刑罚为巢，故有覆巢破卵之患，以李斯、赵高为杖，故有顿仆跌伤之祸，何者？所任者非也。故杖圣者帝，杖贤者王，杖仁者霸，杖义者强，杖谗者灭，杖贼者亡”。[②] 于此可见，任用什么人才辅政治国，关系到国家的前途命运。因此，国君必须选拔任用圣贤仁义之人辅政治国，以此为“杖”者，则国富强，民安定。反之，则如秦朝短命而灭亡。陆贾以历史上的经验教训说明“以圣贤为杖”的重要性，告诫最高统治者必须重视选拔任用人才。

陆贾指出，选拔任用人才，必须注意掌握标准，讲究方法，除了正面的“杖圣”、“杖贤”、“杖仁”、“杖义”，反面的“杖谗”、“杖贼”者之外。其具体的选用标准和鉴别原则是：

> 故怀刚者久而缺，持柔者久而长，躁疾者为厥速，迟重者

---

① 《新语·辅政》。

② 《新语·辅政》。

为常存，尚勇者为悔近，温厚者行宽舒，怀急促者必有所亏，柔懦者制刚强，小慧者不可以御大，小辩者不可以说众，商贾巧为贩卖之利，而屈为贞良邪臣好为诈伪，自媚饰非而不能为公方，藏其端巧，逃其事功。故智者之所短，不如愚者之所长。①

鉴别、区分各种不同人才，择其优长，避其劣短，按标准而合理选用。特别要注意那些投机取巧、善于伪装、好行诈伪、大奸似忠、美言似信、蛊惑人心者，这种人万万不可任用。如果任用了这种人，国家是注定要危亡的。陆贾列举各种例证后，结论道："夫据千乘之国，而信谗佞之计，未有不亡者也。故《诗》云：'谗人罔极，交乱四国。'众邪合心，以倾一君，国危民失，不亦宜乎！"②以此告诫人主，一定要注意识别人才，不可被奸邪谗佞之人欺骗，而招致国危民失。

陆贾进一步指出，人主求圣贤以辅政，一定要注意资质，而不要拘于门第。因为公卿贵戚、豪门大族之子弟，不一定资质美、才能高；穷乡僻壤、隐于田野的人，不一定资质劣、才能低。所以陆贾说：

夫穷泽之民，据犁接耜之士，或怀不羁之能，有禹、皋陶之美，纲纪存乎身，万世之术藏于心，然身不容于世，无绍介通之者也。公卿之子弟，贵戚之党友，虽无过人之能，然身在尊重之处，辅之者强而饰之众也，靡不达也。③

由于人们的社会地位不同，出身门第不同，隐于乡野穷泽之士，虽有才能治术，却不得见用，而公卿之子弟，贵戚之党友，虽然平庸无能，却有人荐举，而使之显达，这当然是不公道、不合理，也于

① 《新语·辅政》。
② 《新语·辅政》。
③ 《新语·资质》。

国家不利的。所以要选贤任能，做到“质美者以通为贵，才良者以显为能”[①]。使资质美者、才能高者，得以重用而高贵、显达，这才是君主之职，国家之幸，人民之福。

要想做到这些，就必须建立合理的选才任人制度，要以贤举贤，不能任由“观听之臣”、“佞臣之党”为所欲为，而埋没圣贤之才，最终使国家倾覆，而要把真正的贤才高举重用，治国辅政。所以陆贾说：

> 凡人莫不知善之为善，恶之为恶；莫不知学问之有益于己，怠戏之无益于事也。然而为之者情欲放溢，而人不能胜其志也。人君莫不知求贤以自助，近贤以自辅，然贤圣或隐于田里，而不预国家之事者，乃观听之臣不明于下，则闭塞之讥归于君；闭塞之讥归于君，则忠贤之士弃于野；忠贤之士弃于野，则佞臣之党存于朝；佞臣之党存于朝，则下不忠于君；下不忠于君，则上不明于下；上不明于下，是故天下所以倾覆也。[②]

陆贾指出，由于人主求贤之途不通，致使观听之臣不明，从而使贤圣之人弃逐，奸佞之人通显，朝野上下非为，结果造成天下倾覆。反之，如果人主知善恶、是非，求贤自助，近贤自辅，就必须广开言路、才路，排除近臣之蔽，逐出佞臣之党，不使他们把持朝政，不让“忠贤之士弃于野”，则上明天下，下忠于上，这样人主才安，国家才可以治，天下也不会倾覆了。这便是他的“以圣贤为杖”而治国的人才观。

陆贾《新语》“言君臣政治得失。言可采行，事美足观，鸿知所言，参贰经传，虽古圣之言，不能增过，陆贾之言，未见遗阙”。[③]王充此论，实为中的之言。陆贾总结的历史经验、秦政教训，为汉

① 《新语·资质》。

② 《新语·资质》。

③ 《论衡·案书》。

高祖开设的统治道术，具有针对性、现实性、适用性、合理性，故对汉朝以后的统治者产生了相当大的思想影响。对此，我们应当作公允、平实的分析评价，并从中吸取经验教训。

第五章　贾谊的思想

贾谊，洛阳(今河南济阳)人。生于公元前200年，卒于公元前168年。据《史记·屈原贾生列传》载：贾谊“年十八，以能诵诗属书闻于郡中。吴廷尉为河南守，闻其秀才，召置门下，甚幸爱。孝文皇帝初立，闻河南守吴公治平为天下第一，故与李斯同邑而常学事焉，乃征为廷尉。廷尉乃言贾生年少，颇通诸子百家之书。文帝召以为博士。是时贾生年二十余，最为少。每诏令议下，诸老先生不能言，贾生尽为之对，人人各如其意所欲出。诸生于是乃以为能不及也。孝文帝说之，超迁，一岁中至太中大夫”。贾谊年少英才，博通诸子百家，颇有见地，锐意求新，诏对超群，所以深受汉文帝的赏识重用。1年后就超迁为太中大夫。

贾谊“以为汉兴至孝文二十余年，天下和洽，而固当改正朔，易服色，法制度，定官名，兴礼乐，乃悉草具其事仪法，色尚黄，数用五，为官名，悉更秦之法。孝文帝初即位，谦让未遑也。诸律令所更定，及列侯悉就国，其说皆自贾生发之。于是天子议以为贾生任公卿之位”。① 因此，贾谊受到周勃、灌婴、张相如、冯敬等人排挤、陷害。他们诋毁贾谊“洛阳之人，年少初学，专欲擅权，纷乱诸事”。② 由是汉文帝便疏远了贾谊，亦不采纳贾谊的政见，并将贾谊贬谪为长沙王太傅。贾谊辞京而往长沙，自以为长沙卑湿，又被贬谪而去，心情郁闷，寿命不长，过湘江时，作《吊屈原赋》，抒发胸臆。数年后，又为梁怀王太傅。梁怀王为文帝少子。文帝封淮南厉王四个儿子皆为列侯。贾谊认为不当而谏阻，“以为

---

① 《史记·屈原贾生列传》。
② 《史记·屈原贾生列传》。

患之兴自此起矣”。并数次上疏，“言诸侯或连数郡，非古之制，可稍削之。文帝不听。”贾谊的削藩策略，虽不及晁错激烈，但旨意、见解相同。“居数年，怀王骑，堕马而死。”①贾谊自伤为傅无状，哭泣岁余，亦死，时年33岁。

贾谊一生虽然短暂，但是其文论、政见却贡献甚大。因此，班固在《汉书·贾谊传》中赞曰：

> 刘向称：“贾谊言三代与秦治乱之意，其论甚美，通达国体，虽古之伊、管未能远过也。使时见用，功化必盛。为庸臣所害，甚可悼痛。”追观孝文玄默躬行以移风俗，谊之所陈略施行矣。及欲改定制度，以汉为土德，色上黄，数用五，及欲试属国，施五饵三表以系单于，其术固以疏矣。谊亦天年早终，虽不至公卿，未为不遇也。凡所著述五十八篇，掇其切于世事者著于传云。

是为公允评赞。贾谊虽为庸臣、权臣所害，不能申其志、达其政，但他的政治思想主张，却为文帝所用所行。他总结秦朝灭亡的历史教训，成为千古遗训。

贾谊的著作，今传有《新书》十卷五十八篇及《治安策》、《吊屈原赋》、《鹏鸟赋》等。

贾谊是汉代杰出的政论家、思想家、文学家，对中国传统思想文化的发展作出了重要的贡献，并产生了深远的影响。

第一节　“道”生万物的本体论

贾谊在《新书》的《道术》、《六术》、《道德说》等篇中，对于“道”生万物的本体论、“道”的本质属性以及“道”与“德”、“术”、“性”等的相互关系，作了论证。

关于什么是“道”？贾谊作了种种阐释。他说：

---

① 《史记·屈原贾生列传》。

曰："数闻道之名矣，而未知其实也，请问道者何谓也？"

对曰："道者所从接物也，其本者谓之虚，其末者谓之术。虚者，言其精微也，平素而无设诸也；术也者，所从制物也，动静之数也。凡此皆道也。"①

道者，德之本也；仁者，德之出也；义者，德之理也；忠者，德之厚也；信者，德之固也；密者，德之高也。……道者无形，平和而神。道有载物者，毕以顺理适行，故物有清而泽。泽者，鉴也。鉴以道之神。……夫变者，道之颂也。道冰而为德，神载于德。德者，道之泽也。道虽神，必载于德，而颂乃有所因，以发动变化而为变。变及诸生之理，皆道之化也，各有条理以载于德。德受道之化，而发之各不同状。……性者，道德造物。物有形，而道德之神专而为一气，明其润益厚矣。……物所道始谓之道，所得以生谓之德。德之有也，以道为本。故曰"道者，德之本也"。德生物又养物，则物安利矣。②

从贾谊的这些论述中，我们可以看到，他所讲的"道"是一个多义性的范畴。但其基本含义则是产生万物的本体。

贾谊认为，"道"是虚寂无形、精微无状的万物之始基、产生者。"道"为"德之本"，"德"产生仁、义、忠、信、密及万物。万事万物的产生、发展、运动、变化，都是"道"的表现，"夫变者，道之颂也"，就是这个意思。"道"凝聚而为"德"，道虽无形不可见而神妙无穷，但它却"必载于德"，"德受道之化，而发之各不同状"。这是说，"道"所化之"德"产生各种不同形状、形态的万物，就此而论，则是"道德造物"。然而，究其万物所产生、变化的初始本根，则是"道"。所以说"变及诸生之理，皆道之化也"，"德受道之化"，"物所道始谓之道，所得以生谓之德。德之有也，以道

① 《新书·道术》。

② 《新书·道德说》。

为本。故曰‘道者，德之本也’。德生物又养物，则物安利矣”。贾谊明确指出：“道”为“德之本”，“德生物又养物”。由此引出“道德造物”的道德说。用现在的话来说，就是“道”生“德”，“德”生“物”。据此，我们说贾谊是主张“道”生万物的本体论。

与此同时，我们还必须看到，贾谊所主张的“道”，还有其他方面的含义。主要有以下诸端：

“道”是认识的方法。贾谊说：“道者所从接物也，其本者谓之虚。……请问虚之接物何如?”回答是：“镜义而居，无执不臧，美恶毕至，各得其当；衡虚无私，平静而处，轻重皆悬，各得其所。明主者南面而正，清虚而静，令名自命，令物自定，如鉴之应，如衡之称。……此虚之接物也。”①又说：“道者……模贯物形，通达空窍，奉一出入为先，故谓之鉴。鉴者，所以能也。见者，目也。道德施物，精微而为目。是故物之始形也，分先而为目，目成也形乃从。是以人及有因之在气，莫精于目。目清而润泽若濡，无毳秽杂焉，故能见也。”②“道”是清虚平正，故能使万物毕见而无所藏匿，这种功能如同镜照万物而无所不见。清虚而静，却能使万物自命其名，令万事自定不乱，这样才能虚者知实之情，静者知动者之正，这如镜之应物，衡之称物。“道”的这种特点，就好像镜子和人的眼睛一样。镜子和眼睛之所以能显现和看见万物，是因为有“空窍”的存在，所以能照见和看见万物之形，不论多么细微之物，都不能遗漏，都能见到、实知。

“道”是事物变化的规律。贾谊在论述“道”为万物本体的同时，对“道”与“德”的关系作了论证，进而阐发了“道”与“理”的关系，并将“理”视为“道之化”、“德之生”而为物的变化规律和存在条理。他说：

德者，离无而之有。故润则腒然浊而始形矣，故六理发焉。六理所以为变而生也，所生有理。然则物得润以生，故谓

① 《新书·道术》。

② 《新书·道德说》。

润德。德者变及物理之所出也。夫变者，道之颂也。……德者，道之泽也。道虽神，必载于德，而颂乃有所因，以发动变化为变。变及诸生之理，皆道之化也，各有条理以载于德。……故曰“如膏，谓之德，德生理”。

德有六理，何谓六理？曰：道、德、性、神、明、命，此六者德之理也。诸生者，皆生于德之所生；而能象人德者，独玉也。写德体六理，尽见于玉也，各有状，是故以玉效德之六理。①

“道”是万物产生、变化的神妙者，其变化凝聚时而为“德”；“德”变化而产生“六理”，“六理”之所以变化而生，是因为事物有自己发展变化的规律、条理。所谓“所生有理”，“变及诸生之理”，“各有条理”等，都是指规律、条理而言。这“理”如同玉人治玉之纹理，按此而治玉则纹理乃见，“尽见于玉也”。此“理”为“德之理”、“德生理”。然究其本根，就其“德之所生六理”而言，“变及诸生之理，皆道之化也”。贾谊就这样把“道”、“德”、“理”联系起来，用以说明事物产生、发展、变化的规律、条理。

“道”为“性”的产生者。贾谊在论证“道”化“德”、“德”化“气”、“气”化“物”，“物”有“性”的同时，把“性”作为“德”的“六理”之一，而建立了他的人性理论，并提出“材性”三等论的人性论。

关于什么是“性”？贾谊说：

湛而润厚而胶，谓之性。……性生气，而通之以晓。……性者，道德造物。物有形，而道德之神专而为一气，明其润益厚矣。浊而胶相连，在物之中，为物莫生，气皆集焉，故谓之性。性，神气之所会也。性立，则神气晓晓然发而通行于外矣，与外物之相感应，故曰“润厚而胶，谓之性，性生气，通

① 《新书·道德说》。

之以晓”。神者，道、德、神、气发于性也。①

“性”是神气之所会。神和气来自道与德，所以“性”是“道德”所造物。物有形，形为气聚之形，故气聚而谓之性。气聚集凝结如同胶漆，“润厚而胶，谓之性”。有了人性之立，在人体内便有神和气。由于人的生命体中具有神和气，于是而有晓晓然之心，心与外物接触而发生感应，二者相应、相即而不离，如同润泽之物虽与他物不相合，却因外物的胶质而不相离，这就是人性。人性使人有清明之气，并能道晓外物，获得知识。由此可见，贾谊的人性论，是由“道”论、“道德”论而引申出来的，所谓“性者，道德造物”，便是此义。

贾谊由人生有性，性通外物，获得知识，明晓事理的人性论出发，而强调人从接触外物中求得知识，从后天习行中培养善性，修养美德。这是人人都需要做到的，尤其对皇太子更为重要。因为这关系到江山社稷的盛衰、存亡，所以必须及早教育皇太子，培养其善性，使之从小习性成自然，将来执政治国保江山、安万民。

贾谊总结了夏、商、周三代的经验教训，特别是秦朝“二世而亡”的教训。他指出：“人性不甚相远也，何三代之君有道之长，而秦无道之暴也?”②其重要原因是对“赤子”——太子的教育不同。如：周成王在“襁褓之中，召公为太保，周公为太傅，太公为太师，保，保其身体；傅，傅之德义；师，道之教训。”“故乃孩提有识”而“明孝仁礼义以道习之，逐去邪人，不使见恶行。……故太子乃生而见正事，闻正言，行正道，左右前后皆正人也。夫习与夫人居之，不能毋正。……孔子曰：‘少成若天性，习贯如自然。’……天下之命，县于太子；太子之善，在于早谕教与选左右。夫心未滥而先谕教，则化易成也；开于道术智谊之指，则教之力也。……夫教得而左右正，则太子正矣，太子正而天下定矣。”③教

① 《新书·道德说》。

② 《汉书·贾谊传》。

③ 《汉书·贾谊传》。

育对人的善与恶、正与邪、美与丑等，都起着重要的作用。周成王之所以成为仁君，就在于从小有“三公”之教，故见正事，闻正言，行正道，教习使之然也。秦二世胡亥之所以为恶，是由“赵高傅胡亥而教之狱，所习者非所劓人，则夷人之三族也。……岂胡亥之性恶哉？其所以集道之者非理故也”。① 贾谊的教化成善论是合理的。

“道”为人君统治的方术。作为统治方术的“道”，即“人君南面之术”，是贾谊所论之“道”的重要内容之一。他以《道术》、《六术》等文，专门论之。他指出：“道者所从接物也，其本者谓之虚，其末者谓之术。”作为“术”者，其要在“接物”、“制物”，其意在治国、理民，这便是“术之接物之道也者”。所以贾谊说：

> 曰：“请问术之接物何如？”
>
> 对曰：“人主仁而境内和矣，故其士民莫弗亲也；人主义而境内理矣，故其士民莫弗顺也；人主有礼而境内肃矣，故其士民莫弗敬也；人主有信而境内贞矣，故其士民莫弗信也；人主公而境内服矣，故其士民莫弗戴也；人主法而境内轨矣，故其士民莫弗辅也。举贤则民化善，使能则官职治；英俊在位则主尊，羽翼胜任则民显；操德而固则威立，教顺而必则令行；周听则不蔽，稽验则不惶，明好恶则民心化，密事端则人主神。术者，接物之队。凡权重者必谨于事，令行者必谨于言，则过败鲜矣。此术之接物之道也者。其为原无屈，其应变无极，故圣人尊之。夫道之详，不可胜述也。”②

“道”为“所从接物也”，“术”为“所从制物也”。贾谊对人主“接物之术”作了详细的论述。这就是，人主仁则民亲，人主义则民顺，人主礼则民敬，人主信则民信，人主公则民戴，人主法则民辅。举贤则民化善，使能则官职治；英才在位则人主尊贵，羽翼胜任则民众荣显；操德坚固而权威立，教令顺畅而令必行；遍听不受蒙蔽，

① 《新书·保傅》。

② 《新书·道术》。

详察而不惶恐，好恶分明则民心化，谋事周密则人主神明。所谓“术”者，就是了解事物、治理国民的通道、方法。权重而谨于行事，令行而谨于言论，则不会发生过错、招致失败。这就是“术之接物之道也者”。如此行“道术”，则是尽美尽善，而能应变无穷，所以圣君贤主才尊重道术，运用道术接物、治国，而能“南面而正”。

贾谊进一步指出，“道术”作为“人君南面之术”，其内容十分广泛，其主要方面则是阴阳、天地、人的问题。贾谊将其概括、归结为“六术”，即德之“六理”。他说：

> 德有六理，何谓六理？道、德、性、神、明、命，此六者德之理也。六理无不生也，已生而六理存乎所生之内。是以阴阳、天地、人尽以六理为内度，内度成业，故谓之六法。六法藏内，变流而外遂，外遂六术，故谓之六行。是以阴阳各有六月之节，而天地有六合之事，人有仁、义、礼、智、信之行，行和则乐兴，乐兴则六，此之谓六行。阴阳、天地之动也，不失六行，故能合六法；人谨修六行，则亦可以合六法矣。①

“六术”之旨为接物、制物，须就有形之德而言，所以不说“道”有“六理”，而说“德有六理”，因为“道者无形”，“德者，离无而之有”，“浊而始形”，所以“六理发焉”。贾谊以六为备、为法，以“六”为数，备述阴阳、天地、人之理，以此而“接物”、“制物”。他认为，阴阳、天地、人之事，都以“六”为完备、法则。德有六理、术有六术、法有六法、行有六行、艺有六艺、人有六亲等，所以“事之以六为法者，不可胜数也”，“六者非独为六艺本也，他事亦皆以六为度”，“故曰六则备矣”。② 人认识、掌握了“六术”，就可以知阴阳、通天地、尽人事，这就是“先王之所以禁乱也”，“故

① 《新书·六术》。

② 《新书·六术》。

先王以为天下事用也”①的道理和根据。据此，我们说贾谊的“道术”、“六术”的一个重要内容是统治方法、方术。

贾谊以“道”为本体论，而对之展开了全面深入的论述，所以说贾谊的“道”论、“道德”论、“道术”论、“六术”论，是广泛而深入，精辟而独到的。

第二节　“万物变化”的辩证法

贾谊继承了先秦道家的辩证法思想，并以此来观察自然万物、社会诸事的矛盾运动、发展变化，从而提出并论述了“万物变化，固亡休息”的辩证法观点。

贾谊认为，宇宙中的万事万物都是自然运动变化的，而不是外力推动的。他说：

> 且夫天地为炉兮，造化为工；阴阳为炭兮，万物为铜。合散消息兮，安有常则？千变万化兮，未始有极。忽然为人兮，何足控抟；化为异物兮，又何足患！小智自私兮，贱彼贵我；达人大观兮，物无不可。②

天地如同一个大的熔炉，造化陶铸万物，以阴阳为炭，万物为铜，炼出万物。合而成形，散而无形，消息往来，变化之理，没有常态。千变万化，没有开始，也没有终结。自然为人，关爱人生；人死为鬼，化为异物，何足为患！小智之人，自私爱己，贱于万物，独贵自己；达人大观，万物同己，物无不可。人和万物的生与死的变化，聚与散的消息，这种千变万化都是自然的无始无终的变化，而没有外力主宰、推动，故没有常则、止境。

正因为如此，万物变化，永不休息，往来无穷，发展变化到极致，则向着对立的方面转化。贾谊说：

---

① 《新书·六术》。

② 《鹏鸟赋》。

> 万物变化兮，固无休息。斡流而迁兮，或推而还。形气转续兮，变化而嬗。沕穆无穷兮，胡可胜言！祸兮福所依，福兮祸所伏；忧喜聚门兮，吉凶同域。……夫祸之与福兮，何异纠缠！命不可说兮，孰知其极？水激则旱兮，矢激则远。万物回薄兮，震荡相转。云蒸雨降兮，纠错相纷。大钧播物兮，坱圠无垠。天不可预虑兮，道不可预谋。迟速有命兮，焉识其时。①

由于自然变化，自己运动，所以“万物变化，固亡休息”，永不停止。事物的这种运动、变化，是对立面矛盾作用的结果。对立面之间的矛盾、斗争，又是相互依存，相互转化的，福与祸、忧与喜、吉与凶等，相倚、相伏、同门、同域，互为表里，相互纠缠，彼此相生，纷错不止。事物的这种发展的必然性，是无穷无尽，永不停止的，“孰知其极?”当然没有穷尽之时了。

既然“命不可说，孰知其极?”不知道命运的变化法则，不知道事物的穷尽之时，当然不要靠命运的安排了，而要“因时变化”，依靠自己的主观努力而积极进取了。贾谊说：

> 故夫灾与福也，非粹在天也，又在士民也。……行之善也，粹以为福己矣：行之恶也，粹以为灾己矣。故受天之福者，天不攻焉；被天之灾，则亦毋怨天矣，行自为取之也。②

这是说，祸与福、善与恶、胜利与失败，都是由人们自己的行为决定的，不是由天决定的。自古及今，凡是与民为仇者，不论早晚，“而民必胜之”，所以当政的统治者，不可“与民为仇”，而自取灭亡，要与民为善，自取成功。这是为政者必须警戒又警戒的“大政”。

① 《鹏鸟赋》。

② 《新书·大政上》。

由于事物对立面之间是相互转化的，人的主观行为可以决定胜与败、安与危、治与乱，所以人要充分发挥自己的主观能动性，掌权握机，积极主动，夺取胜利。贾谊说：

> 黄帝曰："日中必彗，操刀必割。"今令此道顺，而全安甚易；弗肯早为，已乃堕骨肉之属而抗刭之，岂有异秦之季世乎！且谓天何？权不甚奇而数别人，岂可得也！夫以天子之位，用天子之力，乘今之时，因天之助，常惮以危为安，以乱为治；假设陛下居齐桓之处，将不合诸侯匡天下乎？至此则陛下误甚矣。时且失矣。……窃为陛下痛之，甚在上幸少留计焉。①

日中必彗，操刀必割；日中不彗，是谓失时；操刀不割，失利之期。所以要抓住时机，适时出手，不可坐失良机，招致祸患。贾谊以此告诫汉文帝，要在得位之时，乘时握机，转危为安，以乱为治，制止诸王谋反叛乱，要学齐桓公抓住时机"九合诸侯，一匡天下"。否则，丧失时机，造成大误，悔之莫及。贾谊为文帝失天时、民力而招患之行深感痛心，故要求文帝乘时握机而削去、限制诸侯王的权力。

贾谊进一步指出，社会矛盾是客观存在的，并且是永远存在的，国君与群臣不可为"天下已安矣"，"天下已治矣"，而洋洋得意，忘乎所以。要看到天下的"未安"、"未治"之处。那种无视矛盾、掩盖矛盾的做法，是极为错误和有害的。因为矛盾是客观存在的，人们不可掩盖和抹杀，只有认真正视矛盾，严肃对待矛盾，正确解决矛盾，才可以使天下安、天下治。反之，则是苟安、偷安。当矛盾激化时，则会惊慌失措，追悔莫及了。所以贾谊说：

> 夫曰"天下安且治"者，非至愚无知，因谀者耳，皆非事实知治乱之体者也。夫抱火措之积薪之下而寝其上，火未及

① 《新书·宗首》。

> 燃，因谓之安，偷安者也。方今之势，何以异此！①

当时天下本来矛盾重重，日益激化，本不安宁，而一些愚昧无知、阿谀奉承的庸臣、佞臣，却向皇帝进言“天下已安矣”，“天下已治矣”。只有贾谊独曰“未安”、“未治”，并作了具体的分析论证，而“陈治安之策”②，以求国家平安、治安。

贾谊认为，智者治国，使国家长治久安，就必须总结吸取历史经验，正视现实社会矛盾，采取相应措施，审时度势，因时变化，适时应对。他说：

> 鄙谚曰：“前事之不忘，后之师也。”是以君子为国，观之上古，验之当世，参之人事，察盛衰之理，审权势之宜，去就有序，变化应时，故旷日长久而社稷安矣。③

依据历史经验，认识现实社会矛盾，找出解决矛盾的方法，有计划、有步骤、有秩序地解决各种社会矛盾，因时制宜，因势利导，这样才能使国家长治久安，社稷江山永固久存。贾谊的辩证法，既从认识事物发展变化而来，又从总结历史经验教训而来，并为汉朝统治开设治安之方。

第三节 “民为世本”的民本论

贾谊的民本思想，不仅内容丰富，而且独具特色。他不仅提出民为国之本、君之本、吏之本，而且明确提出“民”为“万世之本”的民本论。他对民的重要性、民本的内容及如何实现以民为本等，都做了详细而精辟的论述。

我们可以说，民本思想贯彻于贾谊的整个思想中，体现在《新

---

① 《新书·数宁》。

② 《新书·数宁》。

③ 《新书·过秦下》。

书》的全书中，集中论述则是在《大政》篇中。贾谊在《新书·大政上》篇，开宗明义就作了这样的揭示、论证：

闻之于政也，民无不为本也。国以为本，君以为本，吏以为本。故国以民为安危，君以民为威侮，吏以民为贵贱。此之谓民无不为本也。闻之于政也，民无不为命也。国以为命，君以为命，吏以为命。故国以民为存亡，君以民为盲明，吏以民为贤不肖。此之谓民无不为命也。闻之于政也，民无不为功也。故国以为功，君以为功，吏以为功。国以民为兴坏，君以民为强弱，吏以民为能不能。此之谓民无不为功也。闻之于政也，民无不为力也。故国以为力，君以为力，吏以为力。故夫战之胜也，民欲胜也；攻之得也，民欲得也；守之存也，民欲存也。故率民而守，而民不欲存，则莫能以存矣；故率民而攻，民不欲得，则莫能以得矣；故率民而战，民不欲胜，则莫能以胜矣。故其民之为其上也，接敌而喜，进而不可止，敌人必骇，战由此胜也。夫民之于其上也，接而惧，必走去，战由此败也。故夫灾与福也，非粹在天也，又在士民也。呜呼，戒之，戒之！夫士民之志，不可不要也。……天有常福，必与有德，天有常灾，必与夺民时。故夫民者，至贱而不可简也，至愚而不可欺也。故自古至于今，与民为仇者，有迟有速，而民必胜之。

夫民者，万世之本也，不可欺。凡居上位者，简士苦民者是谓愚，敬士爱民者是谓智。夫愚智者，士民命之也。①

民众是国家一切的根本。国家、君主、官吏，都必须以人民群众为根本。治国为政都务必以民为本，因为“民无不为本也”，所以要处处以民为本。贾谊从“本”、“命”、“功”、“力”四个方面，论证了人民群众在国家政治生活中的重要地位和作用。国家的存在与灭亡，君主的崇威与侮辱，官吏的高贵与卑贱，战争的胜利与失败，

① 《新书·大政上》。

灾害的降临与消除等，都是民“无不为本”、“无不为命”、“无不为功”、“无不为力”的结果，一切都是由“民”来决定的。不仅如此，“民者”为“万世之本也”。这就是说，人民群众永远是国家存在和为政治国的根本，千秋万代，亘古万世，都应如此。绝对不可动摇这个根本、基础。

从这个基本认识出发，贾谊告诫统治者，一定要时时、处处、代代、世世以民为本，以爱民为执政的要务，万万不可欺民、傲民、苛民、暴民，而与民为仇、为敌。因为民不可欺、不可辱、不可简、不可仇、不可敌。这已经为历史上无数事实证明了的。“故自古至于今，与民为仇者，有迟有速，而民必胜之。”“与民为敌者，民必胜之。”为什么这样说呢？因为民众是绝大多数的群体，并蕴藏着巨大的威力，所以明君智者都以畏民、爱民、导民、善民为执政要务，并教育各级官吏都要如此待民，而不与民为敌。贾谊说：

> 夫民者，大族也，民不可不畏也。故夫民者，多力而不可适(敌)也。呜呼！戒之哉！戒之哉！与民为敌者，民必胜之。君能为善，则吏必能为善矣；吏能为善，则民必能为善矣。故民之不善也，吏之罪也；吏之不善也，君之过也。①

人民是“大族”，是国家存在的基础，有民才有国，无民则无国可言。国家政权可以变易、改换，人民群众却是永远不能变易、改换的。所以说：“王者有易政而无易国，有易吏而无易民。故因是国也而为安，因是民也而为治。”②政令、政权、官吏可以改变，而国家、人民是不可改变的。这就告诉当政的最高统治者，切不可因为做了帝王就为所欲为，为一家一姓一人的私利为务，而要以天下国家万民之事为本为务，做有道之君，为万民着想。贾谊援引姜太公的话阐明了这个道理：

---

① 《新书·大政上》。

② 《新书·大政下》。

师尚父曰："吾闻之于政也，曰：天下圹圹，一人有之；万民藂藂，一人理之。故天下者，非一家之有也，有道者之有也。故夫天下者，唯有道者理之，唯有道者纪之，唯有道者使之，唯有道者宜处而久之。故夫天下者，难得而易失也，难常而易忘也。故守天下者，非以道则弗得而长也。故夫道者，万世之宝也。"①

姜太公的思想主旨十分明确：广大无限的天下，虽然是国君所有，"普天之下，莫非王土"，万民所聚，由国君管理，"率土之滨，莫非王臣"，然而，究其实，天下非一家之有也，而为有道者有之也。所以只有有道者，才能管理天下，规范天下，指使天下，久居高位为天下人尊敬。国家政权难得而易失，难常而易亡，所以治理天下只有以道者理之，方能长久，所以说"道"是"万世之宝也"。否则，便会被天下人推翻而国亡身死。贾谊引述姜太公的民本论，告诫统治者要以"道"治国理民，不可欺民、暴民，更不可与民为仇、为敌。

贾谊还指出，人民群众不仅是"大族"和国家存在的基础，而且是社会物质财富的生产者、创造者。没有人民群众的生产、劳动，国家就没有衣、食、住、行，当然也就没有国家的存在。贾谊引用古人之训，申明己意。这就是：

古人曰："一夫不耕，或为之饥；一妇不织，或为之寒。"②

这段话虽为古人之训，《管子·揆度》云："一农不耕，民有为之饥者；一女不织，民有为之寒者。"在中国古代农业社会中，男耕女织是社会物质财富的基本来源，贾谊引此以申明自己的民本论，既

① 《新书·修政语下》。

② 《新书·无蓄》。

说明人民群众的重要性，又告诉当政者必须重民。

贾谊在全面论述“民”为“万世之本”、“民无不为本”的基础上，对如何实行以民为本，作了具体的论述。

贾谊认为，既然国以民为本，民为万世之本，民无不为本，所以有国者、理政者、治民者，在为政、施政、行政的过程中，就必须认真做到以民为本、以民事为务。对此，贾谊作了详备的说明。主要有以下诸端：

第一，爱民附民。

在贾谊看来，凡是居上位而治国理民者，只有爱民者，才是“智者”；相反者，则是“愚者”。因为只有“爱民”，才能使“民附”，这是古今不易之理。所以说：“故夫民者，弗爱则弗附。故欲求士必至、民必附，惟恭与敬、忠与信，古今毋易矣。”①“德莫高于博爱人，而政莫高于博利人。”②“为人君者敬士爱民，以终其身，此道之要也。”③因为民为国家之本，万世之本，所以为政爱民，才是抓到了根本，这是为政的要道、大务。贾谊反复说明这个道理，意在告诫统治者，非如此者，不可以保其国，以终其身。

贾谊还用历史事实证明爱民者而得民爱、得民心、得民力的道理。这就是：

商汤看见捕鸟兽的人，将其网四面张开的同时，还不断地说：“自天下者，自地出者，自四方至者，皆罗我网。”商汤看到这个情景，便说：“嘻！尽之矣！非桀其孰能如此！”于是便令设网者去其三面，设置一面，并教其祝曰：“蛛蝥作网，今之人修绪，欲左者左，欲右者右，欲高者高，欲下者下，吾请受其犯命者。”天下百姓听到这件事后，都说：“汤之德及于禽兽矣，而况我乎！”④于是下民们都亲近、爱戴商汤。

楚昭王在寒冬穿着裘皮大衣站在宫殿内，愀然变色，感到寒

① 《新书·大政下》。

② 《新书·修政语上》。

③ 《新书·修政语下》。

④ 《新书·谕诚》。

冷，便对群臣说：“寡人朝饥时，酒二觛，重裘而立，犹憯然有寒气，将奈我元元之百姓何？”于是便在当天将官府之裘衣分发给寒冷的百姓，打开官仓之粮食分发给饥饿的百姓。过了两年，吴王阖闾袭击楚国都城郢，楚昭王逃奔到隋国。这时，当年受到昭王恩施的百姓，请求昭王回国，并为之拼死抗战，打击吴军。吴王阖闾昼夜不安，一夕换十几个卧处，无法战胜、攻取楚国，只好率兵回到吴国。“昭王乃复，当房之德也。”①昭王之所以复国，便是赖当年受到其恩赐的老百姓之力也。

文王昼寝，梦见有人在城墙呼喊：“我东北陬之槁骨也，速以王礼葬我。”文王曰：“诺。”一觉醒来后，召见官吏前去察看，发现真有槁骨。文王曰：“速以人君礼葬之。”官吏曰：“此无主矣，请以五大夫。”文王曰：“吾梦中已许之矣，奈何其倍之也！”老百姓听到这个事情之后，都说：“我君不以梦之故而倍槁骨，况于生人乎？”②于是天下百姓都信赖、拥戴文王。

第二，惠民忧民。

贾谊认为，作为执政者的国君、群臣、官吏，不能只为自己的享乐，而不顾人民的安危冷暖，要把老百姓的生活忧乐挂在心上，做到惠民、利民，与民众同忧乐。他对此颇有精论。

贾谊认为，在上位的执政者，必须推恩于民，施惠于民，博利于民，“政莫高于博利人”。如果当政的统治者，不这样做，不能做到惠民、利民，便是失道、失政，当然也就不可能使民、劝民了。他引用大禹的话说：“民无食也，则我弗能使也；功成而不利于民，我弗能劝也。”③执政第一要务是使人民有饭吃、有衣穿，过着正常而健康的生活。这才是王者之政、圣王之政。贾谊说：“周成王曰：‘寡人闻之，圣王在上位，使民富且寿。’”④又说：“昔楚庄王即位，自静三年，以讲得失，乃退辟邪而进忠正，能者任事而

① 《新书·谕诚》。

② 《新书·谕诚》。

③ 《新书·修政语上》。

④ 《新书·修政语下》。

后在高位，内领国政，辟草而施教，百姓富，民恒一，路不拾遗，国无狱讼。”①发展生产，民富且寿，能者当政，国家太平，是为惠民之政。

惠民之政，还在于忧民之忧，乐民之乐，与民众同忧乐。为此，国家必须为民着想，蓄积备荒，不可使人民在灾荒之年饥寒冻馁，僵仆野谷。贾谊说：

> 王者之法，民三年耕而余一年之食，九年而余三年之食，三十岁而民有十年之蓄。故禹水九年，汤旱七年，甚也野无青草，而民无饥色，道无乞人。岁复之后，犹禁陈耕。古之为天下，诚有具也。王者之法，国无九年之蓄谓之不足，无六年之蓄谓之急，无三年之蓄曰国非其国也。②

贾谊引用《礼记·王制》“三年耕，必有一年之食；九年耕，必有三年之食。以三十年之通，虽有凶旱水溢，民无菜色”，说明先王法度是以备荒忧民为务，国家提倡农耕，多产粮食，务多蓄积，就不怕水旱之灾。以此告诉为政者，治国行政，一定要以“忧民”而不使民受害挨饿为要务，这是国之为国的基本条件。否则，国无蓄积，民受其害，则是“国非其国也”。贾谊一再申明这个道理，并由此出发而主张帝王君主与人民群众同忧同乐。所以说：“国有饥人，人主不飧；国有冻人，人主不裘。……夫忧民之忧者，民必忧其忧；乐民之乐者，民亦乐其乐。与士民若此者，受天之福也。”③与民同忧乐者，民亦与其同忧乐，这样才会受天之福，国家太平。

第三，教民劝民。

贾谊指出，由于人民是国家存在的基础，所以要在爱民、惠民、富民、忧民的同时，还要教民、劝民，使人民心悦诚服，听从国家的政令，这样才可以使国家富强，君主高兴。贾谊说：

---

① 《新书·先醒》。

② 《新书·忧民》。

③ 《新书·礼》。

夫民者，诸侯之本也。教者，政之本也；道者，教之本也。有道，然后教也；有教，然后政治也；政治，然后民劝之；民劝之，然后国丰富也。故国丰且富，然后君乐也。①

因为治理国家，为政理民，就是行道，行道者，则“国家必宁”，所以“道”是“教之本也”。有道才有教，有教才政治，政治民悦从，民悦从则国丰富，国丰富则君主乐。这是为政都必须慎重对待的大事。

第四，约法省刑。

贾谊在指斥秦朝统治者“繁刑严诛，吏治刻深；赏罚不当，赋敛无度”的同时，提出了“约法省刑，以持其后”的法治思想。

贾谊认为，国家立法行法，旨在管理国家，治理民众，是为了爱民，不是为了害民。所以不能滥杀无辜，必须谨慎用法，合理施法。他说：“若诛伐顺理而当辜，杀三军而无咎；诛杀不为辜，杀一匹夫，其罪闻皇天。故曰：天之处高，其听卑；其牧芒，其视察。故凡自行，不可不谨慎也。”②执刑用法要得当，切不可妄杀无辜，诛杀得当，三军无咎，百姓心服；诛杀无辜，天下怨恨，得罪皇天，所以执刑用法必须谨慎。

据此，贾谊主张对于证据不足、定罪有疑的罪犯，宁肯失之于宽厚，不可失之于严苛，从而避免造成冤狱，妄杀好人。这也是谨慎执法的重要内容。他说：

诛赏之慎焉，故与其杀不辜也，宁失于有罪也。故失罪也者，疑则附之去已；夫功也者，疑则附之与已。则此毋有无罪而见诛，毋有有功而无赏者矣。戒之哉！戒之哉！诛赏之慎焉，故古之立刑也，以禁不肖，以起怠惰之民也。是以一罪疑则弗遂诛也，故不肖得改也；故一功疑则必弗倍也，故愚民可

① 《新书·大政下》。

② 《新书·耳痹》。

劝也。是以上有仁誉而下有治名。疑罪从去，仁也；疑功从予，信也。戒之哉！戒之哉！慎其下，故诛而不忌，赏而不曲，不反民之罪而重之，不灭民之功而弃之。①

罪有疑则不罚，功有疑则赏之，这既是宽厚对民，又是仁民的表现。因为证据不足、有疑而诛杀，会枉杀好人，残害生命，即使是不肖之人，也给他们一个改过的机会。功有疑则赏之，则可以劝民立功，不泯没民之功。这种诛赏之慎，是爱民、化民的具体表现。

贾谊由“民”为“万世之本”，“民”为“国之本”、“君之本”、“吏之本”的民本论，引申出的一系列的政治思想主张，既是总结吸取秦王朝苛政的历史教训，又是针对汉初政治所开出的治国药方，故很有现实意义。

第四节　御匈奴除大患的战略论

贾谊根据汉代匈奴为大患的实际情况，以历史上儒家的“华夷之辨”的思想为指导，提出了抵御匈奴、消除大患的战略、策略思想和具体措施。

我们知道，中国历史上以华夏民族为中心的中国思想文化，一直主张“华夷之辨”，即中原民族为“诸夏”或“华夏”，四周民族为“夷狄”或“戎狄”。《周礼·夏官·职方氏》注云：“东方曰夷，南方曰蛮，西方曰戎，北方曰貉狄。”这些四周边境的少数民族，文化比较落后，而且没有什么礼制、礼法。孔子就说过：“夷狄之有君，不如诸夏之亡也。”②意思是说，文化落后的少数民族的国家，虽然有个君主，但却没有礼制、礼法，君臣上下的等级名分，实际上等于没有，还不如诸夏没有君主好。

在贾谊看来，由于华夏民族的文化水平、礼法制度等，都高于夷狄、优于夷狄，所以应当以先进的“华夏”来领导、治理落后的

① 《新书·大政上》。

② 《论语·八佾》。

“夷狄”。而汉代当时的情况则相反，尤其是匈奴为患巨大，侵凌、掠夺中原，而汉朝却不实施有力地打击，反而向匈奴纳贡，与之和亲，这种屈辱之行是不可容忍的。贾谊对此极为愤慨，他要天子挺身而出，率领全国军民抗击匈奴，除掉大患，并提出了一整套的战略、策略。

对于匈奴的为患形势和具体情况，贾谊有明确的认识，并作了真切的分析。他说：

> 匈奴侵甚、侮甚，遇天子至不敬也，为天下患，至无已也。以汉而岁致金絮缯綵，是入贡职于蛮夷也，顾为戎人诸侯也。势即卑辱，而祸且不息，长此何穷！陛下胡忍以帝皇之号特居此宾？①

贾谊指出，作为大汉天子，不能居帝皇之尊，号令天下，使周围诸侯朝拜，反而却受匈奴侵略、侮辱，向其输金纳绸，倒成了匈奴的诸侯国这种“势卑”之屈辱，实在令贾谊忍无可忍。为此，他要求皇帝振作精神，鼓舞斗志，采取各种措施，与匈奴争其民，最终战胜匈奴，达到天下一统，实现天子之尊。当时有人说：“天子不怵，人民寃之。”对此，贾谊驳斥道：“苟或非天子民，尚岂天子也？《诗》曰：‘普天之下，莫非王土；率土之滨，莫非王臣。’王者，天子也。苟舟车之所至，人迹之所及，虽蛮貊戎狄，孰非天子之所作也？而惰渠颇率天子之民，以不听天子，则惰渠大罪也。今天子自为怀其民，天子之理也，岂有怵人之民哉？”②天子要履行天子之职，君临天下，管理国家，统率万民，不可使匈奴骄酋横行不法，祸乱天下，贼害万民。如此，天下岂有非天子之民哉？

贾谊对匈奴的情势作了进一步的分析：匈奴的民众不过是汉朝一千石大县之数，以天下之大而困于一县之长，实在令人感到羞耻。对于匈奴这个小诸侯，如果采取恰当的对策，便如短镰割禾一

① 《新书·势卑》。

② 《新书·匈奴》。

样可以征服它，它也就不会蛮悍、骄横了。当然也不会“为天下患，至无已也”。

为了彻底打败匈奴，消除天下大患，贾谊提出了“建三表，设五饵”，而“以此与单于争其民”①的制匈奴之策，并对之作了详细的论述。

所谓“三表”，就是以信、爱、好的道德信义，争取匈奴之民心，使其臣服汉朝天子。贾谊说：

> 陛下肯幸用臣之计，臣且以事势谕天子之信，使匈奴大众之信陛下也。为通言耳，必行而弗易，梦中许人，觉且不背，其信陛已诺，若日出之灼灼。故闻君一言，虽有微远，其志不疑；仇仇之人，其心不殆，若此则信谕矣。所孤莫不行矣，一表。臣又且以事势谕陛下之爱，令匈奴之自视也，苟胡面而戎状者，其自以为见爱于天子也，犹弱子之遻慈母也。若此，则爱谕矣，一表。臣又且谕陛下之好，令胡人之自视也，苟其技之所长与其所工，一可当天子之意。若此则好谕矣，一表。爱人之状，好人之技，仁道也；信为大操，帝义也。爱好有实，已诺可期，十死一生，彼必将至。此谓三表。②

贾谊所“建三表”，旨在以天子之道，对抗无道的匈奴单于。“信”就是用“天子之信”，取信于匈奴大众，使其信之不疑，而无反叛之心，这便是“信谕矣”。“爱”就是爱胡人之状，对匈奴的胡面而戎状不要反感，而是爱之，使他们感到天子之爱，这便是“爱谕矣”。“好”就是喜好胡人之技艺，这便是“好谕矣”。通过信、爱、好的“三表”之谕，使匈奴无道之人没有生存的余地，以此“仁道”、“帝义”，便可以与匈奴单于争其民，使其民归附，便可以不战而胜之也。所以贾谊说：“臣闻伯国战智，王者战义，帝者战德。故汤祝网而汉阴降，舜舞干羽而三苗服。今汉帝中国也，宜以厚德怀

① 《新书·匈奴》。

② 《新书·匈奴》。

服四夷，举明义，博示远方，则舟车之所至，人迹之所及，莫不为畜，又且孰敢[illegible]然不承帝意？"[1]就是说，以智略、道义、武德、仁爱，"怀服四夷"，这样便可以招附远人，安定边境。

贾谊在"建三表"制匈奴的同时，又提出"设五饵"以诱惑匈奴。"五饵"：一是以锦衣美服华饰坏其目。"匈奴之来者，家长已上固必衣绣，家少者必衣文锦，将为银车五乘，大雕画之，驾四马，载绿盖，从数骑，御骖乘，且虽单于之出入也，不轻都此矣。令匈奴降者，时时得此而赐之耳。一国闻之者、见之者，希心而相告，人人冀幸，以为吾至亦可以得此，将以坏其目，一饵。"二是以美味佳肴好酒大肉坏其口。"匈奴之使至者，若大人降者也，大众之所聚也，上必有所召，赐食焉。饭物故四五盛，羹胾膹炙，肉具醯醢，方数尺于前，令一人坐此，胡人欲观者，固百数在旁。得赐者之喜也，且笑且饭，味皆所嗜而所未尝得也。令来者时时得此而飨之耳。一国闻之者、见之者，垂涎而相告，人悇憛其所自，以吾至亦将得此，将以此坏其口，一饵。"三是音乐歌舞倡游百戏坏其耳。"降者之杰也，若使者至也，上必使人有所召客焉。令得召其知识，胡人之欲观者勿禁。令妇人傅白黑黑，绣衣而侍其堂者二十三十人，或薄或揜，为其胡戏以相饭。上使乐府幸假之倡乐，吹箫鼓鞀，倒絜面者更进，舞者蹈者时作，少间击鼓舞其偶人，莫时乃为戎乐，携手胥强上客之后，妇人先后扶侍之者国大十余人，令使者、降者时或得此而乐之耳。一国闻之者、见之者，希盱相告，人人忣忣惟恐其后来至也，将以此坏其耳，一饵。"四是以各种财物厚赏坏其腹。"凡降者，陛下之所召幸，若所以约致也。陛下必有时有所官，必令此有高堂邃宇，善厨处，大囷京，厩有编马，库有阵车，奴婢、诸婴儿、畜生具。令此时大具召胡客，飨胡使，上幸令官助之具，假之乐。令此其居处乐虞，囷京之畜，畜皆过其故王，虑出其单于或，时时赐此而为家耳。匈奴一国倾心而冀，人人忣忣惟恐其后来至也，将以此坏其腹，一饵。"五是厚待胡人贵族及其子弟以坏其心。"于来降者，上必时时而有所召幸，拊循而后

① 《新书·匈奴》。

得人官。夫胡大人难亲也，若上于胡婴儿召贵人子好可爱者，上必召幸大数十人，为此绣衣好闲，日出则从，居则更侍。上即飨胡人也，大觳抵也，客胡使也，力士、武士固近侍傍，胡婴儿得近侍侧，胡贵人更进得佐酒前，上乃幸自御此薄，使付酒钱，时人偶之。为间则出绣衣，具带服宾余，时以赐之。上即幸拊胡婴儿，捣遒之，戏弄之，乃授炙幸自啗之，出好衣，闲且自为赣之。上起，胡婴儿或前或后，胡贵人既得奉酒，出则服衣佩绶，贵人而立于前，令数人得此而居耳。一国闻者、见者，希盱而欲，人人忣忣惟恐其后来至也。将以此坏其心，一饵。”经过“五饵”之诱惑，使匈奴人被各种物质生活引诱，而争先恐后投奔汉朝，如此“坏其目”、“坏其口”、“坏其耳”、“坏其腹”、“坏其心”，则可以“牵其耳、牵其目、牵其口、牵其腹，四者已牵，又引其心，安得不来，下胡抑抎也”。① 使其身心皆坏，便容易瓦解、降服匈奴了。这就是“设五饵”的重要意义。

贾谊认为，如果汉朝天子实行了他的“三表”、“五饵”的战略、策略，就可以离间匈奴的上下关系，争取匈奴的广大民众，孤立、打击单于，最终战胜单于。他说：

> 故三表已谕，五饵既明，则匈奴之中乖而相疑矣，使单于寝不聊寐，饭失其口，裨剑挟弓，而蹲穹庐之隅，左视右视，以为尽仇也。彼其君臣，虽欲毋走，若虎在后；众欲无来，恐或轩(撕)之，此谓势然。其贵人之见单于，犹迕虎狼也；其南面而归汉也，犹弱子之慕慈母也；其众人之见将吏，犹噩迕仇仇也；南乡而欲走汉，犹水流下也。将使单于无臣之使，无民之守，夫恶得不系颈稽颡，请归陛下之义哉！此谓战德。彼匈奴见略，且引众而远去，连比有数。②

经过一系列的诱惑、分化、瓦解，争取匈奴群众，孤立、削弱、打

① 《新书·匈奴》。
② 《新书·匈奴》。

击单于，使其无臣可使，无民可用，这种不战而屈人之兵的策略，就是智胜、义胜、德胜，故“谓战德”。

基于这种思想认识和战略策略，贾谊对汉朝初期与匈奴和约、纳贡的卑躬屈膝之策，极为愤慨。因此，他对汉朝皇帝失去天子之尊的非策，十分痛惜，为解万民倒悬，他愤然给文帝上书道：

> 天下之势方倒悬，窃愿陛下省之也。凡天子者，天下之首也。何也？上也。蛮夷者，天下之足也。何也？下也。蛮夷征令，是主上之操也；天子共贡，是臣下之礼也。足反居上，首顾居下，是倒悬之势也。天下倒悬，莫之能解，犹为国有人乎？非特倒悬而已也，又虑躄，且病痱。夫躄者一面病，痱者一方痛。今西为上流，东为下流，故陇西为上，东海为下，则北境一倒也，西郡、北郡，虽有长爵不轻得复，五尺以上不轻得息，苦甚矣！中地左戍，延行数十是里，粮食馈馕至难也。斥候者望烽燧而不敢卧，将吏戍者或介胄而睡，而匈奴欺侮侵掠，未知息时。于焉信威广德难。臣故曰：“一方病矣。”医能治之，而上弗肯使也。天下倒悬甚苦矣，窃为陛下惜之。①

贾谊认为，由于汉朝初期对匈奴政策、策略的失误，而使大汉天子失去至尊。本来天子是“天下之首”，而蛮夷是“天下之足”，首应居上，足该居下。然而，汉朝与匈奴则相反，却是“足反居上，首顾居下，是倒悬之势”。这种“倒悬之势”、“倒植之势”，而使汉朝天子位不尊，威不信，行不出长城，边境不安宁，这种倒逆之势，实在可悲。所以贾谊说：“足反居上，首顾居下，是倒植之势也。天下之势倒植矣，莫之能理，犹为国有人乎？德可远施，威可远加，舟车所至，可使如志。而特扪然数百里，而威令不信，可为流涕者此也。”②这种首足倒置、上下颠倒、天子不威之势简直是汉朝的大病。面对这种“倒植之势”，贾谊为之愤怒、流涕。因此，他

① 《新书·解悬》。

② 《新书·威不信》。

极力反驳、痛斥对匈奴实行“和亲”的妥协、屈辱政策，认为这是不合乎古今正义、礼法的。他说：

> 古之正义，东西南北，苟舟车之所达，人迹之所至，莫不率服，而后云天子；德厚焉，泽湛焉，而后称帝；又加美焉，而后称皇。今称号甚美，而实不出长城，彼非特不服也，又不大敬。边长不宁，中长不静，譬如伏虎，见便必动，将何时已？昔高帝起布衣而服九州，今陛下杖九州而不行于匈奴，窃为陛下不足。且事势有甚逆者焉，其义尤要。①

贾谊对匈奴之无道、无礼之行，极为痛恨，对文帝之无为、无威，十分痛惜，所以他一再申明天子之义是“天下之首也”既然“天子者，天下之首也”，当然应当居其上首之位，而有管理天下之权。可是汉朝皇帝称号甚美，然而却不能出长城，服匈奴，反倒是匈奴单于为所欲为，对汉朝皇帝“特不服”，“不大敬”，尤其是汉朝派使臣送公主给单于为妻，实在是大耻大辱。

从这种思想认识出发，贾谊提出了对付、制服、打击匈奴单于的策略、方法。他说：

> 陛下肯幸听臣之计，请陛下举中国之祸而从之匈奴，中国乘其威而富强，匈奴伏其辜而残亡，系单于之颈而制其命，伏中行说而笞其背，举匈奴之众唯上之令。杀之乎，生之乎，次也。陛下威惮大信，德义广远，据天下而必固，称高号所诚宜，俛视中国，仰望四夷，莫不如志矣。……胡思以陛下之明，承天下之资，而久为戎人欺傲若此，可谓国无人矣。②

贾谊此论，有感而发。汉文帝虽奉行汉高祖对匈奴的“和亲”政策，但匈奴依然侵掠不断。据《汉书·匈奴传》载：“至孝文即位，复修

① 《新书·威不信》。

② 《新书·解悬》。

和亲。其三年夏，匈奴右贤王入居河南地为寇，于是文帝下诏曰：'汉与匈奴约为昆弟，无侵害边境，所以输遗匈奴甚厚。今右贤王离其国，将众居河南地，非常故。往来入塞，捕杀吏卒，驱侵上郡保塞蛮夷，令不得居其故。陵轹边吏，入盗，甚骜无道，非约也。其发边吏车骑八万诣高奴，遣丞相灌婴将击右贤王。'右贤王走出塞。"虽然汉文帝"复修和亲之事"，但是匈奴贵族依然侵盗边境不断，所以贾谊力谏文帝采取抗击匈奴之策，反对派阉人中行说之类送公主妻匈奴而行"和亲之事"。贾谊的对抗匈奴之策是有感而发的智者之见。

贾谊作为汉代杰出的政论家、思想家、文学家，他总结了历史经验，吸取了秦朝暴政而亡的历史教训，针对汉初的现实情况所阐发的一系列的政治见解、思想主张、哲学理论、制敌策略等，都是有的放矢的中肯之论，故对中国传统思想文化、政治议论等，都作出了卓越的贡献，产生深远的影响。

第六章　晁错的思想

晁错，颍川(今河南禹县)人。生于公元前200年，卒于公元前154年。西汉大臣，从政于文、景时期，是汉景帝的主要谋划人物。

晁错少年时从张恢学习申不害和商鞅的法家学说和统治方术，因通晓文献典故，而由州郡文学升任太常掌故，是朝廷掌管宗庙仪礼、典章制度的一般官吏。

汉文帝时，晁错奉命从故秦博士伏生学习《尚书》。后为太子(即景帝)家令，深得宠信，号为"智囊"。景帝即位，充任内史，迁御史大夫，推行重农抑商等政策，法令多所更定，使民务于农桑。主张募兵充实边塞，屯垦戍边，农战结合，积极防御匈奴入侵，提倡变法易故，兴利除害。晁错鉴于诸王势力膨胀，尤其是吴王刘濞日益骄横，诈称病不朝，却"即山铸钱，煮海水为盐，诱天下亡人，谋作乱。今削之亦反，不削之亦反。削之，其反亟，祸小；不削，反迟，祸大"①的形势，积极建议景帝削藩，削夺诸侯王国的封地，以巩固中央集权统治，得到景帝采纳。对此，司马迁叙述道：

> 汉廷臣方议削吴。吴王濞恐削地无已，因以此发谋，欲举事。念诸侯无足与计谋者，闻胶西王勇，好气，喜兵，诸齐皆惮畏，于是乃使中大夫应高诳胶西王。无文书，口报曰："吴王不肖，有宿夕之忧，不敢自外，使喻其驩心。"王曰："何以教之?"高曰："今者主上兴于奸，饰于邪臣，好小善，听谗

① 《史记·吴王濞列传》。

贼，擅变更律令，侵夺诸侯之地，征求滋多，诛罚良善，日以益甚。里语有之，‘舐糠及米’。吴与胶西，知名诸侯也，一时见察，恐不得安肆矣。吴王身有内病，不能朝请二十余年，尝患见疑，无以自白，今胁肩累足，犹惧不见释。窃闻大王以爵事有适，所闻诸侯削地，罪不至此，此恐不得削地而已。”王曰：“然，有之，子将奈何?”高曰：“同恶相助，同好相留，同情相成，同欲相趋，同利相死。今吴王自以为与大王同忧，愿因时循理，弃躯以除患害于天下，亿亦可乎？……御史大夫晁错，荧惑天子，侵夺诸侯，蔽忠塞贤，朝廷疾怨，诸侯皆有倍畔之意，人事极矣。彗星出，蝗虫数起，此万世一时，而愁劳圣人之所以起也。故吴王欲内以晁错为讨，外随大王后车，彷徉天下，所乡者降，所指者下，天下莫敢不服。大王诚幸而许之一言，则吴王率楚王略函谷关，守荥阳敖仓之粟，距汉兵。治次舍，须大王。大王有幸而临之，则天下可并，两主分割，不亦可乎?”王曰：“善。”高归报吴王，吴王犹恐其不与，乃身自为使，使于胶西，面结之。①

经过应高的游说，吴王与胶西王终于结成反叛联盟。不久，吴、楚等七国“因削藩”而“振恐，多怨晁错”，而打着“存亡继绝，振弱伐暴，以安刘氏”的旗号，以“清君侧”为名，而发动叛乱。晁错为政敌袁盎等人暗算，衣朝服斩于东市。“晁错为国远虑，祸反近身。”②这是其历史悲剧。

晁错著文 31 篇，今存《言皇太子宜知术数》、《言兵事疏》、《守边劝农疏》、《复言募民徙塞下》、《论贵粟疏》、《贤良对策》、《记景帝削藩书》、《奏勿收田租》等。据此，对晁错的思想作分析评述。

---

① 《史记·吴王濞列传》。

② 《史记·吴王濞列传》。

第一节　重法用术的政治思想

晁错少年学习法家学说和统治方术，故受法家思想影响较深，但他总结接受秦末农民起义和秦朝灭亡的深刻教训，而提出重法用术、积极有为的政治思想主张。

晁错认为，秦朝之所以能战胜六国而统一中国，就在于其“地形便，山川利，财用足，民利战”，而“六国者，臣主皆不肖，谋不辑，民不用”，所以当时秦国最富强。“夫国富强而邻国乱者，帝王之资也，故秦能兼六国，立为天子。”然而，由于秦始皇居功自傲，觉得自己的功绩超过三王，忘乎所以，苛政于民。到了秦二世，则变本加厉，推之极端，于是便“任不肖而信谗贼；宫室地度，耆欲亡极，民力罢尽，赋敛不节；矜奋自贤，群臣恐谀，骄溢纵恣，不顾患祸；妄赏以随喜意，妄诛以快怒心，法令烦憯，刑罚暴酷，轻绝人命，身自射杀：天下寒心，莫安其处。奸邪之吏，乘其乱法，以成其威，狱官主断，生杀自恣。上下瓦解，各自为制。秦始乱之时，吏之所先侵者，贫人贱民也；至其中节，所侵者富人吏家也；及其末涂，所侵者宗室大臣也。是故亲疏皆危，外内咸怨，离散逋逃，人有走心。陈胜先倡，天下大溃，绝祀亡世，为异姓福。此吏不平，政不宣，民不宁之祸也”。① 秦王大修宫殿，贪欲无度，耗尽民力，横征暴敛，又任用不肖谗佞之人为官，狂妄自大，自以为是，群臣恐惧，献媚取宠，骄横放纵，不顾后患。高兴时胡乱赏赐，发怒时随便杀人，法令繁多，惨杀无辜，严刑残酷，秦二世亲自射杀百姓，使天下百姓寒心，人心惶惶，难以安生。奸邪的官吏，乘法令混乱之机，树立自己的威势，狱官专断，擅自杀人。上下瓦解，各自为制。初乱之时，贫民百姓先受侵害；中乱之时，富人官吏受到损害；到了晚期，皇室宗亲、朝廷大臣也受到侵害。全国上下人人自危，朝廷内外个个怨恨，离散逃亡，人心涣散。陈胜带头造反，振臂一呼，万众响应，天下大乱，秦朝灭亡，

① 《贤良对策》。

为他人造福。这就是：官吏不公正，政令不通达，民众不安宁所造成的祸患。晁错精辟地概括和总结秦朝统一中国的原因和灭亡的缘由。

晁错在总结这一历史教训基础上，强调要改正、革除不合理的法令，纠正、制止君主暴虐、害民的行为，实行“爱人”宽舒的政策。他说：

> 法之逆者，请而更之，不以伤民；主行之暴者，逆而复之，不以伤国。救主之失，补主之过，扬主之美，明主之功，使主内亡邪辟之行，外亡骞污之名。①

对于法令中不合理的条文，要改正过来，使之合理，不使民众受到伤害。对于君主的暴行，不应当顺从，要加以纠正，使之端正，不使国家受到伤害。要匡正和补救君主的过失，显扬和宣明君主的功德，使君主内无邪恶不正的行为，外无罪恶污浊的恶名，这才是群臣和百官的责任。

晁错指出，国家立法、行法，旨在兴利除害，除暴安民，不是为了害国、杀民，所以要公平执法，赏罚公正。他说：

> 其立法也，非以苦民伤众而为之机陷也，以之举利除害，尊主安民而救暴乱也。其行赏也，非虚取民财妄予人也，以劝天下之忠孝而明其功也。故功多者赏厚，功少者赏薄。如此，敛民财以顾其功，而民不恨者，知与而安己也。其行罚也，非以忿怒妄诛而从暴心也，以禁天下不忠不孝而害国者也。故罪大者罚重，罪小者罚轻。如此，民虽伏罪至死而不怨者，知罪罚之至，自取之也。立法若此，可谓平正之吏矣。②

国家制订法令，不是为了残害民众而故意设下的陷阱，而是为了兴

① 《贤良对策》。

② 《贤良对策》。

利除害，尊重国君，定安百姓而制止暴乱。实行奖赏，不是无故把民财随便施予他人，而是用来劝勉天下人尽忠行孝，表彰人们忠君孝亲的功绩。所以要做到功多者厚赏，功少者薄赏。这样，用征收百姓的财物来奖赏有功的人，百姓也不会怨恨，因为他们知道这种奖赏能使自己安宁。施行刑罚，不要因为愤怒就放纵自己残暴之心而妄杀无辜，而是为了禁止天下不忠不孝之人危害国家的行为。所以要做到罪大者重罚，罪小者轻罚。这样，犯罪的人虽然受到制裁，但是至死却不怨恨，因为他们知道犯罪受到惩罚是咎由自取。如果这样执行法令，则可以说是公正的官吏了。为此，晁错积极主张国家立法要合乎公理，执法要公平，为官要平正。只有这样，国家才能治，人民方能安。

晁错还从人们都好利避害的情欲观点为立法、执政找到了理论根据。他认为，人人都有欲寿、欲富、欲安、欲逸的性情，所以国家立法、执政要本于人情，合乎人情，不可违反人情而行之。他说：

> 臣闻三王臣主俱贤，故合谋相辅，计安天下，莫不本于人情。人情莫不欲寿，三王生而不伤也；人情莫不欲富，三王厚而不困也；人情莫不欲安，三王扶而不危也；人情莫不欲逸，三王节其力而不尽也。其为法令也，合于人情而后行之；其动众使民也，本于人事然后为之。取人以己，内恕及人。情之所恶，不以强人；情之所欲，不以禁民。是以天下乐其政，归其德，望之若父母，从之若流水；百姓和亲，国家安宁，名位不失，施及后世。此明于人情终始之功也。①

三王时代，君主和臣下都很贤明，所以能够合谋相辅，安宁天下万民，就在于他们无不根据人们的愿望立法、行政。人们希望长寿，三王让他们生存而不伤害；人们希望富裕，三王使他们增加财富而不穷困；人们希望安定，三王扶危定倾使他安而不危；人们希望安

① 《贤良对策》。

逸，三王节用民力而不耗尽民力。国家制订法令，要合乎人民的愿望而去实行；动用民力，要根据民众的情况，然后再去行动。要求别人同要求自己一样，宽恕他人如宽恕自己一样。人情所恶，不要强加于人；人情所愿，不要加以禁止。因此，天下人民就会拥护政令，执行法令，归附德治，待之如父母，从之如流水。这样百姓和睦，国家安定，政权巩固，恩及后世。这就是为政者懂得人民愿望而立法、执政的功效、功德。

据此，晁错在对汉文帝歌功颂德的同时，期望汉文帝效法五帝、三王、五霸，任用圣贤，君臣共治，建功立业。他尤其强调皇帝要亲自治理国家，积极有为，不要一味依靠群臣治国而误国。他说：

> 今以陛下神明德厚，资财不下五帝，临制天下，至今十有六年，民不益富，盗贼不衰，边境未安，其所以然，意者陛下未之躬亲，而待群臣也。今执事之臣皆天下之选已，然莫能望陛下清光，譬之犹五帝之臣皆天下之选已，然莫能望陛下清光，譬之犹五帝之佐也。陛下不自躬亲，而待不望清光之臣，臣窃恐神明之遣也。日损一日，岁亡一岁，日月益暮，盛德不及究于天下，以传万世，愚臣不自度量，窃为陛下惜之。①

晁错认为，五帝的臣子不及五帝，五帝便亲自理政；三王与臣子都有才能，故三王与臣子共同谋政；五霸不如臣下，便把国事委托臣下治理。因此，使君主谋政无遗漏，有才能的人得到使用，而能在他们所处的时代建立功业。当今陛下神明德厚，才能不下五帝，君临天下，治理国家，已经16年了，然而百姓却没有富裕，盗贼亦没有减少，边境尚未安宁。其所以如此，就是陛下没有亲自管理国家而依靠群臣所造成的结果。现在当权的大臣都是由天下选出来的，但是他们的才能却远远不如陛下，如同五帝的臣下一样。陛下不亲自治理国家，依靠那些才能低下的大臣治国，恐怕会遗漏大

① 《贤良对策》。

事，耽误国事。长此下去，皇帝的恩德就会消失。晁错反复申明皇帝“躬亲”国事的重要性，强调不“躬亲”国事的危害性。希望皇帝做到积极有为，不可消极无为。

从晁错的这些政治思想主张中，我们可以清楚地看到：他对汉文帝所采取的清静无为，依靠群臣治国的统治方术是不同意的，所以才在他被荐举为“贤良”时，借回答文帝策问之机，提出自己的治国方略，要求皇帝要“躬亲”国事，积极治政。

不仅如此，晁错还向汉文帝建议让皇太子从小就要学习和懂得治国的方略、术数，为将来当皇帝后“躬亲”国事、治国理民做好准备。他说：

> 人主所以尊显功名扬于万世之后者，以知术数也。故人主知所以临制臣下而治其众，则群臣畏服矣；知所以听言受事，则不欺蔽矣；知所以安利万民，则海内必从矣；知所以忠孝事上，则臣子之行备矣：此四者，臣窃为皇太子急之。①

君主之所以尊贵显赫、功绩名声流传于万世，是因为他懂得治国方略、方术。所以说君主知道任用群臣而治理他们，群臣才能敬畏服从；君主知道怎样听取意见，处理政事，才不会被群臣欺骗蒙蔽；君主知道怎样安定万民，使百姓受益，便会使全国人民顺从；君主知道怎样倡导忠君孝亲之理，便会使臣下和子女德行完美。这四条是皇太子的要务。

当时朝廷群臣中有一种议论：“皇太子亡以知事为也。”而晁错则“诚以为不然”。他认为，历史上凡是不能保住权位、丢掉政权或被权臣杀害的君主，“皆不知术数者也”。因此，他主张皇太子不仅要多读书，而且要“深知术数”，研究书中的义理。因为“多诵而不知其说，所谓劳苦而不为功”②。所以晁错极力主张皇太子要“宜知术数”、“深知术数”，掌握治国方术。

---

① 《言皇太子宜知术数》。

② 《言皇太子宜知术数》。

晁错的重法用术、积极有为的政治思想主张，是在总结秦朝灭亡的教训和汉初无为而治的现实的基础上提出来的。他的法治主张不同于秦朝的严刑峻法、苛政残民，而是把法治与德治、依法与宽民、治政与爱民结合起来。同时主张君主"躬亲"，积极有为，反对消极无为，贪图清闲的治国方术。这些政治思想主张汲取了历史教训，有很强的现实针对性。

第二节　劝农守边的军事思想

汉朝初年，北方匈奴奴隶主集团掠夺成性，屡犯边境，侵略骚扰，对西汉王朝造成了严重的威胁，给边民带来了严重的灾难。在这种形势下，晁错于文帝十一年(前169年)连续三次上疏，即《言兵事疏》、《守边劝农疏》、《复言募民徙塞下》，论述了他的抗击匈奴的战略思想和方针政策，于中凸显了他的劝农守边的军事思想。

晁错认为，抗敌保国，安定边境，要在选人任将。他以陇西军民大败匈奴的历史事实，说明了抗敌胜敌的道理，力主选择任用良将抗敌，激励军民的士气，只有这样才能取得胜利，安定边境，保民固国。他说：

> 臣闻汉兴以来，胡虏数入边地，小入则小利，大入则大利；高后时再入陇西，攻城屠邑，驱略畜产；其后复入陇西，杀吏卒，大寇盗。窃闻战胜之威，民气百倍；败兵之卒，没世不复。自高后以来，陇西三困于匈奴矣，民气破伤，亡有胜意。今兹陇西之吏，赖社稷之神灵，奉陛下之明诏，和辑士卒，底厉其节，起破伤之民以当乘胜之匈奴，用少击众，杀一王，败其众而大有利。非陇西之民有勇怯，乃将吏之制巧拙异也。故兵法曰："有必胜之将，无必胜之民。"由此观之，安边境，立功名，在于良将，不可不择也。①

① 《言兵事疏》。

晁错明确指出，自汉朝以来，匈奴多次侵扰掠夺边境，小规模侵扰掠夺则得小利，大规模侵扰掠夺则得大利。特别是吕后执政初期，匈奴再次侵扰掠夺陇西之地，攻破城镇，屠杀百姓，抢夺牲畜和财物。其后又再次入侵，杀死吏卒，大肆掠夺，边祸甚巨。打了胜仗，军民斗志高昂，信心百倍；打了败仗，士气长时间不能恢复。吕后执政以来，陇西三次遭到匈奴大的侵掠困扰，军民的士气受到严重的挫伤，丧失了胜利的信心。现在陇西的将吏，正在团结军民，激励斗志，鼓舞士气，以少击多，战胜敌人，杀死匈奴的一个首领，打败他们的军队，对于振奋士气大为有利。事实证明，不是陇西军队有勇敢和胆怯的差别，而是将领的指挥水平有高明和低劣的不同。兵书上说："有必胜的将领，无必胜的民众。"由此看来，安定边境，杀敌立功，就在于有优良的将领，所以必须认真地选择任用良将。如果"君不择将，以其国予敌也。"①国君不选择良将，就等于把国家送给敌人。所以选择任用优秀的将领，是建军用兵击敌的一个要务。

晁错在论述了选择任用良将的必要性、重要性之后，紧接着分析了战争中地形、武器和军队三者之间的相互关系，以及敌我双方的长短、优劣情势，强调根据不同的条件、因素，采取不同的战略、战术，以我之长、之优，击敌之短、之劣，集中兵力，以众击寡，打败敌人。

晁错明确地指出，指挥军队，临敌作战，最重要的事情有三："一曰得地形，二曰卒服习，三曰器用利。"②就是说，与敌人交战，要想战胜敌人，取得胜利，就必须选择有利地形，士兵训练有素，武器装备精良。

晁错从这种认识出发，对如何做好这三件急要之事，作了具体的论述，以证明此三事对用兵胜敌的重要作用。他说：

> 兵法曰："丈五之沟，渐车之水，山林积石，经川丘阜，

① 《言兵事疏》。

② 《言兵事疏》。

> 草木所在，此步兵之地也，车骑二不当一。土山丘陵，曼衍相属，平原广野，此车骑之地，步兵十不当一。平陵相远，川谷居间，仰高临下，此弓弩之地也，短兵百不当一。两陈相近，平地浅草，可前可后，此长戟之地也，剑楯三不当一。萑苇竹萧，草木蒙茏，枝叶茂接，此矛铤之地也，长戟二不当一。曲道相伏，险厄相薄，此剑楯之地也，弓弩三不当一。士不选练，卒不服习，起居不精，动静不集，趋利弗及，避难不毕，前击后解，与金鼓之指相失，此不习勒卒之过也，百不当十。兵不完利，与空手同；甲不坚密，与袒裼同；弩不可以及远，与短兵同；射不能中，与亡矢同；中不能入，与亡镞同：此将不省兵之祸也，五不当一。"故兵法曰："器械不利，以其卒予敌也；卒不可用，以其将予敌也；将不知兵，以其主予敌也；君不择将，以其国予敌也。"四者，兵之至要也。①

用兵至要有三：一是选择有利地形，地形分为步兵之地、车骑之地、弓弩之地、长戟之地、矛铤之地、剑楯之地等，占据有利地形，充分发挥士卒和各种兵器的作用，便可以一当十，十当百。反之，则十不当一，百不当十。所以在与敌人交战时必须选择并占据有利地形。二是选练教习士卒，教练士卒习战，就可以攻取战胜。反之，士卒不经过教习练战，作风拖拉，行动不齐，军纪松弛，丧失战机，指挥不灵，这样的军队百不当十，必打败仗。三是武器装备精良，武器装备粗劣，却要士兵与敌人交战，就等于把士兵断送给敌人；士兵不会作战，等于把将领断送给敌人；将领不知用兵之略，等于把君主断送给敌人；君主不善选任将领，等于把国家断送给敌人。要做到这三件用兵的急要之事，关键在于"知"。"知"包括知天、知地、知人，以及知国家的大小、强弱、战势、守备等。

针对西汉的主要敌人匈奴，晁错对其主要地形、战势、战技等与中国的不同，作了具体的分析，并提出了自己的作战原则、胜敌战术。他说：

---

① 《言兵事疏》。

> 小大异形，强弱异势，险易异备。……今匈奴地形技术与中国异。上下山阪，出入溪涧，中国之马弗与也；险道倾仄，且驰且射，中国之骑弗与也；风雨罢劳，饥渴不困，中国之人弗与也：此匈奴之长技也。若夫平原易地，轻车突骑，则匈奴之众易挠乱也；劲弩长戟，射疏及远，则匈奴之弓弗能格也；坚甲利刃，长短相杂，游弩往来，什伍俱前，则匈奴之兵弗能当也；材官驺发，矢道同的，则匈奴之革笥木荐弗能支也；下马地斗，剑戟相接，去就相薄，则匈奴之足弗能给也：此中国之长技也。以此观之，匈奴之长技三，中国之长技五。陛下又兴数十万之众，以诛数万之匈奴，众寡之计，以一击十之术也。①

国家的大小不同，它们的处境也不同，强弱不同，它们的形势也相异，地形的险易不同，其守备也有别。匈奴的地形与作战技术，都与中国不同。上下山坡，跨越溪涧，中国的马不如匈奴的马；在狭窄倾斜的险路边驰骋边射箭，中国的骑兵不如匈奴的骑兵；经受风雨，忍耐疲劳，忍受饥渴，中国的士兵不如匈奴的士兵，这是匈奴的长处。然而，在平原作战，轻车、锐兵迅速冲击，匈奴军队就容易混乱而被打败；劲弩远射，长戟远刺，匈奴的弓箭是不能抵挡的；坚甲利兵，长短兵器配合使用，弓箭手灵活机动，往来发射，队伍齐冲，匈奴军队就无法抵挡了；弓箭手万箭齐发，射向一个目标，箭箭中的，匈奴军队的铠甲、盾牌也无法招架了；下马作战，剑戟相击，短兵相接，匈奴军队的步法就不能应付了，这是中国的长处。中国军队有五个长处，匈奴军队有三个长处，以中国的五个长技对付匈奴的三个长技，就可以“以十击一”而战胜匈奴了。晁错经过详细而具体的分析，找出中国之优长多于匈奴，从而为抗击、战胜匈奴提供了作战原则和胜利依据，并大大地鼓舞和坚定了抗击匈奴、战胜匈奴的必胜信心。

① 《言兵事疏》。

晁错进一步指出，兵为凶险之器，战争是危险之事，而且变化多端，瞬息万变，以死伤众人去夺取胜利是不可取的。但是，为了保卫国家，保护民众，就必须采取万全之计、万全之术。他说：

> 虽然，兵，凶器；战，危事也。以大为小，以强为弱，在俯仰之间耳。夫以人之死争胜，跌而不振，则悔之亡及也。帝王之道，出于万全。……令明将能知其习俗和辑其心者，以陛下之明约将之。即有险阻，以此当之；平地通道，则以轻车材官制之。两军相为表里，各用其长技，衡加之以众，此万全之术也。①

因为战争为凶险之器、危险之事，敌对双方两军交战，可以使国家的大与小、强与弱的转化，在顷刻之间发生变化。以死伤很多人、消耗很多物去夺取胜利，如果战败了就一蹶不振，那就后悔也来不及了。为了巩固国家政权的大计，必须从万无一失的策略来考虑计策。国家可以选派了解边境民族风俗习惯、能团结爱护他们的高明将领，并用汉王朝的政策法令去约束他们，使他们服从政令。遇到战争，再用军队抵挡。一般情况下，不必动用军队去发动战争。这种利用与匈奴习性、战技相近的部族，与汉军相互配合，发挥各自的特长，内外夹击匈奴，这才是战胜匈奴的万全之策、万全之术，而不是以牺牲众人为代价去夺取胜利。

晁错根据汉朝受到匈奴屡次大规模侵掠的现实，总结了秦朝戍边政策的历史教训，分析了匈奴军队游荡不定的特点，提出了“徙民实边”、“募民徙塞下”，筑塞守备、抗击匈奴的主张，以此巩固边防，解除边患。他在《守边劝农疏》中说：

> 陛下幸忧边境，遣将吏发卒以治塞，甚大惠也。然令远方之卒守塞，一岁而更，不知胡人之能，不如选常居者，家室田作，且以备之。以便为之高城深堑，具蔺石，布渠答，复为一

① 《言兵事疏》。

> 城其内，城间百五十步。要害之处，通川之道，调立城邑，毋下千家，为中周虎落。先为室屋，具田器，乃募罪人及免徒复作令居之；不足，募以丁奴婢赎罪及输奴婢欲以拜爵者；不足，乃募民之欲往者。皆赐高爵，复其家。予冬夏衣，廪食，能自给而止。郡县之民得买其爵，以自增至卿。其亡夫若妻者，县官买予之。人情非有匹敌，不能久安其处。塞下之民，禄利不厚，不可使久居危难之地。胡人入驱而能止其所驱者，以其半予之，县官为赎其民。如是，则邑里相救助，赴胡不避死。非以德上也，欲全亲戚而利其财也。此与东方之戍卒不习地势而心畏胡者，功相万也。

晁错针对匈奴人吃穿用不依靠耕织，过游牧生活，且容易骚扰、掠夺边境，因而连年不断侵掠造成"中国贫苦而民不安"的严酷现实，提出了治理边疆、巩固边防、抗击匈奴的具体措施。

晁错指出，与其从远方调来士卒守卫边疆，一年更换一次，不了解匈奴的作战特点，不能有效地对付敌人，不如挑选百姓长期住下去，安家务农，发展生产，同时用来防备匈奴入侵。他主张依据有利的地形，构建城池，备好播石，置好蒺藜，防备敌人。规划建立以城堡为中心的村落、城镇，用竹篱笆环绕，防备敌人。建造房屋，备好农具，再招募罪犯和免去徒刑在官府服役的人，以及奴婢等，令他们到那里定居。这样既可以增强边疆的防御力量，又可以促进这里的经济发展。

为了切实做好移民的生活、生产等方面的安置工作，晁错在上《守边劝农疏》之后，又奏《复言募民徙塞下》，进一步提出了一些鼓励百姓迁徙边塞的具体措施，以此使"民乐其处，有长居之心"，而巩固边防。

首先，要求各级官吏认真执行朝廷的政策。"奉明法，存恤所徙之老弱，善遇其壮士，和辑其心而勿侵刻，使先至者安乐而不思故乡，则贫民相募而劝往矣。"①各级官吏，执行严明的法令，厚待

① 《复言募民徙塞下》。

移民，关怀体恤移民中的老弱之人，优待壮士，团结百姓，不要刻薄他们，使先去的移民安居乐业而不思念故乡，这样贫苦的百姓就会羡慕他们而相互鼓励到边疆去了。

其次，要采取具体措施使移民长住下去。“古之徙远方以实广虚也，相其阴阳之和，尝其水泉之味，审其土地之宜，观其草木之饶，然后营邑立城，制里割宅，通田作之道，正阡陌之界，先为筑室，家有一堂二内，门户之闭，置器物焉，民至有所居，作有所用，此民所以轻去故乡而劝之新邑也。为置医巫，以救疾病，以修祭祀，男女有婚，生死相恤，坟墓相从，种树畜长，室屋安完，此所以使民乐其处而有长居之心也。”①为了使移居边塞之民能够乐其处而有长久居住之心，就在移民之前考察各种自然条件是否适宜居住、生活、生产，同时要修好道路、建立城镇、划分宅区、整理田界，并建好房屋、置放农具、安好家具，使移民有生产工具和生活用具，还要配好医生，为民治病，使男婚女嫁、生老病死等，都有安置、着落，这样百姓就会相互鼓励到边疆新城安家落户，长久居位，这样既可以保卫边疆，又能够发展生产。

再次，对边疆百姓实行军事编制，进行军事训练，使之劳武结合。“古之制边县以备敌也，使五家为伍，伍有长；十长一里，里有假士；四里一连，连有假五百；十连一邑，邑有假侯：皆择其邑之贤材有护，习地形知民心者。居则习民于射法，出则教民于应敌。故卒伍成于内，则军正定于外。服习以成，勿令迁徙，幼则同游，长则共事。夜战声相知，则足以相救；昼战目相见，则足以相识；欢爱之心，足以相死。如此而劝以厚赏，威以重罚，则前死不还踵矣。所徙之民非壮有材力，但费衣粮，不可用也；虽有材力，不得良吏，犹亡功也。”②在边疆建立郡县以防备敌人，同时把居民组织起来，实行军事编制，进行军事训练。选择有才能、有智略、熟悉地形、了解民心的人担任长官。平时大家生活在一起，相互熟悉，共同操练军事技术，战时共同抗击敌人，彼此友爱，相互援

① 《复言募民徙塞下》。

② 《复言募民徙塞下》。

救，再加上厚赏、重奖有功人员，严惩、重罚有过之人，这样广大士兵就会拼死向前，奋勇杀敌，绝不后退。

晁错认为，采取了上述三项安边固疆的措施，做好充分的战争准备，加强了巩固边疆的防范，就不必与匈奴妥协、和亲，如果匈奴来犯，就狠狠地打击它、重伤它，使之终身都记住这个教训，不敢再来侵掠。否则，匈奴来犯，不能打败他们，他们趾高气扬掠夺而去，就会越来越猖狂。所以说："陛下绝匈奴不与和亲，臣窃意其冬来南也，壹大治，则终身创矣。欲立威者，始于折胶，来不能困，使得气去，后未易服也。"①晁错以兵农合一、寓兵于农的战略思想，建设边防，固守边疆，抗击匈奴，这在当时起了积极的作用。

晁错的军事思想与治国安民方略是紧密相联的，他把治军与治国、治国与安民、固国与保民，即政治与军事融为一体加以考虑、论述，这些思想主张无疑是合理的。

第三节　削藩防乱的政治策略

刘邦建立汉朝初期，因为自己兄弟少，儿子年幼，为了巩固政权，大封兄弟子侄为王，企图用刘氏的血缘关系来维护汉王朝的统治。然而，事与愿违，这些刘姓诸侯王随着势力强大，逐渐形成独立王国，造成割据形势，有的走上了反叛的道路。

面对这种严峻的形势，晁错给汉景帝上书，揭露了反叛势力总头目吴王刘濞的罪恶活动，提出了削藩防乱的政治策略。他说：

> 今吴王前有太子之隙，诈称病不朝，于古法当诛。文帝不忍，因赐几杖，德至厚也。不改过自新，乃益骄恣，公即山铸钱，煮海为盐，诱天下亡人，谋作乱逆。今削之亦反，不削亦反。削之，其反亟，祸小；不削之，其反迟，祸大。②

---

① 《复言募民徙塞下》。

② 《说景帝削藩书》。

吴王刘濞与汉王朝有矛盾、隔阂，原因是“太子之隙”，即吴王刘濞的太子与文帝皇太子（即后来的景帝）下棋时，彼此相争而被打死，为此而产生怨恨，就诈称有病，不来朝见。按照古法本当处死，汉文帝不忍治其罪，并赐给吴王几杖，恩德极为深厚。吴王却不思悔改，反而更加骄横放肆，胆大妄为，近山采铜铸钱，煮海水为盐，引诱亡命之徒，蓄谋反叛作乱。这种无视中央法令，公然招降纳叛，结党营私，改变封国中的经济基础，既威胁中央政权，又动摇经济基础，危害极大。所以必须削除以吴王刘濞为代表的藩王势力。现在削，叛乱发生得早，危害小；现在不削，叛乱发生得晚，危害可就大了。为此，晁错建议景帝作好削藩准备，采取有力措施，积极削藩。后来，刘濞等发动了“吴、楚七国”叛乱，只用了三个月就平定了叛乱。之后，景帝继续推行削藩政策，取消了诸侯王的种种特权，使中央政权得到了巩固。

晁错的削藩政策、策略，是因为他“患诸侯强大不可制，故请削之，以尊京师，万世之利也”。然而，“计画始行，卒受大戮”。晁错为削藩安刘氏天下，而全家被杀，自己“衣朝衣斩东市”。① 后来，吴、楚叛乱，证明晁错的预见高明、策略正确，景帝虽然“悔之”，但人已被杀害了，不可复生。

对晁错的历史功绩，政治、军事思想主张、军国方略，后代的史学家、思想家，多有评论，予以肯定。现择其要者，述之如下。

唐代史学家刘知幾评论道：

> 晁错、董生之对策。……斯并德冠人伦，名驰海内，识洞幽显，言穷军国。②
>
> 晁错、李固之对策。……此皆言成轨制，为世龟镜。……则其文可与三代同风，其事可与《五经》齐列。③

---

① 《汉书·晁错传》。

② 《史通》卷二《二体》。

③ 《史通》卷五《载文》。

> 昔贾谊上书，晁错对策，皆有益军国，足贻劝戒。①

刘知幾认为，晁错的《贤良对策》等一系列上疏、对策，所言军国大事、大计，就其周详完备、文风气势而论，可与董仲舒、李固等对策相同，与三代文风等同，与儒家《五经》齐列，可以传于后世，为治世镜鉴。

对晁错的军国之论，尤其是军事思想，即徙民实边、安定边境、巩固边防的政策，评价最为全面而中肯的，则是清初伟大的哲学家王夫之。王夫之说：

> 晁错徙民实边之策，伟矣！寓兵于农之法，后世不可行于腹里，而可行于塞徼。天气殊而生质异，地气殊而习尚异。故滇、黔、西粤之民，自足以捍蛮、苗，而无逾岭以窥内地之患。非果蛮、苗弱而北狄强也。土著者制其吭，则深入而畏边民之捣其虚也。虽然，有未易者焉。沿边之地肥硗不齐，徙而授以瘠壤，不逃且死者寡。吏失其人，绥抚无术，必反而为此狄用。此二患者，轻于言徙必逢其咎，而实边之议，遂为永戒。错之言曰："相其阴阳之和，尝其水泉之味。"始事之不可不密也。城诚硗矣，虽有山溪之险，且置之为瓯脱，而移塞于内，无忧也；我所不得居，亦彼所不能据也。若夫吏人之得失，在人而不在法。然法善以待人，则人之失者，鲜矣。后世之吏于边者，非羸贫无援之乙科，则有过迁补之茸吏；未有能入而为台谏郎官者，未有擢而为监司郡守者。以日暮涂穷衰飒之心，而仅延簪绂之气，能望其忧民体国，而固吾圉哉？若择甲科之选，移守令课最之贤者，以为之吏，宽其法制，俾尽其材，以拊循而激劝之，轻徭赋以安之，通商贾、教树畜以富之，文学官之选以荣之，宠智能豪隽之士以励之，则其必不为北狄用，以乘中国之衅者，可以保之百年，边日以强，而坐待狄之自敝。故曰：错之言伟矣！特其曰："绝匈奴不与和亲，

① 《史通》卷十七《杂说中》。

> 其冬南来，壹大治，则终身创矣。”此则未易言也，非经营于数十年之久，未能效也。羁縻以和亲，而徐修实边之策，或不待大治而自不敢南犯，其不悔祸而冒昧以逞与，大治之，无虑其不克矣。①

从王夫之的这大段评论中，我们可以清楚地看到，他对晁错的徙民实边之策，寓兵于农之法作了充分的肯定，尤其是高度称赞了晁错的不与匈奴和亲，而以实边政策，作好战争准备，沉重打击敌人的措施，掌握战争主动权的军事战略，这些评论都是正确而符合实际的。历史事实证明，晁错为巩固汉朝政权所建立的功业是值得肯定的。

① 《读通鉴论》卷二《汉文帝》。

第七章 《淮南鸿烈》的思想

《淮南鸿烈》是继《吕氏春秋》之后，又一部集众人之智而创作的理论巨著，是由西汉时淮南王刘安召集宾客集体编写而成的，于汉武帝建元元年（前140年）献上。后世称为《淮南鸿烈》或《淮南子》。

刘安生于公元前180年，卒于公元前123年。刘安是汉高祖刘邦的孙子，汉文帝前元十六年（前164年）被封为淮南王。他是一位好学博识、颇有文才的封建侯王。据《汉书·淮南衡山济北王传》载："淮南王安为人好书，鼓琴，不喜弋猎狗马驰骋，亦欲以行阴德拊循百姓，流名誉。招致宾客方术之士数千人。"

汉初统治者吸取了秦王朝实行高压政策而短命灭亡的教训，故选取了道家学说作为统治思想。汉初几十年间，黄老之学受到朝廷的重视，并加以大力提倡、广泛应用。《淮南鸿烈》编著之时，正是窦太后好黄老之言，文帝、景帝尊黄老之术之时。司马谈深通黄老之学，他对西汉前期的道家思想，亦即黄老思想作了精辟的论述：

> 道家使人精神专一，动合无形，赡足万物。其为术也，因阴阳之大顺，采儒、墨之善，撮名、法之要，与时迁移，应物变化，立俗施事，无所不宜，指约而易操，事少而功多。①

在司马谈看来，道家思想兼取儒、墨、名、法等诸家的优点、长处、要旨，又能随时变化，容易掌握，顺乎阴阳，适合民俗，用于

① 《史记·太史公自序》。

治国，则事少而功多，所以是最好的统治思想、方术。《淮南鸿烈》便是那个时代的产物。

东汉高诱注《淮南鸿烈》，在《叙目》中对其成书时间和全书内容作了简要的说明：

> 初，安为辨达，善属于。皇帝为从父，数上书，召见。孝文皇帝甚重之，诏使为《离骚赋》。自旦受诏，日早食已。上爱而秘之。天下方术之士多往归焉。于是遂与苏飞、李尚、左吴、田由、番被、毛被、任被、晋昌等八人，及诸儒大山、小山之徒，共讲论道德，总统仁义，而著此书。其旨近《老子》，淡泊无为，蹈虚守静，出入经道。言其大也，则焘天载地，说其细也，则沦于无垠，及古今治乱存亡祸福，世间诡异瑰奇之事。其义也著，其文也富，物事之类，无所不载，然其大较归之于道，号曰《鸿烈》。鸿，大也；烈，明也，以为大明道之言也。故夫学者不论《淮南》，则不知大道之深也。是以先贤通儒述作之士，莫不援采以验经传。

刘安是刘邦少子淮南厉王刘长的儿子。刘长在文帝时以“谋反”获罪，在流放途中绝食而死，文帝把刘长的封地一分为三，其中之一分封给刘安，而为“淮南王”。

刘安是汉时地方割据势力的重要人物之一，又是贵族中的有学识者。他对父亲之死，耿耿于怀。为了夺取政权，广招天下宾客数千人，著书立说，以求一逞。汉武帝时，刘安因反叛朝廷，事败后自杀。

《淮南鸿烈》一书，出自众人之手，刘安之所以要招致天下人，集众人之智，撰著此书，意在总结先秦和秦汉以来的治乱兴衰、祸福存亡的历史经验教训，探讨天地自然的发展变化规律，寻求人的生养保身、避祸求福的理论、方法，构造了自然、社会、人生理论庞大而完备的思想体系。在某种意义上也可以说是为其夺取汉朝政权作理论准备的。

《淮南鸿烈》的作者，在《要略》谈到其书的要旨时说：

夫作为书论者，所以纪纲道德，经纬人事，上考之天，下揆之地，中通诸理。虽未能抽引玄妙之中才，繁然足以观终始矣。总要举凡，而语不剖判纯朴，靡散大宗，惧为人之惛惛然弗能知也；故多为之辞，博为之说，又恐人之离本就末也。故言道而不言事，则无以与世浮沉；言事而不言道，则无以与化游息。故著二十篇，有《原道》，有《俶真》，有《天文》，有《坠形》，有《时则》，有《览冥》，有《精神》，有《本经》，有《主术》，有《缪称》，有《齐俗》，有《道应》，有《氾论》，有《诠言》，有《兵略》，有《说山》，有《说林》，有《人间》，有《修务》，有《泰族》也。

凡属书者，所以窥道开塞，庶后世使知举错取舍之宜适，外与物接而不眩，内有以处神养气，宴炀至和，而已自乐所受乎天地者也。故言道而不明终始，则不知所仿依；言终始而不明天地四时，则不知所避讳；而言天地四时而不引譬援类，则不知精微；言至精而不原人之精神，则不知养生之机；原人情而不言大圣之德，则不知五行之差；言帝道而不言君事，则不知小大之衰；言君事而不为称喻，则不知动静之宜；言称喻而不言俗变，则不知合同大指；已言俗变而不言往事，则不知道德之应；知道德而不知世曲，则无以耦万方；知氾论而不知诠言，则无以从容；通书文而不知兵指，则无以应卒；已知大略而不知譬喻，则无以推明事；知公道而不知人间，则无以应祸福；知人间而不知修务，则无以使学者劝力。欲强省其辞，览总其要，弗曲行区入，则不足以穷道德之意。故著书二十篇，则天地之理穷矣，人间之事接矣，帝王之道备矣。其言有小有巨，有微有粗，指奏卷异，各有为语。今专言道，则无不在焉。

若刘氏之书，观天地之象，通古今之事，权事而立制，度形而施宜，原道之心，合三王之风，以储与扈冶，玄眇之中，精摇靡览，弃其畛挈，斟其淑静，以统天下，理万物，应变化，通殊类，非循一迹之路，守一隅之指，拘系牵连之物，而

> 不与世推移也，故置之寻常而不塞，布之天下而不窕。

由此可见，《淮南鸿烈》的作者写作该书之旨是：上考之天，下揆之地，中通诸理，以究天地之理，通古今之事，而备帝王之道。因此，使之在西汉黄老之学盛行之时出现。可以说，《淮南鸿烈》是对西汉前期道家思想的系统总结，并为汉朝统治政权的巩固，提供了理论根据。而其隐藏着更深的意义是为刘安的“谋反”作理论准备。这便是其写作意图和目的。

第一节 “道”生天地的宇宙观

《淮南鸿烈》的作者继承和发展了先秦以来的道家思想，把“道”作为其哲学思想的最高范畴，认为“道”是化生天地万物的最初本体。

《淮南鸿烈》第一篇为《原道训》，高诱在题解中说：“原，本也。本道根真，包裹天地，以历万物，故曰‘原道’，因以题篇。”“道”为天地万物的本根、本体，题意明确，题解精确，一语中的。

《原道训》集中阐发了“道”的意义、作用、特性等，它开宗明义就说：

> 夫道者，覆天载地，廓四方，柝八极，高不可际，深不可测，包裹天地，禀授无形。原流泉浡，冲而徐盈；混混滑滑，浊而徐清。故植之而塞于天地，横之而弥于四海，施之无穷而无所朝夕。舒之幎于六合，卷之不盈于一握。约而能张，幽而能明，弱而能强，柔而能刚。横四维而含阴阳，纮宇宙而章三光。……山以之高，渊以之深，兽以之走，鸟以之飞，日月以之明，星历以之行，麟以之游，凤以之翔。……是故能天运地滞，轮转而无废，水流而不止，与万物终始。风兴云蒸，事无不应；雷声雨降，并应无穷。鬼出电入，龙兴鸾集；钧旋毂转，周而复匝。……无为为之而合于道……而大宇宙之总。

"道"是宇宙的本体，"大宇宙之总"，所以是无所不包、无处不在、无事不能的。宇宙万物的产生、变化、转化，都是"道"之所为、表现。"道"充满宇宙空间，是高深莫测、广大无限的万物源泉，天地万物都是从这里产生、流出、演化出来的。

就此而论，"道"既是天地万物的本体、始基，又是宇宙的整体、唯一者。所以《原道训》说："道者，一立而万物生矣。是故一之理，施四海，一之解，际天地。其全也，纯兮若朴；其散也，混兮若浊。浊而徐清，冲而徐盈，澹兮其若深渊，汎兮其若浮云，若无而有，若亡而存。万物之总，皆阅一孔；百事之根，皆出一门。""夫无形者，物之大祖也。……所谓无形者，一之谓也。所谓一者，无匹合于天下者也。"这里所谓的"一者"、"物之大祖"、"万物之总"、"百事之根"等，都是指"道"而言的。因为"道"是"无形者"，又是"唯一者"，由这个无形的唯一者，而产生天地万物，千变万化，所以说"道"是一切事物的祖宗、根本、总根源，"道者，一立而万物生矣"。没有"道"，也没有天地万物了。就是说，只有无形的超时空的"道"，才能产生有形体的万物。

《原道训》虽然指出"道"为"覆天载地"，"包裹天地"，"禀授无形"，"物之大祖"，"万物之总"，"百事之根"，是产生天地万物的原初者、唯一者，但是却没有具体的论述"道"是如何产生、演化天地万物的。在《天文训》中则作了具体的论述。这就是：

> 天墬(地)未形，冯冯翼翼，洞洞灟灟，故曰太昭。道始于虚霩，虚霩生宇宙，宇宙生气。气有涯垠，清阳者薄靡而为天，重浊者凝滞而为地。清妙之合专易，重浊之凝竭难，故天先成而地后定。天地之袭精为阴阳，阴阳之专精为四时，四时之散精为万物。积阳之热气生火，火气之精者为日；积阴之寒气为水，水气之精者为月。日月之淫为精者为星辰。

天地未形成的时候，宇宙中什么都没有。当时宇宙中只有"道"。"道"生"虚霩"，"虚霩生宇宙，宇宙生气"。"气"是最原始、最精微的物质。"气"中含有"阴阳"，"阳气"飞扬而为天，"阴气"凝聚而为地，天地之合气变化、集聚、演化，而为四时、万物。就是说，“道”为化生天地万物的原始状态，经过一系列的分合、聚散、演化过程，产生、形成了天地万物。所以说：

> 道始于一，一而不生，故分而为阴阳，阴阳合和而万物生，故曰“一生二，二生三，三生万物”。
>
> 天地以设，分而为阴阳。阳生于阴，阴生于阳。阴阳相错，四维乃通。或死或生，万物乃成。①

“道”为“一”，“一”为阴阳合和之“元气”，“元气”分为阴阳二气。由于阴阳二气的矛盾斗争，相互对立，相互依存，彼此合和，而产生、演化为天地万物。所以说：“天地之合和，阴阳之陶化万物。”②“神明接，阴阳和，而万物生矣。”③“阴阳同气而相动也。……故至阴飂飂，至阳赫赫，两者交接成和，而万物生焉。”④这些都是说，由于阴阳合和之气中的阴与阳的两个矛盾方面的相互对立、相互交接、相互和谐，而化生了天地万物。

阴阳合和之气，是对立物组成的统一体，作为阴阳的最初本体、始基，则是“一”。因为它是原始无前最初本体、本根，故为“太一”。所以说：

> 洞同天地，浑沌为朴，未造而成物，谓之太一。同出于一，所为各异，有鸟有鱼有兽，谓之分物。方以类别，物以群分，性命不同，皆形于有。隔而不通，分而为万物，莫能及宗，故动而谓之生，死而谓之穷。⑤

---

① 《淮南鸿烈·天文训》。
② 《淮南鸿烈·本经训》。
③ 《淮南鸿烈·泰族训》。
④ 《淮南鸿烈·览冥训》。
⑤ 《淮南鸿烈·诠言训》。

“道”为“一”、“太一”。“一”、“太一”为原始未分的浑沌本体，由其分化为阴阳，阴阳的交互作用、相互合和而产生天地万物。宇宙中的万事万物，千差万别，形态各异，究其最初本根则是“道”，亦即“一”、“太一”。这就是《淮南鸿烈》的宇宙本体论。

《淮南鸿烈》的作者进一步指出，“道”产生天地万物是自然而然的运动变化过程，不是有意识、有目的、有主宰而使之运动变化活动的。这就是：

> 夫太上之道，生万物而不有，成化像而弗宰。跂行喙息，蠉飞蝡动，待而后生，莫之知德；待之后死，莫之能怨。得以利者不能誉，用而败者不能非。收聚畜积而不加富，布施禀授而不益贫。①
>
> 道出一原，通九门，散六衢，设于无垓坫之宇，寂漠以虚无。非有为于物也，物以有为于己也。是故举事而顺于道者，非道之所为也，道之所施也。夫天之所覆，地之所载，六合所包，阴阳所呴，雨露所濡，道德所扶，此皆生一父母而阅一和也。是故槐榆与橘柚合而为兄弟，有苗与三危通为一家。夫目视鸿鹄之飞，耳听琴瑟之声，而心在雁门之间，一身之中，神之分离剖判，六合之内，一举而千万里。是故自其异者视之，肝胆胡、越，自其同者视之，万物一圈也。②

“道”虽然产生天地万物，但是却不主宰、操纵天地万物，所以是无意识、无目的的自然而然的发生过程，不是有意识、有目的的有为活动。因为“道”的本质特性是产生而不主宰，自然而无为的。由此可见，《淮南鸿烈》“道”生天地万物的宇宙观与《老子》“道”本体论是相近的。

---

① 《淮南鸿烈·原道训》。

② 《淮南鸿烈·俶真训》。

第二节 "清静恬愉"的人生观

《淮南鸿烈》在论述"道"产生、化生天地万物的本体论的同时，也论述了人的产生、化生过程，从而建立它的人生观、人性论。

《淮南鸿烈》的作者认为，"稽古太初，人生于无，形于有，有形而制于物。能反其所生，若未有形，谓之真人，真人者，未始分于太一者也"。① 太初之时，"道"、"太一"产生天地万物之后，经过不断地演化而产生了人。"道"、"太一"是无形的，由此无形者而产生天地万物的有形者。人虽为有形者，但究其太初之时，也是无形的，所以说"人生于无，形于有"。而"真人"最能体现"道"、"太一"的本质，所以是"未始分于太一者也"。就是说"真人"是"道"、"太一"的化生者、体现者。常人虽为其所产生，但不一定能体现"道"、"太一"也。

在《淮南鸿烈》的作者看来，人也是由"道"这个无形的本体产生出阴阳，由阴阳而化生出人，其形成过程是这样的：

> 古未有天地之时，惟像无形，窈窈冥冥，芒芠漠闵，澒蒙鸿洞，莫知其门。有二神混生，经天营地，孔乎莫知其所终极，滔乎莫知其所止息，于是乃别为阴阳，离为八极，刚柔相成，万物乃形，烦气为虫，精气为人。是故精神，天之有也；而骨骸者，地之有也。精神入其门，而骨骸反其根，我尚何存？是故圣人法天顺情，不拘于俗，不诱于人，以天为父，以地为母，阴阳为纲，四时为纪。……夫精神者，所受于天也；而形体者，所禀于地也。故曰："一生二，二生三，三生万物。万物负阴而抱阳，冲气以为和。"②

人和天地万物都禀气而生，人禀精气而生，物禀烦气而生，故人有

① 《淮南鸿烈·诠言训》。

② 《淮南鸿烈·精神训》。

精神、意识活动。就人的演化过程而言，也同万物一样是一个自然而然的发生、发展过程。只是人与物所禀之气不同而已，“烦气为虫，精气为人”。由于人禀精气而生，所以独具精神、意识活动，高于万物，优于万物，而为万物之灵。

《淮南鸿烈》的作者由这种人生论导引出人性论、养生论。人生之后而有人性，人生是自然的发生过程，人性也是自然的。《淮南鸿烈》继承和发展了先秦道家的自然人性论的观点，认为人性为天之自然，不加人为的自然而然者，即为天真纯朴、安静恬愉的自然之性，所以说：

> 人生而静，天之性也。感而后动，性之害也。物至而神应，知之动也。知与物接，而好憎生焉。好憎成形，而知诱于外。不能反己，而天理灭矣。①
>
> 水之性真清而土汩之，人之性安静而嗜欲乱之。②
>
> 凡人之性，乐恬而憎悯，乐佚而憎劳。心常无欲，可谓恬矣；形常无事，可谓佚矣。游心于恬，舍形于佚，以俟天命，自乐于内，无急于外。③
>
> 清净恬愉，人之性也；仪表规矩，事之制也。知人之性，其自养不勃；知事之制，其举错不惑。④
>
> 人性各有所修短，若鱼之跃，若鹊之驳，此自然者，不可损益。⑤

人的本性是自然而然的，不是人为加工制作的。这种自然本性是清净恬愉，和愉安静，好逸恶劳，乐恬憎劳的，又少私寡欲，自满自足，自足自乐的。由于这种本性，而使人们“凡将举事，必先平意

---

① 《淮南鸿烈·原道训》。
② 《淮南鸿烈·俶真训》。
③ 《淮南鸿烈·诠言训》。
④ 《淮南鸿烈·人间训》。
⑤ 《淮南鸿烈·修务训》。

清神。神清意平，物乃可正。若玺之抑埴，正与之正，倾与之倾。……反情性也”。[①] 人具有这种自然本性、自然天性，是来源于“道”、“天道”。因为“道”、“天道”是自然无为，无私无欲的，所以人性亦应当效法“道”、“天道”。

从人性自然论出发，《淮南鸿烈》认为，人的自然纯朴之性，原本是不含仁、义、礼、乐等道德属性的。由于这些道德观念的出现，而使人的自然本性散失了。这正是衰世没落的表现。所以说：

> 率性而行谓之道，得其天性谓之德。性失然后贵仁，道失然后贵义。是故仁义立而道德迁矣，礼乐饰则纯朴散矣，是非形则百姓眩矣，珠玉尊则天下争矣。凡此四者，衰世之造也，末世之用也。[②]

道家老子认为，“大道废，有仁义”[③]，“绝仁弃义，民复孝慈”，故主张“见素抱朴，少私寡欲”。[④] 并断定：“失道而后德，失德而后仁，失仁而后义，失义而后礼。夫礼者，忠信之薄而乱之首。”[⑤] 就是说，仁、义、礼等道德观念、道德规范的产生，正是大道、人性的废去、丧失的结果。《淮南鸿烈》亦赞同、坚持这种思想观点。

《淮南鸿烈》认为，人的本性是天然纯朴的，这种天然纯朴的自然本性，如同明镜一般，没有尘垢，清澈透明，既没有仁义等道德属性，又没有利欲争夺等恶劣属性，所以是没有善恶可言的天然属性。这就是：

> 古之人有处混冥之中，神气不荡于外，万物恬漠以愉静，搀抢衡杓之气莫不弥靡，而不能为害。当此之时，万民猖狂，

---

① 《淮南鸿烈·齐俗训》。

② 《淮南鸿烈·齐俗训》。

③ 《老子》第十八章。

④ 《老子》第十九章。

⑤ 《老子》第三十八章。

> 不知东西，含哺而游，鼓腹而熙，交被天和，食于地德，不以曲故是非相尤，茫茫沉沉，是谓大治。于是在上位者，左右而使之，毋淫其性；镇抚而有之，毋迁其德。是故仁义不布而万物蕃殖，赏罚不施而天下宾服。其道可以大美兴，而难以算计举也。①

原初之人的本性是混冥不明，茫茫沉沉，安静恬愉，自然无为，没有争夺的。“原人之性”，只知饮食休息，乐恬憎悯，乐逸憎劳，心常无欲，刑常无事，依靠天之和气、地之五谷生活，不辨是非曲直，不知仁义道德，不行赏罚事制，而天下大治。这便是“率性而行之道”，亦即顺自然本性而行之道，当然是最好的合性之道了。

《淮南鸿烈》的作者，由这种自然本性论出发，提出了人性与欲望不容并立的“性”与“欲”对立论。性为人的自然之性，天然本性，这种人性的本质是恬愉安静，无物质欲望追求的。然而，由于人们自作聪明，追逐外物，奢求物欲，因物而动，便产生了好恶之情，因而伤害、损失了人的自然本性，泯灭、丧失天理良知。所以说：

> 是故天下之事，不可为也，因其自然而推之。万物之变，不可究也，秉其要归之趣。夫镜水之与形接也，不设智故，而方圆曲直弗能逃也。是故响不肆应，而景不一设，叫呼仿佛，默然自然。人生而静，天之性也。感而后动，性之害也。物至而神应，知之动也。知与物接，而好憎生焉。好憎成形，而知诱于外，不能反己，而天理灭矣。故达于道者，不以人易天，外与物化，而内不失其情。②
>
> 夫喜怒者，道之邪也；忧悲者，德之失也；好憎者，心之过也；嗜欲者，性之累也。人大怒破阴，大喜坠阳；薄气发瘖，惊怖为狂；忧悲多恚，病乃成积；好憎繁多，祸乃相随。

① 《淮南鸿烈·俶真训》。

② 《淮南鸿烈·原道训》。

> 故心不忧乐，德之至也；通而不变，静之至也；嗜欲不载，虚之至也；无所好憎，平之至也；不与物散，粹之至也。能此五者，则通于神明。通于神明者，得其内者也。①

人和天相对应，天是人的天性；性和人相对应，性为人的天然善性。人性本来是自然和恬愉安静、自然无为、自得自足、寡欲少私的。由于人们为外物所诱惑、所牵累，而产生了躁动、嗜欲、情感，因而丧失了自然安静、恬淡无欲、自然无为的天性，并使天理泯灭了。所以说："嗜欲连于物，聪明诱于外，而性命失其得。""水之性真清而土汩之，人性安静而嗜欲乱之。"②这是说，如同脏水把清水搅混了一样，嗜欲把人的安静本性搅乱了，使人丧失原初的本然善性变成了恶。如此说来，物质欲望、喜怒哀乐等，既是损害本然天性的，又是恶的根源。

《淮南鸿烈》的作者已经认识到"嗜欲"与"天理"的对立，"人欲"与"人性"的矛盾。由于人欲损害、伤害人的本性，嗜欲磨灭、泯灭天理，所以便产生了如何对待嗜欲与天理、人欲与人性的问题。而"真人"与"凡人"、"圣人"与"众人"的一个重要区别，则是对嗜欲、人欲的不同。所以说：

> 人性欲平，嗜欲害之。惟圣人能遗物而反己。夫乘舟而惑者，不知东西，见斗极则寤矣。夫性，亦人之斗极也，有以自见也，则不失物之情；无以自见，则动而惑营。……夫纵欲而失性，动未尝正也，以治身则危，以治国则乱，以入军出破。是故不闻道者，无以反性，故古之圣王，能得诸己，故令行禁止，名传后世，德施四海。③
>
> 凡人之性，少则猖狂，壮则暴强，老则好利。……圣人胜心，众人胜欲。君子行正气，小人行邪气。内便于性，外合于

① 《淮南鸿烈·原道训》。

② 《淮南鸿烈·俶真训》。

③ 《淮南鸿烈·齐俗训》。

义，循理而动，不系于物者，正气也。重于滋味，淫于声色，发于喜怒，不顾后患者，邪气也。邪与正相伤，欲与性相害，不可两立。一置一废，故圣人损欲而从事于性。目好色，耳好声，口好味，接而说之。不知利害嗜欲也，食之不宁于体，听之不合于道，视之不便于性。三官交争，以义为制者，心也。割痤疽非不痛也，饮毒药非不苦也，然而为之者，便于身也。渴而饮水非不快也，饥而大飧非不淡也，然而弗为者，害于性也。此四者，耳目鼻口不知所取去，心为之制，各得其所。由是观之，欲之不可胜，明矣。①

夫圣人用心，杖性依神，相扶而得终始，是故其寐不梦，其觉不忧。……古之真人，立于天地之本，中至优游，抱德炀和，而万物杂累焉，孰肯解构人间之事，以物烦其性命乎!②

嗜欲、物欲能刺激人性之动，扰乱了人性原有的恬愉安静，打破了人性的纯朴和谐，从而伤害、丧失了人的自然本性。真人、圣人、君子能够以"心"制"欲"，使欲求适宜、平和，保持正气，不害人性，不失本性；凡人、众人、小人则是求欲无度，以欲胜心，伤害正气，使邪气害性，而丧失本性。

《淮南鸿烈》的作者，由嗜欲害性、损性、丧性，进而论述了嗜欲伤身、害生的问题。在《淮南鸿烈》的作者看来，由于嗜欲之动、物欲之求，扰乱了人性的恬愉安静，丧失了人的自然本性，因而消耗了人的精神，减少了人的寿命。据此，《淮南鸿烈》的作者具体地阐发了养生论。

《淮南鸿烈》的作者认为，人的生命是由形骸、血气、生性、精神组成的。这就是：

夫形者，生之舍也；气者，生之充也；神者，生之制也。一失位，则三者伤矣。是故圣人使人各处其位，守其职，而不

① 《淮南鸿烈·诠言训》。

② 《淮南鸿烈·俶真训》。

> 得相干也。故夫形者非其所安也而处之则废，气不当其所充而用之则泄，神非其所宜而行之则昧。此三者，不可不慎守也。①
>
> 夫精神者，所受于天也；而形体者，所禀于地也。……精神澹然无极，不与物散，而天下自服。故心者，形之主也；而神者，心之宝也。形劳而不休则蹶，精用而不已则竭，是故圣人贵而尊之，不敢越也。……魂魄处其宅，而精神守其根，死生地变于己，故曰至神。所谓真人者，性合于道也。②

人是由天地、阴阳的精细、精粹、精华之气化生的，人生之后，便有形体、精神。“形”为“生之舍”，生命存在于形体。“气”为“生之充”，生命的充实在于血气，血气消耗尽了，形体毁坏了，生命就停止了，人便死亡了。“神”为“生之制”，精神是生命的机制。“神”为“心之宝”，精神是心的宝贵机能。“心”为“形之主”，心思是形体的主宰者。形、气为人的形骸、血气，是指人的肉体；心、神是指人的精神、意识。精神由肉体产生，精神依赖于肉体而存在，而精神却支配、主宰肉体的活动。就是说，形、气、神是组成人的生命的三个基本要素，缺一不可，失其一则其余二者亦就失却了，当然也就丧失了人的生命。“一失位，则三者伤矣。”所以说三者是缺一不可的。圣人、真人能“慎守三者”，而使“性合于道”，故为“至神”。

由于嗜欲、物欲害性、伤生，所以为了保性、长生，就要少私寡欲，恬淡养性，保持安静恬愉纯朴的自然本性，便可以使生命长寿，颐享天年，而不夭折了。《淮南鸿烈·精神训》中，对此作了详尽的论述：

> 夫天地之道，至纮以大，尚犹节其章光，爱其神明，人之

① 《淮南鸿烈·原道训》。

② 《淮南鸿烈·精神训》。

> 耳目曷能久熏劳而不息乎?精神何能久驰骋而不既乎?是故血气者,人之华也;而五藏者,人之精也。夫血气能专于五藏,而不外越,则胸腹充而嗜欲省矣。胸腹充而嗜欲省,则耳目清、听视达矣。耳目清、听视达,谓之明。五藏能属于心而无乖,则教志胜而行不僻矣。教志胜而行之不僻,则精神盛而气不散矣。精神盛而气不散则理,理则均,均则通,通则神,神则以视无不见,以听无不闻也,以为无不成也。是故忧患不能入也,而邪气不能袭。故事有求之于四海之外而不能遇,或守之于形骸之内而不见也。故所求多者所得少,所见大者所知小。夫孔窍者,精神之户牖也;而气志者,五藏之使候也。耳目淫于声色之乐,则五藏摇动而不定矣。五藏摇动而不定,则血气滔荡而不休矣。血气滔荡而不休,则精神驰骋于外而不守矣。精神驰骋于外而不守,则祸福之至,虽如丘山,无由识之矣。使耳目精明玄达而无诱慕,气志虚静恬愉而省嗜欲,五藏定宁充盈而不泄,精神内守形骸而不外越,则望于往世之前,而视于来事之后,犹未足为也,岂直祸福之间哉!故曰:"其出弥远者,其知弥少。"以言夫精神之不可使外淫也。是故五色乱目,使目不明;五声哗耳,使耳不聪;五味乱口,使口爽伤;趣舍滑心,使行飞扬。此四者,天下之所养性也,然皆人累也。故曰:嗜欲者使人之气越,而好憎者使人之心劳,弗疾去,则志气日耗。夫人之所以不能终其寿命而中道夭于训戮者,何也?以其生生之厚。夫惟能无以生为者,则所以修得生也。

《淮南鸿烈》的这一大段话的要旨是说,人的自然本性本来是"虚静恬愉而省欲"的,可是由于人们过度地追求物欲享受,以淫欲而厚其生,而使嗜欲摇动不定,血气振荡不休,精神驰骋于外而不守舍,从而致使人的自然本性丧失,故使耳不聪、目不明、心不宁,于是邪气侵袭而不知,大祸临头而不见,只能是生命难保,中道夭折,遭到刑戮,不能颐养天年,终其寿命。如果少私寡欲,淡泊嗜欲,使五脏定宁,精神内守,不外淫于物,保持心性,便可以保生长寿。这就告诫人们不要过分地追求物质欲望享受，而失其性，害其生，丧其命，如此则可以保性、养生而长生。

《淮南鸿烈》的作者进一步指出，人要想终其寿命，不遭刑戮而中道夭折，就要恬淡养性，寡欲养生，顺从自然无为之性，保持天然纯朴之性，不以有为滑乱天性，不以物欲扰乱清静本性，不以邪行消耗精神。所以说：

> 今夫徙树者，失其阴阳之性，则莫不枯槁。……形性不可易，势居不可移也。是故达于道者，反于清净；究于物者，终于无为。以恬养性，以漠处神，则入于天门。所谓天者，纯粹朴素，质直皓白，未始有与杂糅者也。所谓人者，偶睦智故，曲巧伪诈，所以俛仰于世人而与俗交者也。……故圣人不以人滑天，不以欲乱情，不谋而当，不言而信，不虑而得，不为而成，精通于灵府，与造化者为人。①

这是说，不为外力所迁动，不以人为和过度的物欲扰乱、转移朴素安静、虚静恬愉的自然本性，消耗精神，就能够保性、长生、终寿。圣人能够不以人滑天，不以欲乱情，所以能“上与神明为友，下与造化为人”。② 因为“福生于无为，患生于多欲”。“福由己发，祸由己生。”所以“圣人为善若恐不及，备祸若恐不免。”“圣人不求誉，不辟谤，正身直行，众邪自息。”故能“原心反性则贵矣，适情知足则富矣，明死生之分则寿矣”。③ 这就是圣人之所以富贵、高寿的关键。

《淮南鸿烈》把人的寿命称为性命，性命即是生命，由此把“性”与“命”联系起来。人要维持生命活动，就必须有物质生活的基本要求。生命的要求是生来就有的，与生俱来的天性，故性命具有天性的意义。就这个意义上讲，天性就是生命。所以说：

---

① 《淮南鸿烈·原道训》。

② 《淮南鸿烈·齐俗训》。

③ 《淮南鸿烈·缪称训》。

吾所谓得者，性命之情处其所安也。夫性命者，与形俱出其宗，形备而性命成，性命成而好憎生矣。①

夫鉴明者尘垢弗能薶，神清者嗜欲弗能乱。精神已越于外，而事复返之，是失之于本，而求之于末也。外内无符而欲与物接，弊其玄光而求知之于耳目，是释其炤炤，而道其冥冥也，是之谓失道。……故古之治天下也，必达乎性命之情。其举错未必同也，其合于道一也。……诚达于性命之情，而仁义固附矣，趋舍何足以滑心！②

过分地追求物欲，享受优厚的物质生活待遇是会害生、损性的，而合理的物质生活满足则是维持人的生命所必需的。“性命”是指人的生理本能、自然本性对外物的需求。从人的生命要求来说，人的喜、怒、哀、乐、爱、憎、欲之情，正当的、适度的生活要求，是合乎人的天性的，是天性的自然流露。如果失去了这种天然本性，既为恶，又害生。情欲是否合性、适性，关键在于是否合理、适度。所以说：“喜怒哀乐，有感而自然者也。故哭之发于口，涕之出于目，此皆愤于中而形于外者也，譬若水之下流，烟之上寻也，夫有孰推之者！故强哭者虽病不哀，强亲者虽笑不和。情发行中而声应于外。”③人的感情流露，物欲要求，是自然天性的自然流露、表现，不可遏制、强制，顺从了这种自然天性，合理的物欲满足，就可以保性而终命。据此，《淮南鸿烈》的作者并不主张禁绝物欲，因为合理的、适度的物质欲望追求和满足，是人性的自然流露、表现，是性命所必需、必备的条件，是“性命之情”所具有的本能要求，所以是不可、亦不能禁绝的。如果禁绝了人的正当的、合理的物质欲求，人的生命也就死亡了，当然也就不存在人性了。

对于那些过分的、无度的追求物欲，穷奢极欲的统治者、犯罪

① 《淮南鸿烈·原道训》。
② 《淮南鸿烈·俶真训》。
③ 《淮南鸿烈·齐俗训》。

者，《淮南鸿烈》的作者明确地告诫他们要顺从自然之性，保全恬愉安静的本性，不要为追求无节制、无限度的物欲享受而骄奢淫逸、为恶多端，要以适欲保性而为善。所以说："天下莫易于为善，而莫难于为不善也。所谓为善者，静而无为也；所谓为不善者，躁而多欲也。适情辞余，无所诱惑，循性保真，无变于己，故曰为善易。越城郭，逾险塞，奸符节，盗管金，篡弑矫诬，非人之性也，故曰为不善难。今人之所以犯囹圄之罪，而陷于刑戮之患者，由嗜欲无厌，不循度量之故也。""全性保真，不以物累形。"①又说："以恬养性，以漠处神，则入天门。"②不择手段，追求物欲，嗜欲无厌，以物累形，不仅害性，而且犯罪，遭到刑戮，害生早死。只有恬淡养性，不以物欲害性、累形，才会"全性保真"，颐养天年。

《淮南鸿烈》的作者进一步指出，如果人们，尤其是当政的统治者、富贵者，如果不能节制、控制自己的物欲追求，而过度纵欲，无限奢求，不修身养性，则必然伤身、损性、害神、早死，不仅得不到物欲享受，反而失去了一切。所以说：

> 圣人不以身役物，不以欲滑和，是故其为欢不忻忻，其为悲不惙惙，万方百变，消摇而无所定，吾独慷慨，遗物而与道同出。是故有以自得之也，乔木之下，空穴之中，足以适情。无以自得也，虽以天下为家，万民为臣妾，不足以养生也，能至于无乐者，则无不乐；无不乐，则至极乐矣。夫建钟鼓，列管弦，席旃茵，傅旄象，耳听朝歌北鄙靡靡之乐，齐靡曼之色，陈酒行觞，夜以继日，强弩弋高鸟，走犬逐狡兔，此其为乐也，炎炎赫赫，怵然若有所诱慕。解车休马，罢酒彻乐，而心忽然若有所丧，怅然若有所亡也。是何则？不以内乐外，而以外乐内，乐作而喜，曲终而悲，悲喜转而相生，精神乱营，

① 《淮南鸿烈·氾论训》。

② 《淮南鸿烈·原道训》。

不得须臾平。察其所以，不得其形，而日以伤生，失其得者也。①

即使最高的统治者，“虽以天下为家，万民为臣妾，不足以养生也”。因为过分纵欲，饮宴作乐，花天酒地，声色犬马，轻歌曼舞，乐作而喜，曲终而悲，乐愁交替，悲喜转换，精神错乱，形体受损，最终失其所得，想得者反倒失却也。只有不过度追求物欲享乐，不大悲大喜，顺性适情，不劳神伤身，不损性害生，才是最终不失其得者也。因为“夫喜怒者，道之邪也；忧悲者，德之失也；好憎者，心之过也；嗜欲者，性之累也”。②“夫悲乐者，德之邪也；而喜怒者，道之过也；好憎者，心之暴也。”所以“轻天下，则神无累矣；细万物，则心不惑矣；齐死生，则志不慑矣；同变化，则明不眩矣”。③ 喜怒、忧悲、好憎、嗜欲等过分追求、表现，都是道德之邪、心性之累、生命之害、神明之惑，故不可无节制地追求、奢欲。只有适情顺性，不为物欲所累，不为情欲所伤，才能性、欲两得，两全齐美，保其性、养其生、终其命。

对于普通的民众来说，《淮南鸿烈》的作者主张因性、顺情、保生，而承认人的合理的、适度的性、情的存在、要求、表达，并把欲望和感情都看成是人性之本然、本能所具有、所表现。所以说：

民有好色之性，故有大婚之礼；有饮食之性，故有大飨之谊；有喜乐之性，故有钟鼓筦弦之音；有悲哀之性，故有衰绖哭踊之节。故先王之制法也，因民之所好，而为之节文者也。因其好色而制婚姻之礼，故男女有别；因其喜音而正《雅》、《颂》之声，故风俗不流；因其宁家室、乐妻子，教之以顺，

① 《淮南鸿烈·原道训》。

② 《淮南鸿烈·原道训》。

③ 《淮南鸿烈·精神训》。

故父子有亲；因其喜朋友而教之以悌，故长幼有序。①

人民具有这些自然本性，是人的自然感情和物质欲望的流露、表现和需求，因而是不能遏制和取消的。只有“因其性”、“适其情”、“顺其欲”“而为之节文者也”，才会使天下万民听从。否则，人民群众就会起来反抗。

《淮南鸿烈》的作者，从其“因性”论出发，提出人性可以损益的观点。就是说，人的后天社会环境、教化习染对人性的形成有重要的影响作用。所以说：

> 原人之性，芜涉而不得清明者，物或堁之也，羌、氐、僰、翟，婴儿生皆同声，及其长也，虽重象狄騠，不能通其言，教俗殊也。今三月婴儿，生而徙国，则不能知其故俗。由此观之，衣服礼俗者，非人之性也，所受于外也。夫竹之性浮，残以为牒，束而投之水，则沉，失其体也。金之性沉，托之于舟上则浮，势有所支也。夫素之质白，染之以涅则黑；缣之性黄，染之以丹则赤。人之性无邪，久湛于俗则易。易而忘本，合于若性。②

人的天然本性，通过后天的教育、习染，便可以发生变易。如同黑色对于白丝，赤色对于黄缣，不是本来就有的颜色，而是染之而成的。一旦染上了，就好像本来就有的。人性的邪恶，不是性中本来固有的，而是习俗染成的。染成之后，就如同本来具有的。“人之性无邪，久湛于俗则易。则而忘本，合于若性。”如羌(东戎)、氐(南夷)、僰(西夷)、翟(北胡)的婴儿，生而同声，长而异语，故不能通其语言，这是教育、习俗不同所使之然的。如果将三月的婴儿，迁徙他国，其长后便不知其故俗，而与所迁徙之国的习俗相同。由此可见，经过长久的习俗染化，使外力与人性合化而为习性

① 《淮南鸿烈·泰族训》。

② 《淮南鸿烈·齐俗训》。

了，从而改变了原来的自然本性。这就告诉人们，通过改变环境、生活习俗，是可以改变人的本性的。

从这种思想认识出发，《淮南鸿烈》的作者认为，要使人由邪恶变为正善，关键在于圣人的教化。这种教化不是逆性、违性，而是顺性、因性。所以说：

> 人之所有于性，而圣人之所匠成也。故无其性，不可教训；有其性，无其养，不能遵道。茧之性为丝，然非得工女煮以热汤而抽其统纪，则不能成丝。卵之化为雏，非慈雌呕煖覆伏，累日积久，则不能为雏。人之性有仁义之资，非圣人为之法度而教导之，则不可使乡方。故先王之教也，因其所喜以劝善，因其所恶以禁奸，故刑罚不用而威行如流，政令约省而化耀如神。故因其性，则天下听从；拂其性，则法悬而不用。①

由于人性中具"仁义之资"，所以因其善质而教化之，使其为善，而不为恶。这种教化成善，如同工女将茧煮热而抽为丝，母鸡抱卵而为雏鸡，日积月累，化恶为善。这就是说，人性是可以"损益"的，不是一成不变的。据此，《淮南鸿烈》的作者驳斥了人性不可"损益"的观点。所以说：

> 夫圣人之心，日夜不忘于欲利人，其泽之所及者，效亦大矣。世俗废衰，而非学者多："人性各有所修短，若鱼之跃，若鹊之驳，此自然者，不可损益。"吾以为不然。②

人性就其本来自然之性而言，是自然天成的，不是人为加工形成的，但是却不是一成不变的，永恒不变的，不可损益的。通过教育可以损益、改变人性。《淮南鸿烈》的作者以马为例作了具体的说明。马经过人的驯服、调教，可以改变性格，可以驾驭，"教之所

---

① 《淮南鸿烈·泰族训》。

② 《淮南鸿烈·修务训》。

为也”。人经过圣人教化，可以“身正性善，发愤而成仁，帽凭而为义”，所以说：“马而可以通气志，犹待教而成，又况人乎！”①这就是结论。

据此，《淮南鸿烈》的作者所说的人通过教育，可以完善人性，增益品德，增强才能，主要是指中等之人。因为在《淮南鸿烈》的作者看来，上善的圣贤不用教而自为善，下恶的小人不可教而自为恶，只有中人之性可以教之而为善。所以说：

> 性命可说，不待学问而合于道者，尧、舜、文王也；沉湎耽荒，不可教以道，不可喻以德，严父弗能正，贤师不能化者，丹朱、商均也。曼颊皓齿，形夸骨佳，不待脂粉芳泽而性可说者，西施、阳文也；啳睽哆吻，籧篨戚施，虽粉白黛黑弗能为美者，嫫母、仳倠也。夫上不及尧、舜，下不及商均，美不及西施，恶不若嫫母，此教训之所谕也。②

上圣之尧、舜、文王，不待教而自为善；下恶之丹朱、商均，教而不能化。只有介于此二者之间的中人，才可以教化成善。中人之性可教训而为善，如同铸出来的剑，为了使其锋利，就要不断地加工磨练，只有“加之砥砺，摩其锋剽”，才能“水断龙舟，陆钊犀甲”。所以说：“夫学，亦人之砥锡也。而谓学无益者，所以论之过。知者之所短，不若愚者之所修；贤者之所不足，不若众从之有余。”③学习、砥砺可以改变人性，使人由恶变善，由愚变智。反之，人若不学习、不砥砺、不磨练，便会由善变恶，由智变愚。人生在偏远之地，长于漏屋之下，长无兄弟，少无父母，目不见礼节，耳不闻圣贤之道者，即“使其性虽不愚”，“然其知者必寡矣”。种种事实证明，“学不可已，明矣！”④据此，《淮南鸿烈》的作者强调教育的

① 《淮南鸿烈·修务训》。
② 《淮南鸿烈·修务训》。
③ 《淮南鸿烈·修务训》。
④ 《淮南鸿烈·修务训》。

重要性。

《淮南鸿烈》的作者由“道”本体论引申出人生论，由人生论引申出人性论，由人性论引申出养生论、教化论，从而对人生问题作了全面而系统的论述，有许多见解是独到而合理的。

第三节 “物极必反”的辩证法

《淮南鸿烈》的作者继承和发展了先秦以来的辩证法思想，尤其是吸取和引申了老子的辩证法思想，并对辩证法作了具体的论述。

《淮南鸿烈》的作者，继承了《周易》的“太和保和”思想、史伯的“和实生物”、晏婴的“和同之辨”的思想，而对“和”这个对立统一的思想作了论述。

人们通常讲“和”是强调矛盾的统一性、调和性，其实并非如此，而是讲究矛盾的对立统一性。史伯、晏婴的论述，足以证明。《国语·郑语》载：

> 桓公为司徒……公曰：“周其弊乎?”(史伯)对曰：“殆于必弊者也。《泰誓》曰：‘民之所欲，天必从之。’今王弃高明昭显，而好谗慝暗昧，恶角犀丰盈，而近顽童穷固，去和而取同。夫和实生物，同则不继。以他平他谓之和，故能丰长而物归之。若以同裨同，尽乃弃矣。故先王以土与金、木、水、火杂以成百物。是以和五味以调口，刚四肢以卫体，和六律以聪耳，正七体以役心，平八索以成人，建九纪以立纯德，合十数以训百体。”

《左传》昭公二十年载：

> 齐侯至自田，晏子侍于遄台，子犹驰而选焉。
>
> 公曰：“唯据与我和夫!”晏子对曰：“据亦同也，焉得为和!”

> 公曰："和与同乎?"对曰："异。和如羹焉。水火、醯醢、盐梅以烹鱼肉，燀之以薪，宰夫和之，齐之以味，济其不及，以泄其过，君子食之，以平其心。君臣亦然；君所谓可，而有否焉，臣献其否，以成其可；君所谓否，而有可焉，臣献其可，以去其否。是以政平而不干，民无争心。故《诗》云：'亦有和羹，既戒既平，鬷嘏无言，时靡有争。'先王之济五味，和五声也，以平其心，成其政也。声亦如味，一气、二体、三类、四物、五声、六律、七音、八风、九歌，以相成也；清浊、小大、短长、疾徐、哀乐、刚柔、迟速、高下、出入、周疏，以相济也。君子听之，以平其心，心平德和。故《诗》曰：'德音不瑕。'今据不然。君所谓可，据亦曰可；君所谓否，据亦曰否。若以水济水，谁能食之?若琴瑟之专壹，谁能听之?同之不可也如是。"

《国语》、《左传》所记载的史伯、晏婴关于"和同"之义、之异、之辨的旨意十分清楚。"同"为"以同裨同"、"以水济水"，即同一种物质元素相加，只发生量的变化，不产生质的飞跃，故不能产生新事物。水加水而永远为水，当然也就没有什么矛盾对立了。"和"则不然。"和"为多种异质元素相互配合而组成的矛盾对立的统一体，"以他平他谓之和"，"土与金、木、水、火杂以成百物"，"五味"相和而成美食，"五声"相和而成乐章，故"和"能产生新事物。天地万物都是由阴阳等不同异质元素组成的合和体——对立物组成的矛盾统一体。所以说"同则不继"、"同之不可"也。就是说，天地万物都是"和"的产物，有"和"就有矛盾，有矛盾就有运动，有运动才有发展，这就是宇宙万物生生不息、万古常新的道理。据此，我们认为"和"是强调事物矛盾对立统一的辩证法，而非只强调对立调和的形而上学。

《淮南鸿烈》继承和发展了这些"和"的辩证法，而认为这是天地万物产生、形成、发展的根本规律。只有如此者，才是"得道之本"也。所以说：

天地之气，莫大于和。和者，阴阳调，日夜分，而生物。春分而生，秋分而成，生之与成，必得和之精。故圣人之道，宽而栗，严而温，柔而直，猛而仁。太刚则折，太柔则卷，圣人正在刚柔之间，乃得道之本。积阴则沉，积阳则飞，阴阳相接，乃能成和。①

阴阳四时，非生万物也；雨露时降，非养草木也；神明接，阴阳和，而万物生矣。……天地四时，非生万物也；神明接，阴阳和，而万物生之。②

天地、阴阳之气，莫大于和。和使阴阳调和，阴阳调合，才能产生万物。天地之气、阴阳之气，产生万物不是有目的的活动，而是自然的运动。只有阴阳相接，才能成和。阴阳相和，而万物就产生了。人认识了万物产生、形成的根本规律和天地阴阳发展的基本法则，便是"得道之本"。如此，则会使事业取得成功。相反，则会失败。"是故不同于和而可以成事者，天下无之矣"。③ 至深道理，一语道破。

基于这种根本规律和总体认识，《淮南鸿烈》的作者强调"合和"对立统一性中的兼容性、多样性。不论是自然万物，还是社会诸事，都必须"合和"而生、而成。否则，既不会生，更不会成。所以说：

天地之合和，阴阳之陶化万物，皆乘一气者也。是故上下离心，气乃上蒸，君臣不和，五谷不为。……阴阳储与，呼吸浸潭，包裹风俗，斟酌万殊，旁薄众宜，以相呕咐酝酿，而成育群生。④

天不一时，地不一利，人不一事，是以绪业不得不多端，

① 《淮南鸿烈·氾论训》。
② 《淮南鸿烈·泰族训》。
③ 《淮南鸿烈·说山训》。
④ 《淮南鸿烈·本经训》。

趋行不得不殊方。五行异气而皆透调，六艺异科而皆同道。①

夫天地不包一物，阴阳不生一类。海不让水潦以成其大，山不让土石以成其高。夫守一隅而遗万方，取一物而弃其余，则所得者鲜，而所治者浅矣。②

丝筦金石，小大修短有叙，异声而和。君臣上下，官职有差，殊事而调。夫织者日以进，耕者日以却，事相反，成功一也。③

“和”为多种异质元素组成的矛盾对立统一体，阴阳“合和”而产生了宇宙中的万殊不一、千差万别的种种事物，只有以“和”的兼容性来对待事物的多样性，如同大海一样容纳百川、大山一样汇集土石，全面兼顾、和谐相处，调和万事，方可成育群生，取得成功。

《淮南鸿烈》的作者，不仅以这种精神、方法对待、处理各种事物，而且以这种观点、态度认识、观察各家思想，兼采众家之长处，而不失之一曲。所以说：

温惠柔良者，《诗》之风也；淳庞敦厚者，《书》之教也；清明条达者，《易》之义也；恭俭尊让者，《礼》之为也；宽裕简易者，《乐》之化也；刺几辩义者，《春秋》之靡也。故《易》之失鬼，《乐》之失淫，《诗》之失愚，《书》之失拘，《礼》之失忮，《春秋》之失訾。六者，圣人兼用而财制之。失本则乱，得本则治。其美在调(王念孙说当为“和”)，其失在权。④

百家之言，指奏相反，其合道一体也。譬若丝竹金石之会乐同也，其曲家异而不失于体。伯乐、韩风、秦牙、管青，所相各异，其知马一也。⑤

---

① 《淮南鸿烈·泰族训》。

② 《淮南鸿烈·泰族训》。

③ 《淮南鸿烈·缪称训》。

④ 《淮南鸿烈·泰族训》。

⑤ 《淮南鸿烈·齐俗训》。

《六经》之旨，百家之言，各有所主，指奏不同，然而“其合道一体也”，其美在于“和”。圣人的高明之处，就在于能“兼用”“百家之言”，而“总而用之”，故能得其本，而不失其体。这就是说，兼采众家之长，舍去其短，取长去短，取长补短，各得其用，才是智者的方法，成功的关键。

《淮南鸿烈》的辩证法，不仅重视对立面的统一、相和而组成的矛盾统一体，而且重视对立面的斗争、转化而形成新的矛盾统一体。

《淮南鸿烈》的作者认识到，任何事物都存在着矛盾的对立面，事物正是由于这种对立面的相依、相应、相较、相形、相倾才存在、运动、发展。所以说：

> 有大路龙旂，羽盖垂绥，结驷连骑，则必有穿窬拊楗、抽箕逾备之奸；有诡文繁绣，弱緆罗纨，必有菅屩跐踦，短褐不完者。故高下之相倾也，短修之相形也，亦明矣。①
>
> 同，莫足以相治也，故以异为奇。两爵相与斗，未有死者也；鹯鹰至，则为之解，以其异类也。故静为躁奇，治为乱奇，饱为饥奇，佚为劳奇。奇正之相应，若水火金木之代为雌雄也。②

“同”是事物存在的暂时的、相对的同一性，“异”是事物发展、运动的永恒的、绝对的矛盾性。因为有“异”的矛盾运动，所以才有新事物的产生和发展。这是宇宙万物产生、发展的根本规律和动力源泉。

宇宙中的任何事物都是由矛盾对立面组成的统一体，对立面双方是相互包含的，你中有我，我中有你。“失火而遇雨，失火则不幸，遇雨则幸也，故祸中有福也。”③人只有认识事物对立面相依、

① 《淮南鸿烈·齐俗训》。
② 《淮南鸿烈·兵略训》。
③ 《淮南鸿烈·说林训》。

相异、相含、相应而转化的道理，掌握对立面的转化枢机，方可避祸就福，趋利除害，转危为安，取得成功。所以说：

> 夫祸之来也，人自生之；福之来也，人自成之。祸与福同门，利与害为邻，非福圣人，莫之能分。凡人之举事，莫不先以其知规虑揣度，而后敢以定谋。其或利或害，此愚智之所以异也。晓自然以为智，知存亡之枢机，祸福之门户，举而用之，陷溺于难者，不可胜计也。使知所为是者，事必可行，则天下无不达之涂矣。是故知虑者，祸福之门户也；动静者，利害之枢机也。百事之变化，国家之治乱，待而后成。是故不溺于难者成，是故不可不慎也。……故物或损之而益，或益之而损。①

任何事物都是由对立面组成的矛盾统一体，“祸与福同门，利与害为邻”，“百事之变化，国家之治乱”等，都是如此。认识、掌握了“祸福之门户”，“利害之枢机”，“损益之道理”，便会不遭祸，不受害，不被损。所以说：“益损者，其王者之事与！事或欲以利之，适足以害之；或欲害之，乃反以利之。利害之反，祸福之门户，不可不察也。”②祸与福、利与害、损与益等，都是相反相成，相互转化的。人们必须认识、深察、熟虑这个道理，从而取得成功。

《淮南鸿烈》的《人间训》就是为了认识这个宗旨、达到这个目的而作的。所以说：

> 《人间》者，所以观祸福之变，察觉利害之反，钻脉得失之迹，标举终始之坛也。分别百事之微，敷陈存亡之机，使人知祸之为福，亡之为得，成之为败，利之为害也。③

① 《淮南鸿烈·人间训》。

② 《淮南鸿烈·人间训》。

③ 《淮南鸿烈·要略》。

人认识祸与福、利与害、得与亡"之微"、"之迹"、"之坛"、"之机",是极为重要的任务,是取得成功的关键。

然而,人们认识、掌握事物对立面之间的转化要领、枢机,是非常难的,普通的民众是不可能掌握的,"非神圣之人,莫之能分",只有圣人才能认识祸与福、利与害、得与亡、益与损的转化的枢机、道理。《淮南鸿烈》以种种历史事实说明"所谓损之而益也","所谓益之而损者也","所谓害之而反利者也","所谓欲利之而反害之者也"的道理。以此证明,只有"圣人见之密,故万物莫能伤也"而"众而难识矣"。① 又举例说:

> 夫祸福之转而相生,其变难见也。近塞上之人有善术者,马无故亡而入胡,人皆吊之。其父曰:"此何遽不可福乎!"居数月,其马将胡骏马而归,人皆贺之。其父曰:"此可遽不能为祸乎!"家富良马,其子好骑,堕而折其髀,人皆吊之。其父曰:"此何遽不为福乎!"居一年,胡人大入塞,丁壮者引弦而战,近塞之人,死者十九,此独以跛之故,父子相保。故福之为祸,祸之为福,化不可极,深不可测也。②

祸与福之转化而相生,这种转化,深不可测,故为难见,"塞翁失马,焉知非福",此之谓也。只有圣人法天,而"天覆地载",而能知万物之变,故万物变而不能伤也。

《淮南鸿烈》的辩证法,其可贵之处,就在于"物极必反"而"因时应变"的发展观。事物在发展过程中,达到极致、顶点,就会向着相反的方面转化;社会政治制度、法律制度,发展到一定时期、阶段,就会产生弊病、积弊,而走向反面。因此,要因时应物,适时变法,乘时应变,求弊扶衰,适应万物的不断发展。这就是:

---

① 《淮南鸿烈·人间训》。

② 《淮南鸿烈·人间训》。

天地之道，极则反，盈则损。五色虽朗，有时而渝；茂木丰草，有时而落；物有隆杀，不得自若。故圣人事穷而更为，法弊而改制，非乐变古易常也，将以救败扶衰，黜淫济非，以调天地之气，顺万物之宜也。①

夫以一世之变，欲以耦化应时，譬犹冬被葛而夏被裘。夫一仪不可以百发，一衣不可以出岁。仪必应乎高下，衣必适乎寒暑。是故世异则事变，时移则俗易。故圣人论世而立法，随时而举事。尚古之王，封于泰山，禅于梁父，七十余望，法度不同，非务相反也，时世异也。是故不法其已成之法，而法其所以为法。所以为法者，与化推移者也。②

天地之道，宇宙万物，都是“极则反，盈则损”。“冬至”之日则是“阴气极，阳气萌”，“夏至”之日则是“阳气极，阴气萌”。③ 事物是不断发展变化的，这种发展变化是“物极必反”的。人认识、适应了这种发展变化，适时应变，不断改制，因时立法，便可与时俱化，与化推移，随时举世，获得成功。这些思想是合理而积极的。

第四节 “无为而治”的政治论

《淮南鸿烈》的作者，从“道”本论、重民论出发，吸取秦王朝苛政、暴民而短命灭亡的教训，在当时的社会氛围下，主张“无为而治”的政治论。

关于“君”与“民”的关系，《淮南鸿烈》的作者认为，民是国之本，国家的兴衰、治乱、存亡，都决定于民，取决于“君”与“民”的关系是和谐不是对立、对抗。所以说：

国主之有民也，犹城之有基，木之有根。根深则本固，基

① 《淮南鸿烈·泰族训》。
② 《淮南鸿烈·齐俗训》。
③ 《淮南鸿烈·天文训》。

美则上宁。①

食者，民之本也。民者，国之本也。国者，君之本也。是故人君者，上因天时，下尽地财，中用人力，是以群生遂长，五谷蕃植。教民养育六畜，以时种树，务修田畴滋植桑麻，肥墝高下，各因其宜。……是故生无乏用，死无转尸。②

为治之本，务在于安民；安民之本，在于足用；足用之本，在于勿夺时；勿夺时之本，在于省事，省事之本，在于节欲；节欲之本，在于反性；反性之本，在于去载。去载则虚，虚则平。平者，道之素也；虚者，道之舍也。③

为治之本，务在宁民；宁民之本，在于足用；足用之本，在于勿夺时；勿夺时之本，在于省事；省事之本，在于节用；节用之本，在于反性。未有能摇其本而静其末，浊其源而清其流者也。④

这几段话的思想旨意十分明确：有民才有国，民为国之根本、基础；有了民众，才有国君；没有民众，就没有国家，没有国家，何言君主；衣食是民众生活、生存的根本；没有衣食，也就没有民众的生活、生存，民众也就不存在，国家也就失去存在的根本、基础，国君也就不可能存在了。因此，国君治国必须以民众的生活、生存为根本要务，即以安民、宁民、足食、足用为治国之本务。为此，就必须因天时，尽地则，用人力，发展生产，增加财富。在古代农业社会中，尤其要做到勿夺农时，适时耕种，繁育六畜，使五谷蕃植，六畜兴旺，同时还要节欲、节用，不奢侈浮华，浪费财物。如此开源节流，则会使国财丰富，民无乏用。要做到这些，就必须“省事”。“省事”就是顺民性，不扰民，不动摇、伤害民性、民生这个根本。这样就可以本末俱静，源流皆清，国治民安了。

① 《淮南鸿烈·泰族训》。

② 《淮南鸿烈·主术训》。

③ 《淮南鸿烈·诠言训》。

④ 《淮南鸿烈·泰族训》。

要做到"省事"不扰民，要安民，就要遵循"道"的原则，实行"无为而治"的政治方略。君主及各级官吏不要干扰民事，无事生非，侵扰民众。所以说：

> 人主之术，处无为之事，而行不言之教，清静而不动，一度而不摇，因循而任下，责成而不劳。
>
> 政苛则民乱。……是以上多故则下多诈，上多事则不下多态，上烦扰则下不定，上多求则交争。……故圣人事省而易治，求寡而易澹，不施而仁，不言而信，不求而得，不为而成，块然保真，抱德推诚，天下从之，如响之应声，景之像形，其所修者本也。①
>
> 老子曰："治大国若烹小鲜。"为宽裕者曰勿数挠，为刻削者曰致其醎酸而已。②
>
> 人无为则治，有为则伤。无为而治者，载无也，为者，不能有也；不能无为者，不能有为也。③

人主实行无为而治，不以多事扰民，而以省事安民，宽政理民，"治大国若烹小鲜"，不以苛政乱民，不以尖酸刻削民，这样虽然看似省事，但是却是顺民性而使民易治，因为"人无为则治，有为则伤"，只有"能无为者"，才"能有为也"，所以"无为而治"者，为"修政之本"也。人主应当以此为本，而为政治民，不要有为多事，折腾万民。只有"无为"，方能"无所不为也"。

《淮南鸿烈》的作者指出，"无为而治"之所以为"修政之本"，治国理民的最好方略，就在于它符合"道"的原理、原则，体现"道"的精神、方法。所以说：

> 万世传之，而以无为为之。故国有亡主，而世无废道；人

① 《淮南鸿烈·主术训》。

② 《淮南鸿烈·齐俗训》。

③ 《淮南鸿烈·说山训》。

有困穷，而理无不通。由此观之，无为者，道之宗。故得道之宗，应物无穷。①

人有穷，而道无不通，与道争则凶。

夫无为，则得于一也。一也者，万物之本也，无敌之道也。②

已雕已琢，还反于朴。无为为之而合于道，无为言之而通乎德，恬愉无矜而得于和。

是故达于道者，反于清净；究于物者，终于无为。③

“道”的本质特征、根本属性是清净无为、恬愉安静，人主根据“道”的原理、原则来治国理民，顺民性而安民，则会无不通、无不成也。这是万世相传之宝。因为国有亡主，人有困穷，而“道”却永不废，无不通，所以要“以无为为之”。其所以如此，就在于“无为为之而合于道”，“达于道”。“道”为“无敌之道”，故不可与“道”相争，“与道争则凶”。要遵循“道”的原则治国理民，以“无为为之”，而无不通也。

“无为”是国君执一治民之道。“君道者，非所以为也，所以无为也。何谓无为？智者不以位为事，勇者不以位为暴，仁者不以位为患，可谓无为矣。”④“所谓无为者，不先物为也；所谓无不为者，因物之所为。所谓无治者，不易自然也；所谓无不治者，因物之相然也。”⑤“君道”就是“无为”。所谓“无为”，就是顺从自然，因物所为，因性而治。只有“无为”者，才能“无不为”也。

“无为而治”是治国的基本原则，为君的主一之道。在这个根本原理、原理的指导下，人主还必须采用一系列的具体的治国方法，治理国家，安宁民众。对此，《淮南鸿烈》的作者，在《主术

① 《淮南鸿烈·主术训》。

② 《淮南鸿烈·诠言训》。

③ 《淮南鸿烈·原道训》。

④ 《淮南鸿烈·诠言训》。

⑤ 《淮南鸿烈·原道训》。

训》篇中，作了明确的说明。

第一，积众人之力，用众人之智。

人主治国要“无为而治”，“无为而治”不是说“无作为”，更不是什么都不做，而是说不要一人专制而独断专行，决策、谋略不由一人随意发出施行，而要在吸取众人之智慧的基础上，做出决策、谋略，这样才可以“虑无失策，谋无过事”，取得成功。因为一个人的智慧“不足以治天下”，一个人的勇力“不足以持天下”。以此，则“智不足以为治，勇不足以为强”，所以“君人者不下庙堂之上，而知四海之外者，因物以识物，因人以知人也。故积力之所举，则无不胜也；众智之所为，则无为成也”。每个人都有自己的智慧、专长、技巧、力量，即使聋子、瞎子都有自己的特长，如果用其所长，避其所短，做到天下“无弃才”。这样“乘众人之智，则无不任也；用众人之力，则无不胜也”。这样的人主处事、治国、用人，则会“以立成功也”。

第二，处权势之要，悬法度之平。

人主之治国，既需要有权势，又需要悬法度，无权势则不能驾驭君臣、宁静致远、号令天下，无法度则不能公正无邪、赏罚分明、令行禁止。所以说：“权势者，人主之车舆；爵禄者，人臣之辔衔也。是故人主处权势之要，而持爵禄之柄，审缓急之度，而适取予之节，是以天下尽力而不倦。夫臣主之相与也，非有父子之厚，骨肉之亲也，而竭力殊死，不辞其躯者，何也？势有使之然也。……是故臣不得其所欲于君者，君亦不能得其所求于臣也。君臣之施者，相报之势也。”君主之所以能居高位、使群臣、用百官、治民众，就在于“权势”，“权势者，人主之车舆”，“人主处权势之要”，而掌握权柄，这一切都是权势使然也。君求臣之智力，臣求君之利禄，相互利用，相报之势，而使天下得治。所以“处人主之势”，要合理利用“权势”，“审缓急之度，而适取予之节”，而使“天下尽力而不倦”。如此“和辑”天下，则天下就容易治理了。

人主治天下，不仅要用权势，而且要立法度。所以说：“法者，天下之度量，而人主之准绳也。悬法者，法不法也；设赏者，赏当赏也。法定之后，中程者赏，缺绳者诛，尊贵者不轻其罚，而卑贱者不重其刑，犯法者虽贤必诛，中度者虽不肖必无罪，是故公道通而私道塞矣。……法籍礼义者，所以禁君，使无擅断也。人莫得自恣，则道胜，道胜而理达矣，故反于无为。无为者，非谓其凝滞而不动也，以其言莫从己出也。”“法”是度量、判断是非、功罪的准绳、尺度。法之为法，在于公平、公道。立法、悬法，意在处罚不法者，奖赏有功者，罚当罚者，赏当赏者，不论亲疏、贵贱、尊卑，都一断于法，如此则“公道通而私通塞”。即使人君也要守法，民不能放纵妄行，君不能独断专行，则是“道胜”，“道胜而理达”，这便是“无为”之治。

为了使“法”公正、公平、合理，就必须确定立法的原则、规则。所以说：“法生于义，义生于众适，众适合于人心，此治之要也。故通于本者不乱于末，睹于要者不惑于详。法者，非天堕，非地生，发于人间而反自下，是故有诸己不非诸人，无诸己不求诸人，所立于下者不废于上，所禁于民者不行于身。”“法”不是从天下掉下来的，也不是从地上生出来的，而是从人间制订出来的。制订法的原则是“义”，“义”为众人之“适”，即众人的生活习惯、行为规则、思想观念。这是上下、君民都必须遵循的通行原则。如果国君制法而不行法，或令民行而己不行，则如同无法而会亡国的。所以说：“所谓亡国，非无君也，无法也；变法者，非无法也，有法者而不用，与无法等。”订立合理的法令，并认真执行，则令行民从，国可治，民可宁。这便是“君人者，无为而有守也”。

第三，人主身行正，不令民自行。

人主君高位，有权势，握权柄，立法度，命百官，聚群臣，理万民，治天下。因此，为百官所敬仰，为万民所拥护。要想真正如此，就必须端正身行，节欲爱民，以身作则，做天下人的表率。这样可以敦民化俗，移风易俗，不令则行。这就是：“人主诚正，则直士任事，而奸人伏匿矣。人主不正，则邪人得志，忠者隐蔽矣。……使人主执正持平，如从绳准高下，则群臣以邪来者，犹以卵投石，以火投水。故楚灵王好细要，而民有杀食自饥也；越王好勇，而民皆处危争死。由此观之，权势之柄，其以移风易俗矣。”人主的好恶、奢俭、求舍，影响、决定官风、民俗，这是治国的关键。“君人之道，处静以修身，俭约以率下。静则下不扰矣，俭则民不怨矣。下扰则政乱，民怨则德薄。政乱则贤者不以谋，德薄则勇者不为死。是故人主好鸷鸟猛兽，珍怪奇物，狡躁康荒，不爱民力，驰骋田猎，出入不时，如此则百官务乱，事勤财匮，万民愁苦，生业不修矣。人主好高台深池，雕琢刻镂，黼黻文章，𫄨绤绮绣，宝玩珠玉，则赋敛无度，而万民力竭矣。尧之有天下也，非贪万民之富而安人主之位也，以为百姓力征，强凌弱，众暴寡，于是尧乃身服节俭之行，而明相爱之仁，以和辑之。是故茅茨不翦，采椽不斫，大路不画，越度不缘，大羹不和，粢食不毇，巡狩行教，勤劳天下，周流五岳。岂其奉送不足乐哉？举天下而以为社稷，非有利焉。”人主为天下人的表率，人主的身行与政风、民俗有直接的关系，所以人主必须效法尧、舜，节俭爱民，为天下谋利。

《淮南鸿烈》的作者认为，人主立法是为天下立规，要使天下守规，自己要先正其身，如此则不令自行，号令万民。所以说：“人主之立法，先自为检式仪表，故令行于天下。孔子曰：‘其身正，不令而行。其身不正，虽令不从。’故禁胜于身，则令行于民矣。”如此者，便是“君人者，无为而有守也，有为而无好也”。不谋私利，不为私利而有为。只在己身正，不令而民行，这就是“无为而治”也。

《淮南鸿烈》在《主术训》篇中，以“无为而治”为人主治国的基本原则的指导下，所阐发的以上三条治国之略、之方、之术，都是积极而合理的。人主做到了这三个方面，就可以以无为而治理国家了。

第五节 “用兵禁暴”的战争观

《淮南鸿烈》的作者深谙“文事”与“武备”的相互关系，即军事手段对政治统治的重要作用，故在论述社会政治理论的同时，对军事思想理论亦极为关注，在书中的许多篇章都对军事理论、作战方法等，作了具体的论证，而《兵略训》则集中阐发了其军事思想观点、战略战术原则。《淮南鸿烈·要略》中云：

《兵略》者，所以明战争攻取之数，形机之势，诈谲之变，体因循之道，操持后之论也。所以知战阵分争之非道不行也，知攻取坚守之非德不强也。诚明其意，进退左右无所失击危，乘势以为资，清静以为常，避实就虚，若驱群羊，此所以言兵者也。

《淮南鸿烈》论兵、言兵，既讲究用兵之略，又注意攻守之势，更重视作战之术，所以其兵论、兵略、兵术，颇具精当之见、之方、之法。

《淮南鸿烈》的作者，从战争起源上阐发了兵的由来和用兵作战的政治目的、思想宗旨。

《淮南鸿烈》的作者认为，古代战争不是为了争夺土地和金玉财宝，而是为了存亡继绝和除万民之害。由于人生来就有饥而欲食，寒而欲衣之性情，这是“天之性”，而“天之性”是不可去的。物有限，欲不能去，在原始群居杂处时代，“分不均，求不澹，则争。争，则强胁弱而勇侵怯”。在这种争夺中，一些贪得无厌的人，便骚动万民，残贼天下，为了制止这些灾祸的扩大、蔓延，于是“圣人勃然而起，乃讨强暴，平乱世，夷险除秽，以浊为清，以危为宁，故不(人)得不中绝。兵之所由来者远矣!”①战争由来已久，其目的是讨暴平乱，救民于水火，使人类不至于中绝。不论是炎帝与黄帝之战，颛顼与共工之战，还是舜伐有苗，启攻有扈，都说明“兵”是由“禁暴讨乱”而产生的。原始战争如此，后来战争亦是如此。《淮南鸿烈》的作者围绕着举义用兵、用兵禁暴的战争观，从而展开了一系列军事思想的论述。

《淮南鸿烈》的作者提出了“用兵以义为本”的思想。古圣王时代，为了诛暴禁乱，救民生人而起兵、用兵，到了晚世(桀、纣时代)，荒淫无道的统治者，掠聚天下财富，使百姓不得其生，天下不得其宁，为了使天下和洽，万众和乐，人得其生，民得其用，就

① 《淮南鸿烈·兵略训》。

要举义用兵，制止兼并之举，消灭不义之人，这就是用兵以义为本之义。所以说：

> 晚世务广地侵壤，并兼无已，举不义之兵，伐无罪之国，杀不辜之民，绝先圣之后，大国出攻，小国城守，驱人之牛马，傒人之子女，毁人之宗庙，迁人之重宝，血流千里，暴骸满野，以澹贪主之欲，非兵之所为生也。故兵者，所以讨暴，非所以为暴也。……用兵有术矣，而义为本。本立而道行，本伤而道废。①

用兵作战，旨在为民“兴利除害，伐乱禁暴”，以此义兵讨伐不义之人，则必然胜利。相反，侵略别国的“不义之兵”，则必然失败。就是说，正义战争必然胜利，不义战争注定失败。

“义兵”、“义战”之所以必然胜利，就在于其合民意、得民力。由此，《淮南鸿烈》的作者提出了政治是军事之本、民众是胜利之本的思想。《淮南鸿烈·兵略训》明确指出：

> 兵之胜败，本在于政。政胜其民，下附其上，则兵强矣。民胜其政，下畔其上，则兵弱矣。故德义足以怀天下之民，事业足以当天下之急，选举足以得贤士之心，谋虑足以知强弱之势，此必胜之本也。地广人众，不足以为强；坚甲利兵，不足以为胜；高城深池，不足以为固；严令繁刑，不足以为威。为存政者，虽小必存；为亡政者，虽大必亡。

《淮南鸿烈》的作者，还以许多历史事实说明政治是军事胜败之本的道理。因为“善为政者积其德”，“积德而民可用”，“民可用而胜可为”，所以要“修德”、“积德”而得民、致胜。

决定战争的胜败，不在于国之大小，兵力强弱，城池高深，法令严苛，而在于是否得道、行义，得道之兵，行义之兵，所向披

① 《淮南鸿烈·本经训》。

靡，天下无敌，必定胜利。《淮南鸿烈·兵略训》说：

> 得道之兵，车不发轫，骑不被鞍，鼓不振尘，旗不解卷，甲不离矢，刃不尝血，朝不易位，贾不去肆，农不离野，招义而责之，大国必朝，小城必下。因民之欲，乘民之力而为之，去残除贼也。故同利相死，同情相成，同欲相助。顺道而动，天下为响；因民而虑，天下为斗。……故明王之用兵也，为天下除害，而与万民共享其利。民之为用，犹子之为父，弟之为兄，威之所加，若崩山决塘，敌孰敢当！

因为人民群众是立国、固国之本，“民者，国之本也”。得到人民拥护，并积极参战的正义战争，必然胜利。要想得到人民的拥护，就必须修德以义举兵，以仁政治国，以仁义化民。因为“仁义”是“国之所以存者”①的根本和原因，也是治军和取胜的关键和要务。

据此，《淮南鸿烈》的作者在《兵略训》中提出了兵的要事有三：

> 兵有三诋：治国家，理境内，行仁义，布德惠，立正法，塞邪隧，群臣亲附，百姓和辑，上下一心，君臣同力，诸侯服其威而四方怀其德，修政庙堂之上而折冲千里之外，拱辑指扐而天下响应，此用兵之上也。地广民众，主贤将忠，国富兵强，约束信，号令明，两军相当，鼓錞相望，未至兵交接刃而敌人奔亡，此用兵之次也。知土地之宜，习险隘之利，明奇正之变，察行陈解赎之数，维枹绾而鼓之，白刃合，流矢接，涉血属肠，舆死扶伤，流血千里，暴骸盈场，乃以决胜，此用兵之下也。

治理国政，行仁义，存德惠，济万民，兵不发而天下服，以此不战而胜，则为用兵之上者；主贤将能，国富兵强，军纪严明，令行禁止，赏信罚必，两军交战，敌人奔亡，则为用兵之次者；与敌人交

① 《淮南鸿烈·主术训》。

战，杀人盈野，血流千里，耗民伤财，即使胜利了，也是用兵之下者。所以用兵作战不要杀戮众生，而要以举兵行义为本。因为“义”是“人之大本”，行仁义而布德惠者，虽为千乘之国，也可以成就霸王之业；炫耀武力，穷兵黩武的侵略者，虽为成万乘之国，也必然覆灭危亡。所以说：“义者，人之大本也。虽有战胜存亡之功，不如行义之隆。”①修德行义，推恩于民，虽不战却能胜强敌，使国家隆盛。

从这种战争观点出发，《淮南鸿烈》的作者继承和引申了《吕氏春秋》“数战数胜”而必亡的思想，认为用兵只为行义禁暴，义行暴除则止。如果还继续行战，战斗不止，即使数战数胜，亦非国之福也。《淮南鸿烈·道应训》说：

> 魏武侯问于李克曰：“吴之所以亡者，何也?”李克对曰：“数战而数胜。”武侯曰：“数战数胜，国之福。其独以亡，何故也?”对曰：“数战则民罢，数胜则主骄。以骄主使罢民，而不亡者，天下鲜矣。骄则恣，恣则极物；罢则怨，怨则极虑。上下俱极，吴之亡犹晚矣！夫差之所以自刭于干遂也。”

数战数胜，主骄民疲，以骄主使疲民，主愈骄、愈战，民愈疲、愈怨，走到极点，物极必反，所以说“数战数胜”，非国之福，而使国家必然危亡。真是智者之见。

《淮南鸿烈》的作者认为，兵为凶险之器，争为“人之所本”，为了制止人们的争夺，只有不得已而用兵，这种举义用兵，要适可而止，切不可为了贪欲争夺而用兵不止，以杀人、耗财为快乐，而要以仁义为根本。因为义战必胜，不义之战必败，所以必须以义用兵。

与政治是军事之本，义战必胜的战争观点密切相连的则是民众为胜利之本的战争观点。

正义战争之所以必然胜利，就在于它得民心、合民意，故能得

① 《淮南鸿烈·人间训》。

到民众的拥护、支持，人民愿意为正义战争出力，拼死，当然可以战胜敌人了。这就是：

> 兵之所以强者，民也；民之所以必死者，义也；义之所以能行者，威也。是故合之以文，齐之以武，是谓必取。威仪并行，是谓至强。①
>
> 言以信义为准绳也。欲成霸王之业者，必得胜者也。能得胜者，必强者也。能强者，必用人力者也。能用人力者，必得人心者也。②

得民心，合民意，则可以用民力，上下齐心协力，人民愿意为明君出力，军民一心，共同对敌，无往而不胜。

战争的目的是禁暴诛乱，救民于水火，解民之倒悬，为了达到这个目的，就要考虑人民的生计，选择发动战争的时节。在中国古代以农为本的时代，进行战争，讨伐暴逆，为民除害，则必须考虑农业的季节性，不能因为战争而夺农时、误农时，使农业生产遭到破坏。《淮南鸿烈》的作者深明此理。他们明确指出，春种、夏耘时节，不可发动战争。春天用兵作战，耽误春种，没有收成，人民饥饿，故不可出兵征战。季夏之月，正是农作物繁茂生长的季节，此时，也“不可以合诸侯，起土功，动众兴兵，必有天殃”。③ 就是说，春、夏之季，正是农忙季节，此时举师动众，发动战争，必然使农业荒废，故不可在春、夏之季发动战争。勿夺农时，保证正常的农业生产，使人民丰衣足食，就能得民心、用民力，这是战争胜利的根本。

到了秋季，农作物成熟，有了丰收的保证，则可以选卒厉兵，训练兵士，征伐不义。所以说：

---

① 《淮南鸿烈·兵略训》。

② 《淮南鸿烈·泰族训》。

③ 《淮南鸿烈·时则训》。

> 立秋之日，天子亲率三公九卿大夫以迎秋于西郊。还，乃赏军率武人于朝。命将率，选卒厉兵，简练桀俊，专任有功，以征不义，诘诛暴慢，顺彼四方。①

用兵有时，选择时节，不违农时，勿夺民本，农闲季节，适时练兵，乘机出战，征讨不义。这在中国古代以农业为本的社会中，显然是有道理的，并且是合理的。

《淮南鸿烈》的作者，在“用兵禁暴”的战争观的指导下，还对如何用兵作战的战略战术、作战方法、将帅素质等，都作了具体的论述，内中不乏合理之略、之见。

《淮南鸿烈》作为集众人之智的“纪纲道德，经纬人事”，“焘天载地，沦于无垠”的“鸿大烈明”的综合天、地、人的巨著，其思想内容是丰富而广泛、深邃而精辟的，故对后世的思想发展产生了重要的思想影响。

① 《淮南鸿烈·时则训》。

第八章　董仲舒的思想

董仲舒，河北广川(今河北枣强县)人。生于公元前179年，卒于公元前104年。据《汉书·董仲舒传》载：董仲舒“少治《春秋》，孝景时为博士。下帷讲诵，弟子传以久次相授业，或莫见其面。盖三年不窥园，其精如此。进退容止，非礼不行，学士皆师尊之”。新学者就其旧弟子受业，相次而学，不必亲见董仲舒。专心治学，不窥园圃。以礼行事，故受学者尊敬。

公元前140年，汉武帝刘彻即位，诏举贤良方正直言极谏之士，策问以古今治道，对者前后数百人。董仲舒对以《天人三策》，提出了“罢黜百家，独尊儒术”的建议。他说：

> 《春秋》大一统者，天地之常经，古今之通谊也。今师异道，人异论，百家殊方，指意不同，是以上亡以持一统；法制数度，下不知所守。臣愚以为诸不在六艺之科，孔子之术者，皆绝其道，勿使并进。邪辟之说灭息，然后统纪可一而法度可明，民知所从矣。

董仲舒的对策、建议，得到汉武帝的赞赏、采纳，被任命为江都相。以后又任胶西王相。后来家居著书讲学。

董仲舒虽然在家，但“朝廷如有大议，使使者及廷尉张汤就其家而问之，其对皆有明法”。董仲舒为学、对策，皆推崇儒家，尊崇孔子，“抑黜百家”。

董仲舒治国，“以《春秋》灾异之变推阴阳所以错行，故求雨，闭诸阳，纵诸阴，其止雨反是”。因此，他几乎招来杀身之祸。“先是辽东高庙、长陵高园殿灾，仲舒居家推说其意，草稿未上，主父偃候仲舒，私见，嫉之，窃其书而奏焉。上召视诸儒，仲舒弟子吕步舒不知其师出，以为大愚。于是下仲舒吏，当死，诏赦之。仲舒遂不敢复言灾异。"后又因公孙弘的嫉害，而不敢久居胶西王相位，只好"去位归居"。归家后，"终不问家产业，以修学著书为事"①，而成为汉代大儒。

董仲舒的著作，据《汉书·董仲舒传》云："仲舒所著，皆明经术之意，及上疏条教，凡百二十三篇。"现仅存有《春秋繁露》和《汉书·董仲舒传》里的《举贤良对策》(又称《天人三策》)。

班固在《汉书·董仲舒传》中赞曰：

> 刘向称"董仲舒有王佐之材，虽伊、吕亡以加，筦、晏之属，伯者之佐，殆不及也"。至向子歆以为："伊、吕乃圣人之耦，王者不得则不认。故颜渊死，孔子曰：'噫！天丧余。'唯此一人为能当之，自宰我、子赣、子游、子夏不与焉。仲舒遭汉承秦灭学之后，《六经》离析，下帷发愤，潜心大业，令后学者有所统壹，为群儒首，然考其师友渊源所渐，犹未及乎游、夏而曰筦、晏弗及，伊、吕不加，过矣。"至向曾孙龚，笃论君子也，以歆之言为然。

刘向对董仲舒的评价，实在是过誉了，所以其子刘歆认为"伊、吕不加"的评价太高、太过了。刘向曾孙刘龚则以刘歆"之言为然"。事实上，董仲舒对继承和发展儒家思想有重要贡献。然而他的"罢黜百家，独尊儒术"的对策及其被汉武帝所采纳、实行，对中国学术思想发展造成了恶劣的思想影响。由先秦的"诸子百家"争鸣，到汉代的"儒家独尊"局面，扼杀了中国学术的繁荣和发展，并为后代统治者所效法，禁锢了学术思想的自由发展。所以董仲舒的功业，不能与伊、吕、管、晏相比。

董仲舒是汉代儒家思想的代表者，汉代封建中央集权制大一统政治理论的奠基者。因此，他的思想理论为中国以后的封建统者所

① 《汉书·董仲舒传》。

推崇、推行。

董仲舒的著作，现存者主要是《春秋繁露》。《汉书·艺文志》著录董仲舒百二十三篇，《汉书·董仲舒传》说百二十三篇，其中有《蕃露》之名。《蕃露》原是篇名，作为书名是后人的改题。

“蕃露”即“繁露”。历史上有三种解释：《周礼·大司乐》注云“繁多露润”，古冕之旒露垂象。《逸周书·王会解》注云：“繁露，冕之所悬垂也，有联贯之象。《春秋》属辞比事，仲舒之命，或取诸此。”经过多年的苦学、精思，“论思《春秋》，造著传记”①，甚至传闻“董仲舒梦蛟龙入怀，乃作《春秋繁露词》”②，从而撰写了《春秋繁露》一书，其宗旨、目的，乃至神秘意义，都说明他是为汉朝统治者的政治统治立论的。

为了实现这个宗旨、目的，董仲舒融合儒家和阴阳家的思想，兼采黄老、法家学说，以“天”为最高范畴，构建了以“天人感应”为基础的目的论，代替汉初的黄老思想，成为汉代中期以后的官方哲学，完成了汉武帝制策所提出的政治任务，以适应封建大一统中央集权制的政治需要。这是理解董仲舒思想的要津、关键。

两汉时期所谓“正统”的儒家思想，西汉有《春秋繁露》，东汉有《白虎通义》。这些书的出现，都是其作者为了适应封建专制主义政治的需要，以“究天人之际”而主观附会天人关系，其目的在于说明王权的绝对化，统治的合理性，为此必须严格管制思想、统一思想，使儒家定于一尊，而排斥其他各家。

第一节 “天元为本”的宇宙观

董仲舒以“天”为其最高、最初、最本的哲学范畴，而建立了自己的儒学思想体系。然而，他又讲“元”为“万物之始”、“万物之本”，并以“天元本、天元命”而将“天元”共称，以此构建了他的宇宙观。

---

① 《论衡·实知》。

② 《西京杂记》卷二。

“天”在董仲舒的哲学思想体系中，意义明确而内容广泛，既为本原之天、主宰之天、神灵之天，又为义理之天、道德之天、自然之天，由此使董仲舒的哲学思想体系，存在着内在逻辑的矛盾和混乱。

关于本原之天、主宰之天、神灵之天，董仲舒说：

> 天者，群物之祖也。故遍覆包函而无所殊，建日月风雨以和之，经阴阳寒暑以成之。①
>
> 天者，万物之祖，万物非天不生。②
>
> 为生不能为人，为人者天也。人之为人本于天，天亦人之曾祖父也。③
>
> 天地者，万物之本，先祖之所出也。广大无极，其德昭明。历年众多，永永无疆。天出至明，众知类也，其伏无不炤也。地出至晦，星日为明，不敢暗。④

董仲舒这些论述，中心思想十分明确。就是说，“天”是人和万物的产生者和所以然者，不论“天”是“群物之祖”、“万物之祖”、“万物之本”，还是“人之为人本于天，天亦人之曾祖父也”，都是说“天”是人和万物的本原、本根、祖宗，所以说这个“天”，便是本原之天。由于天是广大无限的，无所不包含、无所不普照，并且永恒存在，永永无疆，有如此法力之天，当然具有神灵、主宰之义了。

据此，董仲舒在论述本原之天的同时，又论述了神灵之天、主宰之天。他说：

---

① 《汉书·董仲舒传》。

② 《春秋繁露·顺命》。

③ 《春秋繁露·为人者天》。

④ 《春秋繁露·观德》。

天者，百神之大君也，事天不备，虽百神犹无益也。①

天者，百神之君也。王者之所最尊也，以最尊天之故。②

“天”不仅是“神”，而且是神上之神，百神之大君，所以人人都应当尊天、崇天、事天。尤其是“天子”、“王者”，更应当尊天、崇天、事天，因为他们是天的儿子，是天授予他们天子、王者之位，令他们代天管理天下万民、天下万物的。董仲舒说：

唯天子受命于天，天下受命于天子。③

天子受命于天，诸侯受命于天子。④

受命之君，天意之所予也。故号为天子者，宜事天如父，事天以孝道也。⑤

王者必受命而后王。王者必改正朔，易服色，制礼乐，一统于天下，所以明易姓非继仁，通以己受之于天也。王者受命而王。⑥

这些论述都是说，“天”是有意识、有意志、有目的的人格神，故能主宰一切。“天”受命天子、受命王者，所以他们应当像尊崇、事奉父亲一样对待上天，以尽孝道，并以仁道治理天下。

董仲舒的“受命”说，既含有人格神的最高命令之义，又含有先天道德禀赋的义理属性之义，故使“天”成为义理之天、道德之天。他说：

人之受命于天也，取仁于天而仁也。是故人之受命天之

① 《春秋繁露·郊语》。

② 《春秋繁露·郊义》。

③ 《春秋繁露·为人者天》。

④ 《春秋繁露·顺命》。

⑤ 《春秋繁露·深察名号》。

⑥ 《春秋繁露·三代改制质文》。

尊，父兄子弟之亲，有忠信慈惠之心，有礼义廉让之行，有是非顺逆之治。①

上奉天施而下正人，然后可以为王也云尔。今善善恶恶，好荣憎辱，非人能自生，此天施之在人者也。②

天有和有德，有平有威，有相受之意，有为政之理，不可不审也。春者，天之和也；夏者，天之德也；秋者，天之平也；冬者，天之威也。……能常若是者，谓之天德；行天德者，谓之圣人。③

因为天有仁义、忠信、慈惠、廉让、是非、善恶、好憎、荣辱等道德意识、思想感情，所以天所生的人，也同样具有这些道德意识、思想感情，能效法、遵行者，便是行天德的圣人。

董仲舒所讲的“天”，亦有自然之天的意义，这是从宇宙构成模式和自然运行的具体规律意义上讲的。这种意义，也是清楚而明确的。

《春秋繁露·天地阴阳》篇说：

天、地、阴、阳、木、火、土、金、水，九，与人而十者，天之数毕也。故数者至十而止，出者以十为终，皆取之此。圣人何其贵者？起于天至于人而毕。毕之外谓之物，物者投所贵之端，而不在其中。以此见人之超然万物之上，而最为天下贵也。人，下长万物，上参天地。

《春秋繁露·官制象天》篇说：

天有十端，十端而止已。天为一端，地为一端，阴为一端，阳为一端，火为一端，金为一端，木为一端，水为一端，

① 《春秋繁露·王道通三》。

② 《春秋繁露·竹林》。

③ 《春秋繁露·威德》。

土为一端，人为一端，凡十端而毕，天之数也。

天有十端，为天、地、阴、阳、木、火、土、金、水、人，天之数于十，起于天，毕于人，十者之外谓之物，物不在十者之中，当然亦不在天之内，“物者投所贵之端，而不在其中”。这里的“天”，既为构成宇宙的十端之一，又是包括其自己在内的宇宙总称，“十端”为“天有十端”，“十端而毕，天之数也”。分而言之，天是构成宇宙的“十端”之一；总而言之，“十端”则为“天之数也”。说来说去，“天”还是宇宙的总体、中心、主宰，为包含万物，广大无限，无始无终的永恒者、最高者，为人和天地万物之本、之祖、之源了。

董仲舒在论述“天”为宇宙的最高本体、本根，为人和万物之本、之祖的同时，又提出“元”这个范畴，其本质属性和重要功能与“天”是相同、相类的。对于“元”的涵义、功能、作用，有人认为“作为万物或宇宙本原的‘元’，就是指元气”。如果仔细而全面地认识、分析董仲舒的“元”，并非尽然如此。

董仲舒在自己的一系列论述中，已明确地标明了“元”的意义、作用。《春秋繁露·玉英》篇云：“谓一元者，大始也。”清代学者凌曙注曰：“王弼曰：‘一者，数之始也，物之极也。’《尔雅》：‘元，始也。’《春秋元命苞》曰：‘孔子曰：某作《春秋》始于元，终于麟，王道成也。’”《春秋繁露·王道》篇云：“元者，始也。”凌曙注曰：“隐元年《传》：元年者何？君之始年也。”由此可见，“元”为“始”、“大始”，即纪元之始，君主即位的始年、第一年。“一”为“数之始也”，“元”为“君之始年也”。这就是董仲舒的“一元者，大始也”的意义。

不仅仅如此，董仲舒的“元”，还有其他更重要的涵义、作用。他说：

臣谨案《春秋》谓一元之意，一者万物之所从始也，元者辞之所谓大也，谓一为元者，视大始而欲正本也。《春秋》深探其本，而反自贵者始。故为人君者，正心以正朝廷，正朝廷以正百官，正百官以正万民，正万民以正四方。①

是以《春秋》变一谓之元。元，犹原也。其义以随天地终始也。……故元者为万物之本。而人之元在焉。安在乎？乃在乎天地之前。故人虽生天气及奉天气者，不得与天元本、天元命而共违其所为也。②

是故《春秋》之道，以元之深正天之端，以天之端正王之政，以王之政正诸侯之即位，以诸侯之即位正竟内之治，五者俱正而化大行。③

由此可见，“元”不仅仅是“始”之义，而有根本、本原之义，与“天”同义，故有“天元本、天元命”之说和“元者为万物之本”之论；并由此引申出人君为天下之本，人君正则天下，“以元之深正天之端”，依次使人君正、朝廷正、百官正、万民正、诸侯正，而天下正、大化行。所以说董仲舒的“元”具有多义性。

第二节　“天人感应”的目的论

董仲舒从“天元”本体论出发而论述了阴阳五行论、天人合一论、天人感论的目的论。既然天有阴阳五行、天为人的祖宗、天为神灵主宰的人格神，当然宇宙中的一切事物、行为都是天之所为了，都是天有目的所为了，都是由天来主宰了，都是天的意志的体现了。

关于“阴阳五行”论。汉代学者已将阴阳五行思想引申、扩展到各个思想领域，诸如哲学、医学、天文学、兵学等，都深受阴阳五行学说的影响。他们将五味、五音、五色、五方、五气、五脏、五虫、五兵等，都与五行相配，从而构建一个宇宙形成系统，用以解释、附会宇宙万物。董仲舒在“五行”之上加入“阴阳”，建立了

① 《汉书·董仲舒传》。

② 《春秋繁露·玉英》。

③ 《春秋繁露·二端》。

自己的阴阳五行学说，并以“五行”的相生相胜论来阐发他的政治主张。

董仲舒对“阴阳”问题极为重视，《春秋繁露》专论阴阳的就有《阳尊阴卑》、《阴阳位》、《阴阳终始》、《阴阳义》、《阴阳出入上下》、《天地阴阳》等篇，其他论阴阳的篇章，也十分常见。

《汉书·五行志》第七上说：“汉兴，承秦灭学之后，景、武之世，董仲舒治《公羊春秋》，始推阴阳，为儒者宗。”是为确论。

董仲舒所讲的阴阳之气、天地之气，虽然被神秘化、伦理化，但其基本属性则是化生人和万物的物质实体。他说：

> 天地之间，有阴阳之气，常渐人者，若水常渐鱼也。所以异于水者，可见与不可见耳，其澹澹也。然则人之居天地之间，其犹鱼之离水，一也。其无间若气而淖于水。水之比于气也，若泥之比于水也。是天地之间，若虚而实，人常渐是澹澹之中，而以治乱之气，与之流通相殽也。①

阴阳之气，如泥水等物质一样，是客观存在的物质实体。阴阳与泥水之异是不可见者，虽不可见，但却是“常渐人者”，与人不可分，如同“水常渐鱼也”，鱼与水不可分。阴阳之气，“若虚而实”，充满宇宙，不是虚空，而是实物。因此，是产生万物的实体。董仲舒说：“阳，天气也；阴，地气也。”②由阴阳之气而产生了人和万物。

阴阳之气如何产生人和万物呢？董仲舒认为，由于阴与阳是相反之物，这种相反之物在统一体中的矛盾斗争，而使“一气”“分为阴阳”则化生人和万物。他说：

> 天道大数，相反之物也，不得俱出，阴阳是也。春出阳而入阴，秋出阴而入阳，夏右阳而左阴，冬右阴而左阳。阴出则

① 《春秋繁露·天地阴阳》。

② 《春秋繁露·人副天数》。

阳入，阳出则阴入，阴右则阳左，阴左则阳右。[1]

天之常道，相反之物也，不得两起，故谓之一。一而不二者，天之行也。阴与阳，相反之物也，故或出或入，或右或左。……天之道，有一出一入，一休一伏，其度一也，然而不同意。[2]

天之道，出阳为暖以生之，出阴为清以成之。[3]

阴与阳作为相反之物，它们的矛盾对立而产生出入、左右、休伏等不同变化、运动，从而生成万物，这是“天之常道”。

由于这种终而复始的运动，形成了春、夏、秋、冬的四时变化，从而造化了万物，成就了天地之功。所以董仲舒说：

天之道，终而复始。故北方者，天之所终始也，阴阳之所合别也。冬至之后，阴俛而西入，阳仰而东出，出入之处常相反也。多少调和之适，常相顺也。有多而无溢，有少而无绝。春夏阳多而阴少，秋冬阳少而阴多，多少无常，未尝不分而相散也。以出入相损益，以多少相溉济也。[4]

仲春之月，阳在正东，阴在正西，谓之春分。春分者，阴阳相半也，故昼夜均而寒暑平。……中秋之月，阳在正西，阴在正东，谓之秋分。秋分者，阴阳相半也，故昼夜均而寒暑平。……大寒而物毕藏，天地之功终矣。[5]

由于阴阳的运动变化而形成春、夏、秋、冬的四时变化，这种终而复始，一而不二的永恒变化，使万物产生、形成，到大寒之节，万物毕藏，天地之功终成。

---

① 《春秋繁露·阴阳出入上下》。
② 《春秋繁露·天道无二》。
③ 《春秋繁露·暖燠常多》。
④ 《春秋繁露·阴阳终始》。
⑤ 《春秋繁露·阴阳出入上下》。

与“阴阳”密切相联的则是“五行”问题。董仲舒对“五行”学说，极为重视，多有论证。

董仲舒以五行相生相胜，而与四时相配搭。他说：“天地之气，合而为一，分为阴阳，判为四时，列为五行。”①可见，“五行”与“阴阳”、“四时”的紧密关系。

关于“五行之义”及其相互关系。董仲舒说：

> 天有五行：一曰木，二曰火，三曰土，四曰金，五曰水。木，五行之始也；水，五行之终也；土，五行之中也。此其天次之序也。木生火，火生土，土生金，金生水，水生木，此其父子也。……五行之为言也，犹五行欤？……五行之随，各如其序，五行之官，各致其能。是故木居东方而主春气，火居南方而主夏气，金居西方而主秋气，水居北方而主冬气。是故木主生而金主杀，火主暑而水主寒，使人必以其序，官人必以其能，天之数也。土居中央，为之天润。土者，天之股肱也。……故五行而四时者，土兼之也。②
>
> 天有五行，木火土金水是也。木生火，火生土，土生金，金生水。水为冬，金为秋，土为季夏，火为夏，木为春。春主生，夏主长，季夏主养，秋主收，冬主藏。藏，冬之所成也。……故五行者，五行也。③
>
> 行者，行也。其行不同，故谓之五行。五行者，五官也，比相生而间相胜也。④

董仲舒的《春秋繁露》中，就“五行”而论，则有《五行之义》、《五行相生》、《五行相胜》、《五行逆顺》、《治水五行》、《治乱五行》、《五行变救》、《五行五事》、《五行对》等篇。足见他对“五行”是何

① 《春秋繁露·五行相生》。

② 《春秋繁露·五行之义》。

③ 《春秋繁露·五行对》。

④ 《春秋繁露·五行相生》。

等重视，其内容是多么广泛。综合观之，董仲舒的“五行”论，有以下主要内容：

“五行”为木、火、土、金、水五种物质元素；“五行”为“天之所列”、“天之五行”、“天有五行”，即为天之所生、所有、所列，其次序不可颠倒、改变；“五行”为运行、变动之义，“五行者，五行也”，“行者，行也”；“五行”为阴阳运行的五种官能，而与“四时”相配搭，“天地之气，合而为一，分为阴阳，判为四时，列为五行”，“五行者，五官也”，水为冬，金为秋，土为季夏，火为夏，木为春；“五行”各有职能，木为春而主生，火为夏而主长，土为季夏而主养，金为秋而主收，水为冬而主藏；“五行”“比相生而间相胜也”，按照董仲舒所说的木、火、土、金、水这种“天次之序”，相邻的两者，前者生后者，即木生火，火生土，土生金，金生水，水生木，这种“父子”关系，叫做“比相生也”，依据这种五行不可改变、颠倒的次序，中间隔一个，前者胜后者，即木胜土，土胜水，水胜火，火胜金，金胜木，由于“五行”的“相生”、“相胜”的循环往复而与阴阳四时配搭，构建了宇宙的演化系统和政治“五官”之职。木为司农，金为司徒，司农犯法，司徒诛之，为金胜木。火为司马，水为执法者，司马犯法，执法者诛之，为水胜火。土为君之官，木为农，“农者，民也”，君穷奢极欲，过度失礼，民叛而君穷，为木胜土。金为司徒，司徒软弱，不能使民，司马诛之，为火胜金。水为司寇，司寇为乱，巧言令色，贪污受贿，阿党不公，司营诛之，为土胜水。董仲舒用五行相生相胜比附各种官职，使五官各尽其职，从而把五行与政治联系起来。其所以如此，就在于“天”为本根、主宰。因为“五行”为“天之五行”、“天之所有”，“人”为“天之所生”、“天之子孙”，所以一切都是由“天”来主宰，并体现天的意志。

董仲舒由天的本原论、本体论，即人为天所生的天人论，而论证“天人合一”论。

董仲舒认为，人之所以为人，就在于人本于天，是天以自己的模样、天数、类型、意志、感情创造了人，所以人是天的副本，“人副天数”。他对此作了详细的论述、比附。他说：

为生不能为人，为人者天也。人之为人本于天，天亦人之曾祖父也。此人之所以上类天也。人之形体，化天数而成；人之血气，化天志而仁；人之德行，化天理而义。人之好恶，化天之暖晴；人之喜怒，化天之寒暑；人之受命，化天之四时。人生有喜怒哀乐之答，春秋冬夏之类也。喜，春之答也；怒，秋之答也；乐，夏之答也；哀，冬之答也。天之副在乎人。人之情性有由天者矣。故曰受，由天之号也。①

天德施，地德化，人德义。天气上，地气下，人气在其间。……故莫精于气，莫富于地，莫神于天。天地之精所以生物者，莫贵于人。人受命乎天也，故超然有以倚。物疢疾莫能为仁义，唯人独能为仁义；物疢疾莫能偶天地，唯人独能偶天地。人有三百六十节，偶天之数也；形体骨肉，偶地之厚也。上有耳目聪明，日月之象也；体有空窍理脉，川谷之象也；心有哀乐喜怒，神气之类也。……是故人之身，首坌员，象天容也；发，象星辰也；耳目戾戾，象日月也；鼻口呼吸，象风气也；胸中达知，象神明也；腹胞实虚，象百物也。……天地之符，阴阳之副，常设于身，身犹天也，数与之相参，故命与之相连也。天以终岁之数，成人之身，故小节三百六十六，副日数也；大节十二分，副月数也；内有五藏，副五行数也；外有四肢，副四时数也；乍视乍瞑，副昼夜也；乍刚乍柔，副冬夏也；乍哀乍乐，副阴阳也。心有计虑，副度数也；行有伦理，副天地也。此皆暗肤著身，与人俱生，比而偶之奄合。于其可数也，副数；不可数者，副类。皆当同而副天，一也。②

人受命于天，由天地之精气所生，故为天地所生之物中最高贵者，所以只有“人独能为仁义”，“独能偶天地”，而能高于物与天地参。人不论从形体度数、思想情感、道德意识等，都与天相副。因为人

① 《春秋繁露·为人者天》。

② 《春秋繁露·人副天数》。

受命于天，由天所生，所以人与天可数者，副数，小节、大节、五脏、四肢等副数；不可数者，副类，视、瞑、刚、柔、喜、怒、哀、乐、计、虑等副类。总之，“皆当同而副天，一也”。《春秋繁露·阴阳义》云：“天亦有喜怒之气、哀乐之心，与人相副。以类合之，天人一也。”天人同类、天人相副、天人合一、天人相配。天按照自己的模样、意志，创造了人，体现自己的意志。

由于天人同类、相副、合一、相配，所以“同类相动”、“同类相感”、“同类相应”。据此，董仲舒阐发了“天人感应”的目的论，并为汉代封建中央集权专制统治提供了理论根据。当然受到统治者的赏识、采纳。

董仲舒的“天人合一”论，已有其些神学、神秘性质，他的“天人感应”论，其神学、神秘性质，就更为明显、突出了。

董仲舒认为，由于天人同类，所以天与人彼此相感、相应，同类相动，有感必有应。所以说：

> 天有阴阳，人亦有阴阳。天地之阴气起，而人之阴气应之而起，人之阴气起，而天地之阴气亦宜应之而起，其道一也。①

同类事物相感相应，美事召美类，恶事召恶类；马鸣则马应之，牛鸣则牛应之；猛虎啸，谷风起等，“类之相应也”。“帝王之将兴也，其美祥亦先见；其将亡也，妖孽亦先见。”“天将阴雨，人之病故为之先动，是阴相应而起也。天将欲阴雨，又使人欲睡卧者，阴气也。有忧使人卧者，是阴相求也；有喜者，使人不欲卧者，是阳相索也。”②这一切都说明同类相动，类之相应，以类相召，人认识了这个道理，以类进退就可招福避祸，取得成功。

董仲舒认为，由于天与人同类相感、相应、相动，所以“天”通过降祥瑞或灾异来表达自己的意志，告诫帝王不可为恶害民，而

---

① 《春秋繁露·同类相动》。

② 《春秋繁露·同类相动》。

要调和阴阳，积德行仁，使上下和而不招灾。据《汉书·董仲舒传》载：当汉武帝在策问中提出："三代受命，其符安在？灾异之变，何缘而起？"董仲舒的回答是：

> 臣谨案《春秋》之中，视前世已行之事，以观天人相与之际，甚可畏也。国家将有失道之败，而天乃先出灾害以谴告之，不知自省，又出怪异以警惧之，尚不知变，而伤败乃至。以此见天心之仁爱人君而欲止其乱也。自非大亡道之世者，天尽欲扶持而安全之，事在强勉而已矣。
>
> 臣闻天之所大奉使之王者，必有非人力所能致而自至者，此受命之符也。天下之人同心归之，若归父母，故天瑞应诚而至。《书》曰："白鱼入于王舟，有火复于王屋，流为乌。"此盖受命之符也。周公曰："复哉复哉！"孔子曰："德不孤，必有邻。"皆积善累德之效也。及至后世，淫佚衰微，不能统理群生，诸侯背畔，残贼良民以争土壤，废德教而任刑罚，刑罚不中，则生邪气；邪气积天下，怨恶畜于上，上下不和，则阴阳缪戾而妖孽生矣，此灾异所缘而起也。

天授命君王，是让君王按天的意志行事，以仁爱道德之心，施行仁民爱民之政，使天下万民和睦相处，做到了这些，便是体现了天的意志、意图，天就会降祥瑞以鼓励之。相反，君王不行仁政爱民，不积善累德，却废德而任刑罚，贼害良民，杀戮百姓，天就会降灾害以谴告之，君王对此，还不知自省、自警，天就会降怪异以警惧之，君王还不改恶从善，天就会降妖孽以伤害之，乃至使其伤亡。所以董仲舒说："五行变至，当救之以德，施之天下，则咎除。不救以德，不出三年，天当雨石。"木有变，则春凋秋荣。秋木冰，春多雨。这是因为徭役众，赋敛重，百姓贫穷，叛离而去，道多饥民。变救的措施是"省徭役，薄赋敛，出仓谷，赈困穷"。火有变，则冬温夏寒。这是因为王者不明，善者不赏，恶者不罚，贤者隐匿，不肖在位，寒暑失序，民得疾疫。变救的措施是"举贤良，赏有功，封有德"。土有变，则大风至，五谷伤。这是因为不信仁贤，不敬父兄，淫逸无度，大造宫室。变救的措施是“省宫室，去雕文，举孝弟，恤黎元”。金有变，则七星变异，三覆有武，多战争，多盗寇。这是因为弃义贪财，轻视民命，重视货赂，百姓趋利，奸宄多发。变救的措施是“举廉洁，立正直，隐武行文，束甲械”。水有变，则冬温多雾，春夏雨雹。这是因为法令迟缓，刑罚不行，变救的措施是“忧囹圄，案奸宄，诛有罪，蓃五日”。[①] 所谓“五行变救”，既表现天的意志性，又体现天的善意性，告诫君王要积善累德，仁民爱物，不可穷奢极欲，荒淫无度，获罪上天，违逆五行。否则，“不出三年，天当雨石”，更大的祸殃就会降临，以惩罚无道无德的君王。

董仲舒进一步指出，“天”对人君以灾异警告、谴告，不是天神对人君要施恶意惩罚，而是对人君的仁爱关心，意在告诫人君不要害民。所以说：

> 天地之物有不常之变者，谓之异，小者谓之灾。灾常先至而异乃随之。灾者，天之谴也；异者，天之威也。谴之而不知，乃畏之以威。……凡灾异之本，尽生于国家之失。国家之失乃始萌芽，而天出灾异以谴告之。谴告之而不知变，乃见怪异以惊骇之。惊骇之尚不知畏恐，其殃咎乃至。以此见天意之仁而不欲害人也。
>
> 谨案灾异以见天意。天意有欲也，有不欲也。所欲所不欲者，人内以自省，宜有惩于心；外以观其事，宜有验于国。故见天意者之于灾异也，畏之而不恶也，以为天欲振吾过，救吾失，故以此报我也。《春秋》之法，上变古易常，应是而有天灾者，谓幸国。[②]

人君有过、国家有失，其小者，天降灾以谴告之，令其自省、改过；如果不自省、不改过，还继续为恶，天降怪异现象以威慑、惊

① 《春秋繁露·五行变救》。

② 《春秋繁露·必仁且智》。

骇之；怪异出现，还不知畏恐、改恶，天就要以殃咎而惩罚之。由此可见，天之意不是欲害人，而是为了救人君之失，使其改过从善。天意之欲与不欲降灾异，完全视人君内是否自省，“宜有惩于心”，外以观其事，“宜有验于国”。这就告诫人君要以“仁智”治国，不可愚顽不化，而受天意惩罚。

因为在董仲舒看来，宇宙中的一切事物，都是上天有意识、有目的为人创造的，上天派遣、命令天子(人君)治理国家，也是为了表达自己的目的。如果天子违反了天的意志、目的，天当然要谴告、惩罚了。所以说：

> 五谷，食物之性也，天之所以为人赐也。……奉四时所受于天者而上之，为上祭，贵天赐，且尊宗庙也。①
>
> 天生五谷以养人。……天之常意，在于利人。……无使阴灭阳。阴灭阳，不顺于天。天意常在于利民。②
>
> 王者唯天之施，施其时而成之。……治其志而归之于仁。仁之美者在于天。天，仁也。天覆育万物，既化而生之，有养而成之，事功无已，终而复始，凡举归之以奉人。察于天之意，无穷极之仁也。人之受命于天也，取仁于天而仁也。……人主立于生杀之位，与天共持变化之势，物莫不应天化。……人主以好恶喜怒变习俗，而天以暖清寒暑化草木。喜怒时而当则岁美，不时而妄则岁恶。天地人主一也。然则人主之好恶喜怒，乃天之暖清寒暑也，不可不审其处而出也。当暑而寒，当寒而暑，必为恶岁矣。人主当喜而怒，当怒而喜，必为乱世矣。③

“天”的本质属性、道德意识是“仁”、“仁民”、“爱民”、“利民”，“天，仁也”，“仁之美在于天”，天生养五谷是为了养人，“覆育万

① 《春秋繁露·祭义》。
② 《春秋繁露·止雨》。
③ 《春秋繁露·王道通三》。

物”是为了利人，“天之常意，在于利人”。天授命于人君是为了行仁、施爱于民，所以天地与人主是合一、一体的，“天地人主一也”。人主顺天意、从天命，与天共同主持天地变化，阴阳调和，寒暑当时，喜怒适当，五谷丰收，则为岁美、治世。否则，逆天而行，则为岁恶、乱世。顺天者，则得天赏而降祥瑞；逆天者，则得天刑而降灾异。这就告诫人主要以天意仁爱万民，以顺天意，而受天赏。这是“同类相动”的表现，聪明圣神的天子必须认识这个道理。所以说：

> 聪明圣神，内视反听，言为明圣，内视反听，故独明圣者知其本心皆在此耳。故琴瑟掇弹其宫，他宫自鸣而应之，此物之以类动者也。其动以声而无形，人不见其动之形，则谓之自鸣也。又相动无形，则谓之自然，其实非自然也，有使之然者矣。物固有实健之，其使之无形。《尚书大传》言：周将兴之时，有大赤鸟衔谷之种，而集王屋之上者，武王喜，诸大夫皆喜。周公曰：“茂哉！茂哉！天之见此以劝之也。”①

物之所以“同类相动”，在于同类相感、相应、相求、相索。为什么如此呢？因为“其实非自然也，有使之然者矣”，这个使物相感而动的“无形”者，显然是“天”、“天神”的主宰而使之动。有人认为是“自然神之天与人感应的结果”。如果将这段引文的全部意义与董仲舒的整个思想综合观察，显然不是自然之天，而是神灵之天的主宰。正因为这个“天神”的主宰、推动，才使天与人、天与物相感而动，这才是“其实非自然也，有使之然者”的真实含义。所以董仲舒引周公“天之见此以劝之也”作为结论。难道这个“天”还不是有神灵、有意志的人格神吗？

正因为此，董仲舒便在《春秋繁露》第一篇《楚庄王》中就提出“《春秋》之道，奉天而法古”的思想，并对“君权神授”、“事天应天”大加论证。如云：“受命之君，天之所大显也。事父者承意，

---

① 《春秋繁露·同类相动》。

事君者仪志。事天亦然。"就连王者"改正朔，易服色者，无他焉，不敢不顺天志而明自显也"。因为人君之位是由天授予的，所以受命之君必须顺天志、承天意、从天命，绝对不可违逆天志、天意、天命。董仲舒说：

> 《春秋》之法，以人随君，以君随天。……故屈民而伸君，屈君而伸天，《春秋》之大义也。①
>
> 为人君者其要贵神，神者不可得而视也，不可得而听也，是故视而不见其形，听而不闻其声。
>
> 体国之道在于尊神，尊者所以奉其政也，神者所以就其化也，故不尊不畏，不神不化。②
>
> 孝父孝，故事天明。事天与父，同礼也。今父有以重予子，子不敢擅与他人，人心皆然。则王者亦天之子也，天以天下予尧、舜，尧、舜受命于天而王天下。犹子安敢擅以所重受于天者，予他人也。③

天将天下授予自己的儿子——天子，所以天子必须尊崇、事奉、敬畏、孝顺自己的父亲——天。《春秋》之法，就是以人随君，以君随天；《春秋》大义，就是屈民伸君，屈君伸天。事奉、孝顺天与事奉、孝顺父，要同等规模、规格，"同礼也"。为此，天子要重天、畏天、祭天。其所以如此，就因为"孰贵于天子？天子号天子也。奈何受为天子之号，而无天子之礼？天子不可不祭天也，无异人之不可不食父。为人子而不事父者，天下莫能以为可。今为天之子而不事天，何以异是？是故天子每至岁首，必先郊祭以享天，乃敢为地，行子礼也。"④"天子"是"天之子"，儿子当然要敬父、重父、畏父了，所以天子要在每年岁首于京郊祭天，"畏敬天而重天

① 《春秋繁露·玉杯》。
② 《春秋繁露·立元神》。
③ 《春秋繁露·尧舜不擅移汤武不专杀》。
④ 《春秋繁露·郊祭》。

郊”，以尽孝子之义。不敬天的天子，就是不孝之子。对这种不孝之子，上天就要降灾异以警告惩罚。“不中乎上帝，故有此灾(不下雨)。有此灾，愈恐惧而谨事天。天若不予是家者，是家安得立为天子？立为天子者，天予是家。天予是家者，天使是家。天使是家者，是天之所予也，天之所使也。天已予之，天已使之，其间不可以接天何哉？”①天子之所以为天子，你家之所以为天子，是天授予的、主使的。如果天子不祭祀“上帝”、“上天”，失去了与天的接触、联络，天就要改换天子，授予他家为天子。为此，必须尊崇天、敬畏天、祭祀天。难道可以说这是“自然神之天吗？”显然这种说法无道理，亦不符董仲舒的本意。只能以有意志的人格神之天视之也。

因为“天”是“百神之大君”，所以事奉天、祭祀天，要周详完备，规模宏大，小心翼翼。否则，“获罪于天，无所祷也”。不仅如此，作为天子、王者，为政制官，也要按照天的意志行事，比照天的模样制官。董仲舒说：

> 王者制官，三公、九卿、二十七大夫、八十一元士，凡百二十人，而列臣备矣。吾闻圣王所取仪，金天之大经，三起而成，四转而终，官制亦然者，此其仪与？三人而为一选，仪于三月而为一时也。四选而止，仪于四时而终也。三公者，王之所以自持也。天以三成之，王以三自持。……备天数以参事，治谨于道之意也。此百二十臣者，皆先王之所与正直而行也。是故天子自参以三公，三公自参以九卿，九卿自参以三大夫，三大夫自参以三士。三人为选者四重，自三之道以治天下，若天之四重，自三之时也终始岁也。②

王者制官，三公、九卿、二十七大夫、八十一元士，一百二十人，列臣全备。为什么这样设官呢？是以天为标准，备天数以参事，取

① 《春秋繁露·郊祀》。

② 《春秋繁露·官制象天》。

之天端，以立王事，如此得天之美，而合天之意，而成天之大经也。这才是“天人一体”的体现。所以人君必须以“奉天”为本也。董仲舒的“天人感应”论、“阴阳五行”论、“神学目的”论，是为汉代统治者的封建中央集权制而制造理论根据的。

第三节 “名达天意”的认识论

董仲舒的全部理论都是以“天”、“天意”为中心、为主宰而展开的，其认识论亦同样如此。

董仲舒认为，人的认识、求知，主旨不是认识、求知自然事物，而是体察、表达天的意志、意图、道德观念，所以说认识自然事物“非圣人所欲说”，为“君子之所甚恶”。董仲舒说：

> 能说鸟兽之类者，非圣人所欲说也。圣人所欲说，在于说仁义而理之，知其分科条别，贯所附，明其义之所审，勿使嫌疑，是乃圣人之所贵而已矣。不然，传于众辞，观于众物，说不急之言而以惑后进者，君子之所甚恶也。奚以为哉？圣人思虑不厌，昼日继之以夜，然后万物察者，仁义矣。由此言之，尚自为得之哉？故曰：於乎，为人师者，无可慎耶！①

由此说来，认识鸟兽等自然万物，成了迷惑后学的无益之学，所以“为人师者”，教育“后进者”，必须慎重，不能以此为教，而要教授、传播“圣人之所赏”、“天地之所为”的“仁义”之学，这才是认识的正确途径。

董仲舒认为，人是由天所生，王是由天所命者，因此人必须“尊天之道”，“知天之意”，圣王必须“奉天而法古”，“法天而立道”。据此，他主张“王者不可以不知天”，“察物之异，以求天意”。董仲舒的认识论就是围绕这个主旨而建立、展开的。他说：

---

① 《春秋繁露·重政》。

夫王者不可以不知天。知天，诗人之所难也，天意难见也，其道难理。故明阴阳入出实虚之处，所以观天之志。辨五行之本末顺逆，小大广狭，所以观天道也。天志仁，其道也义。①

君子察物之异，以求天意，大可见矣。②

天道施，地道化，人道异。圣人见端而知本，精之至也，得一而应万，类之治也。动其本者不知静其末，受其治者不能辞其终。③

天之道，有序而时，有度而节，变而有常，反而有相奉，微而至远，踔而致精，一而少积蓄，广而实，虚而盈。圣人视天而行。④

这些论述，思想清楚，主旨明确。就是说，王者、圣人、君子的“知”、“辨”、“察”、“见”，都是为了“观天道”、“知天志”、“求天意”、“知天本”。如此，便可以体天道，立人道，“视天而行”，不违逆天道、天志、天道。这才是见端而知本，得一而应万的圣王智者。

董仲舒基于这种思想认识，提出并论证了名号、正名的名实论，以及由此而表达天意、符合天意的理论。

“名”指名称、名辞、概念，“实”指事实、实在、实物。“名”与“实”的关系，即名称与事物的关系。

我们知道，春秋到战国时期，中国社会处于激烈变动转化时期，在这个大变革的时代，社会上许多名物制度发生了巨大的变化。许多旧的“名”与新的“实”不相符合，亦不适用。从而出现了《管子·宙合》篇称为“名实相怨”的情况。面对这种情况，各个思想家都极为关心“名”与“实”的问题，都要求解决“名”与“实”的矛

① 《春秋繁露·天地阴阳》。

② 《春秋繁露·循天之道》。

③ 《春秋繁露·天道施》。

④ 《春秋繁露·天容》。

盾，使二者相符，以此求得社会稳定、安定。在思想意识形态领域中，便形成了“名”与“实”的论争。所以“名”与“实”之争的名辩思潮，成为当时的主要思潮。在一定的意义上可以说，先秦时期的认识论，主要是围绕“名”与“实”之辩而展开的。“名”与“实”之辩，从认识论、求知论上讲，就是名称、名辞、概念能否反映、表达客观事实、实在、实物？以及如何才能正确、科学地反映、表达？也就是主体能否反映、认识客体？如何正确地反映、认识客体？所谓正确地反映、认识，就是“名”与“实”相符合。

为了论证董仲舒的“名实”论，我们对他之前各家的“名实”论作简单的概述，以便更好地理解董仲舒的“名实”论，揭示他的“名实”论的本质，从而可以窥见他之所以重视“名实”问题的思想意图。

孔子认为，“周礼”是最完善、最合理的政治伦理制度。他说：“周监于二代，郁郁乎文哉，吾从周。”①孔子一生以继承、维护“周礼”为己任，“如有用我者，吾其与东周乎！”②他把维护、拥护“周礼”的思想主张集中概括为“正名”。他面对当时“礼崩乐坏”的政治局面，决心要“正名”，做到“名”与“实”相符。他认为：“名失则愆”③，社会的混乱，乱臣贼子的“犯上作乱”，是由“名”与“实”相失造成的。所以孔子希望恢复周礼，使“名”与“实”相符，以求达到社会稳定。孔子讲“正名”是有缘由的。《论语·子路》篇记载孔子与子路有这样一段问对：

> 子路曰：“卫君待子而为政，子将奚先？”
>
> 子曰：“必也正名乎！”
>
> 子路曰：“有是哉，子之迂也！奚其正？”
>
> 子曰：“野哉，由也！君子于其所不知，盖阙如也。名不正则言不顺，言不顺则事不成，事不成则礼乐不兴，礼乐不兴

---

① 《论语·八佾》。

② 《论语·阳货》。

③ 《左传》昭公十六年。

则刑罚不中，刑罚不中则民无所错手足。故君子名之必可言也，言之必可行也。君子于其言，无所苟而已矣。”

孔子所讲的“正名”是有一定道理的，是针对当时的社会现实提出来的。在孔子看来，当时是“天下无道”的时代，君臣、父子都不守其道。由于“天下无道”，所以“犯上作乱”之事经常发生，发展下去，天下就会大乱，当然也就无法维护周礼的政治伦理秩序了。因此，孔子要以他思想中的“名”，来端正当时他认为“礼崩乐坏”的“实”。孔子是从政治意义上讲“名”与“实”关系的，而且是一种颠倒了“名”与“实”的关系。从认识论的意义上来说，就是用名称、概念去规定、纠正客观事实、实在，显然是颠倒了主体与客体的真正关系。

庄子认为，“名”是从属于“实”的，名为实的派生物，不能完全合乎实、表达实。他说：“子治天下，天下既治也。而我犹代子，吾将为名乎？名者，实之宾也。”于此说来，不需要立什么“名”，因为“圣人无名”①，而“名”又不能表达实物，所以不需要“名”。

墨子从哲学认识论的高度论述了“名”与“实”的关系。他针对孔子对“名”与“实”关系的颠倒，明确地提出了“取实予名”的原则。所谓“取实予名”，就是根据客观事物的实在情况，给予相称的名称。《墨子·贵义》篇有这样的论述：“今瞽曰：皑者，白也；黔者，黑也。虽明目者无以易之。兼黑白，使瞽取焉，不能知也。故我曰：瞽不知黑白者，非以其名也，以其取也。”这是说，瞎子会说出什么是白、什么是黑，可是当你把白黑两种东西混在一起，要瞎子择取，他就不能区别哪是白的、哪是黑的了。所以我说瞎子不知黑白，“非以其名也，以其取也”。同样的道理：“今天下之君子之名仁也，虽禹、汤无以易之，兼仁与不仁而使天下之君子取焉，不能知也。故我曰：天下之君子不知仁者，非以其名也，亦以其取也。”当今的统治者，口头上会讲仁与不仁，但他们并不知道

① 《庄子·逍遥游》。

如何区别实际事物的仁与不仁，“非以其名也，亦以其取也”。墨子认为，“名”与“实”既有区别，又相统一。作为认识、反映客观实在物的“名”，要根据实在物(实)来取舍。正确地认识事物，不在于知道“名”，而在于“名”是否真实地反映了客观事物，做到“名”与“实”相符合。所以要“取实予名”。

《管子》对“名实”问题，作了有益的论述。《管子·心术上》篇说：“物固有形，形固有名。名当，谓之圣人。故必知不言无为之事，然后知道之纪。殊形异势，不与万物异理。故可以为天下始。”“物固有形，形固有名，此言(名)不得过实，实不得延名。姑(诂)形以形，以形务名，督言正名。故曰圣人。不言之言，应也。……执其名，务其应，所以成之，应之道也。无为之道，因也。因也者，无益无损也。以其形因为之名，犹因之术也。名者，圣人之所以纪万物也。”这是说，有物则有形，有形则有名，名不得过实，物、形、实是名的来源的客观基础，作为事物的名称，必须如实、真实地表达物、形、实。物即事物，形即形貌，实即本质，名不得离开这三者而随意称谓。“名不得过实，实不得延名”，所以必须名实统一、一致，名符其实，才能正确地表达万物。要想抓住“名”，首先要认识产生“名”的条件，“务其所以成”名者。因为“名”是反映“实”的，所以“执名”必须“务实”，“以形务名”，这样才能认定“名”所反映的“实”。这个名实论在当时是有积极意义的。

《管子·九守》篇中提出“名生于实”，“循名而督实，按实而定名”，“名实当则治，不当则乱”。“名”从“实”中产生，名反映实，按实命名，名与实相符则能认识事物。否则，便不能认识事物。这就比较全面而正确地论证了名实关系。

战国时期，诸子百家围绕“名”与“实”的关系问题展开了论争。在争论中，除了各家都阐述了自己的名实观外，还产生了名家一派。他们被称为“辩者”，其中著名的代表人物为惠施和公孙龙。到了汉代，便被称为“名家”。

司马谈在《论六家之要指》中说：“名家使人俭而善失真，然其正名实，不可不察也。”“名家苛察缴绕，使人不得反其意，专决于名而失人情，故曰使人俭而善失真。若夫控名责实，参伍不失，此不可不察也。”①

名家的主要代表人物惠施，是一个有学问而具辩才的人。据《庄子·天下》篇载：“惠施多方，其书五车。”“然惠施之口谈，自以为最贤，曰天地其壮乎！施存雄而无术。南方有倚人焉曰黄缭，问天地所以不坠不陷，风雨雷霆之故。惠施不辞而应，不虑而对，遍为万物说，说而不休，多而无已，犹以为寡，益之以怪。以反人为实而欲以胜人为名，是以与众不适也。弱于德，强于物，其涂隩矣。由天地之道观惠施之能，其犹一蚊一虻之劳者也。其于物也何庸！夫充一尚可，曰愈贵道，几矣！惠施不能以此自宁，散于万物而不厌，卒以善辩为名。”惠施辩说的内容已佚失，故不得而知。然而，从他这种不加思索，不辞而应，口若悬河，滔滔不绝地讲遍天地万物，说明他很有知识和辩说能力。

公孙龙著有《名实论》，阐述了他的名实观。他认为，“名”与“实”必须相当。他说：

> 天地与其所产者，物也。物以物其所物而不过焉，实也。实以实其所实而不旷焉，位也。
>
> 夫名，实谓也。知此之非此也，知此之不在此也，则不谓也；知彼之非彼也，知彼之不在彼也，则不谓也。

这是说，天地与其所产生的东西，叫做“物”。世界上的万物都是客观存在的，并在空间中占有相应的位置。“名”是对实在物的称谓。如果知道这个名称不是指这个事物，这个事物不应当用这个名称，那就不要用这个名称去称谓这个事物，不然就会发生“不当而当”的混乱。据此，公孙龙强调“名”与“实”不得相矛盾，而要相当、相符。

荀子的时代，正是名辩思潮兴盛的时代。他指出当时的情况是：“圣王没，名实慢，奇辞起，名实乱。”针对这种情况，他积极参加“名实之辩”。在荀子看来，由于“名实乱”造成“是非之形不

① 《史记·太史公自序》。

明”，为了辨明是非，所以“君子必辩”。为此，他写了《正名》篇，全面地阐发了自己的名实观。这就是：

荀子认为，“名”是说明、反映“实”的，“实”为客观实在。只有“制名”，使名“定而实辩”，才可以使人们认识统一，思想一致，遵守秩序，服从法令，“其民莫敢托为奇辞以乱正名，故壹于道法而谨于循令矣，如是则其迹长矣”。所以要“正名”。“正名”不是“以名证实”，而是“制名以指实”，使名称符合变化的现实。

荀子指出，“制名”是必要的、重要的，故“不可不察”也。究竟为什么要制名呢？荀子说：

> 异形离心交喻，异物名实玄纽，贵贱不明，同异不别。如是，则志必有不喻之患，而事必有困废之祸。故知者为之分别制名以指实，上以明贵贱，下以辨同异。贵贱明，同异别，如是，则志无不喻之患，事无困废之祸，此所为有名也。

一切事物都有形状与实体的区别，人们交流思想、区别事物时，必须借助名辞、概念、称谓作为表达工具。否则，就会造成语言和思想上的混乱，分不清贵贱、同异的差别。因此，就要分别制名以指实，使名符其实，这就是制名、正名的原因。

接着，荀子对制名的依据、制名的原则等，都作了具体而精辟的论述。依此，则可以做到“名”与“实”相符。他极力反对“用名以乱名”、“用实以乱名”、“用名以乱实”。荀子的名实论，不仅对先秦名实论作了时代性的总结，而且对中国古代的认识论和逻辑学作出了重要的历史贡献。

韩非子继承了其老师荀子的名实论，提出了“名实相持而成”①的名实观。就是说，“名”与“实”是相互依赖而存在的。他主张“循名实而定是非，因参验而审言辞”②，“循名而责实”。③ 应当根据

① 《韩非子·功名》。

② 《韩非子·奸劫弑臣》。

③ 《韩非子·定法》。

官职的“名”的职责，来考察官吏的工作实绩，做到名实相符，赏罚得当。“循名实而定是非”，从认识论上来说，“名”与“实”相统一、相一致，才能正确地认识事物，表达思想。反之，则必定是错误的。

由以上可见，“名”与“实”的论争，在春秋战国时期，是诸子百家争鸣中的一个重要问题，这个问题的论争，既有政治上的意义，更是认识论领域中的一个基本问题。由于儒、墨、名、法等家的代表人物都参加了“名”与“实”的辩论，因而形成了“名辩思潮”。由于名辩思潮的兴起，不仅有了“名实之说”，而且形成了“名家”、“刑(形)名家”，以及论述“名”与“实”关系的专门著作。这不仅推动了认识论的深化，而且推动了逻辑学的发展，因而在中国认识论史上有着特殊的意义。

董仲舒吸取和继承了先秦以来的名实论，为了论证其天人合一、天人感应的目的论，从认识论上写了《深察名号》一文，阐发了人的认识目的是为了表达天意、与天意相符，最终完成、达到天意。

董仲舒认为，圣王、天子，是代表天意来管理人间事务，是代天立言的，受天之命而定名立号，所以鸣号、命名都是为效法、表达天意的。他说：

> 古之圣人，謞而效天地谓之号，鸣而命施谓之名。名之为言鸣与命也，号之为言謞而效也。謞而效天地者为号，鸣而命者为名。名号异声而同本，皆鸣号而达天意者也。天不言，使人发其意；弗为，使人行其中。名则圣人所发天意，不可不深观也。①

名、号的产生，是圣人、王者为了抒发天意、表达天意而制定的。“名之为言鸣与命也，号之为言謞而效也。”“名”与“号”，虽然“异声”，但是“同本”，“本”当然是“天”了，所以都是为“达天意”、

① 《春秋繁露·深察名号》。

“发天意”，这是识“名”者必须深观、明察的道理。

董仲舒指出，“名号”之所以重要，就在于圣王、天子治理天下，管理万民，必须正名分，别上下，明是非，辨曲直，呼善恶。为了做到这些，就要制名称，呼其名，号其称，达天意。为此，董仲舒极为重视“名号”的作用。他在《春秋繁露·深察名号》篇开宗明义就说：

> 治天下之端，在审辨大。辨大之端，在深察名号。名者，大理之首章也。录其首章之意，以窥其中之事，则是非可知，逆顺自著，其几通于天地矣。是非之正，取之逆顺。逆顺之正，取之名号。名号之正，取之天地。天地为名号之大义也。

天地为名号之大义，名号之正，取之天地。“名”为分明是非，“号”为呼叫天地，“名号”为效天地、叫天地、达天意。“深察名号”为辨别是非、逆顺取舍、通于天地的“大理”、“大义”，所以“不可不深观也”。

在董仲舒看来，“名号”的重要性，不仅在表达天意，而且在天以名号规定、固定了人的“三纲五常”等社会关系、宗法等级秩序。“王道之三纲，可求于天。”而天子、诸侯、大夫、士、民等名称、职责，都是由天所命、所定的，是永远不能改变的。天不变，道亦不变，天所命授予的等级名号、名分，也是永远不变的。人们只有坚守、固守天所授予的名号，各尽其职，各安其位，天下就太平了。董仲舒说：

> 受命之君，天意之所予也。故号为天子者，宜事天如父，事天以孝道也。号为诸侯者，宜谨视所候奉之天子也。号为大夫者，宜厚其忠信，敦其礼义，使善大于匹夫之义，是以化也。士者，事也；民者，瞑也。士不及化，可使守事从上而已。五号自赞，各有分。分中委曲，曲有名。名众于号，号其大全。名也者，名其别离分散也。号凡而略，名详而目。目者，遍辨其事也；凡者，独举其大也。……无有不皆中天意

> 者。物莫不有凡号，号莫不有散名。①

名号来源于天，是天为了表达天意所命、所予，社会等级的各种名分、名称，是天定的秩序，人只要顺天之意，谨守名号，尽其职守，社会政治伦理秩序就不会发生混乱，天的意志就充分地体现出来了，“无有不皆中天意者”，正是此义也。

董仲舒虽然讲天子、诸侯、大夫、士、民，“五号自赞”，究其实，除天子之外，其他四者都不重要，都听命、服务于天子。诸侯是“谨视所候奉之天子也”，大夫是以忠信、礼义对待天子的，士是事奉天子的，至于民，则是“瞑瞑无知”者，只能愚忠天子了。

在这种名号称为分工的基础上，董仲舒进一步“深察王号”、“深察君号”“之大意”，而对“王号”、“君号”作了独特的阐发，申明了他的“王权”、“皇权”、“君权”的集权思想。他说：

> 深察王号之大意，其中有五种：皇科、方科、匡科、黄科、往科。合此五科，以一言谓之王。王者皇也，王者方也，王者匡也，王者黄也，王者往也。是故天意不曾大皇，则道不能正直而方。道不能正直而方，则德不能匡运周遍。德不能匡运周遍，则美不能黄。美不能黄，则四方不能往。四方不能往，则不全于王。故曰：天覆无外，地载兼爱，风行令而一其威，雨布施而均其德。王术之谓也。
>
> 深察君号之大意，其中亦有五科：元科、原科、权科、温科、群科。合此五科，以一言谓之君。君者元也，君者原也，君者权也，君者温也，君者群也。是故君意不比于元，则动而失本。动而失本，则所为不立。所为不立，则不效于原。不效于原，则自委舍。自委舍，则化不行。用权于变，则失中适之宜。失中适之宜，则道不平、德不温。道不平、德不温，则众不亲安。众不亲安，则离散不群。离散不群，则不全于君。②

① 《春秋繁露·深察名号》。

② 《春秋繁露·深察名号》。

董仲舒的这两段话的宗旨、目的，十分清楚、明白。他利用语源学、语音学的把戏，通过“深察王号之大意”、“深察君号之大意”，而为“王者”、“君者”的统治权术寻找理论根据，开列统治方法，以此体现、表达天意，这是他“深察名号”的思想本意。

据此，董仲舒认为，“名”与“实”的关系，不是事实决定名称，据实以定名，而是名称决定事实，“实”顺于“名”，“名”顺于“天”。只有如此，“名”才能体现“天人合一”之旨，表达“天”的意志。他说：

> 是故事各顺于名，名各顺于天。天人之际，合而为一。同而通理，动而相益，顺而相受，谓之德道。《诗》曰：“维号斯言，有伦有迹。”此之谓也。①

天人一体，合而为一，人是天之所生，天的意志决定人的认识，圣人依据天意给事物命名，人的认识、命名决定事物名称、表达天意。这显然是一种“名”决定“实”，颠倒、歪曲了的名实观、认识论。

董仲舒所讲的“名者，所以别物也”，这个“物”，不是自然之物，而是顺从天道，察天人之分的伦理秩序。董仲舒接着说道：“亲者重，疏者轻，尊者交，卑者质，近者详，远者略，文辞不隐情，明情不遗文，人心从之而不逆，古经通贯而不乱，名之义也。男女犹道也。人生别言礼义，名号之由人事起也。不顺天道，谓之不义，察天人之分，观道命之异，可以知礼之说矣。……人道者，人之所由乐而不乱，复而不厌者，万物载名而生，圣人因其象命之。然而可易也，皆有义从也，故正名以明义也。物也者，洪名也，皆名也，而物有私名，此物也，非夫物。”②显然董仲舒所讲的“物”，不是指自然之物，或者说主要不是指自然之物，而是天道、

① 《春秋繁露·深察名号》。

② 《春秋繁露·天道施》。

礼义等物。名号是圣人“别言礼义”而“顺天道”，“察天人之分”，所命之者，所以说“名号之由人事起也”。如此说来，名号不由万物起也。

名号是由圣人所命之名、所呼之号，所以名之正不正、号之叫不叫，不在于是否反映客观事物，而在于圣人所命之名。所谓“正名”，就在于看圣人所命之名。所以董仲舒说：“正朝夕者视此辰，正嫌疑者视圣人。圣人之所名，天下以为正。”①因为“圣人”是“见天意之厚于人也”②，故能体察天意以命名，所以要以圣人所命之名以正天下，而天下也以此为正。

董仲舒在《春秋繁露·深察名号》篇中，还有一段十分重要的话来阐述自己的名实观。这就是：

> 名生于真。非其真，弗以为名。名者，圣人之所以真物也。名之为言真也。故凡百讥有黮黮者，各反其真，则黮黮者还昭昭耳。欲审曲直，莫如引绳；欲审是非，莫如引名。名之审于是非也，犹绳之审于曲直也。诘其名实，观其离合，则是非之情不可以相谰也。

所谓“名生于真”，并不是说“名”来源于真实的客观事物，而是“圣人”对名物的规定，即“圣人”根据“天意”而“真物”。“名”的真假要以是否表达圣人的意志为标准，而圣人命名、名言和天意(真意)是一致的，所以“圣人真物”是表达天意的。由此说来，“名”不是来源于真实事物的，而是决定事物及是非、曲直的标准。“欲审曲直，莫如引绳；欲审是非，莫如引名。名之审于是非，犹绳之审于曲直也”就是这个意思。

董仲舒的名实论，是一种“名”与“实”颠倒了的、为天神的目的论作说明的观点。

当然，董仲舒也讲过：“《春秋》辨物之理，以正其名。名物如

---

① 《春秋繁露·实性》。

② 《春秋繁露·诸侯》。

其真，不失秋毫之末。故名賈名，则后其五，言退鹢，则先其六。圣人之谨于正名如此。”①这虽然是讲“名”对认识事物具有重要的作用，但是前提是圣人为表达天意而命名，所以才“谨于正名”。

我们已经说过，在董仲舒看来，事物之所以为某种事物，不在于它的客观的现实的存在，而在于是否符合圣人给它命的名称、概念。名称、概念是实在、实际事物的实质、本质。所以说：“名者性之实，实者性之质。”②其意义十分明确，还是名决定实，圣人命名，“天下以为正”。其所以能如此，就在于圣人体天意，命名达天意。

第四节 “性三品”说的人性论

人、人生、人性的问题，是人类思想史、伦理学说史上最为重大的问题，一直是古今中外的哲学家、思想家、教育家极为重视、精心思考、着力研究的一个重大的课题。中国古代哲学对此尤为重视。

有了人，便有人生问题，人生是随人而来。有了人、人生，便有人性问题。“性”字从心从生，有人生、人心，就有人性，无人心、人生，便无人性可言，“性”字之义，正是如此。

中国古代先圣先哲称天、地、人为三界、三极、三才，为万物之本；“性”来自天，“心”本乎地，“人”生于人，这就是“天生之”、“地养之”、“人成之”，亦即“性”是上天所赋予，“心”来自大地，“人”是父母所生。因此，人应当重人生、有人心、讲人性。不如此者，不可以为人，更不可能为仁人了。所以人性与人、人生问题，密切相关，融为一体，是中国古代哲学家极为关注、经常议论的一个重大而常新的问题。

董仲舒对天、地、人的问题，十分重视，作出了自己的论述。他认为，人君为“国之元”、“国之本”，而人君治国要“谨本详

① 《春秋繁露·深察名号》。

② 《春秋繁露·实性》。

始”，“谨小慎微”，“大于崇本”，如此则可以神化天下。那么究竟应当以什么为“本”？什么是人君之本呢？董仲舒说：

> 何谓本？曰：天、地、人，万物之本也。天生之，地养之，人成之。天生之以孝悌，地养之以衣食，人成之以礼乐，三者相为手足，合以成体，不可一无也。无孝悌则亡其所以生，无衣食则亡其所以养，无礼乐则亡其所以成也。三者皆亡，则民如麋鹿，各从其欲，家自为俗。①

天、地、人是万物之本，所以为国者，“其化莫大于崇本”，“崇本则君化若神”。人君治国，必须以天、地、人为本，“肃慎三本”。郊祀神灵，祭祀祖先，举显孝悌，表异孝行，“所以奉天本也”；秉耒躬耕，采桑养蚕，垦荒种谷，丰衣足食，“所以奉地本也”；兴庠序之教，修孝悌之礼，明教化之义，感礼乐之化，“所以奉人本也”。如此“三者皆奉”，则“百姓襁负其子随而君之，君亦不得离也”，所以“圣贤勉而崇本而敢失也”。② 这样便完成、实践了“天生之，地养之，人成之”的天、地、人“合以成体，不可一无”的职责、任务。

董仲舒在这种天人合一论的基础上，展开了人性理论的论述。

董仲舒认为，人之性来源于天之命，人性是由天赋予人的，是受命于天的，人的性情来自天的阴阳。他说：

> 天之副在乎人。人之情性有由天者矣，故曰受，由在之号也。③
>
> 天地之所生，谓之性情。性情相与为一瞑。情亦性也。……身之有性情也，若天之有阴阳也。言人之质而无其情，犹言天之阳而无其阴也。

---

① 《春秋繁露·立元神》。

② 《春秋繁露·立元神》。

③ 《春秋繁露·为人者天》。

> 人之诚，有贪有仁。仁贪之气，两在于身。身之名，取诸天。天两有阴阳之施，身亦两有贪仁之性。天有阴阳禁，身有情欲栣，与天道一也。①

人之所以为人，是因为人本于天，人为天所生，人之生命、身体来自天，人之性情亦来自天。“人之情性有由天者”，“天地之所生，谓之性情”，为天所授，“故曰受”，“身之名，取诸天”。天有什么，人与天相应，天有阴阳，人亦有情性；天有阴阳之施，故人亦有贪仁之性。性为阳为仁，情为阴为贪，天人相配，合而为一，这便是人与天道一也。但“天”是“人”的祖宗、本根、产宰者；“人”是“天”的子孙、派生者、附属物。所以说人性来自天命。

来自天所命、所授的人性，究竟是善的、恶的，还是善恶相混的呢？董仲舒对先秦以来的人性理论、人性善恶之争，作了总结，提出了自己的人性观点，并对人性的善恶问题，进行了具体的论证。

在董仲舒看来，人性既有善的因素，又有恶的因素，不同品级的人，有不同的性。因此，他提出了“性三品”说，即“圣人之性”、“中民之性”、“斗筲之性”。

董仲舒认为，由于当时的学者不了解人性的本质，人性的来源，所以便有人性善恶的各种不同说法，并引起了激烈的争论。关于什么是人性的本质，董仲舒作了自己的说明。他说：

> 今世暗于性，言之者不同，胡不试反性之名。性之名非生与？如其生之自然之资谓之性。性者质也。诘性之质于善之名，能中之与？既不能中矣，而尚谓之质善，何哉？性之名不得离质。离质如毛，则非性已，不可不察也。②

董仲舒所讲的人性，是人受之于天、得之于天的自然资质、质性，

① 《春秋繁露·深察名号》。

② 《春秋繁露·深察名号》。

是生而有之者，“性者质也”。“性”与“生”的意义相同。人禀受天命而生，生而有性，故言性不能离开天的自然资质而言之，“生之自然之资谓之性”，“性之名不得离质”，都是这个意思。

这种天所命的天生的自然资质、质性，是善的，还是恶的呢？董仲舒认为，不全是善的，亦不全是恶的，而是有善有恶的。他说：

> 人受命于天，有善善恶恶之性，可养而不可改，可豫而不可去，若形体之可肥臞，而不可得革也。是故虽有至贤，能为君亲含容其恶，不能为君亲令无恶。①
>
> 正义者，正于天之为人性命也。天之为人性命，使行仁义而羞可耻，非若鸟兽然，苟为生、苟为利而已。……今善善恶恶，好荣憎辱，非人能自生，此天施之在人者也。②

人受命于天，方有善善恶恶之性，人性是天施于人、授于人的。天给人以性命、生性，使人行仁义，从这个意义上讲，人有先天的善端、善质，“性有善端，心有善质”，“天生民性，有善质”。③这个天所生之性，有善端、善质，如同孟子所讲的心有善端。善端属于性，善质属于心，究其本原、实质，善端也属于心，因为心统摄性，性由心而显，而其宗本之根则是“天”。但是，董仲舒的这个人性观点，与孟子的性善论，不尽相同。孟子认为人性本善，因为人心天赋是善的，而性存在于心之中，性善端根于心，所以性也是善的。董仲舒认为人性有善端，也有恶端，并不完全是善的。因此，董仲舒不同意人性本善的观点。

董仲舒指出，人性之所以有恶，在于性中有情，情为恶。因此，他提出“性有善恶之质”的存在。人的善恶都来自于性，人行善与作恶都出于性。然而，同一个人为什么有时行善、有时却作恶

① 《春秋繁露·玉杯》。

② 《春秋繁露·竹林》。

③ 《春秋繁露·深察名号》。

呢？原因在于情之为恶，由于情为天之所生，情属于性，所以恶亦属于性。如此说来，性情同是属于性而来自于天的，所心人性是有善有恶的，即人有善善恶恶之性。董仲舒论证说：

> 天地之所生，谓之性情。性情相与为一瞑。情亦性也。谓性已善，奈其情何？故圣人莫谓性善，累其名也。身之有性情也，若天之有阴阳也。言人之质而无其情，犹言天之阳而无其阴也。①

人的性与情是和天的阳与阴相当，阳为性，阴为情，阴阳相合为一，即气；“性情相与为一瞑”，即性。一气之分为二，即阴阳；一性之分为二，即性情。性由天之气而成，气有阴阳之分；性亦有性情之分，善恶之别。性为阳为善，情为阴为恶。性中包涵性与情，性中之性是阳、是善、是仁；性中非性为情，是阴、是恶、是贪。人有贪仁之性，证明人性有善有恶。贪为欲，欲为恶；仁为德，德为善，二者同属于人性，而为人性所有者。因此，不能简单地论定人性的善与恶。董仲舒对此作了具体的比喻、论证。其有名的两段话则是：

《春秋繁露·深察名号》篇说：

> 必知天性不乘于教，终不能柢。察实以为名，无教之时，性何遂若是。故性比于禾，善比于米。米出禾中，而禾未可全为米也。善出性中，而性未可全为善也。善与米，人之所继天而成于外，非在天所为之内也。天之所为，有所至而止。止之内，谓之天性，止之外，谓之人事。事在性外，而性不得不成德。……性如茧如卵。卵待覆而为雏，茧待缫而为丝，性待教而为善。此之谓真天。

《春秋繁露·实性》篇说：

① 《春秋繁露·深察名号》。

> 名者性之实，实者性之质。质无教之时，何遽能善？善如米，性如禾。禾虽出米，而禾未可谓米也。性虽出善，而性未可谓善也。米与善，人之继天而成于外也，非在天所为之内也。

性中虽然包含有为善的自然资质，但是这并不是善性，不教不能为善，只有“教之然后善”，“教训而后能为善”。这如同“性比于禾，善比于米”，米虽出于禾中，但不是所有的禾，都全能为米，必须人为加工才能成为米。米与善，是继天而成的。再如：卵孵为雏，茧化为丝，亦是同样的道理，都是“性待教而为善”的意义。就是说，性善是教训、教化的结果。总之，不能说人性纯善和纯恶，人性是兼含善恶的。

人性中包含着善的自然资质，并有“为善”的可能性，要使这种“为善”的可能性转化为现实性，就要实行教化，而教化者，当然是“天生”的圣王。因为只有圣王，才能承当此任，完成“天意”。董仲舒说：

> 民之号，取之瞑也。使性而已善，则何故以瞑为号？……安能善性。有似目，目卧幽而瞑，待觉而后见。当其未觉，可谓有见质，而不可谓见。今万民之性，有其质而未能觉。譬如瞑者待觉，教之然后善。当其未觉，可谓有善质，而不可谓善，与目之瞑而觉，一概之比也。静心徐察之，其言可见矣。性而瞑之未觉，天所为也。效天所为，为之起号，故谓之民。民之为言，固犹瞑也。随其名号以入其理，则得之矣。……性待教而为善，此之谓真天。天生民性，有善质而未能善，于是为之立王以善之，此天意也。民受未能善之性于天，而退受成性之教于王。王承天意，以成民之性为任者也。今案其真质，而谓民性已善者，是失天意而去王任也。万民之性苟已善，则

> 王者受命尚何任也?①
>
> 性者，天质之朴也。善者，王之教化也。无其质，则王教不能化。无其王教，则质朴不能善。质而不以善性，其名不正，故不受也。②

董仲舒认为，瞑眠未觉之民、瞑瞑未化之民，要使他们由未能觉、未能化的状态，而成为觉而善，就需要先知先觉、先天纯善的圣王教化。只有圣王承天意、施教化，才能使民为善。天为民立王，王承天意教民成善，都是天意的体现。王教民成善是天命赋予的责任。如果认为人性本善，不待圣王教化而善，那就是“失天意而去王任也”。所以人性善非圣王教化不成。董仲舒进一步申明道：

> 天令之谓命，命非圣人不行；质朴之谓性，性非教化不成；人欲之谓情，情非度制不节。是故王者上谨于承天意，以顺命也；下务明教化民，以成性也；正法度之宜，别上下之序，以防欲也。修此三者，而大本举矣。③

圣王承天之意，奉天之命，代表天教化万民，以成善性，防止人为恶，这便是圣王为政之大本，也是圣王实现天意的表现。董仲舒的圣王教民成善论，显然是为封建帝王的专制统治立论的。

董仲舒依据他的人性理论及政治目的，发挥了孔子的“中人以上，可以语上也；中人以下，不可语上”④的思想，提出了“性三品”说。

董仲舒认为，人性分为三种：一是情欲很少，不教自善的“圣人之性”；二是情欲很多，教也不能为善的“斗筲之性”；三是有情欲，而可以为善，亦可以为恶的“中民之性”。董仲舒的“性三品”

① 《春秋繁露·深察名号》。

② 《春秋繁露·实性》。

③ 《汉书·董仲舒传》。

④ 《论语·雍也》。

说的具体论述，是下面的两段话：

《春秋繁露·实性》篇说：

> 圣人之所名，天下以为正。今案圣人之言中，本无性善名，而有善人吾不得见之矣。使万民之性皆已能善，善人者何为不见也？观孔子言此之意，以为善难当甚。而孟子以为万民性皆能当之，过矣。圣人之性不可以名性，斗筲之性又不可以名性，名性者，中民之性。中民之性如茧如卵。卵待覆二十日而后能为雏，茧待缫以涫汤而后能为丝，性待渐于教训而后能为善。善，教诲之所然也，非质朴之所能至也，故不谓性。

《春秋繁露·深察名号》篇说：

> 穷论者，无时受也。名性，不以上，不以下，以其中名之。……循三纲五纪，通八端之理，忠信而博爱，敦厚而好礼，乃可谓善。此圣人之善也。

董仲舒按照"质朴之谓性"的界说，认为"圣人之性"和"斗筲之性"，都不可以名性，因为纯善的"圣人之性"和纯恶的"斗筲之性"，都不可以名性，只有可善可恶的"中民之性"，才可以说是性。

在董仲舒看来，只有包含善恶资质，要由圣王教化而可以为善的"中民之性"，才可以称为"性"。纯善的"圣人之性"，不用教、不待教而自为善；纯恶的"斗筲之性"，再教、再训亦不会为善，而只能为恶。这两种人性，体现不了"性待教而为善"，"教之然后善"，"性待渐于教训而后能为善"的圣王教化作用和天命意志，只有"中民之性"，才能体现这种作用和意志。所以说"名性，不以上，不以下，以其中名之"，这是董仲舒的"性三品"说的思想主旨。

董仲舒在中国人性论的发展史上，首先提出了人性分为上、中、下三品的性三品说。从此以后，性三品说成为各家经常讨论的一个重要的人性学说。

董仲舒的“性三品”说，把“圣人之性”视为本善、纯善，把“斗筲之性”视为本恶、纯恶。而“民之为言，固犹瞑也”，“民之号，取之瞑也”,① 他把广大民众视为瞑昧不明、有恶无善的愚顽之民，所以需要圣王、天子承天之意，奉天之命以教化万民。这就说明圣王统治万民的合理性，民众接受圣王统治的必然性。如果人性本然为善，那还需要圣王作什么？因此，他论性以“中民之性”而名性，认为“人受命于天”，而“有善善恶恶之性”，经过圣王的教化、教训，而可以变为善。据此，他强调教化成善，而不是性自善。董仲舒的这种人性理论，为“三纲五常”、“三纲五纪”的政治伦理规范提供了理论根据和统治依据。只要“循三纲五纪，通八端之理”，就实现了“圣人之善”，体现了“天的意志”。

第五节　“三纲五常”的伦理观

董仲舒依据他的人性理论，构筑了政治伦理道德说，论证了封建神权、皇权、族权、夫权统治的合理性。

在中国漫长的封建专制社会中，君臣、父子、夫妻的关系，一直是人们最重要的社会政治伦理关系，当然也是各家都极为关注的一个重要问题。如儒家孔子就强调“忠君”、“孝亲”、“孝悌”，主张君君、臣臣、父父、子子，“君使臣以礼，臣事君以忠”②，要求人们做到“入则孝，出则悌”，因为“孝悌也者，其为仁之本与!”③《大学》力倡“为人君，止于仁；为人臣，止于敬；为人子，止于孝；为人父，止于慈；与国人交，止于信”。韩非子认为“天下皆以孝悌忠顺之道为是也，而莫知察孝悌忠顺之道而审行之，是以天下乱”。他经过深察之后，提出“臣事君，子事父，妻事夫，三者

---

① 《春秋繁露·深察名号》。

② 《论语·八佾》。

③ 《论语·学而》。

顺则天下治，三者逆则天下乱。此天下之常道也”。[1] 这些思想，虽然没有明确概括为“三纲五常”，但却为董仲舒的“三纲五常”思想奠定了理论基础，开了思想先河。

董仲舒吸取了先秦以来儒家的君臣、父子、兄弟、夫妇、朋友的“五伦”观念和韩非子的“臣事君，子事父，妻事夫”的道德原则，将其发展为“君为臣纲，父为子纲，夫为妻纲”的“三纲”和“仁、义、礼、智、信”的“五常”。

董仲舒认为，“天”作为人和万物的本根、祖宗，有意识、有目的地创造、安排了人和人伦。人的生存，正是天意的体现；“三纲”的产生，正是上天的意志。君、父与天的地位，都是崇高的、至尊的。

关于“三纲”来自于天，董仲舒在《春秋繁露·基义》篇说：

> 凡物必有合。……阴者阳之合，妻者夫之合，子者父之合，臣者君之合。物莫无合，各有阴阳。阳兼于阴，阴兼于阳，夫兼于妻，妻兼于夫，父兼于子，子兼于父，君兼于臣，臣兼于君。君臣、父子、夫妇之义，皆与诸阴阳之道。君为阳，臣为阴；父为阳，子为阴；夫为阳，妻为阴。阴道无所独行。其始也不得专起，其终也不得分功。
>
> 天为君而覆露之，地为臣而持载之；阳为夫而生之，阴为妇而助之；春为父而生之，夏为子而养之；秋为死而棺之，冬而痛而丧之。王道之三纲，可求于天。

《春秋繁露·顺命》篇说：

> 父者，子之天也。天者，父之天也。无天而生，未之有也。天者，万物之祖，万物非天不生，独阴不生，独阳不生，阴阳与天地参然后生。故曰：父之子也可尊，母之子也可卑，尊者取尊号，卑者取卑号。

---

① 《韩非子·忠孝》。

> 天之受命于天，诸侯受命于天子，子受命于父，臣受命于君，妻受命于夫。诸所受命者，其尊皆天也，虽谓受命于天亦可。

董仲舒以天神意志论、阴阳五行说，具体论证了“三纲五常”论。他由“天人相通”论，“阴阳五行”说，来说明“三纲五常”是出于天的。就“三纲”而论，天之道是“阳尊阴卑”、“阳贵阴贱”。因此，人之道的尊卑贵贱等伦常秩序也是禀天意而产生的，是合乎天意的。所以说“王道之三纲，可求于天”，“谓受命于天亦可”。

不仅如此，董仲舒还明确肯定，人间的尊卑贵贱等伦常秩序就是由天制定的。他说：

> 礼者，继天地，体阴阳，而慎主客，序尊卑贵贱大小之位，而差内外远近新旧之级者也。……其在天而象天者莫大日月，继天地之光明，莫不照也。①
>
> 天下之三王随阳而改正，天下之尊卑随阳而序位。幼者居阳之所少，老者居阳之所老，贵者居阳之所盛，贱者居阳之所衰。藏者，言其不得当阳。而不当阳者臣子是也，当阳者君父是也。故人主南面，以阳为位也。阳贵而阴贱，天之制也。②

阳为尊、为贵，为君、为父、为夫；阴为卑、为贱，为臣、为子、为妻。君臣、父子、夫妻之间的尊卑贵贱、阴阳上下，皆取诸于天的阴阳之道，皆出于天的意志。“君为臣纲，父为子纲，夫为妻纲”的“王道之三纲”，都是由天决定的，都是体现天意的，是“天之制也”，所以是不可改变的。“道之大原出于天，天不变，道亦不变。”③董仲舒的“三纲”说，从天意中找到了合理而不变的根据。

关于“五常”，董仲舒在论证“三纲”的同时，对“五常”，也作

---

① 《春秋繁露·奉本》。

② 《春秋繁露·天辨在人》。

③ 《汉书·董仲舒传》。

了具体的论证。据《汉书·董仲舒传》载：董仲舒在回答汉武帝的策问时，对于“五常”有如下的论对：

> 道者，所由适于治之路也。仁、义、礼、乐，皆其具也。故圣王已没，而子孙长久安宁数百岁，此皆礼乐教化之功也。
>
> 夫仁、谊、礼、知、信五常之道，王者所当修饬也。五者修饬，故受天之佑而享鬼神之灵，德施于方外，延及群生也。

“道”是使国家必治的根本道路，仁、义、礼、乐，都是治理国家的工具。圣王死后，其子孙还能保持长久安宁的统治，这都是礼乐教化的功效。仁、义、礼、智、信是五种恒常不变的道，帝王所应当注意整饬的。五者都整饬得好，就能得到天的保佑，鬼神也会赞助他来享受神灵保护，如此恩惠会普及天下，扩展到一切生灵。

“五常”为“仁、义、礼、智、信”，董仲舒对“五常之道”作了分别而详尽的论述。

关于“仁”，董仲舒继承了先秦儒家的“仁”的思想，并作了自己的诠释。

董仲舒认为，人受命于天，人之仁亦取之于天。《春秋繁露·王道通》篇说：

> 王者唯天之施，施其时而成之，法其命如循之诸人，法其数而以起事，治其道而以出法，治其志而归之于仁。仁之美者在于天。天，仁也。天覆育万物，既化而生之，有养而成之。事功无已，终而复始，凡举归之以奉人。察于天之意，无穷极之仁也。人之受命于天也，取仁于天而仁也。是故人之受命天之尊，父兄子弟之亲，有忠信慈惠之心，有礼义廉让之行，有是非顺逆之治。文理灿然而厚，知广大而有博，惟人道可以参天。

“天”的本质属性是“仁”，天就是仁的化身，仁是天意的体现。天覆育万物，既化生，又养成，“事功无已，终而复始”，其目的是为了奉养人的。察天之意，就在于“无穷极之仁也”，所以说“天，仁也”。人的仁美之行，就是取之于天的，人的“父兄子弟之亲”，“忠信慈惠之心”，“礼义廉让之行”，“是非顺逆之治”等，都是“受命天之尊”，“取仁于天而仁也”。人能做到这些，便使“人道可以参天”了。

所谓“仁”，就是“爱人”，“爱人”是“仁”的本质、宗旨。董仲舒说：

> 何谓仁？仁者憯怛爱人，谨翕不争，好恶敦伦，无伤恶之心，无隐忌之志，无嫉妬之气，无感愁之欲，无险诐之事，无辟违之行。故其心舒，其志平，其气和，其欲节，其事易，其行道，故能平易和理而无事也。如此者谓之仁。①
>
> 仁之为言人也。……仁之法，在爱人，不在爱我。……仁者，爱人之名也。②

人有“憯怛爱人”之心，其表现为志平、气和、欲节、不争、行道之德。所谓“仁”，就是为人而言，“仁之法，在爱人”。“仁”之称谓，就是“爱人之名也”。不爱人，不称之谓人，更不能称之谓仁人。

关于“义”，董仲舒在论述“仁”的同时，就论述了“义”，故将“仁”与“义”并称。他在《春秋繁露·仁义法》篇作了详尽的论证：

> 《春秋》之所治，人与我也。所以治人与我者，仁与义也。以仁安人，以义正我，故仁之为言人也，义之为言我也。言名以别矣。仁之于人，义之于我者，不可不察也。……是故《春秋》为仁义法。仁之法，在爱人，不在爱我。义之法，在正我，不在正人。我不自正，虽能正人，弗为与义，人不被其爱，虽厚自爱，不予为仁。……仁者，爱人之名也。……义云

---

① 《春秋繁露·必仁且智》。

② 《春秋繁露·仁义法》。

者，非谓正人，谓正我。虽有乱世枉上，莫不欲正人。奚谓义？……义者，谓宜在我者。宜在我者，而后可以称义。故言义者，合我与宜以为一言。以此操之，义之为言我也。故曰有为而得义者，谓之自得；有为而失义者，谓之自失。人好义者，谓之自好；人不好义者，谓之不自好。以此参之，义，我也，明矣。是义与仁殊。仁谓往，义谓来；仁大远，义大近。爱在人，谓之仁。义在我，谓之义。仁主人，义主我也。故曰：仁者人也，义者我也，此之谓也。……以仁治人，义治我，躬自厚而薄责于外，此之谓也。且论已见之，而人不察，曰君子攻其恶，不攻人之恶，非仁之宽与？自攻其恶，非人之全与？此之谓仁造人，义造我，何以异乎？故自称其恶谓之情，称人之恶谓之贼；求诸己谓之厚，求诸人谓之薄；自责以备谓之明，责人以备谓之惑。

在这里董仲舒从多层面、多角度、全方位阐明了“仁”与“义”的内容、意义、区别。其主要中心内容是讲“人”与“我”的基本区别，即“仁主人”，“义主我”；“仁者人也”，“义者我也”。由此而引申出其他方面的种种区别。诸如：以仁治人，以义治我；以仁安人，以义正我；仁之法，在爱人，不在爱我；义之法，在正我，不在正人；仁谓往，义谓来；仁大远，义大近；仁造人，义造我等，主旨是说以“仁”宽以待人，爱护他人，以“义”严于责己，端正身行。这便是董仲舒以《春秋》之治，深察“仁”与“义”，而区别“人”与“我”所得出的一系列看法，有许多思想是合理而有积极意义的。

关于“礼”，董仲舒继承和引申了先秦儒家“礼”的思想，把“礼”作“五常”之一而加以阐发。

《春秋繁露·奉本》篇说：

礼者，继天地，体阴阳，而慎主客，序尊卑贵贱大小之位，而差内外远近新旧之级者也。

《春秋繁露·天道施》篇说：

> 利者盗之本也，妄者乱之始也。夫受乱之始，动盗之本，而欲民之静，不可得也。故君子非礼而不言，非礼而不动。好色而无礼则流，饮食而无礼则争，流争则乱。故礼，体情而防乱者也。
>
> 人生别言礼义，名号之由人事起也，不顺天道，谓之不义，察天人之分，观道命之异，可以知礼之说矣。

“礼”之名，是圣人顺天道、察天人、观道命、继天地、体阴阳而制定出来的，其作用是序尊卑、贵贱、大小之位，别内外、远近、新旧之级，从而制止人们的色欲之争、盗利之生，防止祸乱的发生。这是“礼”的产生、实质、作用。董仲舒说：“圣者象天所为为制度。……圣人之道，众堤防之类也。谓之度制，谓之礼节。故贵贱有等，衣服有别，朝廷有位，乡党有序，则民有所让而民不敢争，所以一之也。”①“礼”就是规定、维护人们的尊卑、贵贱、上下、大小、君臣、父子、夫妇等政治伦理的等级关系、秩序，防止人们破坏这些等级秩序而发生动乱，所以为“众堤防之类”的“度制”、“礼节”。

关于“智”，董仲舒在先秦儒家把“智、仁、勇”作为“三达德”的基础上，把“仁、智”视为密不可分的“五常”之一，作了详细的论述。他在《春秋繁露·必仁且智》篇申论道：

> 莫近于仁，莫急于智。不仁而有勇力材能，则狂而操利兵也；不智而辨慧獧给，则迷而乘良马也。故不仁不智而有材能，将以其材能以辅其邪狂之心，而赞其僻违之行，适足以大其非而甚其恶耳。其强足以覆过，其御足以犯诈，其慧足以惑愚，其辨足以饰非，其坚足以断辟，其严足以拒谏。此非无材能也，其施之不当，而处之不义也。……仁而不智，则爱而不别也；智而不仁，则知而不为也。故仁者所爱人类也，智者所以除其害也。

---

① 《春秋繁露·度制》。

何谓仁？仁者恻怛爱人，谨翕不争。……何谓之智？先言而后当。凡人欲舍行为，皆以其智先规而后为之。其规是者，其所为得，其所事当，其行遂，其名荣，其身故利而无患，福及子孙，德加万民，汤、武是也。其规非者，其所为不得其事，其事不当，其行不逆，其名辱，害及其身，绝世无复，残类灭宗亡国是也。故曰莫急于智。智者见祸福远，其知利害早，物动而知其化，事兴而知其归，见始而知其终，言之而无敢哗，立之而不可废，敢之而不可舍，前后不相悖，终始有类，思之而有复，及之而不可厌。其言寡而足，约而喻，简而达，省而具，少而不可益，多而不可损。其动中伦，其言当务。如是者谓之智。

“智”为区别是非、善恶的认识、判断能力，并有先知、先见、先言之明，能在事情发生之前，规划出其是非、得失、当否，做到合理的去取，从而能避祸得福，取得成功。这种“动中伦”、“言当务”者，则是智者。“智”既为智慧、智谋、判断、预见能力；又为能以其智慧为是是、非非、去邪、行善去奋斗，所以为人的一种重要常德。

关于“信”，作为“五常”之一，讲究人们之间彼此相处，要注重诚实守信，不隐瞒过失，不欺骗蒙蔽。尤其是“君与臣”之间更要如此。如说：“为人君者其法取象于天也。”“为人臣者其法取象于地。”“著其情所以为信也。……竭愚写情，不饰其过，所以为信也。”①人君取象于天，人臣取象于地，天尊地卑，臣对君要忠信。所谓“信”，就是著其情，不饰其过，一片忠心，不欺不隐，陈情无遗。这是臣对君的“信”。同时，人君对臣民，亦不可欺骗、失信。所以说：“明主贤君必于其信，是故肃慎三本。”②明主贤君，要讲究信用，言而有信，谨“奉三本”：“奉天本”、“奉地本”、“奉人本”。三本皆奉，国人无欺，上下守信，国民自安。

董仲舒的“三纲五常”，构筑成一个庞大而严密的政治伦理体

---

① 《春秋繁露·天地之行》。

② 《春秋繁露·立元神》。

系，使中国封建社会中的任何一个人都不能逃脱这个政治伦理的“天网”，只能在其中安其位，守其职，尽其责，而且是永恒不变的。所以如此，就因为这是天意的体现，天理的规定。所以南宋的大理学家朱熹则说：“三纲五常，终变不得，君臣依旧是君臣，父子依旧是父子。”“纲常万年，磨灭不得。”①

说到董仲舒的政治伦理观，还有一个重要问题必须论述，这就是他的“义利”观。

董仲舒极为重视“义”和“利”的问题，他对先秦时期各家的义利之论、之辨，作了总结、去取，并进行了自己的论证、阐发。

综观董仲舒的义利观，其思想主旨是明义利之辨，而以义为重。他说：

> 天之生人也，使之生义与利。利以养其体，义以养其心。心不得义不能乐，体不得利不能安。义者心之养也，利者体之养也。体莫贵于心，故养莫重于义。义之养生人大于利矣。何以知之？今人有大义而甚无利，虽贫与贱尚荣其行，以自好而乐生。原宪、曾、闵之属是也。人甚有利而大无义，虽甚富则羞辱大恶。恶深，祸患重，非立死其罪者，即旋伤殃忧尔，莫能以乐生而终其身，刑戮夭折之民是也。
>
> 夫人有义者，虽贫能自乐也。而大无义者，虽富莫能自存。吾以此实义之养生人，大于利而厚于财也。民不能知而常反之，皆忘义而徇利，去理而走邪，以贼其身而祸其家。此非其自为计不忠也，则其知之所不能明也。②

董仲舒认为，人生之养在义与利，以义养心，以利养体，就此而言，应当义利兼养。他肯定“心不得义不能乐，体不得利不能安”。人不得物质利益就无法生存，无法生存就会起来造反，故要以利养体。如果利欲求之不止，亦会因求利欲而败身毁家。“凡人之性，莫不善义。然而不能义者，利败之也。故君子终日言不及利，欲以

① 《朱子语类》卷二十四。

② 《春秋繁露·身之养重于义》。

勿言愧之而已，愧之以塞其源也。”[1]为了防止人们追求利欲过度而为恶，所以要以仁义提防之。

在董仲舒看来，人有了基本的物质生活条件之后，就要以道义教化使之明人伦道德，故要以义养心。然而在养心与养体二者之中，则是“身之养重于义”。因为“体莫贵于心”，所以“养莫生于义”。这显然是说，义贵于利，义大于利。一个人舍利取义，虽贫而能安贫乐道；忘义而徇利，则会为追利而走邪。去善而为恶，最终贼身而祸家，身败而名裂，为此要以义为重、为贵。董仲舒这里讲的利，是指个人追求私利而言，就此而论，他轻视利而重视义。

我们必须看到，董仲舒以儒家的人生入世观为指导，而主张圣人、王者、君子，要为天下兴利除害，以兴万民之利为旨归、要务。他说：

> 天道积聚众精以为光，圣人积聚众善以为功。故日月之明，非一精之光也；圣人致太平，非一善之功也。明所从生，不可为源，善所从出，不可为端，量势立权，因事制义。故圣人之为天下兴利也，其犹春气之生草也，各因其生小大而量其多少；其为天下除害也，若川渎之泻于海也。各顺其势，倾倒而制于南北。故异孔而同归，殊施而钧德，其趣于兴利除害一也。是以兴利之要在于致之，不在于多少；除害之要在于去之，不在于南北。……名贵实，不得虚言。有功者赏，有罪者罚，功盛者赏显，罪多者罚重。不能致功，虽有贤名，不予以赏；官职不废，虽有愚名，不予之罚。……百官劝职，争进其功。[2]

考功论绩，论功行赏，论罪施罚，要在看其实功实绩、功过大小，不能只据虚名、虚言而予之赏罚。实功实绩则在其是否为天下兴利除害，以此兼利天下。有功于百姓者则赏之，如此便会使百官尽职尽责，争进其功，以爱利天下为意，以治世安民为事，这样国家会

---

① 《春秋繁露·玉英》。

② 《春秋繁露·考功名》。

长治久安，百姓会安居乐业。这才是完满地体现了天意。因为“天常以爱利为意，以养长为事，春秋冬夏皆其用也。王者亦常以爱利天下为意，以安乐一世为事，好恶喜怒而备用也”。① 王者见王意以爱利对万民，故为天下兴利除害。

董仲舒从重义轻利的义利观出发，在《春秋繁露·对胶西王越大夫不得为仁》中提出：

> 仁人者，正其道不谋其利，修其理不急其功。

《汉书·董仲舒传》中则载：

> 夫仁人者，正其谊不谋其利，明其道不计其功。

此二处中的“不急其功”与“不计其功”的意义相差甚远。就前者言：“不急其功”是说仁人应当以道义为先，不急功近利；就后者言，“不计其功”是说仁人应当只讲道义，不计功利。前者出自《春秋繁露》，是董仲舒所撰；后者出自《汉书》，乃班固所修。综观上述董仲舒的功利观，并非不计功利，而是主张“圣人积聚众善以为功”，“百官劝职，争进其功”，以求“为天下兴利除害”。故前者更符合董仲舒的本意。不过必须看到，由于后者所记出自《汉书·董仲舒传》，所以对后世影响很大，尤其是对宋儒的义利之辨提供了思想前导、理论根据，而受到推崇，被加以发挥。

董仲舒的全部理论，都是围绕“天”、“天意”阐发出来的，为汉代封建大一统中央集权制统治而立论的，其“罢黜百家，独尊儒术”的政策，适应当时政治统治要求，客观上扼杀了其他各家思想的发展、传承，起了禁锢思想的恶劣作用。当然，董仲舒思想中也有一些合理的内容，我们也应当看到，并作公允而合理评价。

① 《春秋繁露·王道通三》。

第九章　司马迁的思想

司马迁是中国历史上一位伟大的史学家、文学家、思想家。他一生与所谓有“雄才大略”的汉武帝相始终。汉武帝对外进行武力扩张，对内实行思想专制，大搞“定于一尊”的思想禁锢。作为有正义感和叛逆性的司马迁，对武帝的种种行径，深表不满，这些思想感情，都表现在他的伟大著作《史记》里面。司马迁终因李陵事件受到株连，被处宫刑，身心受到摧残、打击。司马迁忍辱负重，终于完成“无韵之离骚，史家之绝唱”的千古不朽名著《史记》。仅此一事证明：汉武帝是千古之暴君，司马迁是千古之伟人。

第一节　司马迁及其《史记》

司马迁，字子长，西汉左冯翊夏阳(今陕西韩城南芝川镇)人。生于公元前145年，卒于公元前86年左右。

司马迁的父亲司马谈，“学天官于唐都，受《易》于杨何，习道论于黄子”。并于汉武帝建元、元封年间担任太史。太史是“掌天官，不治民”①的官吏。

司马迁在《史记·太史公自序》中说自己“年十岁则诵古文”，这是说，司马迁从小就受到严格的家庭教育，10岁时就能诵读《尚书》、《左传》、《国语》、《世本》等古代典籍，知晓各家学说。

其所以能如此，就在于其父亲司马谈的严格教育和深刻影响。父亲的品格、学识，对司马迁产生了决定性的影响。司马谈在治学上强调要广采众家之长，而要归于正；一致而百虑，殊途而同归；

---

① 《史记·太史公自序》。

传习而省察，省察而能用。司马谈的临终遗命是："余死，汝必为太史；为太史，无忘吾所欲论著矣。"①说到司马谈"所欲论著"，我们不能不想到、不说到他的《论六家要指》，于中可见他的治学精神、论著旨归。为此，我们将《论六家要指》援引如下：

《易大传》："天下一致而百虑，同归而殊涂。"夫阴阳、儒、墨、名、法、道德，此务为治者也，直所从言之异路，有省不省耳。尝观阴阳之术，大祥而众忌讳，使人拘而多畏；然其序四时之大顺，不可失也。儒者博而寡要，劳而少功，是以其事难尽从；然其序君臣父子之礼，列夫妇长幼之别，不可易也。墨者俭而难遵，是以其事不可遍循；然其强本节用，不可废也。法家严而少恩；然其正君臣上下之分，不可改矣。名家使人俭而善失真；然其正名实，不可不察也。道家使人精神专一，动合无形，赡足万物。其为术也，因阴阳之大顺，采儒、墨之善，撮名、法之要，与时迁移，应物变化，立俗施事，无所不宜，指约而易操，事少而功多。儒者则不然。以为人主天下之仪表也，主倡而臣和，主先而臣随。如此则主劳而臣逸。至于大道之要，去健羡，绌聪明，释此而任术。夫神大用则竭，形大劳则敝。形神骚动，欲与天地长久，非所闻也。

夫阴阳、四时、八位、十二度、二十四节各有教令，顺之者昌，逆之者不死则亡。未必然也，故曰"使人拘而多畏"。夫春生夏长，秋收冬藏，此天道之大经也，弗顺则无以为天下纲纪，故曰"四时之大顺，不可失也"。

夫儒者以《六艺》为法。《六艺》经传以千万数，累世不能通其学，当年不能究其礼，故曰"博而寡要，劳而少功"。若夫列君臣父子之礼，序夫妇长幼之别，虽百家弗能易也。

墨者亦尚尧、舜道，言其德行曰："堂高三尺，土阶三等，茅茨不翦，采椽不刮。食土簋，啜土刑，粝粱之食，藜藿之羹。夏日葛衣，冬日鹿裘。"其送死，桐棺三寸，举音不尽

① 《史记·太史公自序》。

其哀。教丧礼，必以此为万民之率。使天下法若此，则尊卑无别也。夫世异时移，事业不必同，故曰“俭而难遵”。要曰强本节用，则人给家足之道也。此墨子之所长，虽百家弗能废也。

法家不别亲疏，不殊贵贱，一断于法，则亲亲尊尊之恩绝矣。可以行一时之计，而不可长用也，故曰“严而少恩”。若尊主卑臣，明分职不得相逾越，虽百家弗能改也。

名家苛察缴绕，使人不得反其意，专决于名而失人情，故曰“使人俭而善失真”。若夫控名责实，参伍不失，此不可不察也。

道家无为，又曰无不为，其实易行，其辞难知。其术以虚无为本，以因循为用。无成执，无常形，故能究万物之情。不为物先，不为物后，故能为万物主。有法无法，因时为业；有度无度，因物与合。故曰“圣人不朽，时变是守。虚者道之常也，因者君之纲”也。群臣并至，使各自明也。其实中其声者谓之端，实不中其声者谓之窾。窾言不听，奸乃不生，贤不肖自分，白黑乃形。在所欲用耳，何事不成。乃合大道，混混冥冥。光耀天下，复反无名。凡人所生者神也，所托者形也。神大用则竭，形大劳则敝，形神离则死。死者不可复生，离者不可复反，故圣人重之。由是观之，神者生之本也，形者生之具也。不先定其神形，而曰“我有以治天下”，何由哉？

司马迁在《史记·太史公自序》中所记载的这一篇司马谈传授的《论六家要指》，是当时对诸子思想的精辟概论。就其总体而言，这种“要指”，多从诸家学说的社会功能、思想结果去分析、概论其思想要旨，虽不能全部道出各家思想的整体内容，但却可以窥出其大纲要旨。

《论六家要指》把春秋战国以来的“诸子百家”，选取主要的“六家”：阴阳、儒、墨、名、法、道作全面的概括、分析、评论，肯定其所长，批评其所短，意在“务为治者也”。使六家殊同归，“同归于正”。如果我们仔细研究、体会其对各家思想的认定，确实可以看到精当处、兼容性、可取性。

当然，我们也应当看到，《论六家要指》就其主观价值取向而论，抬高了道家的思想地位，道家不仅兼采众家之长、兼容众家精神之处，而且能做到“无为而无不为”，可以“与天地长久”而“以治天下”。其所以如此抬高道家思想，强调其政治作用，其宗旨、目的则是针对汉武帝“罢黜百家，独尊儒术”，定黑白于一尊的封建专制思想。司马谈还就此提出百家皆务为治，百虑而一致，殊途而同归的思想主张。他不同意汉武帝的思想专制主张，并对此深以为惧。他嘱咐儿子司马迁：“今汉兴，海内一统，明主贤君忠臣死义之士，余为太史而弗论载，废天下之史交，余甚惧焉，汝其念哉!”“迁俯首流涕曰：‘小子不敏，请悉论先人所次旧闻，弗敢阙。’”[①]他们父子心灵相通，不敢公开反对封建威权，只能以揭示百家思想要旨对抗独尊儒家，抬高道家，亦意在于此。所以说：“群臣并至，使各自明也。其实中其声者谓之端，实不中其声者谓之窾。窾言不听，奸乃不生，贤不肖自分，白黑乃形。在所欲用耳，何事不成。”既然如此，何必定黑白于一尊而要废除百家！由此足见司马谈的卓识智见、思想远见。这种思想见解、治学精神对青少年时代的司马迁产生了深刻的思想影响。

司马迁10岁“诵古文”。“二十而南游江、淮，上会稽，探禹穴，窥九疑，浮于沅、湘；北涉汶、泗，讲业齐、鲁之者，观孔子之遗风，乡射邹、峄；戹困鄱、薛、彭城，过梁、楚以归。”[②]20岁的司马迁，怀着远大志向，进行学术考察，收罗天下旧闻，增加知识阅历，对历史地理、古今人物、战场形势等，都了然于胸，为以后撰写《史记》打下了深厚的基础。顾炎武评论道：

> 秦、楚之际，(兵)所出入之途，曲折变化，唯太史公序之如指掌。以山川郡国不易明，故曰东，曰西，曰南，曰北，一言之下，而形势了然。以吴塞江河为一方界限，故于项羽，

---

① 《史记·太史公自序》。

② 《史记·太史公自序》。

则曰梁乃以八千人渡江而西，曰羽乃悉引兵渡河，曰羽将诸侯兵三十余万行略地至河南，曰羽渡淮，曰羽遂引东欲渡乌江；于高帝，则曰出成皋玉门北渡河，曰引兵渡河，复取成皋。盖自古史书兵事地形之详，未有过此者。太史公胸中固有一天下大势，非后代书生之所能几也。①

苏辙对司马迁的游学之益论说道：

太史公行天下，周览四海名山大川，与燕、赵间豪俊交游，故其文疏荡，颇有奇气。……岂尝执笔学为如此之文哉？其气充乎其中而溢乎其貌，动乎其言而见乎其文，而不自知也。②

元鼎六年（公元前 111 年），司马迁以郎中之职，出使巴蜀以南，后归复命。

元封元年（公元前 110 年），汉武帝东巡泰山封禅，太史令司马谈随行。行至洛阳，司马谈病重，不能前行。正在这时，司马迁奉使归来，在洛阳见到病危的父亲。父亲拉着儿子的手哭泣着留下了临终遗言。司马迁守孝三年后，遵守父亲的临终遗命，于元封三年（公元前 108 年），继任为太史令。便开始“紬史记石室金匮之书”，准备撰写《史记》的有关资料。

司马迁任太史令的第五年，即汉武帝太初元年（公元前 104 年），汉武帝命大中大夫孙卿、壶遂，太史令司马迁共造《太初历》，并颁布实行。司马迁参与封禅、定历活动，十分高兴，想起父亲的教诲、遗训：

太史公曰：“先人有言：‘自周公卒五百岁而有孔子。孔子卒后至于今五百岁，有能绍明世，正《易传》，继《春秋》，

① 《日知录》卷二十六《史记通鉴兵事》。

② 《栾城集》卷二十二《上枢密韩太尉书》。

本《诗》、《书》、《礼》、《乐》之际?'意在斯乎!意在斯乎!小子何敢让焉。"①

司马迁想起父亲的遗训，认为"继《春秋》"的事业应当抓紧进行，"于是论次其文"，写作、整理、编定《史记》的工作，在紧张而有序地进行着。

司马迁写作《史记》的宗旨、目的、笔法，基本上以孔子的《春秋》为样板、范式。他在回答上大夫壶遂"昔孔子何为而作《春秋》哉"之问时，说：

> 余闻董生曰："周道衰废，孔子为鲁司寇，诸侯害之，大夫壅之。孔子知言之不用，道之不行也，是非二百四十二年之中，以为天下仪表，贬天子，退诸侯，讨大夫，以达王事而已矣。"子曰："我欲载之空言，不如见之于行事之深切著明也。"夫《春秋》，上明三王之道，下辨人事之纪，别嫌疑，明是非，定犹豫，善善恶恶，贤贤贱不肖，存亡国，继绝世，补敝起废，王道之大者也。……《春秋》辨是非，故长于治人。……拨乱世反之正，莫近于《春秋》。……故《春秋》者，礼义之大宗也。②

司马迁之所以取法《春秋》而作《史记》，就在于《春秋》不载空言，明辨是非，长于治人。上明三王之道，下辨人事之纪，别嫌疑，明是非，定犹豫，区善恶，举贤人，下不肖，存亡国，继绝世，拨乱反正，并做到君君、臣臣、父父、子子。当然，这也是他父亲的教诲。司马迁说："余闻之先人曰：'伏羲至纯厚，作《易》、《八卦》。尧、舜之盛，《尚书》载之，礼乐作焉。汤、武之隆，诗人歌之。《春秋》采善贬恶，推三代之德，褒周室，非独刺讥而已

① 《史记·太史公自序》。

② 《史记·太史公自序》。

也。'"①司马迁赞同父亲的看法。

正当司马迁紧张撰著《史记》，"论次其文"之时，天汉三年(公元前98年)，天上飞来横祸，由于他为李陵辩护而受株连，被捕下狱受腐刑，身体和精神都受到严重打击、摧残。然而，他仍坚强不屈、百折不挠，为完成《史记》而发愤著书。对此，他自述道：

> 太史公遭李陵之祸，幽于缧绁，乃喟然而叹曰："是余之罪也夫！是余之罪也夫！身毁不用矣。"退而深惟曰："夫《诗》、《书》隐约者，欲遂其志之思也。昔西伯拘羑里，演《周易》；孔子厄陈、蔡，作《春秋》；屈原放逐，著《离骚》；左丘失明，厥有《国语》；孙子膑脚，而论《兵法》；不韦迁蜀，世传《吕览》；韩非囚秦，《说难》、《孤愤》；《诗》三百篇，大抵贤圣发愤之所为作也。此人皆意有所郁结，不得通其道也，故述往事，思来者。"于是卒述陶唐以来，至于麟止，自黄帝始。②

李陵本是抗击匈奴名将，经过激战，歼敌万余，终因孤军奋战，寡不敌众，投降匈奴。这本是汉武帝指挥、调度失策所造成的悲剧。有正义感的司马迁对朝中阿谀奉迎小人十分憎恶，对李陵的遭遇极为同情，所以当汉武帝召问司马迁时，他怀着对武帝的一片忠心而说了实话。司马迁在《报任安书》中，叙述了事情的本末、真相。这就是："夫仆与李陵俱居门下，素非相善也，趣舍异路，未尝衔杯酒接殷勤之欢。然仆观其为人自奇士，事亲孝，与士信，临财廉，取予义，分别有让，恭俭下人，常思奋不顾身以徇国家之急。其素所畜积也，仆以为有国士之风。……且李陵提步卒不满五千，深践戎马之地，足历王庭，垂饵虎口，横挑强胡，卬亿万之师，与单于连战十余日，所杀过当。……转斗千里，矢尽道穷，救兵不至，士卒死伤如积。……陵未没时，使有来报，汉公卿王侯皆奉觞

① 《史记·太史公自序》。

② 《史记·太史公自序》。

上寿。后数日，陵败书闻，主上为之食不甘味，听朝不怡。大臣忧惧，不知所出。仆窃不自料其卑贱，见主上惨悽怛悼，诚欲効其款款之愚。以为李陵……身虽陷败，彼观其意，且欲得其当而报汉。……适会召问，即以此指推言陵功，欲以广主上之意，塞睚眦之辞。未能尽明，明主不深晓，以为仆沮贰师，而为李陵游说，遂下于理。拳拳之忠，终不能自列，因为诬上，卒从吏议。”

狱中之司马迁，思念父母亲戚妻子，“是以肠一日而九回，居则忽忽若有所亡，出则不知所如往。每念斯耻，汗未尝不发背沾衣也。”“所以隐忍苟活，函粪土之中而不辞者，恨私心有所不尽，鄙没世而文采不表于后也。”于是“网罗天下放失旧闻，考之行事，稽其成败兴坏之理”而“究天人之际，通古今之变，成一家之言”，著成《史记》。“已著此书，藏之名山，传之其人”。①

《史记》是司马迁用毕生精力写成的一部伟大著作，它不仅开创了中国史家“纪传体”的先河，而且敢于冒犯、突破最高统治者的“独尊儒术”的思想禁锢，综论各家，论理达道，学究天人，斯为实录。就连对司马迁持批评态度的班固，也不得不借刘向、扬雄之口称赞道：“迁有良史之材，服其善序事理，辨而不华，质而不俚，其文直，其事核，不虚美，不隐恶，故谓之实录。”②尤其可贵的是司马迁的人格魅力、道德情怀、担道精神，为中华民族尤其是知识分子树立了光辉的榜样。

第二节　究天人之际的宇宙观

天人关系问题，是中国哲学发展史上最早提出的一个重要问题，它是和宇宙发生论、人生起源论紧密相关的。人从自然界分化出来，由野蛮的人进化到文明的人，首先要思索、探讨的问题则是：人和宇宙是怎样产生的？人和宇宙是什么关系？这种人和宇宙的关系，在中国人祖先的观念中，便是人和天的关系，即人和自然

① 《报任安书》。
② 《汉书·司马迁传》。

的关系。从夏朝天神观的出现，到殷周天神崇拜和祖先崇敬的形成，以及对天神的怀疑、动摇；从天人合一与天人相分，到天主宰人与人定胜天的论争，如此等等观念，无一不是围绕“天”与“人”的关系展开的。所以说天人关系问题是中国哲学宇宙观、认识论史上的一个重大问题。

“天”在中国古代哲学思想史中的涵义有：本原之天、义理之天、神灵之天、主宰之天、自然之天等。围绕对天的不同理解，展开了天人关系的论争、说明，从而揭开了天人关系的帷幕。

“天”在中国哲学的发展史中，占有极为重要的位置，是中国哲学最古老、最重要的一个范畴。中国哲学史上许许多多的哲学家都在谈天、论天、说天、问天、对天。就著作而论，则有墨子的《天志》，屈原的《天问》，荀子的《天论》，《淮南子》的《天文训》，董仲舒的《天道无二》、《人副天数》，王充的《谈天》，柳宗元的《天对》、《天说》，刘禹锡的《天论》，罗隐的《天机》，张载的《天道》，刘基的《天说》等，都是在探索、讨论“天”和天人关系的问题。

对于“天”与“人”的关系，中国古代哲学家有种种不同的说法，但是归纳起来，不外是“天人合一”与“天人相分”两种基本思想观点。

到了司马迁的时代，则是“天人合一”论达到了极致的时代。董仲舒为了适应汉武帝大一统封建中央集权统治的政治需要，而制造了“天人感应”的神学目的论，并把“君权神授”理论化，把“天人合一”系统化，把“天”神秘化、神圣化、人格化、意志化。对此，我们在前面一章中，已作了具体分析，在此不再赘述。

司马迁在《史记》中，“亦欲以究天人之际”，他在总结、吸取前人关于“天人”关系理论的基础上，进一步研究、划分了天人关系，这就是他“究天人之际”的思想宗旨。

司马迁作为“掌天官”的太史令，对天、天人关系问题当然十分重视，并有自己的思想观点，亦因职务之故，而对天作不同的诠释，故使他的天人关系理论，有时出现矛盾。

司马迁所理解的“天”，是指自然万物运行变化的自然之天，不是有意志的主宰之天。他说：

> 自初生民以来，世主曷尝不历日月星辰？……分中国为十有二州，仰则观象于天，俯则法类于地。天则有日月，地则有阴阳。天有五星，地有五行。天则有列宿，地则有州域。三光者，阴阳之精，气本在地，而圣人统理之。
>
> 幽厉以往，尚矣。所见天变，皆国殊窟穴，家占物怪，以合时应，其文图籍机祥不法。是以孔子论六经，纪异而说不书。至天道命，不传；传其人，不待告；告非其人，虽言不著。①

“天”是指岁、月、日、星辰、阴阳的自然变化。人要仰观天文，俯察地理，中通人事。日、月、星之“三光”，是由阴阳二气的精华构成的，人能统理地上的阴阳之气，同样也可以控制天上的日、月、星辰。天不是神秘不可知、不可测的神。自古以来，所见天变，所说不同，皆因国异，家占物怪，以合时应，其文并图籍机祥之类，并不可法则。所以孔子论六经，对怪异之说不书其变见之踪。对于天道命，则不传，其所传者，只在人事。

因此，司马迁认为，“究天人之际”，就是要研究、探索、考察、掌握天道阴阳自然运行变化的规律、法则，人有效地认识、运用、适应自然规律，为人事服务，而不是崇天、畏天。所以说：

> 夫阴阳、四时、八位、十二度、二十四节各有教令，顺之者昌，逆之者不死则亡。未必然也。故曰“使人拘而多畏”。夫春生夏长，秋收冬藏，此天道之大经也，弗顺则无以为天下纲纪，故曰“四时之大顺，不可失也”。②

天为阴阳、四时、春生、夏长、秋收、冬藏的自然运行变化规律，

---

① 《史记·天官书》。

② 《史记·太史公自序》。

人认识了、顺应了这种规律，就会取得成功。反之，不认识、违反了这种规律，就会失败乃至灭亡。“顺之者昌，逆之者不死则亡”，就是这个意思。所以说“四时之大顺，不可失也”。

在司马迁看来，天的灾异变化，虽然可以预测人事，“与政事俯仰”有相符之处，“凡天变，过度乃占”，“深观时变，察其精粗，则天官备矣”。但是关键还是修人事以应天变。“日变修德，月变省刑，星变结合。……国君强大，有德者昌；弱小，饰诈者亡。太上修德，其次修政，其次修救，其次修禳。”①国家是否强大，主要在于国君的修德、修政、修救，最次者才是修禳。就是说，不能乞求天帝、神灵保佑国家的强大，而要以天变现象警示自己，修好人事，应对天变。

司马迁还以历史事实证明，事业成败在于人事，不在天命。就楚、汉相争而论，刘邦胜利，项羽失败关键在于项羽残暴行凶，滥杀无辜，倒行逆施，有勇无谋，不用人才，刘邦则与项羽相反，所以刘邦胜，而项羽败。项羽的可悲处，还在于至死不悟，胡说：“天之亡我，我何渡为！”相信天命，不渡江东，最终灭亡。对此，司马迁评论说：“项羽……自矜功伐，奋其私智而不师古，谓霸王之业，欲以力征经营天下，五年卒亡其国，身死东城，尚不觉寤而不自责，过矣。乃引‘天亡我，非用兵之罪也。’，岂不谬哉！”②这个结论，极为中肯，实为确论。

对刘邦的胜利，司马迁作了确切的总结，借刘邦之口道出天意、天命不能支配、决定人事，而是由人事、人才、人谋决定胜负。刘邦说：

> 夫运筹策帷帐之中，决胜于千里之外，吾不如子房。镇国家，抚百姓，给馈饟，不绝粮道，吾不如萧何。连百万之军，战必胜，攻必取，吾不如韩信。此三者，皆人杰也，吾能用之，此吾所以取天下也。项羽有一范增而不能用，此其所以为

① 《史记·天官书》。

② 《史记·项羽本纪》。

我擒也。[①]

刘邦取胜，关于在张良、萧何、韩信“三杰”之智勇、运筹、决战，而非天命、神力。

就以上所述，司马迁对“天”与“人”关系的认识、诠释是清楚的，即天为自然之天，而不能决定人事。然而，他的“究天人之际”的理论，并没有到此结束、止步。他在现实生活中，乃至历史事实中所遇到、想到的一些事情，使他对天道、天意产生了困惑。他说：

> 或曰：“天道无亲，常与善人。”若伯夷、叔齐，可谓善人者非耶？积仁絜行如此而饿死！且七十子之徒，仲尼独荐颜渊为好学。然回也屡空，糟糠不厌，而卒早夭。天之报施善人，其何如哉？盗跖日杀不辜，肝人之肉，暴戾恣睢，聚党数千人横行天下，竟以寿终。是遵何德哉？此其尤大彰明较著者也。若至近世，操行不轨，专犯忌讳，而终身逸乐，富厚累世不绝。或择地而蹈之，时然后出言，行不由径，非公正不发愤，而遇祸灾者，不可胜数也。余甚惑焉，傥所谓天道，是邪非邪？[②]

历史和现实的许多事实，都与天道“报施善人”相矛盾、相违背，“行善未必福，行恶未必祸”，这究竟是为什么呢？司马迁深惑不解，不敢断定。

司马迁有时也讲“天人之符”，这虽然与占星术家把每一个天象的变化都与人事联系起来不同，但是由于他出身于史官世家，而史巫同源，所以他不能完全摆脱史巫不分的传统束缚。他说：“仆之先人非有剖符丹书之功，文史星历近乎卜祝之间，固主上所戏

① 《史记·高祖本纪》。

② 《史记·伯夷列传》。

弄，倡优畜之，流俗之所轻也。”①他虽然不满意自己的官职处境，但在当时却无法挣脱。这就使他在天人关系上，有时表现出矛盾。如他在谈到“作《天官书》”的指导思想时，说：“星气之书，多杂机祥，不经；推其文，考其应，不殊。比集论其行事，验于轨度以次，作《天官书》。”②他既认为占星术家把灾异与人事联系起来，这是荒诞“不经”之言，又承认天象与人事有“其应”，占星术家的言论与事实有“不殊”之处。他依此为指导而作《天官书》。

司马迁的天人关系思想，虽然是矛盾的，然而却是事实，我们应作全面分析、认识。究其实质，他是把天视为自然界的阴阳变化，而不是有人格、有意志的至上神。

第三节　通古今之变的辩证法

“通古今之变”是讲历史发展变化的辩证法。这一论断显然是与董仲舒的“天不变，道亦不变”的形而上学划清了界限。

司马迁认为，宇宙中的万事万物，都是发展变化的，没有一成不变的事物。只有以“变”的观点来认识事物，适应变化，与时俱移，才能真正的认识事物，取得成功。司马迁父子之所以推崇道家，其道理就在于此。由于道家“无成执，无常形，故能究万物之情”。道家能“因阴阳之大顺”，“与时迁移，应物变化，立俗施事，无所不宜，指约而易操，事少而功多”。③ 只有识变、应变、用变，方能究万物之情，事少而功多。

关于事物变化、运动、发展的形式、过程、终始，司马迁作了极好的论述。他说：

> 臣弑君，子弑父，非一旦一夕之故也，其渐久矣。④

---

① 《报任安书》。

② 《史记·太史公自序》。

③ 《史记·太史公自序》。

④ 《史记·太史公自序》。

物盛而衰，固其变也。①

物盛则衰，时极而转，一质一文，终始之变也。②

任何事物的变化，都有一个渐进过程，不是一朝一夕形成的，而是矛盾长期积累的结果，“渐久”而成的，这是渐化的量的积累。当矛盾积累、发展到顶点、极致时，就要发生突变，这就是物盛而衰、物极必反、时极而转的质的飞跃。人们只有这样认识事物的发展、变化，“原始察终，见盛观衰”，“天人之际，承敝通变”，以此“通古今之变”，而“略协古今之变”③，方可适应事物发展规律，正确解决各种社会矛盾。

司马迁就是以这种历史的辩证法观点，来认识、揭示历史事件的发展变化和社会制度的变革更替。他说：

夏之政忠。忠之敝，小人以野，故殷人承之以敬。敬之敝，小人以鬼，故周人承之以文。文之敝，小人以僿，故救僿莫若以忠。三王之道若循环，终而复始。周、秦之间，可谓文敝矣。秦政不改，反酷刑法，岂不缪乎！故汉兴，承敝易变，使人不倦，得天统矣。④

然战国之权变亦有可颇采者，何必上古。秦取天下多暴，然世异变，成功大。传曰“法后王”，何也？以其近己而俗变相类，议卑而易行也。学者牵于所闻，见秦在帝位日浅，不察其终始，因举而笑之，不敢道，此与以耳食无异。悲夫！⑤

要从发展变化的观点，考察历史实际，认识历史的变迁，朝代的更迭，不能“奉天法古”、“法先王”，亦不能囿于偏见、浅识，耳食

① 《史记·平准书》。

② 《史记·平准书》。

③ 《史记·太史公自序》。

④ 《史记·高祖本纪》。

⑤ 《史记·六国年表序》。

不知其味。究其实，历史发展，就是盛与衰、变与敝的不断转换，极盛而衰，积敝易变，这似乎“若循环，终而复始”，但是本质则是“承敝易变，使人不倦”，故要“法后王”而求近俗之变。如此“原始察终”，“承敝通变”，才能认识历史事实的真相，适应时代的发展，而取得成功。

司马迁所说的“法后王”而求近俗之变，是告诉人们要详今略古，因为“其近己而俗变相类”“而易行也”，而不是否定古代，排斥先王。相反，他要人们“通古今之变”，以古鉴今，以历史为镜子，对照当今，区别古今。所以说：

> 居今之世，志古之道，所以自镜也，未必尽同。帝王者各殊礼而异务，要以成功为统纪，岂可绲乎？观所以得尊宠及所以废辱，亦当世得失之林也，何必旧闻？于是谨其终始，表其文，颇有所不尽本末；著其明，疑者阙之。①

以古为镜，古今不同，注重近世，不守旧闻。特别要以秦朝苛政而短命灭亡为镜子，对照当时的武帝政权，“原始察终，见盛观衰”，更有其现实意义。司马迁的历史辩证法，确实是卓识智见。

第四节　农工商并重的经济论

司马迁的思想的宝贵之处，还在于他的经济思想，他承认、肯定人的物质利益要求、满足的合理性、必要性，这是人的本性所使之然的。由此出发，他阐发了农工商虞并重的经济思想理论。

司马迁认为，人追求物质利益，满足生活需要，乃至要求物欲享受，都是正当的，不可避免的。因为这是出自人的本性，所以是不可灭绝的。他说：

> 由此观之，贤人深谋于廊庙，论议朝廷，守信死节隐居岩

① 《史记·高祖功臣侯者年表序》。

> 穴之士设为名高者安归乎？归于富厚也。是以廉吏久，久更富，廉贾归富。富者，人之情性，所不学而俱欲者也。故壮士在军，攻城先登，陷阵却敌，斩将搴旗，前蒙矢石，不避汤火之难者，为重赏使也。其在闾巷少年，攻剽椎埋，劫人作奸，掘冢铸币，任侠并兼，借交报仇，篡逐幽隐，不避法禁，走死地如骛者，其实皆为财用耳。①

人的本性是追求富贵、得到财富，这是人生来的欲望使然，不用学而“俱欲者也”。不论是庙堂上的高官、隐居岩穴的义士，还是廉吏、廉贾；不论是军中冒死的勇士求赏，还是闾巷少年的犯法掠夺，究其实都是“为财用耳”。再如“赵女郑姬，设形容，揳鸣琴，揄长袂，蹑利屣，目挑心招，出不远千里，不择老少者，奔富厚也。游闲公子，饰冠剑，连车骑，亦为富贵容也”。渔猎者“为得味也”。斗鸡走狗者“重失负也”。医生看病“为重糈也”。吏士舞文弄墨为货贿也。各行各业，不同人物的追求目标，都是为了获得财富。所以说：“农工商贾畜长，固求富益货也。此有知尽能索耳，终不余力而让财矣。”②这是由人的性情决定的，且与生俱来的，故是不可去掉的。司马迁以人性的欲求揭示了人求富贵的合理性，撕去了当权统治者高喊仁义，而却追求物欲的面纱。

司马迁这些议论，并非只讲利欲，不讲道德。恰恰是他正确地阐述了经济生活与仁义道德的真实关系，这就是他的一段名言：

> 故曰：“仓廪实而知礼节，衣食足而知荣辱。”礼生于有而废于无。故君子富，好行其德；小人富，以适其力。渊深而鱼生之，山深而兽往之，人富而仁义附焉。富者得执益彰，失执则客无所之，以而不乐。夷狄益甚。谚曰：“千金之子，不死于市。”此非空言也。故曰：“天下熙熙，皆为利来；天下攘攘，皆为利往。”夫千乘之王，万家之侯，百室之君，尚犹患

① 《史记·货殖列传》。

② 《史记·货殖列传》。

> 贫，而况匹夫编户之民乎！①

物质生活、经济条件，决定人的思想意识、道德品质。人如果连肚子都填不饱，连衣服都不遮体，还有什么仁义道德可言，所以司马迁援引《管子·牧民》篇“仓禀实而知礼节，衣食足而知荣辱”，揭示了经济基础决定道德意识的道理。

从这种思想认识出发，司马迁展开了他的经济思想的论述，强调发展经济的重要性。

司马迁经济理论的一个重要的可贵之处，则是在中国古代以农业为本、以工商业为末的社会中，提出、提倡农、工、商、虞并重，全面发展，不可偏废的思想主张。他说：

> 《周书》曰：“农不出则乏其食，工不出则乏其事，商不出则三宝绝，虞不出则匮少。”财匮少而山泽不辟矣。此四者，民所衣食之原也。原大则饶，原小则鲜。上则富国，下则富家。贫富之道，莫之夺予，而巧者有余，拙者不足。故太公望封于营丘，地潟卤，人民寡，于是太公劝其女功，极技巧，通鱼盐，则人物归之，繦至而辐凑。故齐冠带衣履天下，海岱之间敛袂而往朝焉。②

农、工、商、虞“四者”，是“民所衣食之原也”，所以要兼顾并重，缺一不可，全面发展。如此，则可以上富国，下富民，国民俱富，国家强大。当年，姜太公就是这样治理齐国的，所以使齐国经济繁荣，国力强盛，而成为东方强国。

应当承认，司马迁的这些思想是继承和发展姜太公的思想的结果。姜太公曾把农、工、商视为国之“三宝”。姜太公认为，理财富国、富民，要靠发展生产增加财富，广开财源，多途积财。具体措施是：三宝并重、本末并举、务本通末。周文王与姜太公有如下

① 《史记·货殖列传》。

② 《史记·货殖列传》。

问对:

> 文王曰:"敢问三宝?"
>
> 太公曰:"大农、大工、大商,谓之三宝。农一其乡,则谷足;工一其乡,则器足;商一其乡,则货足。三宝各安其处,民乃不谋。无乱其乡,无乱其族,臣无富于君,都无大于国。六守长,则君昌;三宝完,则国安。"①

"六守"为选拔人才,任用官吏的六条标准,即仁、义、忠、信、勇、谋。"富之而不犯者仁也,贵之而不骄者义也,付之而不转者忠也,使之而不隐者信也,危之而不恐者勇也,事之而不穷者谋也。"②"三宝"为农、工、商。姜太公称为"大农、大工、大商",表示其尊崇之意。国家"三宝完,则国安"。姜太公的这些思想,显然受到司马迁的推崇、发展。

司马迁对姜太公的治国方略、经济政策是极为敬佩、赞同的。他在《史记·齐太公世家》中说:"太公至国,修政,因其俗,简其礼,通工商之业,便鱼盐之利,而人民多归齐,齐为大国。"此为真言、确论,崇敬之心、敬佩之情,跃然纸上。

因此,司马迁以《周书》为依据,以太公思想为指导,提出了自己的农、工、商、虞并重的经济思想主张。他认为,应当广泛开发利用全国各地的物质资源,做到人尽其力,物尽其用,便可以使民富国强了。他说:

> 夫山西饶材、竹、榖、纑、旄、玉石;山东多鱼、盐、漆、丝、声色;江南出楠、梓、姜、桂、金、锡、连、丹沙、犀、玳瑁、珠玑、齿革;龙门、碣石北多马、牛、羊、旃裘、筋角;铜、铁则千里往往出棋置:此其大较也。皆中国人民所喜好,谣俗被服饮食奉生送死之具也。故待农而食之,虞而出

① 《六韬·文韬·六守》。

② 《六韬·文韬·六守》。

> 之，工而成之，商而通之。此宁有政教发征期会哉？人各任其能，竭其力，以得所欲。故物贱之征贵，贵之征贱，各劝其业，乐其事，若水之趋下，日夜无休时，不召而自来，不求而民出之。岂非道之所符，而自然之验邪？①

充分开发、利用自然界提供的丰富财物，各行各业的人，都发挥自己的技能、技术、能力，为国家创造财富，为个人获取利益，推动社会生产力的发展。“人各任其能，竭其力，以得所欲。”如此，则“各劝其业，乐其事，若水之趋下，日夜无休时，不召而自来，不求而民出之”。这是说，物质利益趋使人们去积极从事生产，开发资源，增加财富，满足利欲。这就是“天下熙熙，皆为利来；天下攘攘，皆为利往”的道理。司马迁承认物利、物欲是推动社会生产发展和社会进步的动力，应当说在当时是难能可贵的远见卓识。

基于这种认识，司马迁认为，国家的统治者、管理者，应当利用人们追求物欲的积极性，以此为动力，来开发资源，发展生产，增加财富，满足物欲之需、之求，而不是遏制人们的物欲之求，更不是与民争利。这就是：

> 太史公曰：夫神农以前，吾不知已。至若《诗》、《书》所述虞、夏以来，耳目欲极声色之好，口欲穷刍豢之味，身安逸乐，而心夸矜执能之荣。使俗之渐民久矣，难户说以眇论，终不能化。故善者因之，其次利道之，其次教诲之，其次整齐之，最下者与之争。②

人们追求耳目声色之好，口腹刍豢之味，身体安逸之乐，心夸美誉之荣等各物欲望，由来已久，日俗已成，终不能化。对这些物欲之求，最上者是因势利导，适当调节，合理满足；最下者是与民争利。司马迁以历史上的许多事实说明，只有发展生产，增加财富，

① 《史记·货殖列传》。

② 《史记·货殖列传》。

才是富国富民，强兵胜故的正确途径。他的结论是：

> 由是观之，富无经业，则货无常主，能者辐凑，不肖者瓦解。千金之家比一都之君，巨万者乃与王者同乐。岂所谓“素封”者邪？非也？①

这是说，发展经济、求富之道，不仅仅是靠农业这个固定的常业，而更需要工商业。对司马迁的这个结论，《史记·索隐述赞》曰：“货殖之利，工商是营。废居善积，倚市邪赢。白圭富国，计然强兵。倮参朝请，女筑怀清。素封千户，卓郑齐名。”工商业者发家致富，也可以改变社会政治地位，参与国家政治、政权的活动。

司马迁指出，富商大贾、工商业者，只要其多积财物，对发展生产、流通货物、活跃经济有其贡献，就可以从政为官，从军为将。事实上，到汉武帝时代，“吏道益杂，不选，而多贾人矣”。②许多靠商贾起家的人，不仅管理盐铁本务，而且掌管国家的经济命脉。如孔仅、东郭咸阳、桑弘羊等人，都是如此。司马迁说：“于是东郭咸阳、孔仅为大农丞，领盐铁事；桑弘羊以计算用事，侍中。咸阳，齐之大煮盐，孔仅，南阳大冶，皆致生累千金，故郑当时进言之。弘羊，洛阳贾人子，以心计，年十三侍中。故三人言利事析秋豪矣。”“大农上盐铁丞孔仅、咸阳言：‘山海，天地之藏也，皆宜属少府，陛下不私，以属大农佐赋。愿募民自给费，因官器作煮盐，官与牢盆。浮食奇民欲擅管山海之货，以致富羡，役利细民。其沮事之议，不可胜听。敢私铸铁器煮盐者，钛左趾，没入其器物。郡不出铁者，置小铁官，便属在所县。’使孔仅、东郭咸阳乘传举行天下盐铁，作官府，除故盐铁家富者为吏。”③

由于商贾从政为官，不仅使“吏道益杂”，而且“商贾以币之变，多积货逐利”，“屯积居奇，上下其手”，从而造成“郡国颇被

① 《史记·货殖列传》。
② 《史记·平准书》。
③ 《史记·平准书》。

灾害，贫民无产业者，募徙广饶之地”。“郡国多奸铸钱，钱多轻”，而使钱不当钱，“民不实用，县官以令禁之，无益”。① 由此造成货币混乱，商贾乘机致富。

对这种官吏作盐铁，“铁器苦恶，贾贵”，“或强令民卖买之”的情况，虽然经济呈现出表面繁荣，但是却潜伏着深刻的社会危机，司马迁有清醒的认识，并以历史辩证法的智慧作了揭示：

> 太史公曰：农工商交易之路通，而龟贝金钱刀布之币兴焉。所从来久远，自辛氏之前尚矣，靡得而记云。故《书》道唐、虞之际，《诗》述殷、周之世，安宁则长庠序，先本绌末，以礼义防于利；事变多故而亦反是。是以物盛则衰，时极而转，一质一文，终始之变也。②

司马迁从考察历史上农工商经济的发展，商品货币的出现，经济与道德的相互关系，而以物盛而衰，物极必反的原理，说明繁荣背后隐藏着危机，要认识事物发展变化的原因、规律，不可固守一时经济繁荣而沾沾自喜，一定要认识“各随时而轻重无常”的道理，历史变迁，货币发展，都是“事势之流，相激使然，曷足怪焉”。③ 没有其他原因，历史发展，就是物极必反，这就是历史辩证法所得出的必然结论。

尤为可贵的是司马迁处于汉朝的繁盛时期——汉武帝时代，但他已看到并指出当时的社会矛盾、危机。他说：

> 至今上即位数岁，汉兴七十余年之间，国家无事，非遇水旱之灾，民则人给家足，都鄙廪庾皆满，而府库余财货。京师之钱累巨万，贯朽而不可校。太仓之粟陈陈相因，充溢露积于

① 《史记·平准书》。

② 《史记·平准书》。

③ 《史记·平准书》。

> 外，至腐败不可食。众庶街巷有马，阡陌之间成群，而乘字牝者傧而不得聚会。守闾阎者食粱肉，为吏者长子孙，居官者以为姓号。故人人自爱而重犯法，先行义而后绌耻辱焉。当此之时，网疏而民富，役财骄溢，或至兼并豪党之徒，以武断于乡曲。宗室有士公卿大夫以下，争于奢侈，室庐舆服僭于上，无限度。物盛而衰，固其变也。①

司马迁敏锐地看到，从汉高祖刘邦建立汉朝，到汉武帝刘彻即位，汉朝已经历了七十多年，这其间国家经济发展，物质财富增加，府库皆满，人给家足，钱累巨万，狗马成群，奢侈成风，享乐无度。在这种繁华的景象下，人们只知享受生活，上下自满自足，而没有意识到潜在的社会矛盾、危机，而司马迁则深知“物盛而衰，固其变也”的道理。物虽盛，但必变，物极必反，终始之变，实为常理。

就当时社会实际而言，司马迁深刻地认识到，由于财官与贪官联为一体，尤其是酷吏的贪赃枉法、聚敛财富，且受到武帝的信任、重用，这更加重了、加速了社会矛盾、危机。《史记·酷吏列传》中所记述的“酷吏”们的种种恶行，就足已证明司马迁的见解。如武帝时的“内史”、“酷吏”宁成则公开宣称：“仕不至二千石，贾不至千万，安可比人乎！”于是“乃贳贷，买陂田千余顷，假贫民，役使数千家。数年，会赦。致产数千金，为任侠，持吏长短，出从数十骑。其使民威重于郡守。”再如“酷吏”张汤，其“为人多诈，舞智以御人。始为小吏，乾没(按：无本利投入而巧取经济利润)，与长安富贾田甲、鱼翁叔之属交私。……其治狱所排大臣自为功，多此类。于是汤益尊任，迁为御史大夫。……山东水旱，贫民流徙，皆仰给县官，县官空虚。于是丞上指，请造白金及五铢钱，笼天下盐铁，排富商大贾，出告缗令，钼豪强兼并之家，舞文巧诋以辅法。汤每朝奏事，语国家用，日晏，天子亡食。丞相取充位，天下事皆决于汤。百姓不安其生，骚动。县官所兴，未获其利，奸吏

---

① 《史记·平准书》。

并侵渔。……则自公卿以下，至于庶人，咸指汤。汤尝病，天子至自视病，其隆贵如此。”其他许多酷吏，数不胜数。

不仅如此，司马迁还指出，由于汉武帝好大喜功，追求享乐，对外扩张，对内侵民，从而加剧了统治者与农民等各阶层的矛盾，汉政权与四夷的矛盾，中央政权与郡国之间的矛盾。各种矛盾交织在一起，只能是“物盛而衰”，“物极必反”了。司马迁的洞察力是超前的、超常的。

司马迁用自己毕生的精力所完成的伟大历史名著《史记》，记述了从黄帝到汉武帝为止的大约三千年历史中的人物、事实、社会制度、历史年表等，他以史学家的眼光观察、记录历史，故为实录；以思想家的智慧发掘、品评人物，故为灼见。《史记》这部伟大而不朽的名著，不仅标志了司马迁的高超智慧、宝贵精神，而且为中华民族留下了宝贵的文化遗产、精神财富。因此，我们应当永远感念司马迁这位伟大的史学家、思想家的丰功伟业。

第十章 《盐铁论》关于治国方略之争

汉武帝统治时期，尤其是后期各种社会矛盾、危机，已愈见突出、严重。对此，司马迁早就作了揭露、批评。由于武帝好大喜功，追求享乐，四处用兵，削减郡国，重用酷吏，更加剧了各种危机、矛盾。

到了汉昭帝时代，各种社会矛盾、危机，更加突出、严重。为了寻求解决社会矛盾、危机的方法，找出治国、安民的方略，昭帝始元六年(公元前 81 年)，“有诏书使丞相、御史与所举贤良、文学语。问民间所疾苦”,① 于是便在这年二月召开了“盐铁会议”。

这次会议是谏大夫杜延年鉴于当时国内的政治、经济形势，向执政大将军霍光提出经霍光同意而召开的。据《汉书·杜延年传》记载：

> (延年)见国家承武帝奢侈师旅之后，数为大将军光言：“年岁比不登，流民未尽还，宜修孝文时政，示以俭约宽和，顺天心，说民意，年岁宜应。”光纳其言，举贤良，议罢酒榷盐铁，皆自延年发之。

会议的参加者：以御史大夫桑弘羊为首的御史，丞相史的执政当局为一方；以贤良茂陵唐生、文学鲁万生、汝南朱子伯、中山刘子雍、九江祝生等六十余人为代表的民间人士为一方。还有丞相车千秋也参加了会议。车千秋深知论争所涉及问题的严重性，故不表态，不得罪任何一方，而袖手旁观，一言不发，“当轴处中，括囊

① 《盐铁论·本议》。

不言，容身而去”。① 而参加会议的双方，就如何对待汉武帝以来所推行的盐铁、均输、酒榷等政策，即是罢掉，还是推行，展开了激烈的论争。桑弘羊等认为，应当继续推行；文学、贤良认为，必须罢掉。彼此各陈己见，互不相让，并由此而引起了“本”与“末”、“礼”与“法”、“古”与“今”、“和”与“战”等一系列治国方略、抗击匈奴策略的论争。

会议参加者汝南朱子伯将会议讨论的情况向同乡桓宽作了陈述，桓宽根据会议记录，整理出《盐铁论》一书。《四库全书总目》卷九十一《儒家类一》云：

> 《盐铁论》十二卷，汉桓宽撰。宽，字次公，汝南人。宣帝时举为郎，官至庐江太守丞。昭帝始元六年，诏郡国举贤良文学之士，问以民所疾苦，皆请罢盐铁榷酤，与御史大夫桑宏羊等建议相诘难。宽集其所论为书凡六十篇，篇各标目。实则反复问答，诸篇皆首尾相属。后罢榷酤，而盐铁则如旧。故宽作是书，惟以盐铁为名，盖惜其议不尽行也。

桓宽是一位儒家学者，既称赞“中山刘子雍言王道，矫当世，复诸正，务在乎反本。直而不徼，切而不熛，斌斌然斯可谓弘博君子矣。九江祝生奋由路之意，推史鱼之节，发愤懑，刺讥公卿，介然直而不挠，可谓不畏强御矣”，又称“桑大夫据当世，合时变，推道术，尚权利，辟略小辩，虽非正法，然巨儒宿学恶然大能自解，可谓博物通士矣。”辩证双方，各具优长，故为“智者赞其虑，仁者明其施，勇者见其断，辩者陈其词”，② 所以他对辩论双方的观点、论据，都作了客观、完整的论述。当然，也记录、反映了当时社会制度、政治、经济、军事的主要问题。

对盐铁会议的争论，学术界历来有不同的评论。有的认为“以御史大夫桑弘羊为代表的御史，丞相史为一方”，“基本上代表了

---

① 《盐铁论·杂论》。

② 《盐铁论·杂论》。

大地主、大工商、大官僚的愿望和利益"，"以文学、贤良为另一方"，"代表了一般地主、商贾的愿望和利益，并在客观上反映了自耕农民的一些要求"。有的认为是以桑弘羊为代表的法家与以文学、贤良为代表的儒家而进行的儒法斗争；有的认为这一场争论是地主阶级内部朝廷与地方的矛盾。这些看法，均各有所据、各有所主。其实，他们争论的问题，内容是广泛的，领域是多种的，思想是交叉的，故不能简单地归结为谁是代表大地主、大商人、大官僚，谁是代表一般地主、商贾乃至自耕农的愿望和利益；亦不能简单地说是儒法斗争，哪一方是纯粹的法家，哪一方是纯粹的儒家；亦不能说御史大夫、丞相、御史代表朝廷，三辅太常推举的贤良、郡国推举的文学代表地方。我认为，争论双方是就盐铁、酒榷、均输为发端、为中心，而就政治、经济、军事等一系列治国方略、社会问题，展开了广泛的讨论、辩论、诘难。正如《汉书·车千秋传》所云："始元六年，诏郡国举贤良、文学士，问以民所疾苦，于是盐铁之议起焉。"对此，颜师古注曰："议罢盐铁之官，令百姓皆得煮盐铸铁，因总论政治得失也。"就是说，这场争论是由"盐铁"而引起，引申到"总论政治得失"的争论的。争论的宗向、依归，是检讨、总结汉武帝以来所推行的"盐铁"政策，是得，应当继续推行，还是失，应当立即罢掉，由于争论的双方"意指殊路，各有所出"①，主张、宗旨不同，所以道路不同，而各有所本、所由、所主。由此，我们可以看到《盐铁论》所记录、所反映、所形成的不是一家之言，而是两家之言。我们对这两家之言，只能进行客观的、公允的分析评论。盐铁会议上双方的争论，就是关于治国方略的争论。争论的内容、焦点，我们将在本章的各节中，依次作下述的分析论述。

第一节 "崇本"与"重末"之争

"本"与"末"问题，是盐铁会议中双方围绕盐铁、酒榷、均输

① 《盐铁论·杂论》。

等政策而展开争论的第一个问题，是会议召开的诱因，也是会议的主题。争论的双方围绕这个主题展开了一系列问题的争论。

"本"通常是指农业，"末"通常是指工商业。盐铁会议上争论双方所说的"末"，主要是指盐铁、酒榷、均输等由中央政府控制的经济领域。文学、贤良主张"进本退末"，意在罢、退官府控制的经济，而不"与民争利"；大夫主张"本末并利"，意在要官府继续控制经济命脉，要做到"上下俱足"。这是双方争论的焦点，并由此而扩展到其他领域的争论。

会议一开始，文学、贤良对盐铁官营政策，进行了否定、责难，要求罢除、撤销这一政策。这就是：

> 文学对曰：窃闻治人之道，防淫佚之原，广道德之端，抑末利而开仁义，毋示以利，然后教化可兴而风俗可移也。今郡国有盐铁、酒榷、均输，与民争利。散敦厚之朴，成贪鄙之化，是以百姓就本者寡，趋末者众。夫文繁则质衰，末盛则本亏；末修则民淫，本修则民悫。民悫则财用足，民侈则饥寒生。愿罢盐铁、酒榷、均输，所以进本退末，广利农业，便也。①

盐铁、酒榷、均输，是指汉武帝所推行的盐铁专卖、酒类专卖和官营贸易等经济政策。文学认为，由于政府推行了这些经济政策，不仅"与民争利"，造成了人民的痛苦，而且还导致了社会风气的败坏，使人们追求奢华，而丧失了敦厚朴素的风尚，所以应当罢除、废掉，奖励农业生产，限制工商业的发展，大力推广农业，才是适宜的政策。

文学、贤良认为，政府实行的这些"与民争利"的政策，虽然"万物并收"，但是却没有为国家增加财富，倒是便利了富商，造就了贪官，并使之相互勾结。所以说：

① 《盐铁论·本议》。

国有沃野之饶而民不足于食者，工商盛而本业荒也；有山海之货而民不足于财者，不务民用而淫巧众也。……高帝禁商贾不得仕官，所以遏贪鄙之俗而醇至诚之风也。排困市井，防塞利门，而民犹为非也，况上之为利乎？传曰："诸侯好利则大夫鄙，大夫鄙则士贪，士贪则庶人盗。"是开利孔为民罪梯者也。

行奸卖平，农民重苦，女工再税，未见输之均也。县官猥发，阖门擅市，则万物并收。万物并收，则物腾跃。腾跃，则商贾牟利。自市，则吏容奸豪。而富商积货储物以待其急，轻贾奸吏收贱以取贵，未见准之平也。①

这是说，"平准均输"并没有通有无、便流通，相反却使人们背义趋利，商人囤积货物，垄断市场，从中取利；官吏与商人勾结，狼狈为奸，乘机牟利。这种使官贾结合的政策，"非治国之本务也"，实"为民罪者也"，"故以罢之为便也"。② 否则，便是继续为害人民。

文学、贤良指出，盐铁官营既给社会造成严重的弊端，又给农民生产、生活带来极大的痛苦。他们说：

山海者，财用之宝路也。铁器者，农夫之死生也。死生用则仇雠灭，仇雠灭则田野辟，田野辟而五谷熟。宝路开则百姓赡而民用给，民用给则国富。……县官笼而一之，则铁器失其宜，而农民失其便。器用不便，则农夫罢于野而草莱不辟。草莱不辟，则民困乏。故盐冶之处，大傲皆依山川，近铁炭，其势咸远而作剧。郡中卒践更者多不勘，责取庸代。县邑或以户口赋铁，而贱平其准。良家以道次发僦运盐铁，烦费，邑或以户，百姓病苦之。愚窃见一官之伤千里，未睹其在朐邴也。③

① 《盐铁论·本议》。
② 《盐铁论·本议》。
③ 《盐铁论·禁耕》。

> 农，天下之大业也；铁器，民之大用也。器用便利，则用力少而得作多，农夫乐事劝功。用不具，则田畴荒，谷不殖，用力鲜，功自半。器便与不便，其功相什而倍也。县官鼓铸铁器，大抵多为大器，务应员程，不给民用。民用钝弊，割草不痛。是以农夫作剧，得获者少，百姓苦之矣。①

这两则引文，前者为文学所言，后者为贤良所论，说的是用铁铸造的农业生产工具对农夫的重要性，使用各种不同规格、样式的农具，便利适用，则可以取得事半功倍的效果，用力少，收获大，是高兴的乐事。由于官府实行统一规格，“笼而一之”，“多为大器”，不合民用，农夫用力多，劳动繁重，收获很少，所以非常痛苦，“百姓病苦之”，“百姓苦之矣”，这就是“一官之伤千里”的恶果。

对此，贤良进一步指出：“故民得占租鼓铸煮盐之时，盐与五谷同贾，器和利而中用。今县官作铁器，多苦恶，用费不省，卒徒烦而力作不尽。……今总其原，壹其贾，器多坚碱。善恶无所择。吏数不在，器难得……盐铁贾贵，百姓不便。贫民或木耕手耨，土耰啖食。铁官卖器不售，或颇赋与民。卒徒作不中呈，时命助之。发征无限，更繇以均剧，故百姓疾苦之。”②官府所造铁器，既昂贵，又难买，更不合用，所以给百姓带来种种不便，造成了痛苦。

对统一铸币，文学也指出其弊：

> 往古币众财通而民乐。其后稍去旧币，更行白金龟龙，民多巧新币。币数易而民益疑。于是废天下诸钱，而专命水衡三官作。吏近侵利，或不中式，故有薄厚轻重。农人不习，物类比之，信故疑新，不知奸真。商贾以美贸恶，以半易倍。买则失真，卖则失理，其疑或滋益甚。夫铸伪金钱以有法，而钱之善恶无增损于政。择钱则物稽滞，而用人尤被其苦。③

---

① 《盐铁论·水旱》。
② 《盐铁论·水旱》。
③ 《盐铁论·错币》。

在文学看来，由于货币官铸，币制数改，人民不习惯，而产生疑惑，且真假难辨，善恶难分，政府虽颁布了法令，但是却和过去没有分别，商贾无善钱不卖货，买货的人有钱却买不到东西，结果使人民深受其苦。

不仅仅如此，在文学、贤良看来，平准均输政策不仅没有通有无，使货物流通，相反，恰恰却助长了奢侈腐化的风气，使皇宫贵族追求无穷的享乐，而不珍惜财物，不爱惜民力。文学说：

> 昔桀女乐充宫室，文绣衣裳，故伊尹高逝游薄，而女乐终废其国。今骡驴之用，不中牛马之功；鼲鼦旃罽，不益锦绨之实。美玉珊瑚出于昆山，珠玑犀象出于桂林。此距汉万有余里。计耕桑之功，资财之费，是一物而售百倍其价一也，一揖而中万钟之粟也。夫上好珍怪，则服淫下流；贵远方之物，则货财外充。是以王者不珍无用以节其民，不爱其货以富其国。故理民之道，在于节用尚本，分土井田而已。①

最高统治追求奢侈享乐，不计成本享用宝物，不远万里运到国都，耗费人力财力，物价百倍，一勺水而当万钟粟，劳民伤财，太不合算了。治国理民，在于节用重农，发展生产。

文学指出，追求各种宝物享乐，长途运输，耗费人力，不仅不是“均有无，通万物”，反倒是腐蚀了生产力，败坏了社会风俗。所以说：

> 今世俗坏而竞于淫靡，女极仟微，工极技巧，雕素朴而尚珍怪，钻山石而求金银，没深渊求珠玑，设机陷求犀象，张网罗求翡翠，求蛮貉之物以眩中国，徙邛、筰之货致之东海，交万里之财，旷日废功，无益于用。是以揭夫匹妇劳罢力屈，而衣食不足也。

---

① 《盐铁论·力耕》。

> 饰宫室，增台榭，梓匠斫巨为小，以圆为方，上成云气，下成山林，则材木不足用也。男子去本为末，雕文刻镂，以象禽兽，穷物究变，则谷不足食也。妇女饰微治细，以成文章，极伎尽巧，则丝布不足衣也。庖宰烹杀胎卵，煎炙齐和，穷极五味，则鱼肉不足食也。当今世，非患禽兽不损，材木不胜，患僭侈之无穷也；非患无旃罽橘柚，患无狭庐糠糟也。①

社会风气糜烂，追求奢华享受，疲罢劳动者之力。大兴土木，耗费资源；求珍寻宝，眩惑耳目；奇技淫巧，荒废本业。搞这些无用之事，结果是“材木不足用也”，“谷不足食也”，“丝布不足衣也”，“鱼肉不足食也”，一句话则是“衣食不足也”。

贤良对汉武帝以来汉朝中央集权政府苛政于民、聚敛财富，而造成贫富不均及其所带来的社会物质、思想意识的种种问题、弊端，以八条纲领，三十二项事实，作了古今对比，证明“今不如昔”。大夫听后，只能默然不应。

所谓“八条纲领”，则是“宫室、舆马、衣服、器械、丧祭、食饮、声色、玩好”。② 贤良针对大夫“诸生无易由言，不顾其患，患至而后默，晚矣”③的挑衅、威胁，在提出这 8 条纲领后，列举了 32 项事实，以古今对比，以古喻今，揭露了汉武帝所推行的政策的失误所造成的奢侈之风以及带来的严重后果。诸如：今富者井干增梁，雕文槛修，垩忧壁饰；今民间雕琢不中之物，刻画无用之器；今富者连车列骑，骖贰辎軿；今富者缛绣罗纨；今富者白银黄金，结绥韬杠；今富者鼲鼦，狐白凫翥；今富者鞼耳银镊韅，黄金琅勒，罽绣弁汗，垂珥胡鲜；今富者银口黄耳，金罍玉钟；今宾昏酒食，接连相因，折醒什半，弃事相随，虑无乏日；今闾巷县佰，阡伯屠沽，无故烹杀，相聚野外；今富者祈名岳，望山川，椎牛击鼓，戏唱儛像；今世俗宽于行而求于鬼，饰伪行诈，为民巫祝，以

① 《盐铁论·通有》。

② 《盐铁论·散不足》。

③ 《盐铁论·散不足》。

求致富；今富者黼绣帷幄，涂屏错跗；今富者绣茵翟柔，蒲子露林；今富者钟鼓五乐，歌儿数曹；今富者棺木绣墙题凑；今富者积土成山，列树成林，台榭连阁，集观增楼；今富者嫁娶之服，皮衣朱貉，繁露环佩；今诸侯妻妾百数，卿大夫妻妾十数；今工异变而吏殊心，坏败成功，迎合富人心意，不恤民之急，田野不辟而饰亭落，邑居丘墟而高其郭；今猛兽奇虫不可以耕耘，而令当耕耘者养食之，百姓或短褐不完，而犬马衣文绣，黎民或糠糟不接，而禽兽食肉；今县官多畜奴卑，坐禀衣食，私作产业，为奸利，百姓或无斗筲之储，官奴累百金，黎民昏晨不释事，奴卑垂拱遨游也。如此等等，追求奢华享受，不务正业，荒芜本业，给国家、人民带来了深重的灾祸，这些罪孽是谁造成的呢？当然是汉武帝了。贤良不敢直指武帝之名，只好以指秦始皇之名，举汉武帝之事，以寓武帝之过。所以说：

> 及秦始皇览怪迂，信机祥，使卢生求羡门高、徐市等入海求不死之药。当此之时，燕、齐之士释锄耒，争言神仙方士，于是趣咸阳者以千数，言仙人食金饮珠，然后寿与天地相保。于是数巡狩五岳，滨海之馆，以求神仙蓬莱之属。数幸之郡县，富人以资佐，贫者筑道旁。其后小者亡逃，大者藏匿。吏捕索掣顿，不以道理。名宫之旁，庐舍丘落，无生苗立树。百姓离心，怨思者十有半。①

这里说的是秦始皇，实指汉武帝，始皇与武帝，何其相似乃尔：好大喜功，追求奢华，妄求仙药，企求长生，败坏民生，百姓离心，怨恨十足。

由于以上的种种苛政、靡风、弊端、危害，贤良们从事实中作出了这样的论断：

> 宫室奢侈，林木之蠹也。器械雕琢，财用之蠹也。衣服靡

① 《盐铁论·散不足》。

> 丽，布帛之蠹也。狗马食人之食，五谷之蠹也。口服从恣，鱼肉之蠹也。用费不节，府库之蠹也。漏积不禁，田野之蠹也。丧祭无度，伤生之蠹也。堕成变故伤功，工商上通伤农。故一杯棬用百人之力，一屏风就万人之功，其为害亦多矣。①

追求各种奢侈浮华，把工夫花在无用的事项上，把财物耗费在不急的事业上，造就了各行各业的蛀虫，侵蚀器物，败坏财物，为害国家，伤害农民。

伴随国家财产的浪费和豪族财产的占有，富商与农民日益分化、对立，商贾与官吏勾结、串通，更有甚者则是酷吏借机聚敛财富，鱼肉百姓，从而造成了社会危机，加剧了各种矛盾。文学说：

> 县官用不足，故设险兴利之臣起，磻溪熊罴之士隐。泾、淮造渠以通漕运，东郭偃、孔仅建盐铁，策诸利，富者买爵贩官，免刑除罪，公用弥多而为者徇私，上下无求，百姓不堪抗弊而从法。故憯急之臣进，而见知废格之法起。杜周，咸宣之属以峻文决理贵，而王温舒之徒以鹰隼击杀显。其欲据仁义以道事君者寡，偷合取容者众。②

文学指出，酷吏获利，掌权枉法，买官卖官，恶毒严酷，残害人民，而使智慧之人、勇武之士隐居不仕，这些贪官酷吏更加为所欲为，横行不法。如东郭咸阳、孔仅、杜周、咸宣、王温舒之流，或以盐铁暴富为官害人，或官商勾结巧取豪夺，或施行严刑峻法荼毒百姓。司马迁在《史记·平准书》中已指出：东郭咸阳、孔仅，靠盐铁发财致富，当了大官，管理经济，享有特权，掠夺财富。《史记·酷吏列传》所列举的十个酷吏中，就有杜周、咸(减)宣、王温舒，并指出："自郅都、杜周十人者，此皆以酷烈为声。"如此贪官酷吏治理国家，管理经济，司法行法，百姓还能生活？社会还不陷

① 《盐铁论·散不足》。

② 《盐铁论·刺复》。

入危机吗?

据此，文学指出，有权势地位的高官，凭借势位枉法聚财暴富，百姓游手好闲而弄虚作假，结果无人从事农业生产，更加剧了社会矛盾。所以说：

> 有司之虑远，而权家之利近，令意所禁微，而僭奢之道著。自利害之设，三业之起，贵人之家云行于途，毂击于道，攘公法，申私利，跨山泽，擅官市，非特巨海鱼盐也；执国家之柄以行海内，非特田常之势、陪臣之权也；威重于六卿，富累于陶、卫，舆服僭于王公，宫室溢于制度，并兼列宅，隔绝闾巷，阁道错连足以游观，凿池曲道足以骋骛，临渊钓鱼，放犬走兔，隆豺鼎力，蹋鞠斗鸡，中山素女抚流征于堂上，鸣鼓巴俞作于堂下，妇女被罗纨，婢妾曳絺纻，子孙连车列骑，田猎出入，毕弋捷健。是以耕者释耒而不勤，百姓冰释而懈怠。何者？已为之而彼取之，僭移相效，上升而不息，此百姓所以滋伪而罕归本也。①

权势之家，超越本分，利用盐铁、酒榷、均输三业，牟取暴利，掌握权柄，掠夺财富，奢侈无度，上行下效，奢侈之风愈演愈烈，不可遏止。连老百姓也滋伪弄假，很少务农了。

贤良认为，这种由富而贵，由贵而富，富贵相连，权钱勾结，以钱买官，以官弄钱，为所欲为，恶性发展，以权枉法，以钱赎罪，败坏国法，扰乱纲纪，是造成社会大乱的原因。这就是：

> 今吏道壅而不选，富者以财贾官，勇者以死射功。戏车鼎跃，咸出补吏，累功积日，或至卿相。垂青绳，擐银色，擅杀生之柄，专万民之命。弱者，犹使羊将狼也，其乱必矣；强者，则是予狂夫利剑也，必妄杀生也。是以往者郡国黎民相乘而不能理，或至锯颈杀不辜而不能正。执纲纪非其道，盖博乱

① 《盐铁论·刺权》。

愈甚。①

吏道腐败，贤者不得进用，不肖者不能罢免。尤其是以钱买官者，买了官之后，以官弄钱，滥用职权，妄杀无辜。这种恶官，不仅得不到惩治，反而累功积日，官至卿相。如此扰乱国家的政纲法纪，最终必然使国家大乱。

文学、贤良针对汉武帝以来推行的盐铁、酒榷、均输三项政策所造成的种种弊端，带来的各种危害，进行了全面而系统的揭露、批判。他们的主旨是罢盐铁、酒榷、均输，以求“进本退末，广利农业”。

针对文学、贤良的揭露、批判这“三业”之弊，大夫桑弘羊及其助手御史、丞相史，进行了反驳，认为应当继续推行盐铁、酒榷、均输政策，以求“本末并利，上下俱足”，故“罢之，不便也”。

桑弘羊们认为，自古以来，“立国家者，开本末之途，通有无之用”。② 所以应当多途发展经济，不能单靠发展农业，也要发挥商贾的作用。大夫说：

> 圣贤治家非一室，富国非一道。……使治家养生必于农，则舜不甄陶而伊尹不为庖。故善为国者，天下之下我高，天下之轻我重。以末易其本，以虚荡其实。
>
> 长沮、桀溺无百金之积，跖、蹻之徒无猗顿之富，宛、周、齐、鲁商遍天下。故乃万贾之富，或累万金，追利乘羡之所致也。富国何必用本农，足民何必井田也。③

桑弘羊指出，商业是财富的来源，治国、治家都不能只靠一途、一道，仅靠农业不能发财致富，长沮、桀溺无百金之积，只有商业才可以致富，宛、周、齐、鲁四大都会的商人，可以积累万金，令人

① 《盐铁论·除狭》。

② 《盐铁论·本议》。

③ 《盐铁论·力耕》。

羡慕，所以富国不必以农业为本。

大夫认为，商业不仅可以积累财富，而且可以使货物流通，做到均有无，通万物，调多寡，补不足。所以说："农商交易，以利本末。山居泽处，蓬蒿埆埆，财物流通，有以均之。是以多者不独衍，少者不独馑。"①加强货物流通，满足人民生活需要，有利于经济发展。

大夫认为，实行盐铁、酒榷、均输政策，可以为国家积累资金，保证军费开支，为抗击匈奴提供巨额的军费。因此，不能罢掉这些政策。大夫说：

> 匈奴背叛不臣，数为寇暴于边鄙。备之，则劳中国之士；不备，则侵盗不止。先帝哀边人之久患，苦为虏所系获也，故修障塞，饬烽燧，屯戍以备之。边用度不足，故兴盐铁，设酒榷，置均输，蕃货长财，以助边费。今议者欲罢之，内空府库之藏，外乏执备之用，使备塞乘城之士饥寒于边，将何以赡之？罢之，不便也。②

不仅如此，大夫还认为，这三项事业，还关系到国计民生，对这些有利于国计民生的事业，假如废除了，既使军费匮乏，又会使财政匮乏，国家没有财政积蓄、物资积累，则会造成救灾、备荒的困难，以至于危害农业的发展，所以对国家、人民都没有好处。大夫说：

> 圣人作为舟楫之用以通川谷，服牛驾马以达陵陆；致远穷深，所以交庶物而便百姓。是以先帝建铁官以赡农用，开均输以足民财。盐铁、均输，万民所戴仰而取给者，罢之，不便也。③

① 《盐铁论·通有》。
② 《盐铁论·本议》。
③ 《盐铁论·本议》。

> 盐铁之利，所以佐百姓之急，足军旅之费，务蓄积以备乏绝，所给甚众，有益于国，无害于人。百姓何苦尔，而文学何忧也?①
>
> 均输之物，府库之财，非所以贾万民而专奉兵师之用，亦所以赈困乏而备水旱之灾也。②

在大夫看来，实行盐铁、酒榷、均输政策，既可以“使民务本，不营于末，则无饥寒之累”,③ 又可以备水旱之灾，是有利无害之举，所以不能“罢之”。

大夫认为，实行盐铁、酒榷、均输政策，有利于加强中央集权制，巩固国家政权，削弱郡国割据势力，抑制豪强势力。桑弘羊说：

> 夫权利之处，必在深山穷泽之中，非豪民不能通其利。异时盐铁未笼，布衣有朐邴，人君有吴王，皆盐铁初议也。吴王专山泽之饶，薄赋其民，赈赡穷小，以成私威。私威积而逆节之心作。夫不早绝其源而忧其末，若决吕梁，沛然，其所伤必多矣。④
>
> 令意总一盐铁，非独为利入也，将以建本抑末，离朋党，禁淫侈，绝并兼之路也。……浮食豪民欲擅山海之货，以致富业，役利细民，故沮事议者众。铁器兵刃，天下之大用也，非众庶所宜事也。往者豪强大家得管山海之利，采铁石鼓铸，煮盐，一家聚众或至千金人，大抵尽收放流人民也。远去乡里，弃坟墓，依倚大家，聚深山穷泽之中，成奸伪之业，遂朋党之权，其轻为非亦大矣。⑤

---

① 《盐铁论·非鞅》。

② 《盐铁论·力耕》。

③ 《盐铁论·水旱》。

④ 《盐铁论·禁耕》。

⑤ 《盐铁论·复古》。

在大夫看来，如果不将盐铁等官营权收归中央，而由地方郡国的豪强势力经营，他们不仅以此聚敛财富，而且会结党营私，聚众闹事，成奸冒伪，为害国家。尤其是地方官吏贪污腐败，侵害百姓利益。由于"为吏既多不良矣，又侵渔百姓。长吏厉诸小吏，小吏厉诸百姓。故不患择之不熟，而患求之与得异也；不患其不足也，患其贪而无厌也"。[①] 贤良认为："贪鄙在率(按指上级领导)不在下，教训在政不在民也。"[②]大夫认为，"贪而无厌"是下级官吏的事，只要把盐铁等经营权收归中央，就可以巩固国家统一，抑制豪强兼势力发展，杜绝下级官吏贪腐。因此，盐铁官营，不可罢也。

从以上所述，我们可以清楚地看到，桑弘羊及其助手御史、丞相史与文学、贤良关于盐铁、酒榷、均输政策"罢之，不便也"与"罢之，为便也"的争论，基本上反映了当时的社会现实和治国方略。桑弘羊所代表的中央政权势力对于来自郡国、民间的代表文学、贤良所揭露的种种弊端，虽然作了种种回答、辩护，但是却显得空洞无力，没有以具体事实反驳、回击，因为文学、贤良确实看到汉武帝以来中央政权的政治弊端、经济失策、官商勾结、酷吏枉法、民风奢华、道德滑坡等事实，所以论得有理有据，故使桑弘羊这些大官们不好反驳，只能抽象、原则应对，自我标榜、被动应对。我们从《盐铁论》中没有看到桑弘羊"舌战群儒，力排众议"的"反潮流精神"。正因为如此，盐铁会议之后，则"罢榷酤而盐铁则如旧"。从《盐铁论》中桑弘羊114次的发言中，他自始至终坚持官营政策的正确性，拒绝批评、建议，强调"三项事业"都不能罢掉、废除。他"以为此为国家大业，所以制四夷，安边足用之本，不可废也。乃与丞相千秋共奏罢酒酤。弘羊自以为国兴大利，伐其功，欲为子弟得官，怨望大将军霍光，遂与上官桀等谋反，诛灭"。[③]既认为"不可废"，又与丞相田千秋共奏"罢酒酤"，说明桑弘羊也许开始认识官营政策之非，而采取部分罢之，部分行之，这是形势

① 《盐铁论·疾贪》。

② 《盐铁论·疾贪》。

③ 《汉书·食货志第四》下。

迫之。

第二节 “礼治”与“法治”之争

由盐铁等官营政策之争而引申出关于“礼治”与“法治”之争。其实质是推行“礼乐仁义”教化人民，还是实行“严刑峻法”打杀人民。就此，大夫与文学、贤良展开了激烈的论争。

文学、贤良总结了历史上的治国经验教训，法家施法的长短得失，尤其是秦朝的苛政严刑、汉武帝的酷吏枉法的严重恶果，因此，他们主张仁义礼治，反对严刑峻法，酷吏弄法。所以说：

> 礼义者国之基也，而权利者政之残也。……故非崇仁义无以化民，非力本农无以富邦也。①
>
> 礼所以防淫，乐所以移风，礼兴乐正则刑罚中。……礼义立，民无乱患。故礼义坏，堤防决，所以治者，未之有也。……治国谨其礼，危国谨其法。②

文学、贤良认为，仁义礼乐是化民成俗、治理国家的最好措施。所以“君子立仁修义以绥其民，故迩者习善，远者顺之”。③ 因为礼义是防止人民造反叛乱的堤防，因此教民为善，人民有礼义道德，彼此相让不争夺，天下就太平了。“是以王者设庠序，明教化，以防道其民，及政教之洽，性仁而喻善。故礼义立则耕者让于野，礼义坏则君子争于朝，人争则乱。”④因此，古代“圣王之治世，不离仁义”，“上自黄帝，下及三王，莫不明德教，谨庠序，崇仁义，立教化。此百世不易之道也”。⑤ 以仁义、礼治教化万民，使人民明

① 《盐铁论·轻重》。
② 《盐铁论·论诽》。
③ 《盐铁论·备胡》。
④ 《盐铁论·授时》。
⑤ 《盐铁论·遵道》。

白什么是善、什么是恶，并使仁义、礼让成为人们的习惯天性，人民就会彼此和谐相处，谦让成风，这样“民安有不仁者乎?”①天下安有不治者乎? 所以这是百世都不能改变的治道。

文学、贤良主张仁义礼治、德治，并非排斥、否定法令、法治。他们认为，应当以仁义礼治、德治为主，而以法令、法治为辅，所以应当先教化、礼治，后法治、用刑。这就是:

> 贤良曰：古者笃教以导民，明辟以正刑。刑之于治，犹策之于御也。良工不能无策而御，有策而勿用。圣人假法以成教，教成而刑不施。故威厉而不杀，刑设而不犯。②
>
> 文学曰：道德众，人不知所由；法令众，民不知所辟。故王者之制法，昭乎如日用，故民不迷；旷乎若大路，故民不惑。……是以法令不犯，而狱犴不用也。昔秦法繁于秋荼，而网密于凝脂。然而上下相遁，奸伪萌生，有司法之，若救烂扑焦不能禁。非网疏而罪漏，礼义废而刑罚任也。……故治民之道，务笃其教而已。
>
> 德教废而诈伪行，礼义坏而奸邪兴，言无仁义也。仁者，爱之效也；义者，事之宜也。故君子爱仁以及物，治近以及远。……法者，缘人性而制，非设罪以陷人也。……伤人有创者刑，盗有臧者罚，杀人者死。③

文学、贤良认为，治国行政、理民导民，主要在于礼义教化、礼治仁爱，不在于政苛法繁、酷刑打杀。礼治、仁爱，近可以仁民爱物，远可以召附远人。法律、刑罚，要依靠人性而制订，惩罚要适当合理，而不是以酷刑峻法残杀人民，更不可将法律作为祸害人民的陷阱。法令高悬，民知法不犯法，一旦犯法则依法惩治。如果法繁刑酷，民众防不胜防，法网愈密，奸伪愈生，监狱不治，罪犯愈

① 《盐铁论·授时》。

② 《盐铁论·后刑》。

③ 《盐铁论·刑德》。

多，国家愈乱。

在文学、贤良看来，“法能刑人而不能使人廉，能杀人而不能使人仁”。人们之所以“贵良吏者，贵其绝恶于未萌，使之不为非，非贵其拘之囹圄而刑杀之也”。“故世不患无法，而患无必行之法也。”①好的治政者、执法者，不是以刑法惩罚人、打杀人，而是教民知法、畏法，而不犯法，杜绝犯法于未萌之时，使民不陷入囹圄而遭刑杀，这样的官吏，才是“良吏”。

文学指出，国家制定法律、法规，是为了保护人民、安定人民的，不是为了惊扰人民、残害人民的。所以说：

> 民之仰法，犹鱼之仰水。水清则静，浊则扰。扰则不安其居，静则乐其业。乐其业则富，富则仁生，澹则争止。是以成、康之世，赏无所施，法无所加。非可刑而不刑，民莫犯禁也；非可赏而不赏，民莫不仁也。若斯，则吏何事而理？今之治民者若拙御，马行则顿之，止则击之。……(严刑)不能禁，峻法不(能)止。②

严刑峻法，不仅不能禁邪、诛暴，而且只会惊民、疲民，其结果则是既破坏了人民的安居乐业，又使人民疲惫不堪，“罢民不畏刑法”，便是与无法一样。

文学从繁法、峻法惊民、扰民的认识出发，对申不害、商鞅以来所推行的而为大夫们所实行的“连坐法”表示极力反对，双方就此展开了辩论。文学说：

> 纣为炮烙之刑，而秦有收帑之法。赵高以峻文决罪于内，百官以峭法断割于外。死者相枕席，刑者相望，百姓侧目重足，不寒而栗。……方此之时，岂特冒火蹈刀哉？然父子相背，兄弟相慢，至于骨肉相残，上下相杀。非刑轻而罚不必，

① 《盐铁论·申韩》。

② 《盐铁论·诏圣》。

令大严而仁恩不施。故政宽而下亲上，政严则民谋主。晋厉以幽，二世见杀。恶在峻法之不犯，严家之无悍虏也？圣人知之，是以务知而不务威。故高皇帝约秦苛法，以慰怨毒之民，而长和睦之心，唯恐刑之重而德之薄也。是以施恩无穷，泽流后世。商鞅、吴起以秦、楚之法为轻而累之，上危其主，下没其身。①

严法峻刑，不可久也。二世信赵高之计，渫笃责而任诛断，刑者半道，死者日积。杀民多者为忠，厉民悉者为能。百姓不胜其求，黔首不胜其刑，海内同忧，而俱不聊生。……死不再生，穷鼠啮貍。匹夫奔万乘，舍人折弓，陈胜、吴广是也。当此之时，天下期俱起方面而攻秦，闻不一期而社稷为墟。恶在其能制群下而久守其国也。

御史默然不对。②

凡是实行严刑峻法，诛杀百姓，为害国家者，都没有好结果、好下场。纣王实行炮烙之法，秦王实行收帑之法，商鞅实行连坐之法，吴起施行累重之法，赵高推行峻峭之法，以此打杀百姓，百姓不胜其刑，天下同忧，俱不聊生。这种罪恶施法，终于遭到人民的反抗，这些人不是身死，就是国亡。远的不说，就说秦朝，陈胜、吴广，振臂一呼，天下响应，不到一年，秦朝灭亡。御史面对文学此论，无法回答，只好“默然不对”。

关于“礼治”与“法治”的争论中，桑弘羊依然是坚持法治，反对礼治，他不同意文学对商鞅的看法、评价，而充分肯定商鞅的法治、功绩。这就是：

大夫曰：昔商君相秦也，内立法度，严刑罚，饰政教，奸伪无所容。外设百倍之利，收山泽之税 ，国富民强，器械完饰，蓄积有余。……有益于国，无害于人。百姓何苦尔，而文

① 《盐铁论·周秦》。

② 《盐铁论·诏圣》。

学何忧也。①

推行法治，既可以惩治奸伪之人，又可以使国富民强，这种"有益于国，无害于人"之策，文学何必担忧呢?

基于这种思想认识，大夫认为，当今乱世，更需要进行法治，推行高压政策，非如此不可稳定政局，拯救顽民。所以大夫说：

> 杜大夫、王中尉之等，绳之以法，断之以刑，然后寇止奸禁，故射者因势，治者因法……异时各有所施。今欲以敦朴之时，治抗弊之民，是犹迂延而拯溺，揖让而救火也。②

大夫认为，时代不同了，要用不同的法治惩罚"抗弊之民"，故应效法"酷吏"杜周、王温舒的严酷办法，对百姓"绳之以法，断之以刑，然后寇止奸禁"。大夫之"法治"与酷吏之"酷刑"如出一辙，令人寒慄。

大夫针对贤良的"君子急于教，缓于刑。刑一而正百，杀一而慎万"③的主张，认为只有以刑罚惩治，方可除掉恶人，端正民众。大夫说：

> 人君不畜恶民，农民不畜无用之苗。无用之苗，苗之害也；无用之民，民之贼也。锄一害而众苗成，刑一恶而万民悦。虽周公、孔子不能释刑而用恶。……故刑所以正民，锄所以别苗也。④

因此，要大刀阔斧、毫不犹豫地施行刑罚，禁止奸恶。桑弘羊认为，因为"刑法可以止暴"，所以对"内不从父兄之教，外不畏刑法

① 《盐铁论·非鞅》。
② 《盐铁论·大论》。
③ 《盐铁论·疾贪》。
④ 《盐铁论·后刑》。

之罪”的“不能化”之民，不仅要用刑法，而且要用严刑酷法。他说：

> 令者，所以教民也；法者，所以督奸也。令严而民慎，法设而奸禁。网疏则兽失，法疏则罪漏。罪漏则民放佚而轻犯禁。故禁不必，法夫侥幸，诛诚，跖、蹻不犯。是以古者作五刑，刻肌肤而民不逾矩。
>
> 文学言王者立法，旷若大路。今驰道不小也，而民公犯之，以其罚罪之轻也。千仞之高，人不轻凌；千钧之重，人不轻举。商君刑弃灰于道，而秦民治。故盗马者死，盗牛者加，所以重本而绝轻疾之资也。武兵名食，所以佐边而重武备也。盗伤与杀同罪，所以累其心而责其意也。……故轻之为重，浅之为深，有缘而然。法之微者，固非众人之所知也。[①]

桑弘羊主张，不仅要以法行政、治民，而且要严刑重罚、轻罪重罚，以至实行“五刑”：墨、劓、宫、刖、杀，刻削肌肤，伤残肉体。他认为，只有实行这种严酷法治、法令，才能使民众知法而不逾矩。如此对待人民，实为酷吏乱法。因此，当文学以“法者，缘人性而制，非设罪以陷人”来反驳桑弘羊时，他只能理屈辞穷，“俯仰未应对”。[②] 当然，他也无法应对。

文学、贤良与大夫、御史、丞相史关于“礼治”与“法治”之争，实质是以宽松和谐政策治国，对人民实行让步、教而后罚的政策，还是以严刑峻法方术维护统治，实行汉武帝以来推行的高压、屠杀政策，对人民推行诛而不教的政策之争。双方争论的焦点是如何对待人民、维护政权的问题，根本不是什么“儒法斗争”、“革新派”与“守旧派”的斗争。

---

① 《盐铁论·刑德》。

② 《盐铁论·刑德》。

第三节 “崇古”与“尊今”之争

盐铁会议上，另一个主要辩论议题是“古今之变”。这种争论，表面看来，是崇古、复古与尊今、合世之争，实际上则是对盐铁官营等现行政策的不同看法、态度，所以为盐铁、酒榷、均输问题争论的深入和延续。

大夫认为，由于时代变异、朝代更迭，所以应当随时世之变，趋舍适变，不应当复古道，守旧术，承其弊。大夫说：

> 汤、文继衰，汉兴乘弊。一质一文，非苟易常也。俗弊家法，非务变古也，亦所以救失扶衰也。故教与俗改，弊与世易。①
>
> 今文学言治则称尧、舜，道行则言孔、墨，授之政则不达。怀古道而不能行，言直而行之枉，道是而情非。②
>
> 丞相史进曰：晋文公谲而不正，齐桓公正而不谲，所由不同，俱归于霸。而必随古不革，袭故不改，是文质不变，而椎车尚在也。故或作之，或述之，然后法令调于民，而器械便于用也。孔对三君殊意，晏子相三君异道，非苟相反，所务之时异也。③

大夫等从“以近世观之，自以目有所见，耳有所闻，世殊而事异”的观点出发，以“辩国家之政事”，“忧国家之用、边境之费”的自我标榜，肯定盐铁官营政策是“时世异务”之良策，指斥文学“安可坚任古术而非今之理也”。④ 据此，他们讥讽文学、贤良是“呻吟槁简，诵死人之语”⑤，“信往而乖于今，道古而不合于世务”⑥，强

① 《盐铁论·错币》。

② 《盐铁论·相刺》。

③ 《盐铁论·遵道》。

④ 《盐铁论·国疾》。

⑤ 《盐铁论·大论》。

⑥ 《盐铁论·刺复》。

调“异时各有施”,① 进而攻击“孟轲守旧术，不知世务，故困于梁、宋。孔子能方不能圆，故饥于黎丘。今晚世之儒勤德，时有乏匮，言以为非困此不行”。② 在大夫、御史、丞相史们看来，文学、贤良们都是些“能言而不能行，居下而讪上，处贫而非富，大言而不从，高厉而行卑”③，却不知“时世异务”，适时更法的守旧术之人，只能言而不能行，所以“道古而不合于世务”，对治国无用，对今世有害。而大夫们才是“知世务”、“更弊法”以“合于世务”而“合于今”的人。为此，他们要实行合于当今的高压政策，为国敛财，实则为己聚财致富。

针对大夫们的攻击、讽刺，文学、贤良进行了反击、驳斥。他们指出，大夫们实行的“变古”、“更法”政策，违背了“古今通达”原则，恰恰背离了下古先贤的治国之道。他们说：

> 古者贵德而贱利，重义而轻财。三王之时，迭盛迭衰。衰则扶之，倾则定之。是以夏忠、殷敬、周文，庠序之教，恭让之礼，粲然可得而观也。及其后，礼义弛崩，风俗灭息。故自食禄之君子违于义而竟于财，大小相吞，激转相倾。
>
> 夫救伪以质，防失以礼。汤、文继衰，革法易化，而殷、周道兴。汉初乘弊而不改易。④

文学指出，大夫们打着“教与俗改，弊与世易”的幌子，实际是为相互争夺财富。国家官吏、朝廷命官，“食禄之君子”，利用职权相互争夺，大小相吞，激烈倾轧，打击对方。其实，历代治国者，并非不变，而是依据盛衰不同，为了扶危定倾，而变革旧法，移风易俗，“革法易化”。反倒是汉朝继承秦始皇的严刑峻法之积弊而不更易、不改革。

---

① 《盐铁论·大论》。

② 《盐铁论·论儒》。

③ 《盐铁论·地广》。

④ 《盐铁论·错币》。

大夫、丞相史指责文学、贤良的尊先王之道是“饰虚言以乱实，道古以害今”。“随古不革，袭故不改”，文学的回答是：

> 圣王之治世，不离仁义。故有改制之名，无变通（道）之实。上自黄帝，下及三王，莫不明德教，谨庠序，崇仁义，立教经。此百世不易之道也。殷、周因修而昌，秦王变法而亡。《诗》云：“虽无老成人，尚有典刑。”言法教故设而存之，举而贯之，贯而行之。何更为哉？①

就是说，古圣先王治世而成功的基本原则不能改道，而治国的制度、方法是可以变通的，变与不变，在于遵道、合理，不能说“变法”就好，“因循”就不好，“殷、周因修而昌，秦王变法而亡”，就是明证。

究其实，文学、贤良所主张的“复古”，“在于崇礼义，退财利，复往古之道，匡当世之失，莫不云太平”，并以此反对“有司桎梏于财利”。② 揭露贪官、酷吏以变法、合世为名，而行酷法剥民以聚敛财富。就是说，不是为了“复古”、“倒退”，而是为了“匡今”，“太平”。

文学、贤良指出，大夫以“异务”、“变法”为名，实际是“君奢侈而上多求，民困其下“③，为国君奢侈重敛，为硕鼠盗粮立论的，即为暴君、贪官而立法、合世的。他们为了给人民“兴利害”，使人民“劳而息之，极而反本”，所以提倡“古之道也”。④ 进而指斥大夫以“变法”为名，行“苛法”之实。文学说：

> 夫不治其本而事其末，古之所谓愚，今之所谓智。以箠楚正乱，以刀笔正文，古之所谓贼，今之所谓贤也。⑤

---

① 《盐铁论·遵道》。
② 《盐铁论·利议》。
③ 《盐铁论·取下》。
④ 《盐铁论·击之》。
⑤ 《盐铁论·大论》。

打着“俗弊更法”、“时世异务”、“改制更法”的旗号，实为利用刀笔吏，行酷法以害民，对于大夫这种颠倒古今、智愚、贼贤的行径，文学、贤良当然要极力反对了。

由上述可见，文学、贤良与大夫、御史关于“复古”与“更法”之争，其本质并不是进步、革新与反动、保守之争，更不是“儒法斗争”，而是关于如何治理国家的不同政见之争。因此，我们要尊重历史事实，对此作客观的、具体的分析评述。

第四节　“和亲”与“抗战”之争

匈奴贵族自秦汉以来，就为中国北方边境的大患。在盐铁会议上，桑弘羊与文学、贤良就汉武帝抗击匈奴的战争，在当前是应当“和亲”还是继续“击之”，展开了激烈的争论。

争论的诱因，还是关涉盐铁等官营政策的推行。争论伊始，桑弘羊在回击文学罢盐铁等之议时，就提出：

> 匈奴背叛不臣，数为寇暴于边鄙。备之，则劳中国之士；不备，则侵盗不止。先帝哀边人之久患，苦为虏所系获也，故修障塞，饬烽燧，屯戍以备之。边用度不足，故兴盐铁，设酒榷，置均输，蕃货长财，以佐助边费。今议者欲罢之，内空府库之藏，外乏执备之用，使备塞乘城之士寒于边，将何以赡之？罢之，不便也。
>
> 匈奴桀黠，擅恣入塞，犯厉中国，杀伐郡县朔方都尉，甚悖逆不轨，宜诛讨之日久矣。……纵然有被坚执锐，有北面复匈奴之志，又欲罢盐铁、均输，忧边用，损武略，无忧边之心，于其义未便也。①

桑弘羊指出，由于匈奴背约，屡次侵扰边境，使中原经常受害，汉

① 《盐铁论·本议》。

武帝关心边民之苦，修筑边塞防御据点，并派兵屯戍边疆，防备匈奴之侵，因此，需要大量军费。盐铁、酒榷、均输，就是为了增加财政收入，供应守边费用，故不能罢掉。再说对匈奴这个凶狠狡猾，专横暴虐，屡犯中国的敌人，只能以武略对之，如果罢盐铁等，则是不关心国家安全，不担忧边民苦处。

第二次盐铁会议开始，桑弘羊首先提出抗击匈奴，完成武帝遗志的问题。他反对“和亲”，主张“击之”。他说：“先帝绝三方之难，抚从方国，以为蕃蔽，穷极郡国，以讨匈奴。……是以主上欲扫除，烦仓廪之费也。①为此，必须备兵、备战，准备“击之”，不能以“和亲”而偃武休兵。

桑弘羊总结了历史的教训，特别是汉朝以来实行“和亲”政策的教训，明确指出，朝廷并不是穷兵好战，因为匈奴贵族狡猾多变，贪婪成性，不讲信义，背叛和约，破坏和亲，侵犯边境，对这种敌人，不可怀德，不能和亲，只有用战争武力打败，消灭匈奴，方可解除边境之忧、边民之苦。他说：

> 汉兴以来，修好，结和亲，所聘遗单于者甚厚。然不纪重质厚赂之故改节，而暴害滋甚。先帝睹其可以武折而不可以德怀，故广将帅，招奋击，以诛厥罪。……夫偷安者后危，虑近者忧迩。②
>
> 自春秋诸夏之君会聚相结，三会之后，乖离相疑，伐战不止。六国从亲，寇带相结，然未尝有坚约。况禽兽之国乎！……匈奴数和亲而常先犯约，贪侵盗驱，长诈谋之国也，仅复无信，百约百叛，若朱、象之不移，商均之不化。而欲信其用兵之备，亲之以德，亦难矣。③

针对文学、贤良的“和亲”、“厚赂”、“以德亲近”、“四海之内皆

① 《盐铁论·击之》。
② 《盐铁论·结和》。
③ 《盐铁论·和亲》。

为兄弟"的谬论，桑弘羊据理予以驳斥。"匈奴以虚名市于汉而实不从，数为蛮貊所绐，不痛之，何故也?"①所以说，文学、贤良的"和亲"之策，是苟且偷安，只顾眼前，不看长远的危险政策，"偷安者后危，虑近者忧迩"。据此，桑弘羊进一步指出："当世之务，后世之利也。今四夷内侵，不攘，万世必有此长患。先帝兴义兵以诛暴强。……故圣主斥地，非私其利，用兵，非徒奋怒也，所以匡难辟害，以为黎民远虑。"②为民除害，为国远虑，以义兵诛暴强，这个功勋是应载史册的。

从巩固国防、保卫国家、保护边民的角度而言，不除掉匈奴这个心腹大患，则是国无宁日，民不聊生，为了国家的长远利益，人民的长久安生，对匈奴作战，虽然战争会损财、丧命，但是以短痛而去长痛，也是利大于弊，得多于失的。桑弘羊说：

> 中国与边境，犹支体与腹心也。夫肌肤寒于外，腹肠疾于内，内外之相劳，非相为助也。唇亡则齿寒，支体伤而心憯怛。故无手足则支体废，无边境则内国害。……今匈奴蚕食内侵，远者不离其苦，独边境蒙其败。……不征备，则暴害不息。故先帝兴义兵以厥罪，遂破祁连天山，散其聚党，北略至龙城，大围匈奴，单于失魂，仅以身免，乘奔逐北，斩首捕虏十余万。控弦之民，旃裘之长，莫不沮胆，挫折远遁，遂乃振旅。浑耶率其众以降，置五属国以治胡，则长城之内，河山之外，罕彼寇灾。于是下诏令，减戍漕，宽徭役。初虽劳苦，卒获其庆。③

内地与边疆，如同肢体与腹心、嘴唇与牙齿的关系，边疆不保、不安，内地难保、难安，便如"唇亡而齿寒，支体伤而心憯怛"。汉武帝举义兵而征伐匈奴元凶，经过祁连山、龙城的保卫战，大败匈

① 《盐铁论·结和》。
② 《盐铁论·结和》。
③ 《盐铁论·诛秦》。

奴，安定边境，整军回师。于是下诏令，减戍漕，宽徭役。虽然开始时兵民劳苦，最终兵民庆贺。这就是用兵之利。否则，匈奴屡次侵扰，“暴害不息”，祸患不断。

桑弘羊认为，文学所说的“去武行文，废力尚德”之言，不仅是不可行于当世的空话，而且是滑稽不可修的笑话，简直是混淆是非。他说：

> 诸生妄言！……滑稽而不可修。夫汉之有匈奴，譬若木之有蠹，如人有疾，不治则寝以深。故谋臣以为击夺以困极之。诸生言以德怀之，此有其语而不可行也。①

在桑弘羊看来，对匈奴这个屡背和约，言而无信的狡猾凶恶的敌人，还讲“以德怀之”，这是文学诸生“知文而不知武，知一而不知二”②的“空言”、“妄言”，只有军事武力才能消除匈奴这个心腹大患。“故兵革者国之用，城垒者国之固也；而欲罢之，是去表见里，示匈奴心腹也。匈奴轻举潜进，以袭空虚，是犹不介而当矢石之蹊，祸必不振。此边境之所惧，而有司之所忧也。“③不加强边疆建设，修筑防御工程，巩固国防，只能使匈奴轻举潜进，大肆侵掠，所以罢兵，和亲之策，令边民惧，边官忧。

基于这种认识，桑弘羊主张积极备战，加强练兵，增强士卒的作战勇气，提高军队的战斗能力。他说：

> 有备则制人，无备则制于人。故仲山甫补衮职之阙，蒙公筑长城之固，所以备寇难而折冲万里之外也。今不固其外，欲安其内，犹家人不坚垣墙，狗吠夜惊而暗昧妄行也。
>
> 为国必察土地、山陵、阻险、天时、地利，然后可以王霸。故制地城郭，饬沟垒，以御寇固国。……三军顺天时，以

① 《盐铁论·世务》。

② 《盐铁论·和亲》。

③ 《盐铁论·和亲》。

实击虚，然固于险阻，敌于金城。①

有了战争准备，才不怕敌人侵扰，没有战争准备，就会受制于敌人，所以要利用天时、地利，修筑防御工事，使之固若金汤，就可以防备敌人、打败敌人。因为“匈奴无城廓之守，沟池之固，修戟强弩之用，仓廪府库之积，上无义法，下无文理，君臣嫚易，上下无礼。织柳为室，旃席为盖，素弧骨镞，马不粟食。内则备不足畏，外则礼不足称”。而“中国，天下腹心，贤士之所总，礼义之所集，财用之所殖也。夫以智谋愚，以义伐不义，若因秋霜而振落叶”。② 中国与匈奴如此对比，中国必胜，匈奴必败。所以说：“今诚得勇士，乘强汉之威，凌无义之匈奴，制其死命，责以其过。……推锋捬锐，穹庐扰乱，上下相遁，因以轻锐随其后，匈奴必交臂，不敢格也。”③如此说来，打败匈奴，不可怀疑，一人当百，毫无问题。为此，要坚定打败匈奴的必胜信心，并一定能战胜这个凶顽之敌。

文学、贤良则与桑弘羊相反，他们反对桑弘羊的打击匈奴之策，而主张实行“和亲”政策。他们的理论根据则是儒家的“王者无敌”、“仁者无敌”、“贵德贱兵”、“以德怀远”的说教。文学说：

> 古者贵以德而贱用兵。孔子曰：“远人不服，则修文德以来之，既来之，则安之。”今废道德而任兵革，兴师而伐之，屯戍而备之，暴兵露师以支久长，转输粮食无已，使边境之士饥寒于外，百姓劳苦于内。立盐铁，始张利官以给之，非长策也。故以罢之为便也。
>
> 孔子曰：“有国有家者，不患寡而患不均，不患贫而患不安。”故天子不言多少，诸侯不言利害，大夫不言得丧。畜仁义以风之，广德行以怀之。是以近者亲附而远者悦服。故善克

① 《盐铁论·险固》。
② 《盐铁论·论功》。
③ 《盐铁论·论勇》。

> 者不战，善战者不师，善师者不阵。……王者行仁政，无敌于天下，恶用费哉？①

文学认为，自古以来，就贵道德而贱用兵，所以要以仁义道德使近者亲附、远者悦服，就可以无敌于天下，以此不用兵而胜人，当然可以不劳民、不运粮、不用费了。因此，盐铁等策，“罢之为便也”。

在文学、贤良看来，施行仁政，以仁义使民近者亲附、远者悦服，是从古至今最好的政策。所以说：

> 古者，君子立仁修义以绥其民，故迩者习善，远者顺之。是以孔子仕于鲁，前仕三月及齐平，后仕三月及郑平，务以德安近而绥远。……故为政而以德，非独辟害折冲也，所欲不求而自得。今百姓所以嚣嚣，中外不宁者，咎在匈奴。内无室宇之守，外无田畴之积，随美草甘水而驱收。匈奴不变业，而中国以骚动矣。②
>
> 《春秋》“王者无敌”，言其仁厚，其德美，天下宾服，莫敢受交也。德行延及方外，舟车所臻，足迹所及，莫不被泽。蛮貊异国，重译自至。方此之时，天下和同，君臣一德，内外相信，上下辑睦。兵设而不试，干戈闭藏而不用。③

文学、贤良认为，只要实行仁义德政，天下就会相安无事，当时之所以上下都不安宁，就在于对匈奴战争，其实匈奴以牧业为生，随草放牧，到哪里都不影响中原人的生活，相反，倒是“中国以骚动矣”。如果“仁厚”、“德美”，和睦相处，上下和同，天下无事，就不用干戈了。所以说：“去武行文，废力尚德，罢关梁，除障塞，

---

① 《盐铁论·本议》。

② 《盐铁论·备胡》。

③ 《盐铁论·世务》。

以仁义导之，则此垂无寇虏之忧，中国无干戈之事矣。”[1]因为边境防守，在于仁义修不修，不在城堡固不固，“在德不在固”。如果“诚以行义为阻，道德为塞，贤人为兵，圣人为守，则莫能入。如此，则中国无狗吠之警，而边境无鹿骇狼顾之忧矣。”[2]

文学、贤良从这种认识出发，而断定“两主好合，内外交通，天下安宁，世世无患”。[3] 为此，他们力主和亲、厚赂，与匈奴“好合”。文学说：

> 往者，匈奴结和亲，诸夷纳贡，即君臣外内相信，无胡、越之患。当此之时……民安乐而无事。[4] 往者通关梁，交有无，自单于以下皆亲汉内附，往来长城之下。其后王恢误谋马邑，匈奴绝和亲。故当路结祸，纷拏而不解，兵连而不息。[5]

文学高喊“四海之内皆为兄弟也”的口号，信奉“世无不可化之民”[6]的教条，大谈和亲政策，而不顾匈奴屡屡侵掠为害甚巨的事实。就此而论，文学、贤良是愚不可及。

盐铁会议上，就“和亲”与“抗战”之争，显然大夫的抗战政策是正确的、合时的、合理的；文学、贤良的和亲政策是错误的、愚蠢的、不合理的。因为对待匈奴这样凶恶、狡猾、无信、侵掠成性的敌人，用仁义、道德、和亲、投降的政策，是不可能解决问题的，只有“击之”、“败之”，才能使国家安定、国防巩固、人民安生。

关于对匈奴的政策，是和亲，还是战争，班固在《汉书·匈奴传》下，作了很恰当的总结，评赞：

---

① 《盐铁论·世务》。
② 《盐铁论·险固》。
③ 《盐铁论·结和》。
④ 《盐铁论·结和》。
⑤ 《盐铁论·和亲》。
⑥ 《盐铁论·和亲》。

> 自汉兴，忠言嘉谋之臣曷尝不运筹策相与争于庙堂之上乎？高祖时则刘敬，吕后时樊哙、季布，孝文时贾谊、朝错，孝武时王恢、韩安国、朱买臣、公孙弘、董仲舒，人持所见，各有同异，然总其要，归两种而已。缙绅之儒则守和亲，介胄之士则言伐，皆偏见一时之利害，而未究匈奴之终始也。……昔和亲之论，发于刘敬。……约结和亲，赂遗单于，冀以救安边境。……匈奴寇盗不为衰止，而单于反以加骄倨。逮至孝文，与通关市，妻以汉女，增厚其略，岁以千金，而匈奴数背约来，边境屡被其害。……和亲无益，已然之明效也。

班固虽然指出："缙绅之儒则守和亲，介胄之士则言征伐，皆偏见一时之利害，而未究匈奴之终始也。"但是他经过一番"究匈奴之终始"后，而肯定"和亲无益"已是昭然明白之理。其根据是"匈奴数背约束，边境屡被其害"，且随着和亲政策发展，货赂增加，匈奴单于更加骄横傲慢。这与大夫之论是一致的。所以说"和亲"之策是错误而有害的，抗战政策是正确而有利的。

《盐铁论》大夫、御史、丞相史与文学、贤良以盐铁官营政策为中心而展开的种种争论，涉及政治、经济、军事等各个领域的问题，争论双方站在自己的立场、观点上，申论了自己的思想主张，且各有所据、有所主，涉及的领域是多方面的，争论的问题是复杂的，如果细论的话，远不止我们上述所论的这几个方面，所以我们不能用简单的二分法断定其为"儒法斗争"，或进步、前进与反动、保守之争等，而要作客观、具体的分析评论，以求反映历史的真相、全貌。

第十一章　刘向的思想

刘向，本名更生，字子政，沛(今江苏沛县)人。生于公元前77年，卒于公元前6年。

刘向为皇族楚元王刘交的四世孙。据《汉书·楚元王传》附《刘向传》载：刘向"年十二，以父德任为辇郎，既冠，以行修饬擢为谏大夫。是时，宣帝循武帝故事，招选名儒俊材置左右"，刘向以通达能属文辞，而与王褒、张子侨等并进见对诏，献赋颂数十篇。复任郎中，给事黄门，迁任散骑谏大夫给事中。

元帝即位，太傅萧望之为前将军，少傅周堪为诸吏光禄大夫，皆领尚书事，甚受尊任。刘向深受萧望之、周堪重视。他们认为刘向"宗室忠直，明经有行"，遂提拔刘向为散骑宗正给事中，一起辅政。当时，由于外戚许氏、史氏在位放纵，宦官弘恭、石显弄权。萧望之、周堪、刘向便与外戚、宦官展开了斗争。刘向以阴阳灾异推论时政得失，并弹劾外戚、宦官弄权误国。几经反复，刘向曾两次下狱，"免为庶人"，废居十余年。

成帝即位，石显等伏法，"更生乃复进用，更名向。向以故九卿召拜为中郎，使领护三辅都水，数奏封事，迁光禄大夫，官至中垒校尉。是时帝元舅阳平侯王凤为大将军秉政，倚太后，专国权，兄弟七人皆封为列侯。时数有大异，向以为外戚贵盛，凤兄弟用事之咎。而上方精于《诗》、《书》，观古文，诏向领校中《五经》秘书。向见《尚书·洪范》，箕子为武王陈五行阴阳休咎之应。向乃集合上古以来历春秋、六国至秦、汉符瑞灾异之记，推迹行事，连传祸福，著其占验，比类相从，各有条目，凡十一篇，号曰《洪范五行传论》，奏之。天子心知向忠精，故为凤兄弟起此论也，然终不能夺王氏权"。

刘向目睹汉朝统治者越来越奢侈淫逸，尤其是赵皇后等逾越礼制，目无礼法，认为："王教由内及外，自近者始。故采取《诗》、《书》所载贤妃贞妇，兴国显家可法制，及孽嬖乱亡者，序次为《列女传》，凡八篇，以戒天子。及采传记行事，著《新序》、《说苑》，凡五十篇奏之。数上疏言得失，陈法戒。书数十上，以助观览，补遗阙。上虽不能尽用，然内嘉其言，常嗟叹之。"刘向根据中书保存、自己收藏和民间流传的"传记行事"，经过自己的加工、重新编写、创作而成《新序》、《说苑》二书，所以此二书，可以视为表达刘向思想倾向的著作。

刘向处于西汉晚期，阶级矛盾和统治集团内部矛盾都十分尖锐，他目睹黑暗、腐败的社会现实，要求改善政治，摆脱社会危机，以维护西汉王朝统治。他的思想主张，在《新序》、《说苑》中充分体现出来。同时，刘向还在书中提出一些军事谋略思想。

第一节　阴阳五行的灾变论

刘向针对外戚秉政专权、宦官弄权误国的现实，与这两大集团势力展开了斗争，并期望以陈灾异之咎，告诫皇帝，不要依靠这两股恶势力，使大权旁落，危害国家。

刘向依伏生《尚书大传》来推演灾异，他把先秦至西汉当时的一切灾异，都与人君的言行联系起来，以"著天人之应"。

汉元帝时，刘向在与外戚许氏、史氏和宦官弘恭、石显的斗争中，便上封事谏，他以天人感应说明人君的言行与灾异的关系。《汉书·楚元王传》附《刘向传》中，对此有详细的记述：

> 臣闻舜命九官，济济相让，和之至也。众贤和于朝，则万物和于野。故箫《韶》九成，而凤皇来仪，击石拊石，百兽率武。四海之内，靡不和宁。及至周文，开基西郊，杂逮众贤，罔不肃和。……武王、周公继政，朝臣和于内，万国骓于外。……诸侯和于下，天应报于上。……此皆以和致和，获天助也。下至幽、厉之际，朝廷不和，转相非怨。……当是之

时，日月薄蚀而无光。……天变见于上，地变动于下，水泉沸腾，山谷易处。……霜降失节，不以其时。……民以是为非，甚众大也。此皆不和，贤不肖易位之所致也。自此之后，天下大乱，篡杀殃祸并作。……诸侯背畔而不朝，周室卑微。二百四十二年之间，日食三十六，地震五，山陵崩阤二，彗星三见，夜常星不见，夜中星陨如雨一，火灾十四。长狄入三国，五石陨坠，六鹢退飞，多麋，有蜮、蜚，鸜鹆来巢者，皆一见。昼冥晦，雨沐冰。李梅冬实，七月霜降，草木不死。八月杀菽，大雨雹，雨雪雷霆，失序相乘。水、旱、饥、蝝、螽、螟峰午并起。当是时，祸乱辄应，弑君三十六，亡国五十二，诸侯奔走，不得保社稷者，不可胜数也。……由此观之，和气致祥，乖气致异，祥多者其国安，异众者其国危，天地之常经，古今之通义也。……今贤不肖浑淆，白黑不分，邪正杂糅，忠谗并进。……朝臣舛午，胶戾乖剌，更相谗愬，转相是非。……所以营或耳目，感移心意，不可胜载。分曹为党，往往群朋，将同心以陷正臣。正臣进者，治之表也；正臣陷者，乱之机也。乘治乱之机，未知孰任，而灾异数见，此臣之所以寒心者也。夫乘权借势力之人，子弟鳞集于朝，羽翼阴附者众，辐凑于前，毁誉将必用，以终乖离之咎。是以日月无光，雪霜夏陨，海水沸出，陵谷易处，列星失行，皆怨气之所致也。……初元以来六年矣，案《春秋》六年之中，灾异未有稠如今者也。……原其所以然者，谗邪并进也。……今二府奏佞谄不当在位，历年而不去。故出令则如反汗，用贤则如转石，去佞则如拔山，如此望阴阳之调，不亦难乎！……小人成群，诚足愠也。……此天地之所以先戒，灾异之所以重至者也。自古明圣，未有无诛而治者也。……今以陛下明知，诚深思天地之心……考祥应之福，省灾异之祸，以揆当世之变，放远佞邪之党，坏散险之聚，杜闭群枉之门，广开众正之路，决断狐疑，分别犹豫，使是非炳然可知，则百异消灭，而众祥并至，太平之基，万世之利也。臣幸得托肺附，诚见阴阳不调，不敢不通所闻。窃推《春秋》灾异，以救今事一二，条其所以，不宜宣泄。

刘向以《春秋》灾异之说，证明汉元帝即位六年以来，各种灾异愈来愈多，愈发愈大。其所以如此，就是因为阴阳失调，万物不和，祥瑞不至，灾异不断。就朝廷而论，则是“谗邪并进”，“小人成群”，“分曹为党”，“往往群朋”，“以陷正臣”，结果使正臣不得进，邪臣乘机作乱，致使怨气冲天，日月无光。而皇帝又不能广开正路，大胆决断，去掉犹豫，处置邪党，所以“阴阳不调”，“灾异重至”。如果皇帝能深思天地之心，考祥应之福，省灾异之祸，以揆当世之变，放远佞邪之党，塞闭群枉之门，广开众正之路，毫不犹豫，排除奸邪，便会百异皆消，众祥并至，天下太平，万世亨利。

刘向以此上封事谏，矛头是指向外戚许氏、史氏和宦官弘恭、石显的。他以“阴阳不调”、“灾异重至”，作为反对外戚、宦官的政治斗争工具，虽然表现为天人感应的神学观点，但在当时外戚、宦官“专权日甚”、“弄权放纵”的形势下，也不失为一种有效的斗争手段。

刘向上疏后，“恭、显见其书，愈与许、史比而怨更生等”。随着石显等“专权日甚”，周堪、张猛、刘向都受到打击，刘向“遂废十余年”。直到成帝即位，石显等人受到惩处，刘向“乃复进用”。然而，王凤秉政，“倚太后，专国权”。皇室大兴土木，营造宫殿、陵寝，“制度泰奢”。有见于此，刘向上疏谏曰：“安不忘危，存不忘亡，是以身安而国家可保也。故圣贤之君，博观终始，穷极事情，而是非分明。王者必通三统，明天命所授者博，非独一姓也。”刘向以历代帝王、圣贤的薄葬为事实依据，反对修昌陵、复还归延陵，以劳民伤财的奢侈之风，告诫成帝应以“秦昭、始皇增山厚臧，以侈生害，足以为戒”①。刘向的上疏、议论，是有道理的。

① 引文均见《汉收·楚元王传》。

第二节　民为国本的建本论

刘向继承了先秦以来的民本论，尤其吸取了儒家的民本思想，深知民为国之本，民为君之天的道理，故强调治国必须以民为本，以爱民为务。

刘向认为，人民是国家存在的基础、根本。治国者必谨慎、认真地对待人民，否则，便会被人民群众推翻。他引用孔子回答鲁哀公的话，揭示了这个道理：

> 丘闻之：君者，舟也；庶人者，水也。水则载舟，水则覆舟。君以此思危，则危将安不至矣。夫执国之柄，履民之上，凛乎如以腐索御奔马。《易》曰："履虎尾。"《诗》曰："如履薄冰。"不亦危乎？①

这就告诉统治者，人民群众的力量是强大的，统治者的政权是靠人民来维护的。当政者以民为本，布德施政，人民拥护，政权才巩固。施行暴政，人民造反，则可以推翻这个政权。所以当政者要居安思危，敬畏民众，善待万民。

刘向指出，国君治国应当以"天"为高、为贵、为大，得"天"者则安、则强、则胜，失"天"者则危、则弱、则败。他所说的"天"，不是苍苍芒芒、去人高远、漫无边际的苍天，而是现实中的广大百姓。这就是：

> 齐桓公问管仲曰："王者何贵？"曰："贵天。"桓公仰而视天。管仲曰："所谓天者，非苍苍莽莽之天也，君人者以百姓为天。百姓与之则安，辅之则强，非之则危，背之则亡。《诗》云：'人而无良，相怨一方。'民怨其上，不遂亡者，未之

① 《新序·杂事第四》。

有也。"①

郦食其号郦生，说汉王曰："臣闻之：知天之天者，王者可成；不知天之天者，王事不可成。王者以民为天，而民以食为天。"②

民为国之本，民为君之天，故人君应当务本、建本、贵本，知天、重天、尊天。刘向认为，各个领域、各行各业，都有其本，本立而道生，人君治国应当以民为本，本立、本固，则国昌、国强。反之，君害其民，民背其君，国之不亡，未之有也。因此，人君治国，欲成王事，则必须以民为本、为天。

人君治国为政，以民为本、为天、为务，其要在爱民、厚民、富民、宽民、利民，省刑罚，薄赋敛，轻徭役，勿夺民，体恤万民，赈济鳏寡孤独，关心民众饥寒冻馁，不能只管自己享乐，不顾人民的死活。刘向以种种历史事实，反复申明这些道理：

鲁哀公问政于孔子，对曰："政在使民富且寿。"哀公曰："何谓也？"孔子曰："薄赋敛则民富，无事则远罪，远罪则民寿。"

文王问于吕望曰："为天下若何？"对曰："王国富民，霸国富士，仅存之国富大夫，亡道之国富仓府，是谓上溢而下漏。……发其仓府，以赈鳏、寡、孤、独。"

武王问于太公曰："治国之道若何？"太公对曰："治国之道，爱民而已。"曰："爱民若何？"曰："利之而勿害，成之勿败，生之勿杀，与之勿夺，乐之勿苦，喜之勿怒，此治国之道，使民之谊也，爱之而已矣。民失其所务，则害之也；农失其时，则败之也；有罪者重其罚，则杀之也；重赋敛者，则夺之也；多徭役以罢民力，则苦之也；劳而扰之，则怒之也。故善为国者，遇民如父母之爱子，兄之爱弟，闻其饥寒为之哀，

① 《说苑·建本》。

② 《新序·善谋第十》。

见其劳苦为之悲。”①

> 晋文公出田逐兽，砀入大泽，迷不知所出。其中有渔者……渔者曰：“君何以名为？君尊天事地，敬社稷，固四国，慈爱万民，薄赋敛，轻租税者，臣亦与焉。”②

刘向明确指出，为政、理政的关键是爱民。爱民不是空言、虚语、浮论，而是要实实在在，真正落在实处。他以历史上的明君贤臣，圣人理政、教诲为例，说明这个道理。就是说，爱民要有具体措施使民富且寿，做到利而无害，成而无败，生而无杀，与而无夺，乐而无苦，喜而无怒。使民众各有其业，各守所务，不失农时，不重罚其罪，不夺民财，不疲民力，不扰民生，要爱民如子，关心他们的饥寒冻馁，这才算是爱民，方能使民富且寿。这才是贤君治国之道。这就是：

> 武王问于太公曰：“贤君治国何如?”对曰：“贤君之治国，其政平，其吏不苛，其赋敛节，其自奉薄，不以私善害公法，赏赐不加于无功，刑罚不施于无罪，不因喜以赏，不因怒以诛，害民者有罪，进贤举过者有赏，后宫不荒，女谒不听，上无隐慝，下不阴害，不幸宫室以费财，不多观游台池以罢民，不雕文刻镂以逞耳目，官无腐蠹之藏，国无流饿之民，此贤君之治国也。”③

如果人君只顾自己享受，聚敛财富，大修宫室，广建台池，耗费民财，滥施刑罚，荒淫无道，则是暴君害民，害民者则当诛。

刘向进一步指出，天生民而为之立君，意在爱民，人君的职责就是为民兴利除害，爱民如子，厚民利民，非如此者，君不可以为君。人君若是荒淫无道，苛政于民，胡作非为，民可以罢之、去

① 《说苑·政理》。
② 《新序·杂事第二》。
③ 《说苑·政理》。

之、诛之。所以说：

> 夫天生民而立之君，使司牧之，无使失性。良君将赏善而除民患，爱民如子，盖之如天，容之如地。民奉其君，爱之如父母，仰之如日月，敬之如神明，畏之若雷霆。夫君，神之主也，而民之望也。天之爱民甚矣，岂使一人肆于民上，以纵其淫，而弃天地之性乎？必不然矣，若困民之性，乏神之祀，百姓绝望，社稷无主，将焉用之？不去何为？[①]

暴君行苛政以害民，民必逐之、去之。因为这既违反天为民立君之意，又失掉人君爱民之职，更失去人的本性，所以失君之道，必为民所逐、所去，故使其国速亡、早亡。“以苛为察，以欺为明，以刻为忠，以计多为善，以聚敛为良”，故“当先亡”。[②] 这就是告诫当政的最高统治者，必须以爱民为宗向，以富民为本务。否则，苛政猛于虎，一定是国必危，身必亡。

刘向把治国为政分为“三品”：“王者之政化之，霸者之政威之，强国之政胁之。夫此三者各有所施，而化之为贵矣。夫化之不变，而后威之，威之不变，而后胁之，胁之不变，而后刑之。夫至于刑者，则非王者之所贵也。是以圣王先德教而后刑罚，立荣耻而明防禁，崇礼义之节以示之，贱货利之弊以变之。……其所由致之者，化使然也。”[③]最上等的治国理民方略是以德教化民，在上者端正身行，上行下效，政善民淳，自然国治民安。

不仅要以德教化民，“布德施惠”，以“德教”而“使民生于全育”[④]，而且要惩恶除患，消除内部的“社鼠”、“猛狗”，即贪官恶吏，这才是治国理政，为民除害的大务。这就是：

---

① 《新序·杂事第一》。

② 《新序·杂事第一》。

③ 《说苑·政理》。

④ 《说苑·贵德》。

齐桓公问于管仲曰：“国何患？”管仲对曰：“患夫社鼠。”桓公曰：“何谓也？”管仲对曰：“夫社束木而涂之，鼠因往托焉，熏之则恐烧其木，灌之则恐败其涂，此鼠所以不可得杀者，以社故也。夫国亦有社鼠，人主左右是也；内则蔽善恶于君上，外则卖权重于百姓，不诛则为乱，诛之则为人主所案据，腹而有之，此亦国之社鼠也。人有酤酒者，为器甚洁清，置表甚长，而酒酸不售，问之里人其故，里人云：‘公之狗猛，人挈器而入，且酤公酒，狗迎而噬之，此酒所以酸不售之故也。’夫国亦有猛狗，用事者是也。有道术之士，欲明万乘之主，而用事者迎而龁之，此亦国之猛狗也。左右为社鼠，用事者为猛狗，则道术之士不得用矣，此治国之所患也。”①

国有“社鼠”、“猛狗”等心腹大患，不除此患，祸害不断，除此大患，国治民安。因此，治国除患是理政之大务，爱民之要道。

刘向认为，只有爱民、富民，才能得民、附民，只有得民、附民，才能使万民同心，天下归心，事无不成，战无不胜。所以要以道归民，以德贵民，以仁爱民，以义规民，这便是治国求胜之本。刘向说：

万物得其本者生，百事得其道者成。道之所在，天下归之；德之所在，天下贵之；仁之所在，天下爱之；义之所在，天下畏之。屋漏者，民去之；水浅者，鱼逃之；树高者，鸟宿之；德厚者，士趋之；有礼者，民畏之；忠信者，士死之。……必贵以贱为本，必高以下为基。②

得道、行仁、有义，以贱为本，以民为基，天下归之，万民附之，政理战胜，天下无敌。

① 《说苑·政理》。

② 《说苑·谈丛》。

第三节　二端相倚的辩证法

刘向继承和引申了老子的祸福相倚相伏和“柔弱胜刚强”的辩证法思想，肯定万物都有二端，而二端是相倚相伏、相辅相成的，人认识了这个道理，掌握了矛盾转化的规律，就可以做到以弱胜强、以柔克刚、避祸求福、趋利避害。宇宙万物，战争诸事，都是如此，所以必须谨慎对待，时刻警戒。刘向对比作了详尽的论证，内中凸显了他的辩证法思想。其主要论证是：

存亡祸福，其要在身，圣人重诫，敬慎所忽。……夫不诫不思，而以存身全国者，亦难矣。

常拟有疾，老子往问焉，曰：“先生疾甚矣，无遗教可以语诸弟子者乎?”常拟曰：“子虽不问，吾将语子。”常拟……张其口而示老子曰：“吾舌存乎?”老子曰：“然。”“吾齿存亡?”老子曰：“亡。”常拟曰：“子知之乎?”老子曰：“夫舌之存也，岂非以其柔耶？齿之亡也岂非以其刚也?”常拟曰：“嘻！是已。天下之事已尽矣，夫以复语之哉！”

韩平子问于叔向曰：“刚与柔孰坚?”对曰：“臣年八十矣，齿再堕而舌尚存。老聃有言曰：‘天下之至柔，驰骋乎天下之至坚。’又曰：‘人之生也柔弱，其死也刚强；万物草木之生也柔弱，其死也枯槁。因此观之，柔弱者生之徒也，刚强者死之徒也。’夫生者毁而必复，死者破而愈亡，吾以是知柔之坚于刚也。”平子曰：“善哉！然则子之行何从?”叔向曰：“臣亦柔耳，何以刚为?”平子曰：“柔无乃脆乎?”叔向曰：“柔者细而不折，廉而不缺，何为脆也！天之道微者胜。是以两军相加，而柔者克之；两仇争利，而弱者得焉。《易》曰：‘天道亏满而益谦，地道变满而流谦，鬼神害满而福谦，人道恶满而好谦。’夫怀谦不足之柔弱，而四道者助之，则安往而不得其志乎?”

桓公曰：“金刚则折，革刚则裂，人君刚则国家灭，人臣

> 刚则交友绝。”夫刚则不和，不和则不可用。是故四马不和，取道不长；父子不和，其世破亡；兄弟不和，不能久同；夫妻不和，室家大凶。《易》曰：‘二人同心，其利断金。’由不刚也。
>
> 老子曰：得其所利，必虑其所害；乐其所成，必顾其所败。人为善者，天报以福；人为不善者，天报以祸也。故曰：“祸兮福所倚，福兮祸所伏。”戒之，慎之！君子不务，何以备之？夫上和天则不失时，下知地则不失时，日夜慎之则无害灾。①

刘向的这几段话，揭示了深刻的辩证法道理。其主要内容为：(一)存亡祸福，其要在己。所谓“存亡祸福，其要在己”，“存亡祸福皆在己而已，天灾地妖，亦不能杀也”，② 是告诉人们立世修身，人君治国理民等，都要敬事慎微，不可忘乎所以，如此方可“存身全国”。(二)柔者长存，刚者早亡。刘向援引常摐与老子的舌柔而存、齿刚而亡为例，说明柔弱者长存，刚强者早亡的道理。告诉人们要守柔抱雌，取得成功。(三)柔者克刚，弱者胜强。宇宙万物，人间万事，都是生者柔弱，死者坚强。刚者易枯槁、折裂、灭亡；柔者不折，细而不脆，廉而不缺，具有生命力。这就是“柔弱胜刚强”的道理。(四)二端相倚，相互转化的。宇宙中的任何事物都有矛盾对立的两个方面，诸如：存与亡、祸与福、柔与刚、弱与强、生与死、利与害、亏与满、胜与败等，对立二端都是相倚而相伏，相反而相成，并在一定的条件下相互转化的。人们认识、掌握了这个转化的道理，就能因势利导，因时制宜，避祸取福，趋利避害。(五)两军相抗，柔者克之。刘向由哲学辩证法引申出军事辩证法，即由哲学辩证法的矛盾转化原理，引导出军事辩证法的制胜策略。所谓“天之道微者胜，是以两军相加，而柔者克之；两仇争利，而弱者得焉”就是这个意思。

---

① 《说苑・敬慎》。

② 《说苑・敬慎》。

刘向进一步指出，矛盾转化的形式是物极必反，事物矛盾发展到极致，就要向着对立的方面转化。天地之道、人间诸事，无不如此。刘向说：

> 天地之道，极则反，满则损。五采曜眼，有时而渝；茂木丰草，有时而落。物有盛衰，安得自若。
>
> 民苦则不仁，劳则诈生，安平则教，危则谋，极则反，满则损，故君子弗满弗极也。①

刘向的辩证法，虽为引申和发挥老子思想而来，但也有其合理之处。

第四节　注重谋略的战争观

刘向从以民为本的政治论出发，引申出注重谋略的战争观。

刘向认为，要想在战争中攻取战胜，就必须以民为本，而爱民、得民、附民。要想做到这些，就要文武兼备，内外兼治，恩威并施，本末俱行。这就是：

> 夫有文无武，无以威下；有武无文，民畏不亲。文武俱行，威德乃成。既成威德，民亲以服，清白上通，巧佞下塞，谏者得进，忠信乃畜。②

治国之道，必须有文有武，文武并重，文以附众，武以威敌。有文无武，敌人不服；有武无文，民畏不亲；文武俱行，威德乃成。所以要“有文事必有武备，有武事必有文备”。③ 非如此，则国不治，民不附，敌不服。

---

① 《说苑·谈丛》。

② 《说苑·君道》。

③ 《史记·孔子世家》。

刘向明确指出，“文”与“武”的关系，是“内”与“外”、“本”与“末”、“先”与“后”的关系。所以必须先治内、后治外，先正本、后制末，先文德、后武力。他说：

> 内治未得，不可以正外，本惠未袭，不可以制末，是以春秋先京师而后诸夏，先诸华而后夷狄。及周惠王，以遭乱世，继先王之体，而强楚称王，诸侯背叛，欲申先王之命，一统天下。不先广养京师，以及诸夏，诸夏以及夷狄，内治未得，忿则不料力权得失，兴兵而征强楚，师大败，樽辱不行，大为天下戮笑。幸逢齐桓公以得安尊，故内治未得不可以正外，本惠未袭，不可以制末。
>
> 圣人之治天下也，先文德而后武力。凡武之兴，为不服也，文化不改，然后加诛。夫下愚不移，纯德之所不能化，而后武力加焉。①

治国安邦，要先内后外，先文德后武力，以仁义道德教化天下万民，使天下顺从。如果“文化不改”，还继续为祸天下，就要以武力征服，惩恶扬善。如果教化能改，便不可动用武力征服、诛杀了。是否动用武力讨伐的前提是“文化”、“内治”，没有这个前提，“武力”征服也不会成功，故要先文后武，先内后外。

刘向深知“兵者，凶器也；争者，逆德也”的道理，告诫统治者，“阴谋逆德，好用凶器”，发动战争，倒行逆施，兴风作浪，必然祸及天下而为“人所弃”。② 就是说，不思虑战争之患者而用兵作战，必然引火烧身，所以必须三思而用兵征战。否则，不思战争后果，不顾战争之患，必有殃祸随之。刘向举例说：

> 园中有树，其上有蝉，蝉高居悲鸣饮露，不知螳螂在其后也；螳螂委身曲附欲取蝉，而不知黄雀在其傍也；黄雀延颈欲

① 《说苑·指武》。

② 《说苑·指武》。

> 啄螳螂，而不知弹丸在其下也。此三者，皆务欲得其前列，而不顾其后之有患也。①

这是说，那种只想以战争取利者，一心想发动战争，征服别国，扩大领土，从中获利，却不计后患，就像蝉鸣在前，螳螂在后；螳螂在前，黄雀在傍；黄雀在上，少年持弹丸在下一样，只顾眼前利益，不顾后面有患。这就警告好战者，要计虑战争的后果、后患。不可轻易地发动战争，招致后患。

刘向认识到战争的危险性、危害性，故强调谋胜，不战而胜，讲究举兵行战，贵在谋略，肯定"智者不为谋则社稷危"。② 他说：

> 圣王之举事，必先谛之于谋虑，而后考之于蓍龟。白屋之士，皆关其谋；刍荛之役，咸尽其心，故万举而无遗筹失策。《传》曰："众人之智，可以测天，兼听独断，惟在一人。"此大谋之术也。谋有二端：上谋知命，其次知事。知命者，预见存亡祸福之原，早知盛衰废兴之始，防事之未萌，避难于无形。……彼知事者亦尚矣，见事而知得失成败之分，而究其所终极，故无败业废功。……夫非知命知事者，孰能行权谋之术？夫权谋有正有邪，君子之权谋正，小人之权谋邪。夫正者其权谋公，故其为百姓尽心也诚；彼邪者好私尚利，故其为百姓也诈。夫诈则乱，诚则平。……诚者隆至后世，诈者当身而灭。知命知事而能于权谋者，必察诚诈之原，而以处身焉，则是亦权谋之术也。夫知事举事也，满则虑谦，平则虑险，安则虑危，曲则虑直。由重其豫，惟恐不及，是以百举而不陷也。③

王者举事、用兵，贵在谋虑、谋划、谋策、权谋，经过周密的谋

---

① 《说苑·正谏》。

② 《新序·杂事第一》。

③ 《说苑·权谋》。

划、计谋、运筹，集众人之智，“故万举而无遗筹失策”。以此举事、用兵，方能无所不成，无所不胜，“是以百举而不陷也”。因此，刘向强调用兵贵谋。

刘向进一步指出,举兵征战,讨伐暴逆,不仅要贵谋,而且要先谋。所谓“先谋”,就是在举事、用兵之前,全面谋划,制定方略,确定战术,正确决断,这是举事成功,用兵制胜的关键。所以说:

> 谋先事则昌，事先谋则亡。
> 兵不豫定，无以待敌，计不先虑，无以应卒。
> 不困在于早虑，不穷在于早豫。①

谋略先定，举事成功，伐敌胜利。兵不豫定，必然失败。计策先虑，必定成功。所以对敌作战，必须先谋敌，早定计，以取敌。

胜敌在谋，贵在先谋，要想“谋”，“先谋”而成功、制胜，其要在“知”，知敌而谋敌、伐敌，必然克敌制胜。不知而战，注定失败。知敌要透过各种现象认识敌人的本质，方可出兵与敌人交战。刘向以楚庄王伐晋、伐陈取胜的事实，说明了这个道理。他说：

> 楚庄王欲伐晋，使豚尹观焉。反，曰：“不可伐也，其忧在上，其乐在下。且贤臣在焉，曰沈驹。”明年，又使豚尹观焉，反，曰：“可矣，初之贤人死矣，谄谀多在君之庐者，其君好乐而无礼，其下危处以怨上。上下离心，兴师伐之，其民必先反。”庄王从之，果如其言矣。②
>
> 楚庄王欲伐陈，使人观之。使者曰：“陈不可伐也。”庄曰：“何故?”对曰：“其城郭高，沟壑深，蓄积多，其国宁也。”王曰：“陈可伐也。夫陈，小国也，而蓄积多，蓄积多赋敛重，赋敛重则民怨上矣。城郭高，沟壑深，则民力罢矣。”

① 《说苑·谈丛》。
② 《说苑·奉使》。

兴兵伐之，遂取陈。①

前者通过观察晋国君与臣关系的变化，断定是否可以讨伐。君臣同忧乐，贤臣在君侧，彼此共谋事，则不可以出兵征伐；君主好淫乐而无礼，多用奸佞，不用贤人，下以怨上，上下离心，民众反叛，便可以出兵征战。后者透过陈国这个小国城廓高，沟壑深，蓄积多的现象，说明其赋敛重，徭役多，民力疲，如此，则民怨上，民众苦，故可讨伐。战争的结果证明，楚国君臣的分析判断是正的。就是说，知敌情而谋敌，谋敌而战之，方可取敌。

刘向指出，知敌而战，战而胜之，虽然可取，但是兵作为凶险之器，战争作为危险之事，即使取得了战争的胜利，也是以杀人耗财为代价的，所以不是上策。最上之策是不战而胜。所以说：

> 昔禹与有扈战，三陈而不服。禹于是修教一年，而有扈氏请服。故曰："去民之所事，奚狱之所听，兵革之不陈，奚鼓之所鸣。"故曰教为务也。②

修德振武，修教待伐，敌人自服，故以修教为务，不战而胜，不战而取。如果这样做了，敌人还不服，再选择适当时机，讨伐敌人。故要以修教为务，使敌人自溃，伐而取之，是为上策。

刘向认为，兵为凶险之器，战争为逆德之举，不可随意举兵行战，但为了讨逆伐暴，制止民贼的暴政、暴行，则要举义用兵，且义战必胜。他以历史事实、战争实例，详细地说明了这个道理：

> 文王欲伐崇，先宣言曰："余闻崇侯虎，蔑辱父兄，不敬长老，听狱不中，分财不均，百姓力尽，不得衣食，余将来征之，唯为民乃伐崇，令毋杀人，毋坏室，毋填井，毋伐树木，毋动六畜，有不如令者死无赦。"崇人闻之，因请降。

① 《说苑·权谋》。

② 《说苑·政理》。

> 武王将伐纣，召太公望而问之曰：“吾欲不战而知胜，不卜而知吉，使非其人，为之有道乎?”太公对曰：“有道。王得众人之心，以图不道，则不战而知胜矣；以贤伐不肖，则不卜而知吉矣。彼害之，我利之。虽非吾民，可得而使也。”武王曰：“善。”乃召周公而问焉，曰：“天下之图事者，皆以殷为天子，以周为诸侯，以诸侯攻天子，胜之有道乎?”周公对曰：“殷信天子，周信诸侯，则无胜之道矣，何可攻乎?”武王忿然曰：“汝言有说乎?”周公对曰:“臣闻之,攻礼者为贼,攻义者为残,失其民制为匹夫,王攻其失民者也,何攻天子乎?”武王曰：“善。”乃起众举师,与殷战于牧之野,大败殷人,上堂见玉,曰：“谁之玉也?”曰:“诸侯之玉。”即取而归之于诸侯,天下闻之,曰:“武王廉于财矣。”入室见女，曰：“谁之女也?”曰：“诸侯之女也。”即取而归之于诸侯，天下闻之，曰：“武王廉于色也。”于是发巨桥之粟，散鹿台之财，金钱以与士民，黜其战车而不乘，弛其甲兵而弗用，纵马华山，放牛桃林，示不复用，天下闻者，咸谓武王行义于天下，岂不大哉!①

举义用兵，讨伐独夫民贼的正义战争，救民于水火，必然受到人民的拥护和支持，这种“伐枉而不伐顺”的战争，不战而知其胜，不卜而知其吉。战争胜利之后，仍要实行义举，不杀败国之人，不毁败国之物，不掠败国之财，不取败国之女。同时还要把残暴君主、独夫民贼掠夺的人、财、物归还于民，这种行于天下的义举、义战，既为万民造福，又立天下大功。所以说：“昔尧诛四凶以惩恶，周公杀管、蔡以弭乱，子产杀邓以威侈，孔子斩少正卯以变众，佞贼之人而不诛，乱之道也。《易》曰：‘不威小，不惩大，此小人之福也。’”②惩恶伐逆，为国除害，为民造福，是为大功。

刘向还对教民习战，有备无患；选贤为将，无往不胜；两军相抗，智勇者胜等军事谋略，作了论证。

---

① 《说苑·指武》。

② 《说苑·指武》。

第十二章　扬雄的思想

扬雄，字子云，蜀郡成都人。生于公元前53年，卒于公元18年。

据《汉书·扬雄传》载："雄少而好学，不为章句，训诂通而已，博览无所不见。为人简易佚荡，口吃不能剧谈，默而好深湛之思，清静亡为，少耆欲，不汲汲于富贵，不戚戚于贫贱，不修廉隅以徼名当世。家产不过十金，乏无儋石之储，晏如也。自有大度，非圣哲之书不好也；非其意，虽富贵不事也。顾尝好辞赋。"由此可见扬雄的为人品格，为学宗向。他一生过着清贫的生活，却好学深思，读圣哲之书，尤好辞赋。

汉成帝时，有人向朝廷推荐扬雄说："雄文似相如，上方郊祠甘泉泰畤，汾阴后土，以求继嗣，召雄待诏承明之庭。正月，从上甘泉，还奏《甘泉赋》以风。"其辞曰："惟汉十世，将郊上玄，定泰畤，雍神休，尊明号，同符三皇，录功五帝，恤胤锡羡，拓迹开统。于是乃命群僚，历吉日，协灵辰，星陈而天行。"初入京师，即受人推荐，而作《甘泉赋》。

汉哀帝时，"丁、傅、董贤用事，诸附离之者或起家至二千石。时雄方草《太玄》，有以自守，泊如也。或嘲雄以玄尚白，而雄解之，号曰《解嘲》"。对嘲讽者的议论，作了回答。

有人认为，扬雄作《太玄》是为了求名、成名，不然何必要作《太玄》呢？扬雄的回答是："萧规曹随，留侯画策，陈平出奇，功若泰山，响若阺馈，唯其人之赡知哉，亦会其时之可为也。故为可为于可为之时，则从；为不可为于不可之时，则凶。夫蔺先生收功于章台，四皓采荣于南山，公孙创业于金马，票骑发迹于祁连，司马长卿窃訾于卓氏，东方朔割炙于细君。仆诚不能与此数公者并，故默然独守吾《太玄》。”作《太玄》，并非为了求名、成名，而是为了会时之可为，有功于世，有利于国。为此，扬雄模仿《周易》而作《太玄》。他说：

> 观《易》者，见其卦而名之；观《玄》者，数其画而定之。《玄》首四重者，非卦也，数也。其用自天元推一昼一夜阴阳数度律历之纪，九九大运，与天终始。故《玄》三方、九州、二十七部、八十一家、二百四十三表、七百二十九赞，分为三卷，曰一二三，与《泰初五》相应，亦有颛顼之历焉。擹之以三策，关之以休咎，絣之以象类，播之以人事，文之以五行，拟之以道德仁义礼知。无主无名，要合《五经》，苟非其事，文不虚生。为其泰曼漶而不可知，故有《首》、《冲》、《错》、《测》、《摛》、《莹》、《数》、《文》、《掜》、《图》、《告》十一篇，皆以解剥《玄》体，离散其文，章句尚不存焉。《玄》文多，故不著；观之者难知，学之者难成。

扬雄的《太玄》是一部重要的哲学著作，他模仿《周易》而构造一个天、地、人的宇宙演化图式。他在《太玄赋》中说：

> 观大《易》之损益兮，览老氏之倚伏。省忧喜之共门兮，察吉凶之同域。曒曒著乎日月兮，何俗圣之暗烛？岂愒宠以冒灾兮，将噬脐之不及。若飘风不终朝兮，骤雨不终日。雷隐隐而辄息兮，火犹炽而速灭。自夫物有盛衰兮，况人事之所极？

扬雄从《周易》和《老子》的思想中吸取营养、智慧，构建自己的世界观。然而，由于他思想的种种矛盾，从而造成《太玄》“观之者难知，学之者难成”的情况，这便是扬雄《太玄》的失败之处。

扬雄认为经莫大于《周易》，故模仿《周易》而作《太玄》；而传莫大于《论语》，故拟之而作《法言》。关于作《法言》的具体原因，扬雄说：

> 雄见诸子各以其知舛驰，大氐诋訾圣人，即为怪迂，析辩诡辞，以挠世事，虽小辩，终破大道而或众，使溺于所闻而不自知其非也。及太史公记六国，历楚、汉，讫麟止，不与圣人同，是非颇谬于经。故人时有问雄者，常用法应之，撰以为十三卷，象《论语》，号曰《法言》。

这是扬雄著《法言》的原因。与《太玄》的艰深难懂相比，《法言》则是通俗易懂。

扬雄三十多岁，自成都游京师，在大司马车骑将军王音门下作门下史，王音奇其文雅，向成帝推荐，待诏，岁余，“奏《羽猎赋》，除为郎，给事黄门，与王莽、刘歆并。哀帝之初，又与董贤同官。当成、哀、平间，莽、贤皆为三公，权倾人主，所荐莫不拔擢，而雄三世不徙官。及莽篡位，谈说之士用符命称功德获封爵者甚众，雄复不侯，以耆老久次转为大夫，恬于势利乃如是。实好古而乐道，其意欲求文章成名于后世，以为经莫大于《易》，故作《太玄》；传莫大于《论语》，作《法言》”。王莽篡位时，扬雄校书天禄阁上，治狱使者来收扬雄，扬雄深恐自己不能幸免，而从阁上跳下，几乎摔死。扬雄以病免，复召为大夫，扬雄“家素贫，嗜酒，人希至其门。时有好事者载酒肴从游学，而钜鹿侯芭常从雄居，受其《太玄》、《法言》焉。刘歆亦尝观之，谓雄曰：‘空自苦！今学者有禄利，然尚不能明《易》，又如《玄》何？吾恐后人用覆酱瓿也。’雄笑而不应。年七十一，天凤五年卒，侯芭为起坟，丧之三年”。①扬雄虽为大夫，但“三世不徙官”，政治上不得意，不受重用；虽与王莽同朝为官，但王莽篡位后，却不趋炎附势，清贫自苦，“恬于势利乃如是”。他一生志在文学创作、学术思想研究。他能吸纳各家思想要义，而归根于儒家，故尊崇儒家。他说：

> 老子之言道德，吾有取焉耳。及搥提仁义，绝灭礼学，吾

---

① 以上引文未注明出处者均出自《汉书·扬雄传》。

无取焉耳。①

庄、杨荡而不法，墨、晏俭而废礼，申、韩险而无化，邹衍迂而不信。圣人之材，天地也。②

扬雄所尊崇的为人、为学的样板，则是儒家“圣人之材”、“圣人之学”。所以他说：

通天、地、人曰儒，通天、地而不通人曰伎。③

在扬雄看来，儒家圣人能通天、地、人，并与天、地合其德，与四时合其序，所以是崇高而伟大的。从政治伦理上说，先秦各家思想都不足取，只有儒家学说可取，而选取、判断的标准，则是圣人之言。他说：

或曰：“人各是其所是，而非其所非，将谁使正之?”曰：“万物纷错则悬诸天，众人淆乱则折诸圣。”或曰：“恶睹乎圣而折诸?”曰：“在则人，亡则书，其统一也。”④

众人争论，各是其所是，各非其所非，究竟应当以谁的言论为判定的标准呢？扬雄认为，如同万物陈杂，以天为标准一样，众说纷纭，应以圣人的言论为标准。圣人在世，与圣人并立于世，应视圣人之言以正众人之言；圣人不在世，在圣人之后，应以圣人之书以正众人之言。因为圣人之书是不亡的，所以不怕看不到圣人，其统一标准是永存的。扬雄指出，自孔子以来，尽管“国君将相，卿士名臣，参差不齐”，但都“一概诸圣”⑤，一切都以圣人之言、之道

① 《法言·问道》。
② 《法言·五百》。
③ 《法言·君子》。
④ 《法言·吾子》。
⑤ 《法言自序》。

而齐之、平之，即以圣人之言作为决定是非、好坏的标准。因为圣人之心常而存，所以无所不知，无所不晓，故能作为判定是非的标准。他说：

学者审其是而已矣。或曰："焉知是而习之?"曰："视日月而知众星之蔑也，仰圣人而知众说之小也。"①

学者审定是非的标准只有一个，即圣人之言。由于扬雄等人此论，汉代以后，的确是以孔子之是非为是非，这既抹杀了判断是非的标准，又禁锢了人们的思想。

第一节　宇宙图式论

扬雄模仿《周易》而作《太玄》。《周易·系辞上》说："《易》与天地准，故能弥纶天地之道。仰以观于天文，俯以察于地理，是故知幽明之故。原始反终，故知死生之说。"《周易·系辞下》说："《易》之为书也，广大悉备，有天道焉，有人道焉，有地道焉，兼三才而两之。"《周易》以天、地、人三才为极而构造一个广大悉备的宇宙演化系统。扬雄的《太玄》也是以《周易》模式而力图构建一个广大悉备，包天、地、人的宇宙图式论。

由于《太玄》模仿《周易》而作，所以"玄"与"易"名称不同而实质相同。司马光在《温国文正公文集》卷六十八《说玄》中，已作了明确的揭示：

余……以为《玄》者，贤人之书，校于《易》其义必浅，其文必易。……而读之数十过，参以首尾，稍得窥其梗概。然后喟然置书叹曰："呜呼！扬子云真大儒者邪！"孔子既没，知圣人之道者，非子云而谁？孟与荀殆不足拟，况其余乎！观《玄》之书，昭则极于人，幽则近于神，大则包宇宙，小则入

① 《法言·学行》。

> 毛发，合天、地、人之道以为一，刮其根本，示人所出，胎育万物而兼为之母，若地履之而不可穷也，若海挹之而不可竭也。盖天地之道，虽有善者，蔑以易此矣。考之于浑元之初而玄已生，察之于当今而玄非不行，穷之于天地之季而玄不可亡，叩之以万物之情而不漏，测之以鬼神之状而不违，概之以《六经》之言而不悖。借使圣人复生视《玄》必释然而笑，以为得己之心矣。乃知《玄》者，所以赞《易》也，非别为书以与《易》角逐也。……或曰：《易》之法与《玄》异，雄不遵《易》而自为之制，安在其赞《易》乎？且如与《易》同道，则既有《易》矣，何以《玄》为？曰：夫畋者，所以为禽也，网而得之与弋而得之，何异？书者，所以为道也。《易》网也，《玄》弋也，何害不既设网而使弋者为之助乎？……扬子作《法言》，所以准《论语》；作《玄》，所以准《易》。

司马光认为，《太玄》包括天、地、人之道，大到宇宙，小至毛发，无所不包，无所不为。“玄”作为浑元宇宙之初，是从古至今，由今而未来，永恒存亡，不可消亡。《玄》与《易》的关系，如同“弋”与“纲”，“纲”固然能得禽，“弋”作为“纲”之助，亦同样能得之，即大与小都同样可以有所擒获，所以作《太玄》是知《易》者所为，故为“真大儒者邪!”就是说，扬雄是通天、地、人之道的大儒。

扬雄以天、地、人之道，构建了他的宇宙图式论。《周易》的宇宙图式是以阴阳两个基本对立的观念为基础，采取二分法而展开论述的。《周易·系辞上》说：“易有太极，是生两仪，两仪生四象，四象生八卦。”以这种加一倍法，作为宇宙万物的演化模式。《太玄》的宇宙图式，则是从《易》的天、地、人“兼三才而两之”的“三才之道”出发，采用三分法展开论述，并以方、州、部、家四重构造而成的。扬雄说：

> 玄者，幽摛万类而不见形者也。资陶虚无而生乎规，神明而定摹，通同古今以开类，摛措阴阳而发气。一判一合，天地备矣。天日回行，刚柔接矣。还复其所，终始定矣。一生一

死，性命莹矣。仰以观乎象，俯以视乎情。察性知命，原始见终。三仪同科，厚薄相劘。圆则杌棿，方则啬吝。嘘则流体，唫则凝形。是故阖天谓之宇，辟宇谓宙。日月往来，一寒一暑。律则成物，历则编时。律历交道，圣人以谋。……仰而视之在乎上，俯而窥之在乎下，企而望之在乎前，弃而望之在乎后，欲速则不能，嘿则得其所者玄也。故玄者，用之至也。①

一玄都覆三方，方同九州，枝载庶部，分正群家，事事其中。……夫玄也者，天道也，地道也，人道也，兼三道而天名之。君臣、父子、夫妻之道。玄有二道，一以三起，一以三生。以三起者，方、州、部、家也。以三生者，参分阳气以为三重，极为九营，是为同本离末，天地之经也。旁通上下，万物并也。九营周流，终始贞也。始于十一月，终于十月，罗重九行，行四十日。②

一玄分为三，名之为方，方有一方二方三方，故为“一玄都覆三方”。一方为天玄，二方为地玄，三方为人玄。三方又各分为三，名之为州，每方有一州二州三州，而为九州，故为“方同九州”。每部各分为三，名之为家，每部有一家二家三家，共有八十一家，故为“分正群家”。宇宙万事万物，“事事其中”。这种三分的演化过程，就是“一以三起，一以三生”。宇宙万物都是由“玄”这个本体、本原的不断运动、分化而产生、发展的。所谓“是为同本离末，天地之经也”，“玄者，幽摛万类而不见形者也”，都是这个意思。“玄”作为宇宙本体、本原，包括天、地、人三才之道，“三仪同科”，“玄也者，天道也，地道也，人道也”。由此可见，《太玄》以三分法作为宇宙演化的本体，“兼三道而天名之”。

扬雄的“玄”，显然源自《老子》的“玄之又玄，众妙之门”；而其三分法，显然与《老子》的“三生万物”一脉相承。

那么“玄”作为宇宙万物的本体、本原，是怎样产生、演化宇

① 《太玄摛》。

② 《太玄图》。

宙万物的呢？据《汉书·扬雄传》载：他在《解嘲》中，说明自己作《太玄》的意图时，说“深者入黄泉，高者出苍天，大者含元气，纤者入无伦”。这是说，“玄”作为宇宙本体，当然是“大者”，而“大者含元气”，“纤者入无伦”，故无所不在。由此说来，扬雄的“玄”则为“元气”了。

扬雄认为，“玄”(元气)的舒张展开而分化为阴阳二气，由于阴阳二气的相互作用，彼此分合，上下往来，屈伸动静，发散凝聚，而形成天地万物。他说：

> 天地开辟，宇宙拓坦。天元咫尺，日月纪数。周浑历纪，群伦品庶。或合或离，或赢或踦。故曰：假哉天地，啗函启化，罔裕于玄。终始幽明，表赞神灵。太阳乘阴，万物该兼。周流九虚，而祸福绖罗。
>
> 立天之经曰阴与阳，形地之纬曰从与横，表人之行曰晦与明。阴阳曰合其判，从横曰纬与经，晦明曰别其材。阴阳该极也，经纬所遇也，晦明质性也。阳不阴，无与合其施；经不纬，无以成其谊；明不晦，无以别其德。阴阳所以抽啧也，从横所以莹理也，明晦所以昭事也。①

这就是扬雄《太玄》的宇宙形成论。“玄”作为宇宙最初浑沦无间的原始物质——元气，由于其自身包含的阴阳两个对方面的相互斗争，彼此结合，而产生、形成了宇宙万物，这是元气自身具有的矛盾运动，而不是外力的推动。这是“天地开辟，宇宙拓坦”以来就具有的永恒运动法则、机制，并且是无所不在，无所不该的。“太阳乘阴，万物该兼。周流九虚，而祸福绖罗。”“阴阳该极也。”人认识了这个道理，才算是明白了“玄”的神妙之用。所以扬雄说：

> 玄者，幽摛万类而不见形者也。……仰而视之在乎上，俯而窥之在乎下，企而望之在乎前，弃而望之在乎后，欲速则不

---

① 《太玄莹》。

> 能，嘿则得其所者玄也。故玄者，用之至也。见而知之者智也。视而爱之者仁也，断而决之者勇也，兼制而博用者公也，能以偶物者通也，无所系𫘝者圣也。时与不时者命也。……莹天功、明万物之谓阳也，幽无形、深不测之谓阴也。阳知阳而不知阴，阴知阴而不知阳，知阴知阳，知止知行，知晦知明者，其唯玄乎！①

扬雄认为，阳只知阳，而不知阴，不能主使阴；阴只知阴，而不知阳，不能主使阳；只有玄才能知阴知阳，知行知止，知晦知明，故能主使阴阳。

“玄”为什么能主使阴阳呢？因为玄既非阴，又非阳，而是阴阳浑沦未分的和合统一体，既含阴，又含阳，所以能主使阴阳而化生万物。扬雄说：

> 夫玄也者，天道也，地道也，人道也，兼三道而天名之。……玄有二道，一以三起，一以三生。……是故一至九者，阴阳消息之计邪。……两两相阖，朋友会也。一昼一夜，然后作一日 。一阴一阳，然后生万物。②

由于“玄”中包含的阴阳二气的相互激荡，彼此屈伸，相分相合，刚柔进退，起伏消长，上升下降，此来彼往，从而产生了万事万物。扬雄反复说明了这个道理。如云：“阳交于阴，阴交于阳，物登明堂，矞矞皇皇。”③“玄，浑行无穷正象天。阴阳坒参，以一阳乘一统，万物资形。”④“阳气极于上，阴信萌乎下，上下相应。”⑤

---

① 《太玄摛》。

② 《太玄图》。

③ 《太玄交》。

④ 《玄首都序》。

⑤ 《太玄应》。

"阴气始来，阳气始往，往来相逢。"①"阴气日躁，阳气日舍，躁躁舍舍，各得其度。"②阴阳如此的交互作用，才使万物化生、成长。如果阴与阳的其中一方消灭或失位了，另一方也就闭塞或消亡了，因而事物也就不存在了，所以说："阴气章强，阳气潜退，万物将亡。"③"阴气息阳气消，阴盛阳衰，万物以微。"④"阴不之化，阳不之施，万物各唫。"⑤"阴气塞宇，阳亡其所，万物穷遽。"⑥"阴阳交跌，相阏成一，其祸泣万物。"⑦扬雄的意思很明确，阴与阳作为事物对立统一的矛盾双方，在统一体内部进行着摩荡、交合、屈伸、往来、上下、升降等相逢、相应的矛盾运动，矛盾各得其度，各居其位，彼此协调，事物才能产生、发展。相反，一方过盛、过度，另一方衰败、式微，彼此失调，事物就会消亡、穷塞、遭祸了。

扬雄指出，事物阴阳对立双方矛盾运动达到了顶点、极致，就要向着对方转化，阳极而转为阴，阴极而转为阳，这就是物极必反的道理。他说：

> 阳不极则阴不萌，阴不极则阳不牙。极寒生热，极热生寒。信道致诎，诎道致信。其动也，日造其所无而好其所新；其静也，日减其所有而损其所成。……以见不见之形，抽不抽之绪，与万类相连也。
>
> 进极而退，往穷而还，已满则损，故谓之远玄。日一南而万物死，日一北而万物生；斗一北而万物虚，斗一南而万物盈。⑧

① 《太玄遇》。
② 《太玄度》。
③ 《太玄逃》。
④ 《太玄减》。
⑤ 《太玄唫》。
⑥ 《太玄穷》。
⑦ 《太玄阏》。
⑧ 《太玄摛》。

阴不极则阳不生，乱不极则德不形。……是以圣人仰天则常，穷神掘变，极物穷情，与天地配其体，与鬼神即其灵，与阴阳埏其化，与四时合其成。视天而天，视地而地，视神而神，视时而时，天地神时皆驯而恶入乎逆。①

阴与阳的矛盾发展达到“极”的境界就向对立面转化了去，“极寒生热，极热生寒”，“进极而退，往穷而还”，“阴不极则阳不生，乱不极则德不形”，这个物极必反的道理，是宇宙万物生存、发展、转化之理，并存在于天、地、人的万化之中。人认识了这个道理，便可以顺天地而应人事，与天地和谐发展，同步前进，从而取得成功。这就是《周易·文言》所说的“夫大人者，与天地合其德，与日月合其明，与四时合其序，与鬼神合其吉凶。先天而天弗违，后天而奉天时。天且弗违，而况于人乎？况于鬼神乎?”扬雄的思想，本此义而来。

扬雄《太玄》的宇宙图式论，虽模仿《周易》而来，但有自己的思想创造，并有不少合理的思想内容。

第二节　问道学行论

扬雄究诸子之学，纠诸子之语，通天地人之道，宗儒家之说，而认为道家“搥提仁义，绝灭礼学”不足取，兵家“狙诈之计”多有失，法家之术为“不仁之至”之大谬，其他诸家少可取，只有儒家之学方可取。因为儒家为通天、地、人之学，讲道、德、仁、义、礼之道，并把学道与学行结合起来，所以为可取之学。据此，扬雄展开了他的“问道”、“学行”论的论述。

关于“问道”，扬雄在《法言·问道》篇中，作了详尽的论述：

或问：“道。”曰：“道也者，通也，无不通也。”或曰：“可以适他与?”曰：“适尧、舜、文王者为正道，非尧、舜、文王

① 《太玄文》。

> 者为它道，君子正而不它。”
>
> 或问：“道。”曰：“道若涂若川，车航混混，不舍昼夜。”或曰：“焉得直道而由诸?”曰：“涂虽曲而通诸夏则由诸，川虽曲而通诸海则由诸。”

“道”为万物所由通达之途，圣道无不通，如道路无不达。车行由途，船行由川，混混往来，远途可述。直路可通，曲路可行，如此行路，可通圣道。所以扬雄所说的“道”是以此而谕经学通于圣道。扬雄《法言·问道》篇以“道”而通乎“理”，进而论诸子之学，以求圣人之道。他在《法言自序》中揭示《问道》篇主旨时，说：“芒芒天道，昔在圣考，过则失中，不及则不至，不可奸罔，撰《问道》。”依据这个主旨，扬雄的《问道》，实为论诸家之学。这种论，是以儒学为宗而论的。

扬雄认为，儒家的道、德、仁、义、礼，是一个整体，如同人之身，是由各器官组成的，缺少其中的任何器官，都是不完整、不完全的。他说：

> 道、德、仁、义、礼，譬诸身乎?夫道以导之，德以得之，仁以人之，义以宜之，礼以体之，天也。合则浑，离则散，一人而兼统四体者，其身全乎!①
>
> 或问：“仁、义、礼、智、信之用。”曰：“仁，宅也；义，路也；礼，服也；智，烛也；信，符也。处宅，由路，正服，明烛，执符，君子不动，动斯得矣。”②

人由此问道、求知、修身、立世、动静，则会走正路、身行正、方向明、动静宜、得全体、守符信，便可以无不得、无不成了。

扬雄的这种问道、求道，求德而得的道德论，显然是儒家之学说、道德了。至于其他诸家，扬雄则颇有微词。

---

① 《法言·问道》。

② 《法言·修身》。

关于道家，扬雄说：

老子之言道德，吾有取焉耳。及搥提仁义，绝灭礼学，吾无取焉耳。①

关于兵家，扬雄评论道：

狙诈之家曰："狙诈之计，不战而屈人兵，尧、舜也。"曰："不战而屈人兵，尧、舜也。沾项渐襟，尧、舜乎？炫玉而贾石者，其狙诈乎！"或问："狙诈与亡孰愈？"曰："亡愈。"或曰："子将六师，则谁使？"曰："御得其道，则天下狙诈咸作使；御失其道，则天下狙诈咸作敌。故有天下者，审其御而已矣。"②

关于法家，扬雄评论道：

申、韩之术，不仁之至矣，若何牛羊之用人也？若牛羊用人，则狐狸、蝼螾不膢腊也与？

或曰："刑名非道邪？何自然也？"曰："何必刑名？围棋、击剑、反目、眩形，亦皆自然也。由其大者，作正道；由其小者，作奸道。"③

关于其他诸子，扬雄评论道：

或曰："庄周有取乎？"曰："少欲。""邹衍有取乎？"曰："自持。至周罔君臣之义，衍无知于天地之间，虽邻不

---

① 《法言·问道》。

② 《法言·问道》。

③ 《法言·问道》。

觌也。"①

诸家皆有其不足，都有其弊端，乃至为诈术、奸道，故为非道德之言的"小者"，当然不足取、不足法了。

儒家的圣人之道德、言论，则与诸家截然不同了。因为儒家圣人之道德、言论如日月之光明，水火之渊深旺盛，廓然四海，无所不照，深浅可测，积久弥壮。扬雄说：

> 吾焉开明哉？惟圣人为可以开明，它则苓。大哉，圣人言之至也！开之。廓然见四海；闭之，闸然不睹墙之里。
>
> 圣人之言，似于水火。或问："水火。"曰："水，测之而益深，穷之而益远；火，用之而弥明，宿之而弥壮。"②
>
> 或曰："圣人之道若天，天则有常矣，奚圣人之多变也？"曰："圣人固多变。子游、子夏得其书矣，未得其所以书也；宰我、子贡得其言矣，未得其所以言也；颜渊、闵子骞得其行矣，未得其所以行也。圣人之书、言、行、天也。天其少变乎？"③

扬雄所说的"圣人"，显然是指孔子而言。圣人之道、书、言、行，如"天"一样高明、广阔，无所不照，无所不明，开之无所不见，关之万物不见，并能适应各种变化。这就是其伟大而高明之处。

圣人之道、书、言、行既然如此，当然要学圣人之学，行圣人之言行了。这是为人立身之本，本立而道生。因此，扬雄把《学行》作为《法言》之首篇，而对"学行"作了全面的论述。他说：

> 学行之，上也；言之，次也；教人，又其次也；咸无焉，为众人。

---

① 《法言·问道》。

② 《法言·问道》。

③ 《法言·君子》。

学以治之，思以精之，朋友以磨之，名誉以崇之，不倦以终之，可谓好学也已矣。

大人之学也为道，小人之学也为利。……百川学海，而至于海；丘陵学山，不至于山，是故恶夫画也。①

好书而不要诸仲尼，书肆也。好说而不要诸仲尼，说铃也。②

学为学孔子之书、之学，行为行孔子之道、之行，舍此而他学、他行，皆为非学、非行。

扬雄发挥孔子“学而时习之”的思想，认为既要学，又要习，通过学习而审定是非，要知是而习之，其审定的标准，当然是圣人之言、之学了。所以说：

习乎习！以习非之胜是也，况习是之胜非乎？於戏！学者审其是而已矣。或曰：“焉知是而习之？”曰：“视日月而知众星之蔑也，仰圣人而知众说之小也。”③

判定、决定是非的标准是圣人之言、之学、之书。只有学习此正学、正道，方可为君子。

要学习，就必须有老师，要学正道、正学，就必有良师、正师，以此为务，方可学到圣人之学。扬雄说：

师哉！师哉！桐子之命也。务学不如务求师。师者，人之模范也。模不模，范不范，为不少矣。④

或曰：“小每知之，可谓师乎！”曰：“是何师与！是何师与！天下小事为不少矣，每知之，是谓师乎？师之贵也，知大

① 《法言·学行》。

② 《法言·吾子》。

③ 《法言·学行》。

④ 《法言·学行》。

知也。小知之师，亦贱矣。”①

善为求知圣人之学者，必须善求其师。因为老师是童子之命，为人之模范，为圣学的传播者，所以求圣人之学，必先求师，“一卷之书，必立之师”。② 作为老师而言，其之所以尊贵，就在于其“知大知也”，知大道，导善恶，为模范，故为贵。否则，“亦贱矣”。这就告诉人们为学求知贵择师，当好老师要有知识、重身行。扬雄所论之学，包括行的内容，故为“学行”。

第三节　性善恶混论

在中国人性理论的发展史上，先秦时代，诸子百家围绕人性的善恶问题展开了激烈的争论。诸如：孟子提出人性善论，荀子提出人性恶论，告子提出人性无善恶论，世硕提出人性有善有恶论等。

扬雄总结和综合了先秦时期诸家关于人性善恶的理论，明确地提出了性善恶论。他说：

> 人之性也，善恶混。修身善则为善人，修其恶则为恶人。气也者，所以适善恶之马也与！③

扬雄关于人性的观点，主要是这一段话，他不同意孟子的性善论，也不同意荀子的性恶论，而主张人性善恶混论，认为人性兼有善与恶的两种成分。这与世硕的人性观点相近、相似。世硕为战国初期人，他的著作《世子》早已佚失。据王充《论衡·本性》篇引述世硕的人性理论云：

> 周人世硕，以为人性有善有恶，举人之善性，善而致之则

① 《法言·问明》。

② 《法言·学行》。

③ 《法言·修身》。

> 善长；性恶，养而致之则恶长。如此，则性各有阴阳，善恶在所养焉。

由此可见，世硕所说的“人性有善有恶”，善与恶之所以长，关键在其所养。扬雄所说的“人之性也，善恶混”，善与恶之所以成，关键在其所修。所以说扬雄的人性善恶混论，是与世硕的人性有善有恶论是相近、相似的，也许是受世硕启发而提出的。

扬雄的人性论，是与他的宇宙观紧密相联系的。我们已经说过，他在《太玄》中，把“玄”视为宇宙的最高本体，是人和万物的最初本原。

扬雄认为，人和万物都是由“玄”产生出来的。他有时把“玄”看成是神秘的本体，有时又看成是物质的实体。他说：

> 玄者，幽摛万类而不见形者也。资陶虚无而生乎规，神明而定摹，通同古今以开类，摛措阴阳而发气，一判一合，天地备矣。天日回行，刚柔接矣。还复其所，终始定矣。一生一死，性命莹矣。①

“玄”是一种无形无状的东西，既深奥幽远，又广大无限，人们见不到、摸不着，但却离不开它。“玄”与“阴阳”的关系是：“玄”“摛措阴阳而发气”。所以说：“玄者，用之至也。……莹天功、明万物之谓也，幽无形、深不测之谓阴也。阳知阳而不知阴，阴知阴而不知阳，知阴知阳，知止知行，知晦知明者，其唯玄乎！”②就是说，“玄”包含着“阴阳”。由于“玄”“摛措阴阳而发气”，阴阳之气的判合、动静、晦明、刚柔的运动不息，变化不已，回行不止，而产生了人和天地万物，并使之终始往来，生死交替。这种包含阴阳二气的“玄”，既非阴，又非阳，而是阴阳二气对立统一的和合体。人和天地万物来自阴阳，由阴阳结合而生，生而有性命。阳为善，

① 《太玄摛》。

② 《太玄摛》。

阴为恶。因此，由阴阳结合而化生的人，便含有善恶混的人性。

扬雄在这种宇宙观的基础上，构建了人性善恶混的人性论。所以他提出人性善恶混的同时，紧接着便说“气”为“适善恶之马与!”“气”是什么？扬雄没有作出具体的说明、论证，从他对人的看法来分析，是指构成人和天地万物的血气、材质。他说：“圣人之材，天地也；次，山陵川泉也；次，鸟兽草木也。”①因为人的血气、材质有精粗、优劣等不同，所以人分为三种品级，人性当然也就不同了。

扬雄认为，人的视、听、言、貌、思等，都包括在人性之中，都为人性所具有者。他说：

> 学者，所以修性也。视、听、言、貌、思，性所有也。学则正，否则邪。②

人的感觉和思维都为“性”之所有者。性中兼含善恶，所以感觉和思维则有正邪。人能否去恶为善，改邪为正，关键在于学习、修行。因为“修其善则为善人，修其恶则为恶人”，所以学习、修行要审辨是非、善恶。

扬雄认为，人要学习、修行为善不为恶，其要在治心为正。“心”为神明，主宰、支配着身，并能测度天地万物，所以必须“治心”、“存心”。他说：

> 或问：“神。”曰：“心。”“请问之。”曰：“潜天而天，潜地而地。天地，神明而不测者也。心之潜也，犹将测之，况于人乎？况于事伦乎？”“敢问潜心于圣。”曰：“昔乎，仲尼潜心于文王矣，达之。颜渊亦潜心于仲尼矣，未达一间耳。神在所潜而已矣。”③

---

① 《法言·五百》。

② 《法言·学行》。

③ 《法言·问神》。

"心"为"神"，灵妙无穷，神明不测，主宰一切，统帅人身。人要"修性"、"修身"，就必须"治心"、"存心"。"天下为大，治之在道，不亦小乎？四海为远，治之在心，不亦迩乎？"①"治心"、"存心"为"修性"、"修身"的关键。因为"心"为"神"，无所不在、无所不能，所以必须"治心"、"存心"。能如此者，则可以超凡入圣。所以扬雄说：

> 人心其神矣乎？操则存，舍则亡。能常操而存者，其惟圣人乎？圣人存神索至，成天下之大顺，致天下之大利，和同天人之际，使之无间也。②

修心、存心，不仅可以成为圣人，而且可以达到天人合一的境界，使人与天和同无间，融为一体。

在扬雄看来，人治心、存心，是为了修性、修身，去恶为善，最终成为圣贤君子，实现圣王之道，达到理想人格。因此，扬雄强调修性而做圣贤君子。

我们知道，中国古代的儒家学者，几乎无人不谈论圣贤君子问题的，何为圣贤君子，如何为圣贤君子，而不为庸人小人，则是他们理想人格论的首要问题。其所以如此，就在于他们企望人们都要做圣贤君子，不做无知无德小人，这样人人有智有德，就可以使天下长治久安，人民安居乐业了。

扬雄继承和发挥了先秦儒家的圣贤君子论，阐明了自己的圣贤君子论。

扬雄极为推崇圣人，认为圣人是人中之卓越者和优异者，因此神明广大，其聪明智慧，高如天，深如渊，能穷天下之际，是人群中高贵、伟大者。他说：

---

① 《法言·孝至》。

② 《法言·问神》。

圣人聪明渊懿，继天测灵，冠乎群伦，经诸范。[①]

圣人之辞浑浑若川。顺则便，逆则否者，其惟川乎![②]

赫赫乎日之光，群目之用也；浑浑乎圣人之道，群心之用也。[③]

天神天明，照知四方；天精天粹，万物作类。……圣人存神索至，成天下之大顺，致天下之大利，和同天人之际，使之无间也。[④]

浩浩宇宙，茫茫天道，谁人能知，谁人能考？只有圣人能存神索至，神妙无穷，求而知之，考而至之，以知大中至正之道。圣人为什么能如此呢？因为圣人“异乎众人”，“冠乎群伦”，“浑浑若川”，故能知天地万物变化之道，并制礼义以化民。扬雄说：“鸟兽触其情者也，众人则并乎！贤人则异众人矣，圣人则异贤人矣。礼义之作，有以矣夫。人而不学，虽无忧，如禽何?”[⑤]圣人制定礼义，使人们明白礼义道德，而与禽兽区别开来，这就是圣人的高明、高贵之处。如果人们不学习圣人之礼义道德，则与禽兽无异了。

扬雄指出，圣人虽然有此智此德，但却不是先天固有的超人之神，而是后天学习、修性、修德的结果。人只要孜孜以求，不断学习，常修其德，迁善改过，就可以为圣人之徒，至圣人之境。他说：

或曰：“圣人事异乎?”曰：“圣人德之为事，异亚之。故常修德者，本也；见异而修德者，末也。本末不修而存者，未

① 《法言自序》。

② 《法言·问神》。

③ 《法言·五百》。

④ 《法言·问神》。

⑤ 《法言·学行》。

之有也。”①

常修德为本，见灾异而修德为末，本末俱修，方明圣人之事，具有圣人之德；本末不修，惑之者甚，不能久存。深知圣事、圣义，方为智者、俊杰。反之，则为愚人、惑者。圣人虽见灾异而修德，但却不信鬼神，不言灾异，不语怪、力、乱、神。所以说：“神怪茫茫，若存若亡，圣人曼云。”②神怪之事，虚无缥缈，所以圣人不言。

扬雄认为，圣人作为优异于、高贵于常人、众人者，虽然不常出、不多见，但是其出之者、见之者，也并不神秘。因此，他不同意孟子“五百年必有王者兴，其间必有名世者”的说法，并以历史事实反驳这种观点。他说：

> 或问：“五百岁而圣人出，有诸?”曰：“尧、舜、禹，君臣也而并；文、武、周公，父子也而处。汤、孔子数百岁而生。因往以推来，虽千一不可知也。”③

圣人虽然禀天地精灵之气而生，与天地合德齐明，与天地并列为三，具有崇高道德。“圣人有以拟天地而参诸身乎!”④但不是，亦不一定是五百年、一千年才出一个的历史循环论使之然的，反倒是千岁出一人，或一岁出千人，这都是不一定的。

圣人不仅有神胆，异众人，而且具有崇高的道德，以智慧化天下，以礼义治天下，因此圣人之言、之德传天下，并为万世法。扬雄说：

> 鸿荒之世，圣人恶之，是以法始乎伏羲，而成乎尧。……

① 《法言·孝至》。
② 《法言·重黎》。
③ 《法言·五百》。
④ 《法言·五百》。

> 圣人之冶天下也，碍诸以礼乐。无则禽，异则貉。吾见诸子之小礼乐也，不见圣人之小礼乐也。①

崇高而伟大的圣人之言，与日月齐明，开之则廓然见四海，闭之则四壁无所见。圣人之言似水火，水测之而益深，穷之而益远，火用之而弥明，宿之而弥壮。圣人之德在行道义，贵迁善，使众人有道德，重道义，循礼乐。所以圣人是人的最高理想人格，为人的最高道德楷模。

与圣人紧密相联而仅次于圣人的是贤人。因此，扬雄对贤人也有所论。他说：

> 圣人之言远如天，贤人之言近如地。②
>
> 圣人身不顺乎非，口不肄乎善；贤者耳择、口择；众人无择焉。……观乎贤人，则见众人；观乎圣人，则见贤人；观乎天地，则见圣人。③

贤人次于圣人，超于众人，也是具有知识、道德者，而为人的理想人格，所以人们常常将"圣"与"贤"并称，而为"圣贤"。

君子是指有仁德、讲道义之人而说的。圣人本来是从君子中分化出来的高级君子，后来而居于君子之上。君子也是儒家追求的理想人格，扬雄承接儒家之义，对君子也作了论述。他说：

> 好尽其心于圣人之道者，君子也。④
>
> 君子之言幽必有验乎明，远必有验乎近，大必有验乎小，微必有验乎著。无验而言之谓妄。君子妄乎？不妄。⑤

---

① 《法言·问道》。
② 《法言·寡言》。
③ 《法言·修身》。
④ 《法言·五百》。
⑤ 《法言·问神》。

君子仕则欲行其义，居则欲彰其道。事不厌，教不倦，焉得日？①

或问："君子似玉。"曰："纯沦温润，柔而坚，玩而廉，队乎其洒中形也。"

君子好人之好，而忘已之好；小人好已之恶，而忘人之好。②

君子是有知识、有道德、有品格之人。"君子言则成文，动则成德"，"君子于仁也柔，于义也刚"③，所以为人们学习的榜样，"学者，所以求为君子也"。④"君子"与"小人"作为对应范畴而提出和使用，意在告诉人们要做"君子"而不做"小人"。

扬雄由人性善恶论出发，论证了人的道德修养论，理想人格论，并将其融为一体，而构成了较为完整的人生论。人达到了圣贤君子的境界，便是完善了人生的价值，达到了人生的目的。

第四节　立政治国论

扬雄对如何立政治国也提出了自己的看法。

扬雄认为，要治国，就必须立政；要立政，执政者就必须端正自己的身行，即立身。这就是：

或问："何以治国？"曰："立政。"曰："何以立政？"曰："政之本，身也。身立则政立矣。"⑤

这显然是孔子"政者，正也。子帅以正，孰敢不正"⑥"其身正，不

① 《法言·五百》。

② 《法言·君子》。

③ 《法言·君子》。

④ 《法言·学行》。

⑤ 《法言·先知》。

⑥ 《论语·颜渊》。

令而行；其身不正，虽令不从”“苟正其身矣，于从政乎何有？为能正其身，如正人何”①等思想的引申、再现。就是说，为政、执政的治国者，要想治国，就必须立政，而立政的根本，则是立身。己身正，不令则行，己身不正，焉能正人，不能正人，何以行政，所以说“身立则政立矣”。

因此，扬雄论政，以孔子为楷模，而对孔子大力赞扬、称颂。他说：

> 仲尼之道，犹四渎也，经营中国，终入大海。它人之道者，西北之流也，纳纪夷貉，或入于沱，或沦于汉。②
>
> 众人愈利而后钝，圣人愈钝而后利。关为圣而不惭，蔽天地而不耻，能言之类，莫能加也。贵无敌，富无伦，利孰大焉？
>
> 圣人之言天也，天妄乎？继用者未欲太平也，如欲太平也，舍之而用它道，亦无由至矣。③

仲尼之道，圣人之言，广大而无所不通、无所不用，是治国、平天下的纲纪、达道、至论，用之则无敌，舍之而用它道，则行不通，达不至。

扬雄从秦朝暴政虐民而亡的教训中，认识到秦亡是自亡，“秦未亡而先亡矣”。④ 为什么说“秦未亡而先亡”呢？就是因为秦朝实行的是虐政酷法，这违反了天地之道，圣人之法，所以陈胜、吴广一举兵，而众人应，秦必亡也。扬雄说：

> 震风陵雨，然后知夏屋之为帡幪也；虐政虐世，然后知圣

① 《论语·子路》。
② 《法言·君子》。
③ 《法言·五百》。
④ 《法言·重黎》。

人之为郛郭也。①

秦之有司负秦之法度，秦之法度负圣人之法度，秦弘违天地之道，而天地违秦亦弘矣。②

秦朝用酷吏，行酷法，使奸邪并生，毒害百姓，这是违背圣人之法的。因为圣人之法是符合天道的，所以秦政之法是违背天道的，而秦法酷，吏毒，这就使秦朝必然灭亡。

据此，扬雄反对酷吏苛政峻法，主张实行仁义、和乐的、善政，而不苦民、害民。他说：

为政日新。或人："敢问日新。"曰："使之利其仁，乐其义。厉之以名，引之以美，使之陶陶然之谓日新。"

或问："民所勤。"曰："民有三勤。"曰："何哉所谓三勤?"曰："政善而吏恶，一勤也；吏善而政恶，二勤也；政、吏骈恶，三勤也。禽兽食人之食，土木衣人之帛，谷人不足于昼，丝人不足于夜，之谓恶政。"③

为政意在行仁义，宽裕民，使民陶陶然而日新快乐。万万不可使"民所勤"。所谓"勤"，即是"苦"。民之苦有三：政善吏恶、吏善政恶、政吏并恶。此三者为恶政，恶政则民无所衣、无所食，这是率禽兽而"食人之食"。这种竭力取民财、用无节、求无度之人君、苛政，其不亡者，未之有也。

从这种认识出发，扬雄认为，人君为政、执政要认识、明白为政和善恶之要，审思、明辨民之好恶、疾苦，从而做到老吾老、幼吾幼、慈孤弱、恤贫病。这就是：

或问："为政有几?"曰："思斁。"或问"思斁。"曰："昔在

① 《法言·吾子》。

② 《法言·寡言》。

③ 《法言·先知》。

> 周公，征于东方，四国是王；召伯述职，蔽芾甘棠，其思矣夫！齐桓欲径陈，陈不果内，执袁涛涂，其斁矣夫！于戏！从政者审其思斁而已矣。”或问；“何思？何斁?”曰：“老人老，孤人孤，病者养，死者葬，男子亩，妇人桑，之谓思。若汙人老，屈人孤，病者独，死者道，田亩荒，杼轴空，之谓斁。”①

为政、从政者，当思民生国计之事，不可厌弃、败坏民众之事，这就是为政之要、善政之务。这样人民便会有业可从，安居乐业，当然也是圣人之政、之治了。

因此，扬雄主张为政治国要立纲纪、施仁政、兴教化、行廉洁、修礼义、不欺诈。他说：

> 君子为国，张其纲纪，谨其教化。导之以仁，则下不相贱；莅之以廉，则下相盗；临之以正，则下不相诈；修之以礼义，则下多德让。此君子所当学也。如有犯法，则司狱在。②

有道德的人治理国家，首先要立纲纪、张纲纪。“大作纲，小作纪。如纲不纲，纪不纪，虽有罗网，恶得一目而正诸?”③网之有纲纪，如同君主有股肱，纲纪张而网目正，股肱良则诸事康，这便是治国之要也。

扬雄以“通天、地、人”之儒，对天、地、人的问题作出了自己的论述，内中不乏真知灼见。

---

① 《法言·先知》。

② 《法言·先知》。

③ 《法言·先知》。

第十三章　桓谭的思想

桓谭，字君山，沛国相(今安徽濉溪县)人。生于公元前23年，卒于公元56年。

桓谭的父亲在汉成帝时为太乐令，他"以父任为郎，因好音律，善鼓琴。博学及通，遍习《五经》，皆诂训大义，不为章句。能文章，尤好古学，数从刘歆、扬雄辨析疑义。性嗜倡乐，简易不修威仪，而憙非毁俗儒，由是多见排抵"。① 桓谭17岁为奉东郎，守卫殿中小苑西门。又管理宫中的刻漏，白天参照日影，夜间观察星宿的位置以校时辰。

桓谭学识广博，遍习《五经》，精通音乐，长于文章，尤好古学，又兼通天文历算，以儒学为宗。他曾向班彪从兄班嗣借阅《老子》、《庄子》。据《汉书·叙传上》载：班嗣"虽修儒学，然贵老、严(庄)之术"，桓谭"欲借其书"，他给桓谭回信说：

> 若夫严子者，绝圣弃智，修生保真，清虚淡泊，归之自然，独师友造化，而不为世俗所役者也。渔钓于一壑，则万物不奸其志；栖迟于一丘，则天下不易其乐。不绁圣人之，不鱮骄君之饵，荡然肆志，谈者不得而名焉，故可贵也。今吾子已贯仁义之羁绊，系名声之缰锁，伏周、孔子轨躅，驰颜、闵之极挚，既系挛于世教矣，何用大道为自太玄耀？昔有学步于邯郸者，曾未得其仿佛，又复失其故步，遂匍匐而归耳！恐似此类，故不进。

① 《后汉书·桓谭传》。

从这封信中，我们可以看到，由于班嗣“贵老、严之术”，他认为桓谭“已贯仁义之羁绊，系名声之缰锁，伏周、孔子轶躅，驰颜、闵之极挚”。意思是说：你桓谭既然以儒学为宗，又何必以道家思想来炫耀自己呢？所以你借读《庄子》，我不借与你，“故不进”。道不同不相为谋也，这是古人的风格。

东汉光武帝刘秀即位后，征待诏，桓谭“上书言事失旨，不用”。后由大司空宋弘推荐，而任命桓谭为“议郎给事中”。他于治国方略，多有上疏。当时刘秀极信谶纬之说，“多以决定嫌疑。又酧赏少薄，天下不时安定”。对此，桓谭上疏表示反对。刘秀“愈不悦”。“其后有诏会议灵台所处，帝谓谭曰：‘吾欲以谶决之，何知?’谭默然良久，曰：‘臣不读谶。’帝问其故，谭复极言谶之非经。帝大怒曰：‘桓谭非圣无法，将下斩之。’谭叩头流血，良久乃得解。出为六安郡丞，意忽忽不乐，道病卒，时年七十余。”①由于桓谭反对图谶，而被刘秀视为“非圣无法”，几乎招来杀身之祸。后虽被免死，却被贬官，在赴六安途中病卒。

桓谭的著作，《后汉书·桓谭传》云：“初，谭著书言当世行事二十九篇，号曰《新论》，上书献之，世祖善焉。《琴道》一篇未成，肃宗使班固续成之。所著赋、诔、书、奏，凡二十六篇。”据《后汉书·桓谭传》注云：“《新论》一曰《本造》，二《王霸》，三《求辅》，四《言体》，五《见微》，六《谴非》，七《启寤》，八《祛蔽》，九《正经》，十《识通》，十一《离事》，十二《道赋》，十三《辩惑》，十四《述策》，十五《闵友》，十六《琴道》。《本造》、《述策》、《闵友》、《琴道》各一篇，余并有上下。《东观记》曰：‘光武读之，敕言卷大，令皆别为上下，凡二十九篇。’”桓谭的著作，多已散佚。其主要著作《新论》，原书已散佚，只有部分散见在各家辑本、引述之中。

桓谭为人刚正不阿，不攀附帝王权贵，虽身负才德，遍习《五经》，经历哀、平、新莽到东汉刘秀朝，却一直不得重用，而为一般官吏，却因反对图谶，几乎遭到杀身之祸。桓谭著《新论》

① 《后汉书·桓谭传》。

的宗旨是："余为《新论》，术辨古今，亦欲兴治也。何异《春秋》褒贬耶！"[①]因此，桓谭及其《新论》受到王充的称赞、肯定。如说："周道弊，孔子起而作之，文义褒贬是非，得道理之实，无非僻之误，以故见孔子之贤，实也。……观文之是非，不顾作之所起。世间为文者众矣，是非不分，然否不定，桓君山论之，可谓得实矣。论文以察实，则君山汉之贤人也。……孔子不王，素王之业在于《春秋》。然则桓君山素丞相之迹，存于《新论》者也。"[②]"孔子作《春秋》，采毫毛之善，贬纤介之恶。可褒，则义以明其行善；可贬，则明其恶以讥其操。《新论》之义，与《春秋》会一也。"[③]王充认为，孔子以《春秋》一书，可以定素王之业；桓谭以《新论》一书，可以定素丞相之迹。《新论》的重要价值，与《春秋》是同等的。

王充对桓谭及其《新论》极为推崇，给予极高的评价。王充说："仲舒之言道德政治，可嘉美也。质定世事，论说世疑，桓君山莫上也。故仲舒之文可及，而君山之论难追也。"[④]"桓君山……又作《新论》，论世间事，辩照然否，虚妄之言，伪饰之词，莫不证定，彼子长、子云说论之徒，君子为甲。"[⑤]"众事不失实，凡论不坏乱，则桓谭之论不起。""桓君山《新论》、邹伯奇《检论》，可谓论矣。"[⑥]在王充看来，桓谭之论，为实察、实论，为得实之论，无"虚妄之言"，故高于董仲舒、司马相如、司马迁、扬雄。桓谭的《新论》，其思想价值与孔子的《春秋》相等。王充之所以如此评价桓谭，大概是因为桓谭《新论》的形神观、无神论的理论贡献，故王充引以为同调，而视其为汉代第一人。

---

① 《太平御览》卷六〇二引《新论》。

② 《论衡·定贤》。

③ 《论衡·案书》。

④ 《论衡·案书》。

⑤ 《论衡·超奇》。

⑥ 《论衡·对作》。

第一节　中国古代的形神观概论

“形”与“神”的关系问题，主要是研究人的形体与人的精神之间的相互关系问题。形体与精神是人的生命体中不可缺少的两个最基本的要素，缺其一则人不成其为人，更不要说是正常的人了。人的形体与精神是如何产生、发展的？人的精神活动为什么会灵妙无穷，其本质是什么？人的精神与形体究竟是一种什么样的关系？诸如此类的一系列问题，自古以来，就一直引起中国的哲学家、思想家的关注、重视，他们从不同角度进行了研究、探索。

在人类初始之时，我们的祖先，由于不了解、不理解，当然更不可能解释形体与精神的关系，因而产生了神秘的灵魂观念。当时人们无法认识自己的肉体与精神活动的关系，认为精神是一种可以离开肉体而游动独立存在的灵魂，灵魂与肉体聚合而人生，离散则人死。人死后，肉体腐烂，灵魂可以离开肉体而单独存在，这就是最初的灵魂不死的观念。这种灵魂不死、不灭的思想观念，长期地统治着人们的头脑。

随着生产力的发展，人们大脑思维的进化，认识能力的提高，大约在西周晚期、春秋时期，人们对灵魂不死，鬼神观念，产生了怀疑，进行了批判。哲学家、思想家们开始用阴阳五行来说明人和万物的产生和形成，进而思考、探索形体与精神的关系问题。

在中国哲学思想的发展史中，对“形”与“神”最初给予唯物主义解释的，当属宋钘、尹文的“精气”说。他们认为，“气”是人和万物产生、构成的始基、本根，气的最精微者，叫做“精气”。精气在人体的活动便是精神。所以说：“凡人之生，天出其精，地出其形，合此以为人。”“精也者，气之精也。”①人的身体是由“气”充实、构成的，“气者，身之充也”。形体是由阴阳二气和合而生，“和乃生，不和不生”，而精神则是一种精妙之气产生的。形体与精神结合，才有人的生命。人体有精气(精)，同外界事物发生交

① 《管子·内业》。

感，便产生了思维活动，有了认识能力，“气道(通)乃生，生乃思，思乃知，知乃止矣”。精气在人体“藏于胸中”、“藏在心中”。精气在人体中，好像人住在房子里一样。宋钘、尹文把人的形体比作房舍，“定在心中，耳目聪明，四肢坚固，可以为精舍”，“敬除其舍，精将自来”，“精之所舍，而知之所生”。[①] 把精神看成是精气产生的，这是唯物主义的认识。然而把精神与形体的关系说成是精气进入肉体，如同人进到房舍的相合关系，而不是二者统一的相依关系，这就容易引出精神离开形体而单独存在，为形神二元论开了后门。这种形神观，虽为唯物主义的，但却有严重缺陷。

庄子把《管子·内业》的“精气”论，融化于“道”的体系中。他认为，由“道”产生出精神，再由精神产生形体。他说：

> 夫昭昭生于冥冥，有伦生于无形，精神生于道，形本生于精，而万物以形相生。……天不得不高，地不得不广，日月不得不行，万物不得不昌，此其道与![②]

“冥冥”是指“道”：“无为无形，可传而不可受，可得而不可见”[③]，故为“冥冥”。“昭昭”是指“精神”：精神为神明，因明故“昭昭”。“有伦”是指有形的万物，人的形体亦在其中。“伦”为物生之条理、次序，“物成生理谓之类形”。[④] “无形”是指“道”、“精神”；“有形”是指“形体”。“形体生于精”，即形体生于精神，精神派生出形体，精神当然可以离开形体而独立存在了。

庄子认为，人死了旧的形体毁坏了，精神却不死，并可以从旧的住宅中，搬进新的住宅里。肉体是会死的，而精神是永存的，就如同火之传薪一样，旧薪燃尽，火可以转移到新的薪上继续燃烧。

① 《管子·心术下》。
② 《庄子·知北游》。
③ 《庄子·大宗师》。
④ 《庄子·天地》。

所以说：“指穷于为薪，火传也，不知其尽也。”①这种薪尽，火不灭；形灭，神不绝的形神观，实为灵魂不灭的翻版。

后期墨家提出了“生，刑(形)与知处也”②的命题。旨在说明：生命的产生，是形体与知觉相结合的结果。这个命题，虽然没有说明形体比精神更根本，但从形体与知觉不相离来说，在一定意义上否定了人死之后，精神可以离开肉体而存在的说法，使唯物主义的形神观向前迈进了一步。

荀子吸取了先秦各家形神观的积极成果，对形神观作出了较为科学的论证。不仅肯定了形与神不相离，而且说明了形为神之所存在的物质基础。他说：“天职既立，天功既成，形具而神生。”③又说：“心者，形之君也，而神明之主也。”④这是说，只有具备了形体，才会有精神活动。“形具而神生”的命题，明确地肯定了形体是精神赖以存在的物质基础。同时，荀子又肯定精神的特殊作用，即支配、统帅五官的作用。

汉代的哲学家、思想家，对形神的论述很多。《淮南鸿烈》吸取了先秦诸家的思想，尤其是道家的思想。认为人的形体和精神都是由“气”产生的。所以说：“烦气为虫，精气为人。是故精神天之有也，而骨骼者地之有也。”“精神者，所受于天也；而形体者所禀于地也。”⑤形体与精神都是禀阴阳二气产生、形成的。二者的关系是：“心者，形之主也；而神者，心之宝也。形劳而不休则蹶，精用而不已则竭。是故圣人贵而尊之，不敢越也。”⑥这是说，心是形体活动的主宰者，精神是心所具有的宝贵者，形体劳累过度而心脏就受到损害，精气消耗过多，精神就要衰竭。精神是依赖于形体的，不是永恒不衰竭的。所以说：“夫形者，生之舍也；气者，生

---

① 《庄子·养生主》。

② 《墨子·经上》。

③ 《荀子·大略》。

④ 《荀子·解蔽》。

⑤ 《淮南鸿烈·精神训》。

⑥ 《淮南鸿烈·精神训》。

之充也；神者，生之制也。一失住，则三者作矣。”[①]人的形体，是生命、精神的房舍；气是充实生命的物质；精神是生命的主宰。三者缺一，生命就要受到损伤了。

《淮南鸿烈》的作者认为，人的身体各种器官有不同作用：耳之能视，耳之能听，体之能抗，四肢之能屈伸，以至于察黑白、辨美丑、别同异、明是非等，都是由于人体“气为之充而神为之使也。”《淮南鸿烈》的作者最早以膏烛之喻来说明形与神的关系：“此膏烛之类也，火逾燃而消逾亟。”[②]这种形神观具有其一定的合理性。

司马谈对于形神观有较为系统而合理的看法，他明确地指出：

> 凡人所生者神也，所托者形也。神大用则竭，形大劳则敝，形神离则死。死者不可复生，离者不可复反，故圣人重之。由是观之，神者生之本也，形者生之具也。[③]

明确肯定：人的生命是形、神相结合的结果。形神相合则生，相离则死，离不可复合，死不可复生。要使形神相即，不至分离，就要逸形养神。因为“神大用则竭，形大劳则敝”。如此，则会加速形与神的分离，促使人早死。这种形神观，对桓谭、王充、范缜的形神论，产生了重要的影响。

第二节　以烛火喻形神的形神观

汉代，尤其是汉武帝时期，由于统治者的政治需要和有神论者的大力宣扬，神仙方术盛行。他们除了宣扬灵魂不死、精神不灭之外，还宣扬得道成仙、长生不老，谶纬神学也进一步流行起来。“神为形主”则为这种宗教神学提供了理论根据。

---

① 《淮南鸿烈·原道训》。

② 《淮南鸿烈·原道训》。

③ 《史记·太史公自序》。

在这种种神学妖雾弥漫、泛滥的情况下，桓谭总结和吸取了其思想先行者的形神论，尤其是荀子的“形具而神生”的唯物主义形神观，并写出专文来论辩形与神的关系，批判灵魂不死的神不灭论和长生不老的仙术论。

桓谭以烛火喻形神论，说明了形神相依的关系。人的形体如同蜡烛，精神如同火焰，火焰依靠蜡烛而燃烧，烛尽火灭。同样，人的精神依赖于肉体而产生和存在，人死后，精神也不能单独存在。桓谭的“火蜡俱尽”，说的是形神俱灭，批判了神学家的虚妄之言，坚持了唯物主义的形神观，对中国古代的形神观，作出了重大贡献，具有划时代的意义，所以得到王充的推崇。

桓谭的《形神》是一篇论理辨惑的文章。他的同郡故陈令杜房，读《老子》一书，向桓谭提问道：“老子用恬淡养性，致寿数百岁；今行其道，宁能延年却老乎?”这是说，老子以恬淡养性，活了数百岁，现在照老子的做法修行，也能够延年益寿，长生不老吗？针对此问，桓谭的回答是：“虽同形名，而质性才干乃各异度，有强弱坚脆之姿焉，爱养适用之，直差愈耳。譬犹衣履器物，爱之则完，全乃久。”①由此，桓谭展开了形神关系的论辩、驳难。他说：

> 余见其旁麻烛，而灺垂一尺所，则因以喻事。言：“精神居形体，犹火之燃烛矣。如善扶持，随火而侧之，可毋灭而竟烛。烛无，火亦不能独行于虚空，又不能后然其灺。灺犹人之耆老，齿堕发白，肌肉枯腊，而精神弗为之能润泽。内外周遍，则气索而死，如火烛之俱尽矣。人之遭邪伤病而不遇供养良医者或强死，死则肌肉筋骨常若火之倾刺风而不获救护，亦道灭，则肤余干长焉。”
>
> 余常夜坐饮，内中然麻烛，烛半压欲灭，即自曰敕视，见其皮有剥钝，乃扶持转侧，火遂度而复，则维人身或有亏剥，剧能养慎善持，亦可以得度。②

① 《新论·形神》，又《弘明集》卷五。

② 《新论·形神》，又《弘明集》卷五。

形体与精神的关系，如同蜡烛与火焰的关系，有烛则有火，烛尽则火灭；有形则有神，形死则神灭。如果把烛好好保护，顺着火势转动，就可以不至于熄灭，一直到全部烧尽。可是如果没有烛，火是决不能在空中燃烧，也不能使要燃尽的残烛永远地燃烧下去。残烛如同人的老年，牙齿脱落了，头发花白了，肌肉干枯了，精神则决不能使其重新润泽。到了身体内外各个部位都普遍干枯，那时就气绝而死了，这就像火与烛同时俱尽。如果人身遭到外邪或受伤致病，得不到很好的保养和治疗，也会在没有完全衰老时死去，死后肌肉筋骨没有干枯，好比烛火忽然被大风扑灭，烛干没有烧完，还剩下很长的一段。

桓谭认为，人如果能保养身体，可以益寿延年，避免早夭，但却不能长生不死。他举例说：自己曾在夜里饮酒，室内点燃的麻烛，烛烧了一半，就快要熄灭了。我仔细审视，见烛皮剥落，有一个凹缺，火烧不到，我把烛转动了一下，使火延烧过去，火于是又燃烧起来了。由此可见，人的身体有了亏损，如果得到很好的保养调理，也可以平安度过晚年而寿终正寝。

桓谭指出，人生下来的时候，自己什么都不知道，所以到老的时候也是不知不觉地死去。在古代和平的盛世，人们“蒙美世而生”，所以人们身体坚强高寿，一般都能活到一百岁左右才死。死的时候，如同熟睡一样，并不觉得恐惧和痛苦，如同瓜果和谷物成熟了自然落地一样。后世人则不同，他们生活在浇薄浑浊的环境中，娶嫁不时，勤苦过度，所以他们自己及生下来的子女都受到损害，筋骨血气并不充实坚强，因而幼年或中年就夭折了。有的人经过病痛的折磨，最后才死。所以人们对于死就很憎恶惧怕，“以死为大故”。

桓谭接着说出这样一个事例。从前齐景公很赞美齐国，满足于自己的幸福快乐，便对晏婴说：“使古而无死，何若?”晏婴回答道：“上帝以人之殁为善，仁者息焉，不仁者如焉。今不思勉，广日学自通，以趋立身扬名，如但贪利长生，多求延年益寿，则惑之不解者也。"①人之老死，是好事，好人死了得到安息，坏人死了从此消灭。现在有些人不明白这个道理，不努力学习，建功立业，扬名后世，却贪图利禄，追求长生不死，祈求延年益寿，真是愚蠢到了极点，而不可理解也。

对于桓谭"以烛火喻形神"的形神观，当时有人不理解、不同意，并提出质疑、诘难道：

> 以烛火喻形神，恐似而非焉。今人之肌肤时剥伤而自愈者，血气通行也。彼蒸烛缺伤，虽有火居之，不能复全。是以神气而生长，如火烛不能自补完，盖其所以为异也，而何欲同之?②

这是说，用烛和火比喻形和神，恐怕是似是而非吧！人的肌肉皮肤有时损伤了，自己能够痊愈，这是血气通行的作用。至于那个蜡烛损伤了，虽然火苗还在燃烧，也不可能恢复完整无损。所以说精神可以生长于肉体，火去不能保养燃烧损伤的烛。这就是说二者的差异所在，怎么能够将二者等同起来呢？对此，桓谭的回答是：

> 火则从一端起，而人神气则于体当从内稍出合于外，若由外腠达于内，固未必由端往也。譬犹炭火之燃赤，如水过渡之，亦小灭然复生焉；此与人血气生长肌肉等，顾其终极，或为炙，或为炖耳。曷为不可以喻哉!③

烛火是从头上一端燃起，人的精神则充满人的全身，从体内传到体外，从体外的肌腠达到体内，而不像烛火由上端往下头燃烧。如果由炭火比喻，炭被烧红的时候，如果点上一滴，那着水的地方则会暂时消灭，这小灭之处，过一会儿也会复燃了。这就和人的血气循

① 《新论·形神》，又《弘明集》卷五。

② 《新论·形神》，又《弘明集》卷五。

③ 《新论·形神》，又《弘明集》卷五。

环、生长肌肉相同，所不同的是烛最终化为灰烬，人变成腐肉而已，这怎么不可以比喻呢？

诘难者认为，精神可以再生形体，精神决定形体，并可以离开肉体而存在。桓谭认为，精神居于形体之中，形体死亡，精神亦随之而亡，形神俱亡，如火烛俱灭。桓谭坚持"形具而神生"，"形亡而神灭"的唯物主义形神观，驳斥"神"离"形"而存，"神"决定"形"的唯心主义形神观。

有一天夜间，桓谭与刘伯师点着灯火坐着相谈。桓谭看着灯盏里的油快烧干了，灯芯快烧尽了。桓谭指着灯盏对刘伯师说：人衰老的时候就像这油干快熄灭的灯，并且提到先前关于麻烛燃烧的往事。刘伯师则说："灯烛尽，当益其脂，易其烛；人老衰，亦如彼自躄缵。"①这是说灯油烧尽了，可以再添加油，烛燃尽了，可以再更换一个；人衰老了，不是亦可以这样更换一个新的身体，使他新生吗？对此，桓谭作了精辟而总结性的回答：

> 人既禀形体而立，犹彼持灯一烛，及其尽极，安能自尽易？尽易之乃在人。人之躄傥亦在天，天或能为他。其肌骨血气充强，则形神枝而久生，恶则绝伤，犹火之随脂烛多少长短为迟速矣。欲灯烛自尽易以不能，但促敛旁脂以染渍其头，转侧蒸干使大得安居，则皆复明焉。及本尽者，亦无以燃。今人之养性，或能使堕齿复生，白发更黑，肌颜光泽，如彼促脂转烛者，至寿极亦独死耳。明者知其难求，故不以自劳；愚者欺或，而冀获尽脂易烛之力，故汲汲不息。又草木五欲，以阴阳气生于土，及其长大成灾，实复入土而后能生，犹人与禽兽昆虫，皆以雄雌交接相生。生之有长，长之有老，老之有死，若四时之代谢矣。而欲变易其性，求为异道，惑之不解者也。②

人的生命依靠形体而存在，如同灯火依靠蜡烛而燃烧一样，灯油尽

① 《新论·形神》，又《弘明集》卷五。
② 《新论·形神》，又《弘明集》卷五。

了，灯怎么能自己添油；烛燃烧完了，烛怎么能自己更换呢？添油、换灯都只能靠人。人的衰老出于自然，人自己是无能为力的。人的肌肉骨骸血气充实强健，形体精神自然能支持长久些，否则会损伤断绝，这就像灯火燃的长短，取决于灯油的多少和烛的长短。灯烛虽然不能在燃完之后自己调整更换，但如果收敛一些旁边的油脂，把烛转动调整一下，也可以延长一些燃烧的时间。如果到了烛干燃尽，则是无法再燃烧下去了。

桓谭认为，人衰老了，精神不能自易其身。人的生长老死，与“草木五谷”、“禽兽昆虫”等自然物的本质一样，是不可能变易的，只能通过后代接续生命。他的结论是：“生之有长，长之有老，老之有死，若四时之代谢矣。而欲变易其性，求为异道，惑之不解者也。”生老病死，是自然法则，不可违逆，追求长生不老的人，是徒劳无益的，简直是愚蠢到了极点。

桓谭的“人死如烛灭”的形神论，对反对神学迷信起着积极的作用，并演化为“人死如灯灭”的生活常识，家喻户晓，人人皆知。

桓谭的“以烛火喻形神”的唯物主义形神观，为中国古代的形神观的发展，作出了重要的理论贡献：

第一，肯定精神依赖于形体而存在，没有离开形体而独立存在的精神，没有肉体就没有精神，当然也就没有人的认识活动。这就明确地告诉人们：形体是精神存在的物质基础。这显然是唯物主义的形神观。

第二，克服了精气说者用精气来解释精神，即把物质和精神混为一谈的缺陷。烛火之喻，说明烛与火不是一回事，这无疑比精气说的形神观深化了一步。

第三，驳斥了精神可以离开肉体而独立存在的唯心主义形神观和灵魂不灭、长生不老的神学观，对于解决精神与物质的关系，反对神仙迷信的虚妄之论，都有十分重要的意义。

当然，我们也应当看到，桓谭的“以烛火喻形神”的时代局限和理论缺陷：

第一，烛火之喻，虽然说明生命和精神不可分离，二者不相同，但是桓谭却没有看到烛与火都是物质的一种，二者不是物质与精神的关系，说明桓谭没有把物质与精神严格区别开来。

第二，用烛火之喻形神，虽然是唯物主义地解释形神关系，但不能正确地说明精神是人的生命的一种属性。蜡烛需要人去点燃才能燃烧，那么人的精神是否也需要某种外力来赋予呢？

第三，烛火固然需要依靠蜡烛燃烧，但是此烛燃尽，而火可以传递到彼烛，继续燃烧，人的精神亦能够这样传递吗？

桓谭的这些理论漏洞和缺陷被有神论者钻了空子，所以当时就有人诘难曰："以烛火喻形神，恐似而非焉。……盖其所以为异也，而何欲同之？"到了南北朝时期，梁朝和尚曾祐就认为桓谭的《新论·形神》论，就是论证精神可以离开形体，灵魂不灭的材料，并将其收入《弘明集》中。《弘明集》卷五《神不灭论》中的桓君山《新论·形神》下有案语云："臣澄以为君山未闻释氏之教，至于形神已设薪火之譬，后之言者乃暗与之会。故有取焉尔。"这里的"臣澄"是为刘宋时的陆澄。陆澄认为，桓谭的形神薪火之喻与佛教的灵魂不死，神不灭论暗合，故有取焉。

晋朝的佛教徒们正是抓住桓谭的"以烛火喻形神"的漏洞和缺陷来论证"神不灭论"。如郑道子在《神不灭论》中说："夫形神混会，虽与生俱存，至于粗妙分源，则有无区异。……推此理也，则神之不灭居可知矣。"①这是说，由于形与神精粗不同源而分源，人生之时，形与神混合结合在一起，二者与生俱存。人死之后，形神分离，一有一无，由此可以证明"神之不灭"。

佛教徒慧远则说："火之传于薪，犹神之传于形；火之传异薪，犹神之传异形。前薪非后薪，则知指穷之术，妙前形非后形，则悟情数之感深。惑者见形极于一生，便以谓神情共丧，犹睹火穷于一木，谓终期都尽耳。"②唯心主义有神论者抓住了唯物主义无神论的局限、弱点加以歪曲、利用。这就告诉人们，只有严密的理论，才能教育人、说服人。

① 《弘明集》卷五《神不灭论》。

② 《弘明集》卷五《沙门不敬王者论》。

第三节　反对谶纬迷信的无神论

谶纬迷信的广泛流传，是在西汉末年的哀、平之际。由于当时社会危机的日益严重，这种宗教神学开始盛行。东汉初年，统治集团发现谶纬迷信对于维护和加强自己的封建统治极端有利，于是便大力提倡、宣扬。因此，谶纬神学在当时曾一度成为主导思想。

“谶纬”是一种假托神灵而预示吉凶的神学迷信。《四库全书总目提要》卷六《易纬坤灵图》一卷案语说：“儒者多称谶纬。其谶自谶，纬自纬，非一类也。谶者，诡为隐语，预决吉凶。《史论·秦本纪》称卢生奏录图书之始，是其始也。纬者，经之支流，衍及旁义。《史记·自序》引《易》‘失之毫厘，差之千里。’《汉书·盖宽饶传》引《易》‘五帝官天下，三王家天下’。注者均以为《易律》之文是也。”由此可见“谶”与“纬”之义及其由来。

“谶”是一种“诡为隐语，预决吉凶”的宗教神学预言，用模棱两可的粗俗文字，假托神灵的启示，进行迷信宣传，从而为政治斗争服务。谶的起源很早，如：秦始皇时，“燕人卢生使入海还，以鬼神事，因奏录图书，曰：‘亡秦者胡也。’始皇乃使将军蒙恬发兵三十万人北击胡，略取河南地。”①秦始皇认为将来灭亡秦朝的是北方的胡人——匈奴，于是派大将蒙恬率三十万大军北征，夺取河套地区，并修筑万里长城以防胡灭秦。可是后来秦朝却亡在秦始皇的儿子胡亥身上。王莽统治末期，刘秀为了推翻王莽统治，取而代之，自己做皇帝，于是有人利用图谶大造舆论。“宛人李通等以图谶说光武云：‘刘氏复起，李氏为辅。’”“谶记曰：‘刘秀发兵捕不道，卯金修德为天子。’”②这就是说，刘秀起兵推翻王莽当皇帝是受命于天，符合谶语的。刘秀利用这种神学迷信为夺取帝位服务。

“纬”是“经之支流，衍及旁义”。“纬”是对“经”而言，是用宗教迷信、阴阳灾异之说来解释、附会儒家的经典：《诗》、《书》、

---

① 《史记·秦始皇本纪》。

② 《后汉书·光武帝纪》。

《礼》、《乐》、《易》、《春秋》等。纬书是假托神意，把经学神学化，把帝王神圣化。纬书认为国家的治乱、兴衰，帝王的出现、登基，都由天命安排、神意决定。除此之外，还有一些有关《河图》、《洛书》之类的纬书便是附会《易经》的“河出图，洛出书”的说法而来的。由于纬书采用的是一种比较隐晦的、神话的、神秘的形式，这些宗教预言对人民有欺骗性，对统治者有实用性，因此，在东汉盛行一时，一些士大夫以“博通五经，尤善图纬”①而受到统治者的信用。

东汉政权建立后，刘秀当上了皇帝，命尹敏、薛汉等校定图谶。在中元元年(公元56年)，刘秀正式“宣布图谶于天下”②，于是谶纬迷信，风行全国。

对于汉代所流行的谶纬迷信，当时就有人进行批判，指斥其谬。如司马迁、扬雄、张衡等思想家、科学家，都与谶纬神学展开了斗争。

桓谭在两汉之际谶纬迷信盛行的时代，对谶纬神学进行了长期的、坚决的斗争。“当王莽居摄篡弑之际，天下之士，莫不竞褒称德美，作符命以求容媚，谭独自守，默然无方。”③他以沉默不语来反对王莽宣扬的谶纬神学，而不媚俗求荣，凸显了他的高贵人格和无神论思想。

刘秀推翻王莽当了皇帝后，大肆利用图谶巩固其封建统治，“宣布图谶于天下”，桓谭多次上书反对刘秀崇尚、推行谶纬神学。刘秀靠图谶起兵，即位后笃信谶纬，“多以决定嫌疑”。桓谭上疏说：

臣前献瞽言，未蒙诏报，不胜愤懑，冒死复陈。愚夫策谋，有益于政道者，以合人心而得事理也。凡人情忽于见事而贵于异闻，观先王之所记述，咸以仁义正道为本，非有奇怪虚

① 《后汉书·方术传》。

② 《后汉书·光武帝纪》。

③ 《后汉书·桓谭传》。

> 诞之事。盖天道性命，圣人所难言也。自子贡以下，不得而闻，况后世浅儒，能通之乎！今诸巧慧小才伎数之人，增益图书，矫称谶记，以欺惑贪邪，诖误人主，焉可不抑远之哉！臣谭伏闻陛下穷折方士黄白之术，甚为明矣。而乃欲听纳谶记，又何误也！其事虽有时合，譬犹卜数只遇之类。陛下宜垂明听，发圣意，屏群小之曲说，述《五经》之正义，略雷同之俗语，详通人之雅谋。①

桓谭以儒家的"仁义正道为本"，以孔子"不语怪、力、乱、神"，不言"性与天道"为宗，以现实人情实事为务，而不贵"异闻"和"奇怪虚诞之事"。因为"天道性命，圣人所难言也"，更何况"后世浅儒"了。当今一些巧慧小人，以伪造图谶来欺骗人主，人主信之更是愚不可及，错上加错，所以陛下应当发圣人之意，摒群小之说，明辨是非，走儒学之道。刘秀看了桓谭这一番有针对性的议论，"愈不悦"。后来，刘秀召集会议讨论应在何处建立灵台，众说不一。刘秀对桓谭说："吾欲以谶决之，何如?"桓谭沉默很久才说："臣不读谶。"刘秀问其原因。桓谭"复极言谶之非经"。刘秀大怒说："桓谭非圣无法，将下斩之。""谭叩头流血，良久乃得解。"②于是被贬为六安郡丞。

谶纬神学的一个重要表现是占灾异变怪，以此欺世惑众，蒙骗人主。桓谭对此给予有力的驳斥：

> 灾异变怪者，天下所常有，无世而不然。逢明主贤臣智士仁人，则修德善政，省职慎行以应之，故咎殃消土而祸转为福焉。昔大戊遭桑谷生朝之怪，获中宗之号。武丁有雊雉升鼎之异，身享百年之寿。周成王遇雷风折木之变，而获反风岁熟之报。宋景公有荧惑守心之忧，星为徙三舍。由是观之，则莫关于以德义精诚报塞之矣。故《周书》曰："天子见怪则修德，诸

① 《后汉书·桓谭传》。

② 《后汉书·桓谭传》。

> 侯见怪则修政，大夫见怪则修职，神不能伤道，妖亦不能害德。"及衰世薄俗，君臣多淫骄失政，士庶多邪心恶行，是以数有灾异变怪，又不能内自省视，畏天戒而反，外考谤议，求问厥故，惑于佞愚，而自以诖误，而令患祸得就，皆违天逆道者也。①

灾异变怪者，虽有"开戒"之义，但主要靠人修德善政，人君如果能在见灾异变怪之象后，省职修德慎行以应之，则咎殃消亡并由祸而转为福。自古以来，历朝历代都发生过灾异观象，然而明君则见怪而修德善政，则神怪亦不能为害人事。如果君臣失政，邪心恶行，见灾异变怪而不能自省慎行，就会使祸殃不断，为害天下。桓谭的思想主旨是强调人事可以战胜灾异，他以历史上的具体事实，说明了这个道理。

桓谭还以他的形神论，对神仙长生不死之说进行了批判；以他的无神论，对卜筮、巫祝、占梦、求雨等世俗迷信思想行为进行了批判。桓谭的唯物主义无神论，处处显示了它的战斗性、可贵性。

第四节　举本业抑末利的治国论

桓谭作为儒家学者，其为学宗旨是"术辨古今，亦欲兴治也"②，因此，他在反对神学迷信为害国家的同时，对于如何治理好国家的政治思想，亦提出了自己的思想主张和具体措施。

桓谭认为，国家的治乱、兴废，在于政事。而政事之要在于君臣合作，文武并用，政合世务，因时适宜。所以桓谭在宋弘推荐他，刘秀任命他为议郎给事中后，便"上疏陈时政所宜"，内中说：

> 臣闻国之废兴，在于政事；政事得失，由乎辅佐。辅佐贤明，则俊士充朝，而理合世务；辅佐不明，则论失时宜，而举

① 《新论·谴非》。

② 《新论·本造》。

> 多过事。夫有国之君，俱欲兴化建善，然而政道未理者，其所谓贤者异也。昔楚庄王问孙叔敖曰："寡人未得所以为国是也。"叔敖曰："国之有是，众所恶也，恐王不能定也。"王曰："不定独在君，亦在臣乎?"对曰："君骄士，曰士非我无从富贵；士骄君，曰君非士无从安存。人君或至失国而不悟，士或至饥寒而不进。君臣不合，则国是无从定矣。"庄王曰："善。愿相国与诸大夫共定国是也。"盖善政者，视俗而施教，察失而立防，威告更兴，文武迭用，然后政调于时，而躁人可定。①

这是说，有国之君，其治国之要，在于治理政道、政事；而政道、政事之要，在理合世务，论适时宜，明君用贤臣辅佐，君臣相合，国是可定。同时要视俗施教，察失立防，成德并兴，文武迭用。如此者，国家治，人心定，这便是善政者。

桓谭所说的"善政"，当然是儒家的以仁义道德为本，以修己而治国、平天下，为民兴利而除害的"王道之治"了。他说：

> 夫上古称三皇、五帝，而次有三王、五霸，此皆天下君之冠首也。故言三皇以道治，而五帝用德化，三王由仁义，五霸用权智。其说之曰：无制令刑罚，谓之皇；有制令而无刑罚，谓之帝；赏善诛恶，诸侯朝事，谓之王；兴兵众，约盟誓，以信义矫世，谓之霸。王者，往也，言其惠泽优游，天下归往也。五帝以上久远，经传无事，唯王霸二盛之美，以定古今之理焉。夫王道之治，先除民害，而足其衣食，然后教以礼义，而威以刑诛，使知好恶去就，是故大化四凑，天下安乐，此王者之术。霸功之大者，尊君卑臣，权统由一，政不二门，赏罚必信，法令著明，百官修理，威令必行，此霸者之术。②

---

① 《后汉书·桓谭传》。

② 《新论·王霸》。

桓谭把古代治道分为皇、帝、王、霸四个等级。皇以"道"治天下，无制令刑罚；帝用德化，有制令而无刑罚；王为赏善诛恶，诸侯朝事；霸为兴兵动众，结约盟誓，以信义矫世。由于三皇、五帝的治道，历史久远，经传不载，无从详考。只有"王霸二盛之美，以定古今之理焉"。"王道之治"：先除民害，安定天下；发展生产，丰衣足食；教以礼义，威以刑罚。如此使民知好恶去就，天下安乐。"霸道 之术"：以权力智谋统一天下，政出一门，赏信罚必，明法申令，修治百官，威令天下。王道尚仁义，重德治；霸道讲信义，重权力。就典籍所载，王霸二术，是古今最好的统治之术。虽说"王道纯粹，霸道驳杂"①，但都是后世所遵循的统治方法。正如汉宣帝所说："汉家自有制度，本以霸王道杂之，奈何纯任德教，用周政乎！"②历史发展到了汉代，当然只能采用"霸王道杂之"的统治方法、策略。桓谭的"王霸二盛之美"的政治论，与汉宣帝的"霸王道杂之"的统治术，是一脉相承的，这是历史发展之必然。

桓谭深知，治国之道，关键在发展生产，繁荣经济，只有如此，才可以使人民丰衣足食，天下安乐。在古代以农业为本的农耕时代，发展经济，当然是指农业生产了。为此，桓谭提出了自己的"理国之道"。他说：

> 夫理国之道，举本业而抑末利，是以先帝禁人二业，锢商贾不得宦为吏，此所以抑并兼长廉耻也。今富商大贾，多放钱货，中家子弟，为之保役，趋走与臣仆等勤，收税与封君比入，是以众人慕效，不耕而食，至乃多通侈靡，以淫耳目。今可令诸商贾自相纠告，若非身力所得，皆以藏畀告者。如此，则专役一己，不敢以货与人，事寡力弱，必归动田亩。田亩修，则谷入多而地力尽矣。③

---

① 《新论·王霸》。

② 《汉书·元帝纪》。

③ 《后汉书·桓谭传》。

桓谭的治理之道，还在于依法治国，执法公平，惩恶禁奸，刑开一门，同罪同论，一断于法。他针对当时执法不公，奸吏枉法等弊端上疏曰：

> 又见法令决事，轻重不齐，或一事殊法，同罪异论，奸吏得因缘为市，所欲活则出生义，所欲陷则与死比，是为刑开二门也，今可令通义理明习法律者，校定科比，一其法度，班下郡国，蠲除故条。如此，天下知方，而狱无怨滥矣。①

桓谭认为，法律之所以能起作用，就在于其公平、公正、合理，“刑罚不能加无罪”，只有这样，法律才能保护好人，禁止奸恶，“邪枉不能胜正人”。国家“设法禁”，虽然“非能尽塞天下之奸”，但是“皆合众人之所欲也，大抵取便国利事多者，则可矣”，所以“悬赏设罚，以别善恶，恶人诛伤，则善人蒙福矣”。② 据此，桓谭重视法治，讲究明法申令，使恶人受惩，善人蒙福。他也反对严刑酷法，而严斥当时“有司之行深刻”，“皆务酷虐过度”③，并对历史上实行严刑峻法者，给予谴责。这些思想都不乏合理之处。

桓谭作为两汉之际的唯物主义哲学家，在汉武帝“罢黜百家、独尊儒术”的思想禁锢之后，能“博学多通，遍习五经，皆训诂大义，不为章句”，针对当时的社会政治思想实际，阐发自己的理论观点和政治思想。他的形神观、无神论、政治论，都是有的放矢，有感而发，并对王充、范缜的形神观、无神论产生了重要影响。他的理论贡献是应当充分肯定的；他的不媚俗的科学精神是值得后人赞扬的。

明代唯物主义哲学家吴廷翰(约公元1490—1559年)，对汉以来流行的谶纬迷信、《河图》、《洛书》等宗教神学，作了历史的探索、考察后，在揭示其发生、发展、流行、危害的同时，对桓谭等

① 《后汉书·桓谭传》。

② 《后汉书·桓谭传》。

③ 《新论·谴非》。

人对谶纬迷信批判的历史功绩，作了充分的肯定。吴廷翰说：

> 《纬书》起于汉、哀之际，王莽以此济其篡，公孙述效之。光武亦以赤符即位，乃笃好崇信，于是庸臣陋士，从风而靡。贾逵以此论左氏学，曹褒以此定汉礼乐，郑玄、何休以解经。二百年间，惟桓谭、张衡二子力非之，而不能回。至宋大明中，始有禁。
>
> 《纬书》惑人，出于汉儒。乃今《六经》大义炳然，无复得以奸蠹于其间，其功有四：桓谭、张衡当时盖力非之，虽不能回，而赖其言以传，其功一也；王肃推引古学，王弼、杜预从而明之，而其说浸微，其功二也；隋末焚烧，掠取颇严，人不敢习，其功三也；然必至于鹤山《九经要义》之作，然后遗奸隐蠹，搜剔无余，而经义纯情一，其功四也。[①]

吴廷翰此论，实为智者之论。他肯定桓谭之论，尤为精当。

① 《椟记》卷上《纬书》。

第十四章 《白虎通义》的神学思想

由于武帝“罢黜百家，独尊儒术”的思想禁锢，压抑了学术思想的自由论争，使儒学神学化，形成了“徒为章句”的烦琐学风。与此同时，由于刘向、刘歆父子的改善儒学，特别是扬雄、桓谭的“不为章句”，“皆训诂大义”，加之古文经学的兴起，与今文经学派发生分歧，使学术思想有些活跃，削弱了官方哲学统治，这就使政治思想和学术思想出现了十分复杂而矛盾的局面。

为了统一统治思想和解决思想矛盾，建初四年(公元79年)，刘秀的孙子汉章帝刘炟亲自组织了一次全国性的经学讨论会，即所谓“讲论《五经》同异”的白虎观会议。

第一节 《白虎通义》产生的历史背景

东汉初期，统治者需要把儒学神学化，靠谶纬神秘化，将帝王神圣化，以加强自己的政治统治。而一些唯物主义哲学家、进步的思想家、求真的科学家，则从不同角度、领域、层面，阐发了唯物主义无神论、形神观来反对神学迷信、思想禁锢。面对这种形势，东汉统治者当然要采取对策，以维护和加强自己的统治。为此，章帝建初四年，杨终以经学家多分歧，向章帝建议应效法宣帝召开的石渠阁会议，而召开一次会议“讲论《五经》同异”，以利于加强思想统治。杨终说：

> 宣帝博征群儒，论定《五经》于石渠阁。方今天下少事，学者得成其业，而章句之徒，破坏大体。宜于石渠故事，永为

后世则。①

章帝看到杨终的奏折后，采纳了杨终的建议，并于建初四年十一月，下诏曰：

盖三代导人，教学为本。汉承暴秦，褒显儒术，建立《五经》，为置博士。其后学者精进，虽曰师承，亦别名家。孝宣皇帝以为去圣久远，学不厌博，故遂立大、小夏侯《尚书》，后又立《京氏易》。至建武中，复置颜氏、严氏《春秋》，大、小戴《礼》博士。此皆所以扶进微学，尊广道艺也。(光武帝)中元元年诏书，《五经》章句烦多，议欲减省。至(明帝)永平元年，长水校尉(樊)儵奏言，先帝大业，当以时施行。欲使诸侯儒共正经义，颇令学者得以自助。孔子曰："学之不讲，是吾忧也。"又曰："博学而笃志，切问而近思，仁在其中矣。"於戏，其勉之哉！②

章帝采纳杨终的建议，并下此诏书，"于是诏诸儒于白虎观论考异同焉"。③"于是下太常，将、大夫、博士、议郎、郎官及诸生、诸儒会白虎观，讲议《五经》同异，使五官中郎将魏应承制问，侍中淳于恭奏，帝亲称制临决，如孝宣甘露石渠故事，作《白虎议奏》。"④参加会议的有班固、杨终、赵博、李育、丁鸿、贾逵、刘羡、楼望、魏应、淳于恭等。主要发言者是魏应、淳于恭，担任会议记录整理工作的是班固、杨终等。会议历时一个多月。白虎观会议是汉宣帝石渠阁经学讨论会以后的另一次重要的讨论会。会议的宗旨是解决"《五经》章句烦多"，防止"章句之徒，破坏大体"，从而"使诸儒共正经义"，所以要以"讲议《五经》同异"为题统一政治

① 《后汉书·杨终传》。
② 《后汉书·章帝纪》。
③ 《后汉书·杨终传》。
④ 《后汉书·章帝纪》。

思想和学术思想。

我们知道，西汉末年，古文经学开始抬头，自此古文经学家便在文字、师说、思想、有神论与无神论、学术与政治等各个方面、各个领域，都和今文经学家展开了激烈的论争。参加白虎观会议讨论的学者，包括古文经学家和今文经学家，他们的争论，表面上十分激烈，究其实质则是为汉代统治者寻找合适的统治思想来统一人们的思想。他们都崇奉谶纬神学。如班固、贾逵虽为古经经学者，但为当政最高统治者立论，则是不遗余力。如贾逵就极力宣扬图谶神学。据《后汉书·贾逵传》载：贾逵的父亲贾徽曾从刘歆学《左氏春秋》，兼习《国语》、《周官》，又从涂恽学《古文尚书》，从谢曼卿学《毛诗》，作《左氏条例》二十一篇。贾逵"悉传父业，弱冠能诵《左氏传》及《五经》本文，以《大夏侯尚书》教授，虽为古学，兼通五家《穀梁》之说。……性恺悌，多智思，俶傥有大节。尤明《左氏传》、《国语》，为之《解诂》五十一篇，永平中，上疏献之。显宗重其书，写藏密馆"。当时"有神爵集宫殿官府，冠羽有五采色，帝异之，以问临邑侯刘复，复不能对，荐逵博物多识，帝乃召见逵，问之"。贾逵的回答是：

> 昔武王终父之业，鸑鷟在岐，宣帝威怀戎狄，神雀仍集，此胡降之征也。……臣以永平中上言《左氏》与图谶合者，先帝不遗刍荛，省纳臣言，写其传诂，藏之秘书。……且三代异物，损益随时，故先帝博观异家，各有所采。……又《五经》家皆无以证图谶明刘氏为尧后者，而《左氏》独有明文。《五经》家皆言颛顼代黄帝，而尧不得为火德。《左氏》以为少昊代黄帝，即图谶所谓帝宣也。如令尧不得为火，则汉不得为赤。其所发明，补益实多。陛下通天然之明，建大圣之本，改元正历，垂万世则，是以麟凤百数，嘉瑞杂遝。

如此鼓吹图谶，歌颂帝王，当然受到皇帝褒奖，"赐布五百匹，衣一袭"，并令其自选高生才者 20 人，从其学习《左氏》。贾逵论著百余万言，“学者宗之，后世称为通儒”。[①]《后汉书·贾逵传》论曰：“贾逵能附会文致，最差贵显。世主以此论学，悲矣哉！”贾逵作为古文经学者、白虎观会议的参加者，都如此宣扬图谶迷信，是以证明白虎观讨论会的神学目的了。

白虎观会议另一位参加者丁鸿，也利用日食发生大谈天人感应，为皇权政治立论。汉和帝永元四年（公元92年），丁鸿为司徒。是时窦太后临政，其兄弟窦宪等各擅权威，和帝拟收窦宪大将印绶。丁鸿因日食而上书曰：

> 臣闻日者阳精，守实不亏，君之象也；月者阴精，盈毁有常，臣之表也。故日食者，臣乘君，阴陵阳；月满不亏，下骄盈也。……《春秋》日食三十六，弑君三十二。变不空生，各以类应。夫威柄不以放下，利器不可假人。览观往古，近察汉兴，倾危之祸，靡不由之。……今大将军……背王室，向私门，此乃上威损，下权盛也。人道悖于下，效验见于天，虽有隐谋，神照其情，垂象见戒，以告人群。[②]

丁鸿以日食发生，说明是窦宪兄弟专权所致，由于上威损，下权盛，而使阴阳失调，上天垂象，告示人君，除掉窦氏，自可免祸。丁鸿书奏十余日，和帝命丁鸿行太尉兼卫尉，屯兵南、北宫。于是收窦宪大将军印绶，窦宪及诸弟皆自杀。据此，《后汉书·丁鸿传》曰：“丁鸿翼翼，让而不饰。高论白虎，深言日食。”这名为称赞，实为讽刺，一语中的。

白虎观会议另一位参加者李育，少习《公羊春秋》，“深为同郡班固所重”。李育在白虎观会议上，与贾逵展开辩论，而“以《公羊》义难贾逵，往返皆有理证，最为通儒”。然而，却“多引图谶，不据理体”。[③] 就此而论，则与贾逵无异。

---

① 《后汉书·贾逵传》。

② 《后汉书·丁鸿传》。

③ 《后汉书·儒林列传》。

白虎观会议记录整理者班固，虽“所学无常师，不为章句，举大义而已”①，但却以谶纬神学为主导，整理会议资料，他又依据图谶“作《典引篇》，述叙汉德”。② 自以为得《尚书·尧典》之旨，而用宗教神学为汉朝政权歌功颂德，从开天辟地讲到白虎观会议，借以证明汉朝是继尧统的天命神授。其辞曰：

> 太极之原，两仪始分，烟烟煴煴，有沉而奥，有浮而清。沉浮交错，庶类混成。肇命人主，五德初始，同于草味，玄混之中。……若夫上稽乾则，降承龙翼，而炳诸《典谟》，以冠德卓踪者，莫崇乎陶唐。……股肱既周，天乃归功元首，将授汉刘。
>
> 夫图书(《河图》、《洛书》)亮章，天哲也；孔猷先命，圣孚也；体行德本，正性也；逢吉丁辰，景命也。顺命以创制，定性以和神，答三灵之繁祉，展放唐之明文，兹事体大而允，寤寐次于圣心。……是时圣上固已垂精游神，包举艺文，屡访群儒，谕咨故老，与之乎斟酌道德之渊源，肴核仁义之林薮，以望元符之臻焉。既成群后之谠辞，又悉经五繇之硕虑矣。将耕万嗣，炀洪晖，奋景炎，扇遗风，播芳烈，久而愈新，用而不竭，汪汪乎丕天之大律，其畴能亘之哉？唐哉皇哉！皇哉唐哉！③

班固把经学与神学融为一体，用以歌颂汉朝政权是神授的，吹捧汉章帝下诏举行白虎观会议的功绩是何等伟大，其功德可比尧帝也。正因为此，班固才讥讽司马迁的“是非颇谬于圣人”。所以《后汉书》论曰：班固“其论议常排死节，否正直，而不叙杀身成仁之为美，则轻仁义，贱守节愈矣。”就此而论，班固是被神学浸透而无

① 《后汉书·班固传》。
② 《后汉书·班固传》。
③ 《后汉书·班固传》。

是非骨节之人了，《后汉书》曰：“固迷世纷。”①真是中肯之论也。

白虎观会议之后，会议记录由班固编辑整理而成《白虎通义》，又名为《白虎通》、《白虎通德论》。我们说，汉代将儒学神学化的过程中，西汉有董仲舒的《春秋繁露》，东汉有《白虎通义》。《白虎通义》则进一步发展和扩大了董仲舒以来今文经学派的神学目的论，并明确地提出了“三纲五常”的宗法伦理观，从而将封建宗法思想永恒化、神圣化，为封建中央集权制的统治制造了强有力的思想依据。

第二节 《白虎通义》的神学宇宙观

《白虎通义》的内容庞杂，主要是以阴阳五行学说为理论基础，对西汉以来今文经学和谶纬神学所制造的君权神授、天人感应等进行了总结、修补、延伸和扩大，同时对如何维护封建统治的国家制度、军队管理、礼仪规章、人伦秩序、干部考核和农桑商贾等，都作了具体的规定，故具有国家宪章和神学法典的作用。

《白虎通义》的神学宇宙观，主要表现在它的天、地、人的理论中。关于宇宙的形成和天、地、人的起源及其相互关系，《白虎通义·天地》篇说：

> 天者何也？天之为言镇也。居高理下，为人镇也。地者易也。言养万物怀任，交易变化也。始起之天，始起先有太初，后有太始，形兆既成，名曰太素。混沌相连，视之不见，听之不闻，然后剖判。清浊既分，精出曜布，度物施生。精者为三光，号者为五行。行生情，情行汁中，汁中生神明，神明生道德，道德生文章。故《乾凿度》曰：“太初者气之始也，太始者形兆之始也，太素者质之始也。”阳唱阴和，男行女随也。

人和宇宙万物，都“始起之天”，有了这个“天”，才先有太初，后

① 《后汉书·班固传》。

有太始，万物形成，名曰太素。《白虎通义》虽引证《易・乾凿度》的“太初者气之始也，太始者形兆之始也，太素者质之始也”，但这并不能说“气”、“元气”为万物的最初始基、本原。有人认为，这是把“元气”作为天地万物之祖、之始。我们不要断章取义忘掉“始起之天”这四个字，更不能省略这四个字。有人将之省略，而认为《白虎通义》把“元气”视为“天地之始”、“万物之祖”。如此则把《白虎通义》的宇宙观，视为元气本体论了，真是大谬不然也。

从我们全面引述《白虎通义・天地》篇的这一段话的完整意义来观之，其旨意是说：宇宙万物“始起之天”，有了“天”之始，才有太初、太始、太素，再经过剖判、分化、演化，而生成“三光”、“五行”，人和万物。所以“天”是至高无上的人格神和万物主，这正是“天之为言镇也。居高理下，为人镇也”的真实涵义。

“天”作为至高无上者，居高理下，而为“人镇”。“为人镇”有的学者训为“为人神”，有的学者认为这是“赋予天以镇服、治理人的威严和权力”。就是说，《白虎通义》的天神观，“天”作为宇宙万物和人的“始起”者，具有镇压、镇服、镇定人的权威和能力，人和万物都只能听命于“天”。这才是其神学宇宙观的宗旨。陈立《白虎通疏证》：“《尔雅释文》引《礼统》云：‘天之为言，镇也，神也。’”《春秋纬・说题辞》曰：“天之言镇也，居高理下，为人经纬。”都是说“天”的神圣性、权威性。

因此，我们不能认为《白虎通义》“讲的天是物质之天，自然之天”，而确确实实是高居于人和万物之上并为之“始起”者的人格神。人间万事、伦理纲常、君臣之义等，都是“天神”的有意识、有目的的安排。所以《白虎通义・天地》篇在讲述：“阳唱阴和，男行女随也”之后，紧接着便说：

> 天道所以左旋，地道右周何？以为天地动而不别，行而不离，所以左旋右周者，犹君臣阴阳相对之义。……君舒臣疾，卑者宜劳。天所以反常行何？以为阳不动无以行其教，阴不静无以成其化。

天地的运行，体现了天的意志目的，阳唱阴和，男行女随，君尊臣卑，君舒臣疾等伦理秩序，道德原则，都是天意的安排、体现。

不仅如此，就连日月星辰的存在、运行、变化等，也都是天意的安排，伦理秩序的体现，是由“天神”决定的。所以《白虎通义·日月》篇说：

> 天左旋，日月五星右行何？日月五星比天为阴，故右行。右行者，犹臣对君也。《含文嘉》曰：“计日月右行也。”《刑德放》：“日月东行。”而日行迟，月行疾何？君舒臣劳也。……《感精符》曰：“三纲之义，日为君，月为臣也。”日月所以悬昼夜者何？助天行化，照明下地。故《易》曰：“悬象著明，莫大乎日月。”日之为言实也，常满有节。月之为言阙也，有满有阙也。所以有缺何？归功于日也。

日月运行的速度、出没的时间、圆缺，都不是自然运行的规律所使然的，而是伦理道德秩序所决定的，也就是神灵之天所决定的，也是天意在人间君臣关系上的体现。

《白虎通义》还通过把阴阳五行学说歪曲、颠倒来论证天的高贵、皇权的神圣。这就是：

> 五行者何谓也？谓金木水火土也。言行者，欲言为天行气之义也。地之承天，犹妻之事夫，臣之事君也，谓其位卑。卑者亲事，故自同于一，行于尊天也。
>
> 五行之性或上或下何？火者阳也，尊，故上；水者阴也，卑，故下。木者少阳，金者少阴，有中和之性，故可曲直，从革。土者最大，苞含物，将生者出，将归者入，不嫌清浊为万物。
>
> 水味所以咸何？是其性也。所以北方咸者，万物咸与所以坚之也，犹五味得咸乃坚也。水味所以酸何？东方万物之生也，酸者以达生也，犹五味得酸乃达也。火味所以苦何？南方主长养，苦者，所以长养也，犹五味须苦可以养也。金味所以

> 卒何？西方煞伤成物，卒所以煞伤之也，犹五味得卒乃委煞也。土味所以甘何？中央者，中和也，故甘，犹五味以甘为主也。①

“五行”：金、木、水、火、土，本来是世界上存在的五种物质元素，并不具有超物质的神秘性。然而，经过《白虎通义》的一番解释、论证，由五行总论，五行之性、五行之味、五行之方的层层分析、附会，而使之具有神秘性、神意性、目的性、道德性。

经过这样的一步步歪曲、附会后，其落脚点、归宿地，则是人事取法五行，人间的政治伦理、宗法道德等，都是由“天”所指挥、安排的五行变化的体现、表征、结果，当然是“天神”所定的秩序了。所以说：

> 天所以内明而外昧，人所以外明而内昧何？明天人欲相向而治也。行有五时有四何？四时为时，五行为节，故木王即谓之春，金王即谓之秋，土尊不任职，君不居部，故时有四也。子不肯禅何法？法四时火不兴土而兴金也。父死子继何法？法木终火王也。兄死弟及何法？法冬之承春也。善善及子孙何法？法春生待夏复长也。恶恶止其身何法？法秋煞不待冬。主幼臣摄政何法？法土用事于季孟之间也。子复仇何法？法土胜水，水胜火也。子顺父，妻顺夫，臣顺君何法？法地顺天也。男不离父母何法？法火不离木也。女离父母何法？法水流去金也。娶妻亲迎何法？法日入阳下阴也。……王者监二王之后何法？法木须金以正，须水以润也。明王先赏后罚何法？法四时先生后煞也。②

人间万事，君臣父子，婚丧嫁娶，典章制度，各种礼仪、政治法规、赏罚规定等，都是取法阴阳五行、四时运行而定而行的。如此

① 《白虎通义·五行》。

② 《白虎通义·五行》。

者，才是明天人相向、天人相应而治也。这种天人合一、天人感应的神学宇宙观，不论在自然界，还是在人事中，都是无处不在、无时不有、无事不主的，这是“天神”早已安排好的，人力是无法违抗的，也是不可能违抗的。

人与天的这种天人感应的神秘关系，是通过天子与上天相联系、相商议的。要使这种联系渠道畅通，不发生阻塞，帝王(天子)就要建设一个神秘而神圣的地方——灵台，以“候天意”、“通神灵”。所以说：

> 天子所以有灵台者何？所以考天人之心，察阴阳之会，揆星度之证验，为万物获福(于)无方之亢。……天子立明堂者，所以通神灵，感天地，正四时，出教化，宗有德，重有道，显有能，褒有行者也。①

天子作为天的儿子，为了与上天沟通消息，了解天意，等候天意，统理万物，治理国家，就要建灵台、立明堂，在此与天神打交道，候天意，感天地，获万福。《白虎通义》利用谶纬迷信编造、附会阴阳消息与至上神的关系，而将天神秘化，将帝王神圣化，为当政统治者制造神学理论依据。

由此，《白虎通义》紧接着就编造、附会天的灾变、谴告说，来进一步证明天的意志性、权威性。这就是：

> 天所以有灾变何？所以谴告人君觉悟其行，欲令悔过修德，深思虑也。……灾异者，何谓也？《春秋·潜潭巴》曰：灾之言伤也，随事而诛；异之言怪，先感动之也。……变者何谓？变者非常也。《耀嘉》曰：禹将受位，天意大变，迅风靡木，雷雨昼冥。服乘者何谓？衣服乍大乍小，言语非常。……孽者何谓也？曰介虫生，为非常。……或灾变或异何？各随其行，因其事也。霸之为言，亡也，阳以散云。雹之为言，合

① 《白虎通义·辟雍》。

> 也，阴气专精，积合为雹。日食者必杀之何？阴侵阳也。……日食、大水则鼓用牲于社，大旱则雩祭求雨，非苟虚也，勑阳责下，求阴道也。①

这是说，自然界的风霜雨雪雷霆冰雹及日食水旱等，都是天谴告人君失德的有意识、有目的的活动，不是自然现象的表征，而是上天降灾异的警告。这正是董仲舒“灾者天之谴也，异者天之威也”②的东汉版。就是说，把自然界所发生的一切现象都与人事、人君的行为联系起来，上天谴告人君，令其深思熟虑失德、失政之处，要其悔过修德，觉悟其非，改正其过，这样上天就不会降灾异以警告、惩罚人君了。

《白虎通义》又进一步告诫人君，如果修德、祭天、通天、承天意、调阴阳、理万物、和万民，上天就会降祥瑞以奖赏。所以说：

> 天下太平，功成封禅，以告太平也。……祭山川百神归也。天下太平，符瑞所以来至者，以为王者承统理调和阴阳。阴阳和，万物序，休气充塞，故符瑞并臻，皆应德而至。德至天，则斗极明，日月光，甘露降。德至地，则嘉禾生，蓂荚起，秬鬯出，太平感。德至文表，则景星见，五纬顺轨。德至草木，则诸草生，木连理。德至鸟兽，则凤凰翔，鸾鸟舞，麒麟臻，白虎到。……德至山陵，则景云出，芝实茂，陵出异丹，阜出莲甫，山出器车，泽出神鼎。德至渊泉，则黄龙见，醴泉涌，河出龙图，洛出龟书，江出大贝，海出明珠。德至八方，则祥风至，佳气时喜，钟律调，音度施……③

① 《白虎通义·灾变》。
② 《春秋繁露·必仁且智》。
③ 《白虎通义·封禅》。

人君“封禅”，“封者，广也”，“禅者，明以成功相传也”①，以此敬告天地，天下太平。这是人君修德，承天之意，统理调和阴阳，而使阴阳和，万物序。如此，则“符瑞并臻”，各种祥瑞就会纷纷而至，这个“至”，是“应德而至”。就是说，人君修德，使天下太平，故符瑞并至。如果人君不修德而作恶，天就要降灾异以谴告。“符瑞”是天之“赏”，“灾异”是天之“罚”。“赏”与“罚”的关键是人君的“德”。“德至”之处，符瑞出现，否则，灾异并至。这显然是天人感应的神学目的论的具体表现。

《白虎通义》的神学宇宙观，贯穿于它的天、地、人的全部理论体系中，并为汉朝封建皇权、君权神授作了系统而全面的论证。这种歪曲了的、神秘化的、神圣化的、神异化的宇宙观，显然是荒谬的。

第三节 《白虎通义》的政治伦理观

《白虎通义》在其神学宇宙观的基础上，或者说在其神学宇宙观的指导下，论证了它的政治伦理观。

《白虎通义》认为，帝王之所以为帝王，天子之所以为天子，是由天意、天命决定的，是上天命令他们统治万民，主宰天下的，所以才称为“天子”。《白虎通义》开篇第一篇《爵》，就阐明此义：

> 天子者，爵称也。爵所以称天子者何？王者父天母地，为天之子也。故《援神契》曰：天覆地载，谓之天子，上法斗极。《钩命决》曰：天子爵称也。帝王之德有优劣，所以俱称天子者何？以其俱命于天而王，治五千里内也。《尚书》曰：天子作民父母，以为天下王何？以知帝亦称天子也，以法天下也。

所谓“天子”，就是“天之子也”。所谓“王者”，“父天母地”，亦为“天之子也”，所以都称为“天子”，就因为“其俱命于天而王”天

① 《白虎通义·封禅》。

下。如此说来，他们都是奉天之命，法天之行，作民父母，治理天下，故为天下王。

《白虎通义》认为，“德合天地者称帝”，“仁义合者称王”，不论是帝，还是王，都是禀天合地，应天承德而称谓也，“五帝三王”就是这样崇高而神圣的人。正因为他们有这种至尊的称号，所以才能号令天下，统治万民，为众圣之主，为王之长。这便是“帝王”称号之原由。《白虎通义·号》篇，对此作了详尽地论证：

> 帝王者，何号也？号者功之表也。所以表功明德，号令臣下者也。德合天地者称帝，仁义合者称王，别优劣也。《礼记·谥法》曰：德象天地称帝，仁义所生称王。帝者天号，王者五行之称也。皇者何谓也？亦号也。皇君也，美也，大也。天之总美大称也。……号言为帝者何？帝者谛也，象可承也。王者往也，天下所归往。……或称天子，或称帝王何？称天子者，明以爵事天也。称帝王者，得号天下至尊，言称以号令臣下。

帝王之号，就是表功明德，号令臣下，命令天下，统治万民之义。“五帝三王”都是如此。远古时代，没有“三纲六纪”，人民只知其母，不知其父，茹毛饮血，没有道德礼仪，经过伏羲、神农、燧人、祝融等圣皇的创造发明、礼仪教化，使人民知熟食，明夫妇，定人道。历史发展到了“五帝”时代。“五帝”：黄帝为“中和之色，自然之性，万世不易”；颛顼为“颛者专也，顼者正也，能专正天人之道”；帝喾为“喾者极也，言其能施行穷极道德也”；帝尧为“尧者，犹峣峣也，至高之貌，清妙高远，优游博衍，众圣之主，百王之长也”；帝舜为“舜者，舜犹僢僢也，言能推信尧道而行之”。[①] 正因为如此，他们才能以至尊之号，号令天下，为万世法。这是天之所予，天命所授，不是人力所能为者也。就是说，是上天的神意所决定、主宰的。

---

① 《白虎通义·号》。

“五帝”如此，“三王”亦然。为什么由“帝”而演变为“王”了呢?《白虎通义·号》篇说:

> 三王者何谓也?夏、殷、周也。……所以有夏、殷、周号何?以为王者受命，必立天下之美号，以表功自克(见)，明易姓为子孙制也。夏、殷、周者，有天下之大号也，百王同天下无以相别，改制天下之大礼，号以自别于前，所以表着已之功业也。必改号者，所以明天命已著，欲显扬已于天下也。……不显不明，非天意也。故受命王者，必择天下美号，表著已之功业，明当致施是也。

“王者”不同于“帝者”，是因为王者受天之命，承天之意，“明易姓为子孙制也”。所以受天命为王者，要选择天下最美的称号而为大号，既区别前代之号，又表著自己的功业，而显扬于天下。因为“帝王者，居天下之尊号也”，所以“差优号令臣下”。而“天子至尊，即备有天下之号，而兼万国矣”①，就是说，帝王、天子之号，是奉上天之命以宰制天下，号令天下之义。

三王之所以要取称夏、殷、周之号，则是奉天之命，取道德之义，以立此美号统治人民。所以说:

> 夏者，大也，明当守持大道。殷者，中也，明当为中和之道也。……周者，至也，密也，道德周密，无所不至也。②

夏、殷、周三王，都有伟大而崇高、中和而周密的道德，所以才择取了这些“天下之美号以自号也”，这是“受命而王”者，“必择天下之美号以自号”的结果。③

由此出发，《白虎通义》对“三统”说，进行了修补和完善，使

---

① 《白虎通义·号》。
② 《白虎通义·号》。
③ 《白虎通义·号》。

之更适合当时统治者的政治需要。

既然三王都受命于天，又有崇高而周密的道德，为什么还要更革改制呢？神学家炮制了“三统”说，意在说明王者受命于天而起，必须应天命而改制，以表示接受天之意，顺从天之命。《白虎通义》依据天有“三微之月”和“天地人”的“三正”、“三教”的循环论，对“三统”说作了解释和论证。这就是：

> 王者受命，必改朔何？明易姓，示不相袭也，明受之于天，不受之于人，所以变易民心，革其耳目，以助化也。……王始起，改正朔，易服色，殊徽号，并器械，别衣服也。……正朔有三何？本天有三统，谓三微之月也。……故受命各统一正也，敬始重本也。朔者，苏也，革也，言万物革更于是，故统焉。《礼·三正记》曰：正朔三而改，文质再而复也。①

“三微之月”指十一月、十二月、十三月。周代以十一月为正，殷代以十二月为正，夏代以十三月为正。“三微”是说：“阳气始施黄泉，万物动微而未著也。”“十一月之时，阳气始养根株，黄泉之下，万物皆赤，赤者阳之气也。故周为天正，色尚赤也。十二月之时，万物始牙而白，白者阴气，故殷为地下，色尚白也。十三月之时，万物始达，孚由而出，皆黑，人得加工，故夏为人正，色尚黑。……三正之相承，若顺连环也。”②依据这种“三正”、“三统”的“百世不易之道”，汉代刘氏代替前朝是受命于天，“各统一正也”，所以可以“顺连环”而统治下去了。

《白虎通义》的“三正”、“三统”的天命论，当其不利于统治者的统治时，它又用“文质”说、“三教”论对之作了补充和说明。它认为：“王者一质一文，据天地之道。……帝王始起，先质后文者，顺天下之道，本末之义，先后之序也。事莫不先有质性，乃后

---

① 《白虎通义·三正》。

② 《白虎通义·三正》。

有文章也。"[①]王者"三正"、"三统"的循环包含先质后文的思想内容。帝王"敬受瑞应而王，改正朔，易服色"，是"顺乎天而应乎民也"，"文者先其文，质者先其质"，"改正者，非改道也"，"天质地文，质者据质，文者据文"，所以"质文数不相配，故正不随质文也"。据此，王者受命改制，也有根本不改、不变者。所以说："王者有改道之文，无改道之质。如君南面，臣北面，皮弁素积，声味不可变，哀戚不可改，百世不易之道也。"[②]这是说，出自于天的"王道之三纲"是"百世不易之道"，为永恒存在、不可改变的天道，这就为封建纲常不变的政治伦理原则找到了神学根据。

由于"三微"说与"文质"说的矛盾，"质法天，文法地"，"天质地文，质者据质，文者据文"，而使"三正""不随质文也"。为了解决、修补这个矛盾，《白虎通义》又设"三教"以救其失也。所以说：

> 王者设三教者何？承衰救弊，欲民反正道也。三王之有失，故立三教以相指受。……三教所以先忠何？行之本也。三教一体而分，不可单行。故王者行之有先后。何以言三教并施不可单行也？以忠、信、文无可去者也。[③]

王者设立三教，是为了补救前代的弊病，使人民回到正道。夏、商、周三代之王都有失误之处，所以要设立三教来相互变化承接。夏王以忠为教，其失为野，救野之失莫如敬。殷王以敬为教，其失为鬼，救鬼之失莫如文。周王以文为教，其失为薄，救薄之失莫如忠。忠、敬、文，"三者如顺连环，周而复始，穷则文"。[④] 此三教一体，不可分离，不可单行，都是"无可去者也"。只能是周而复始，循环无端，穷极文本。这就是帝王所以设立三教的重要意义和

① 《白虎通义·三正》。
② 《白虎通义·三正》。
③ 《白虎通义·三教》。
④ 《白虎通义·三教》。

思想主旨。

那么帝王依据什么来设立三教呢?为什么只设立三教呢?《白虎通义》说:

> 教所以三何?法天、地、人,内忠、外敬、文饰之,故三而备也。即法天、地、人,各何施?忠法人,敬法地,文法天。人道主忠,人以至道教人,忠之至也。人以忠教,故忠为人教也。地道谦卑,天之所生,地敬养之,以敬为地教也。①

王者设立三教,其根据、原则,是效法天、地、人。人道主忠,地道主敬,天道主文,“忠法人,敬法地,文法天”,故设忠、敬、文三教以为教也。《白虎通义》所谓的“教”,不是教化人民有知识、有道德、有才艺,而是帝王效法上天、神帝,代天神、治万民的上行下效之义。所以说:“教者何谓也?教者,效也。上为之,下效之,民有质朴,不教不成。”②封建皇帝作为天子,代天帝教民服从自己的统治,这就是其所说的“教者”之义。

《白虎通义》的全部理论,都是为封建帝王的皇权统治论证和寻找理论根据的。其政治伦理观的集中体现、明确规定,则是“三纲六纪”了。这就是:

> 三纲者何谓也?谓君臣、父子、夫妇也。六纪者,谓诸父、兄弟、族人、诸舅、师长、朋友也。故《含文嘉》曰:君为臣纲,父为子纲,夫为妻纲。又曰:敬诸父兄,六纪道行,诸舅有义,族人有序,昆弟有亲,师长有尊,朋友有旧。何谓纲纪?纲者张也,纪者理也。大者为纲,小者为纪,所以强理上下,整齐人道也。人皆怀五常之性,有亲爱之心,是以纲纪为化,若罗网之有纪纲,而万目张也。③

---

① 《白虎通义·三教》。
② 《白虎通义·三教》。
③ 《白虎通义·三纲六纪》。

“三纲”为：君为臣纲，父为子纲，夫为妻纲。“六纪”为：诸父、兄弟、族人、诸舅、师长、朋友。人人都生活在“三纲六纪”的社会政治伦理关系之中，它像天罗地网一样笼罩着、网罗着每个人，主宰着、指使着每个人的行动，一切都要以尊卑、上下、大小、贵贱的不平等关系规范着人们的思想行为，这是铁的定律，不变的法则，任何人都不能违反、背离。

《白虎通义》认为，“三纲”的君臣、父子、兄弟这六人，“阳得阴而成，阴得阳而序，刚柔相配，故六人为三纲”①，这是“三纲”的基本意义。

“三纲六纪”依据什么而制定的？为什么如此制定呢？《白虎通义》说：

> 三纲法天、地、人，六纪法六合。君臣法天，取象日月屈信，归功天也。父子法地，取象五行转相生也。夫妇法人，取象人合阴阳有施化端也。六纪者，为三纲之纪者也。师长，君臣之纪也，以其皆成已也。诸父、兄弟，父子之纪也，以其有亲恩连也。诸舅、朋友，夫妇之纪也，以其皆有同志为已助也。②

“三纲”取法天、地、人，“六纪”取法六合（上、下、四方），并以天地、阴阳、五行彼此相互联系、转化的关系，对之作了论证、诠释，从而证明其永恒性、合理性。

不仅如此，《白虎通义》又玩弄语言学的把戏，从字音、字义作了进一步的、具体的论证、阐释。诸如：“君，群也，下之所归心也。臣者，缠坚也，属志自坚固。”“父者，矩也，以法度教子也。子者，孳也，孳孳无已也。”“夫者，扶也，以道扶接也。妇

① 《白虎通义·三纲六纪》。

② 《白虎通义·三纲六纪》。

者，服也，以礼屈服也。”①再如：“妾者，接也，以时接见也。”“嫁者，家也，妇人外成以出适人为嫁。”“娶者，取也。”“男者，任也，任功业也；女者，如也，从如人也。在家从父母，既嫁从夫，夫没从子也。”②如此等等，都旨在说明“三纲六纪”之义，以强化男尊女卑的封建纲常的神学根据和政治作用。

《白虎通义》的政治伦理纲常说教，又与家庭宗法制度密切相联，融为一体，即将政治说教与家庭宗法(包含家庭经济)连为一体。所以说：

> 宗者何谓也？宗者尊也。为先祖主也，宗人之所尊也。《礼》曰：宗人将有事，族人皆侍。……族者何也？族者凑也，聚也，谓恩爱相流凑也。生相亲爱，死相哀痛，有会聚之道，故谓之族。③

如此说来，从政治伦理纲常，到家庭宗法制度，每个人都被网罗到神权、皇权、族权、夫权的关系网中，任何人都逃脱不掉。《白虎通义》的政治伦理观，确实是一条巨大的绳索，束缚了中国人近两千年之久，这不能不说是一种巨祸大灾。而《春秋繁露》和《白虎通义》则为封建纲常找到了神学根据、作了宗教论证。就此而论，也是罪莫大焉。

第四节 《白虎通义》的人生性情论

《白虎通义》从“天人合一”论、“天命决定”论出发，对人生、寿命、性情等问题，作了论证。

关于人生的问题。《白虎通义》是这样说的：

---

① 《白虎通义·三纲六纪》。

② 《白虎通义·嫁娶》。

③ 《白虎通义·宗族》。

> 人所以有姓者何？所以崇恩爱，厚亲亲，远禽兽，别婚姻也。故世别类，使生相爱，死相哀，同姓不得相娶，皆为重人伦也。姓，生也。人所禀天气所以生者也。……人含五常而生，声有五音：宫、商、角、徵、羽，转而相杂，五五二十五，转生四时，故百而异也。①

人禀天气而生，含五常而生，故有人伦道德礼仪、婚丧嫁娶，而区别于禽兽，优异于禽兽。作为人，要明白做人的道理和人的高贵之处，即为人之道，在于仁义道德、尊王事亲。所以说："天地之性人为贵，人皆天所生也。托父母气而生耳。王者以养长而教之，故父不得专也。"②天地之生者，人之所以为贵，就在于"人皆天所生也"。人为天所生，故为贵，人禀天气而生，天命帝王长养人、教化人。这个人，依然离不开天、王的罗网、藩篱。

关于寿命的问题。《白虎通义》认为，人禀天气而生，生而有寿命，寿命由天定。这就是：

> 命者何谓也？人之寿也，天命已使生者也。命有三科以记验：有寿命以保度，有遭命以遇暴，有随命以应行。寿命者，上命也。……随命者，随行为命。……遭命者，逢世残贼，若上逢乱君，上必灾变暴至，天绝人命。③

命就是人的寿，天命令、决定人，叫他活下去的就是命。命有三种：寿命是保持一定的寿数，遭命是遭遇意外的祸患，随命是人的祸福、善恶报应。不论是哪种命，都是天命所决定、所使之然的。这依然是天命、神意决定论。

《白虎通义》由人禀天气而生的人生论，引申出人的性情论。关于什么是"性情"？《白虎通义》以天人合一论、谶纬神学论，作

---

① 《白虎通义·姓名》。

② 《白虎通义·诛伐》。

③ 《白虎通义·寿命》。

了界定、诠释。它说:

> 性情者何谓也?性者阳之施,情者阴之化也。人禀阴阳气而生,故内怀五性六情。情者静也,性者生也,此人所禀六气以生者也。故《钩命决》曰:情生于阴,欲以时念也;性生于阳,以理也。阳气者仁,阴气者贪,故情有利欲,性有仁也。①

性与情都是人禀气而生者也。然而二者是有区别的,性是阳气的施为,情是阴气的变化。情是静,生于阴,表现为贪,故为利欲;性是生,生于阳,表现为仁,故为仁爱,这是性和情的来源、区别、本质。

人禀阴阳之气而生,“故内怀五性六情”。那么什么是“五性六情”呢?《白虎通义》对此作了详细而具体的说明:

> 五常(性)者何?谓仁、义、礼、智、信也。仁者不忍也,施生爱人也;义者宜也,断决得中也;礼者履也,履道成文也;智者知也,独见前闻,不惑于事,见微知著也;信者诚也,专一不移也。人生而应八卦之体,得五气以为常,仁、义、礼、智、信也。
>
> 六情者何谓也?喜、怒、哀、乐、爱、恶谓六情,所以扶成五性。
>
> 性所以五,情所以六何?人本含六律五行之气而生,故内有五藏六腑,此情性之所由出入也。②

五常之性为仁、义、礼、智、信;六欲之情为喜、怒、哀、乐、爱、恶。性所以为五是因为人体含有五行之气,故有五脏:肝、心、肺、肾、脾;情所以为六是因为人体含有六律之气,故有六

① 《白虎通义·性情》。
② 《白虎通义·性情》。

腑：大肠、小肠、胃、膀胱、三焦、胆，这便是"情性之所由出人也"。《白虎通义》把人的道德意识、思想情感、生理性情与自然之物、天然之气、生理结构挂搭起来，以人生八体：头、腹、足、股、目、口、耳、手而应八卦：乾、坤、震、巽、离、兑、坎、艮，从而说明它的性情论。就是说，人的五脏六腑各主性情。这种挂搭、附会，虽为牵强，但却将人的自然生理结构与封建伦理纲常融为一体，而为封建道德找到了性情根据。

从这种天人一体论出发，《白虎通义》进一步说明了封建教化的必要性，三纲五常的规范性。

《白虎通义》认为，人生虽怀有五常之性，但却不能自成其性，必须有帝王、圣人教化，才能成其性、成其德。所以说：

> 人情有五性，怀五常，不能自成，是以圣人象天五常之道而明之，以教人成其德也。①
>
> 学之为言觉也，悟所不知也。故学以治性，虑以变情，故玉不琢不成器，人不学不知道。……是以虽有自然之性，必立师傅焉。②

人虽有自然之性，然却不成其性情、道德，必有帝王立师、制规，以教化之才能成之。这种教化的关键，是以儒家的《五经》、《周易》、《尚书》、《诗》、《礼》、《春秋》而教化之，以此"五常之经"而整理、整齐纲纪之失，纲常之坏。就是说，从治理人身内的"五常之性"入手，陶冶人的性情，革除六情之欲，荡涤邪恶之行，天下就太平了。所以说：

> 王者所以盛礼乐何？节文之喜怒，乐以象天，礼以法地，人无不含天地之气，有五常之性者，故乐所以荡涤反其邪恶也，礼所(以)防淫佚节其侈靡也。故《孝经》曰：安上治民莫

① 《白虎通义·五经》。

② 《白虎通义·辟雍》。

善于礼，移风易俗莫善于乐。……故先王之喜怒，皆得其齐焉。喜则天下和之，怒则暴乱者畏之。①

王者仿效天、地，而兴礼、乐教化，使人践行礼仪，移风易俗，达到天下和平，没有暴乱、荒淫、邪恶之事发生，实现圣王之治。《白虎通义》的治性、变情、教化、礼乐等，都是为封建皇权立论的。

据此，其性情论的最终归宿则是"三纲六纪"，以此"张理天下，整齐人道"。因为"人皆怀五常之性，有亲爱之心，是以纲纪为化，若罗网之有纪纲而万目张也。《诗》云：亹亹文王、纲纪四方"。② 这是说，人生下来就具有五常的本性，有相互亲爱之心，所以帝王用纲纪来教化。天下四方的万民，都在纲纪的网罗下，谁都不可能逃脱，这是天神的本意，也是人的五常本性，如此，天下可大治，万世可太平了。

《白虎通义》依据谶纬神学，对治国、用兵、经济、风俗等问题，都作了论证、规定、附会、说明，其出发点和归宿地，都是以神学迷信为宗旨，论证封建专制政权统治的合理性，封建帝王政权更迭的神意性，三纲六纪的永恒性，这就是它所说的"百世不易之道"。就此而论，《白虎通义》的神学目的论，是贯彻始终的。正因为此，它对历代封建统治者极为有用，而受到推尊，当然也受到唯物主义哲学家、进步思想家的有力批判。

---

① 《白虎通义·礼乐》。

② 《白虎通义·三纲六纪》。

第十五章　王充的哲学思想

王充，字仲任，会稽上虞(今浙江上虞县)人。生于公元27年，卒于公元100年左右。

据《后汉书·王充传》记载：王充“其先自魏郡元城徙焉。充少孤，乡里称孝。后到京师，受业太学。师事扶风班彪。好博览而不守章句。家贫无书，常游洛阳市肆，阅所卖书，一见辄能诵忆，遂博通众流百家之言。后归乡里，屏居教授。仕郡为功曹，以数谏争不合去。充好论说，始若诡异，终有理实。以为俗儒守文，多失其真，乃闭门潜思，绝庆吊之礼，户牖墙壁各置刀笔。著《论衡》八十五篇，二十余万言，释物类同异，正时俗嫌疑。刺史董勤辟为从事，转治中，自免还家。友人同郡谢夷吾上书荐充才学，肃宗特诏公车征，病不行。年渐七十，志力衰耗，乃造《善性书》十六篇，裁节嗜欲，颐神自守。永元中，病卒家中”。此不足三百字的传略，虽缺乏王充一生许多事迹细节，但已见其生平事迹大端。又据《论衡·自纪》篇所记：王充祖辈虽几世从军有功，但“以农桑为业。世祖勇任气，卒咸不揆于人。岁凶，横道伤杀，怨仇众多。会世扰乱，恐为怨仇所擒，祖父汎举家担载，就安会稽，留钱塘县，以贾贩为事，生子二人，长曰蒙，少曰诵。诵即充父。祖世任气，至蒙、诵滋甚。故蒙、诵在钱塘，勇势凌人，末复与豪家丁伯等结怨，举家徙处上虞”。如果我们将二者综合起来，全面研究，可以看出王充的家世、生平、著述的情况。

王充的家世情况：一是祖先“任气”，世祖王勇任气，横行乡里，怨仇甚多。此后，“祖世任气”，到王充伯父王蒙、父亲王诵任气滋甚，“勇势凌人”，而与豪家丁伯等结怨，由于积怨甚多，为避仇人擒杀，而屡次迁居；二是出身贫寒，祖辈“以农桑为业”，迁钱塘后“以贾贩为事”，虽然先祖“从军有功，封会稽阳亭”，但“一岁仓卒国绝”后，只能靠劳动为生。又因与豪强结怨，横行乡里，所以为世人鄙视，士贵轻视。《论衡·自纪》篇说：

> 充，细族孤门。或啁之曰：“宗祖无淑懿之基，文墨无篇籍之遗，虽著鸿丽之论，无所禀阶，终不为高。夫气无渐而卒至曰变，物无类而妄生曰异，不常有而忽见曰妖，诡于众而突出曰怪。吾子何祖，其先不载？况未尝履墨涂，出儒门，吐论数千万言，宜为妖变，安得宝斯文而多贤？”
>
> 答曰：鸟无世凤凰，兽无种麒麟，人无祖圣贤，物无常嘉珍。才高见屈，遭时而然。士贵，故孤兴；物贵，故独产。文孰常在，有以放贤。是则醴泉有故源，而嘉禾有旧根也。屈奇之士见，倜傥之辞生，度不与俗协，庸角不能程。是故罕发之迹，记于牒籍，希出之物，勤于鼎铭。五帝不一世而起，伊、望不同家而出。千里殊迹，百载异发。士贵雅材而慎兴，不因高据以显达。母骊犊骍，无害牺牲，祖浊裔清，不榜奇人。鲧恶禹圣，叟顽舜神。伯牛寝疾，仲弓洁全；颜路庸固，回杰超伦；孔、墨祖愚，丘、翟圣贤；扬家不通，卓有子云；桓氏稽可，谲出君山。更禀于元，故能著文。

王充为小儿时，就不好嬉戏、狎侮。“六岁教书”，“八岁出入书馆”，成人后“贫无一亩庇身，志佚于王公；贱无斗石之秩，意若食万钟。得官不欣，失位不恨。处逸乐而欲不放，居贫苦而志不倦。淫读古文，甘闻异言。世书俗说，多所不安，幽处独居，考论实虚。”①这就是王充之所以为王充也。

据王充自述，他的为人、为学其特点为：

一是“为人清重，游必择友，不好苟交。所友位虽微卑，年虽幼稚，行苟离俗，必与之友。好杰友雅徒，不泛结俗材”。

二是“性恬淡，不贪富贵。为上所知，拔擢越次，不慕高官；

---

① 《论衡·自纪》。

不为上所知，贬黜抑屈，不恚下位，比为县吏，无所择避”。[1] 王充的人品如此高洁，令人敬佩。

然而，由于世风浇薄，俗性贪进，收成弃败，所以王充“升擢在位之时，众人蚁附；废退穷居，旧故叛去”，有感于此，为了记述“俗人之寡恩”，王充写了《讥俗》、《节义》十二篇，期望俗人观书而自觉，此称为《讥俗》之书。他又“闵人君之政，徒欲治人，不得其宜，不晓其务，愁精苦思，不睹所趋，故作《政务》之书”。他“又伤伪书俗文，多不实诚，故为《论衡》之书”。[2] 王充年近七十时，志力衰耗，而作《养性》(或作《养生》)之书十六篇。王充的《讥俗》、《政务》、《养性》之书，都已佚失，现存者只有《论衡》一书。《后汉书·王充传》说：“《论衡》八十五篇，二十余万言。”现缺《招致》一篇，只有标题，而无原文。所谓“《论衡》者，论之平也，口则务在明言，笔则务在露文。高士之文雅，言无不可晓，指无不可睹。观读之者，晓然若盲之开目，聆然若聋之通耳”。“折衷以圣道，析理于通材，如衡之中，如鉴之开。”[3]“《论衡》之造也，起众书并失实，虚妄之言胜真美也。故虚妄之语不黜，则华文不见息，华文放流，则实事不见用。故《论衡》者，所以铨轻重之言，立真伪之平，非苟调文饰辞为奇伟之观也。”“《论衡》就世俗之书，订其真伪，辩其实虚，非造始更为，无本于前也。”[4]这就是王充作《论衡》的思想主旨和《论衡》的真正意义。《论衡》博采众家的思想精华，熔铸儒道诸家学说，上自黄、唐，下臻秦、汉，折中圣道，针对宗教神学的“虚妄之言”、“失实之书”，而“订其真伪，辩其实虚”，并将其放在王充的理论秤杆上衡量一番，权衡其轻重、真伪、得失，鉴别其真伪、善恶、美丑。《论衡》是一部博大精深、内容丰富、影响极大的唯物主义无神论的伟大著作。

王充生活在东汉前期，经历了光武、明、章、和帝四朝。当时

① 《论衡·自纪》。
② 《论衡·自纪》。
③ 《论衡·自纪》。
④ 《论衡·对作》。

阶级矛盾日益尖锐、激化，大官僚、大地主和大工商三位一体，兼并土地，侵掠人民。当权统治者为了巩固和加强自己的专制统治，除了加强政治暴力统治外，在思想领域中则大肆宣扬谶纬神学，君权神授，欺骗自己，愚弄人民。在神学妖雾的弥漫之下，王充以大无畏的战斗精神，对宗教神学、社会弊端、人君政治、世俗迷信等，展开了批判斗争，展示了他的哲学智慧和战斗精神。

第一节　天道自然的自然观

王充继承和发展了先秦以来关于“气”的学说和道家“天道自然”的观点，主张气一元论，反对“天”有意地产生万物的神学目的论，批判了天神、神仙、鬼神、禁忌等神学迷信，进而阐发了元气唯物论的自然观。

王充针对神学把“天”神秘化、神异化、神圣化和儒学把“天”视为“气”、“元气”、“分离，清者为天，浊者为地”的观点，对天、地、气作出了自己的论述。

关于什么是天、地、气及其与人和万物的关系，王充作了详尽地论证。他说：

> 夫天体也，与地无异。诸有体者，耳咸附于首。体与耳殊，未之有也。天之去人，高数万里，使耳附天，听数万里之语，弗能闻也。……况天与人异体，音与人殊乎？人不能晓天所为，天安能知人所行。使天体乎，耳高不能闻人言；使天气乎，气若云烟，安能听人辞？①
>
> 夫天者，体也，与地同。天有列宿，地有宅舍。宅舍附地之体，列宿着天之形。形体具则有口，乃能食。使天地有口能食，祭食宜食尽。如无口，则无体，无体则气也，若云雾耳，亦无能食。②

---

① 《论衡·变虚》。

② 《论衡·祀义》。

所谓“天者，体也，与地同”，“天”“与地无异”，意思是说，天是有形体而与地相同的自然物，并非神圣高贵的神秘物，天与人相异而没有耳、目、口、鼻的感官，当然亦没有知觉思维，天不能听、视、食、嗅物，所以不能知道人的行为。这就说明天不是神秘之物，神圣之物，天不仅不高于人，而且不如人，这就排除了天的意志性、神秘性和神圣性，从而证明天不能主宰人事，君权并非天神所授。

那么“天”究竟是什么？它的本质属性是什么呢？王充对此作了自己的论证、阐释。他说：

> 何以知天之自然也？以天无口目也。……何以知天无口目也？以地知之。地以土为体，土本无口目。天地，夫妇也，地体无口目，亦知天无口目也。使天体乎，宜与地同。使天气乎，气若云烟。云烟之属，安得口目！①
>
> 夫天者，气邪？体也？如气乎，云烟无异。……是体也。如审然，天乃玉石之类也。……天地，含气之自然也。……如实论之，天体，非气也。人生于天，何嫌天无气？犹有体在上，与人相远。秘传或言天之离天下六万余里，数家计之，三百六十五度一周天。下有周度，高有里数。如天审气，气如云烟，安得里、度？……天有形体，所据不虚。②

天是实实在在的物质实体，与地一样是体，而不是气。地是有形体的，地以土为形体，故可见；天亦为体，如玉石之类，正因为天是体，所以可以用里、度来表达、衡量。如果天为气，气如云烟，安得里、度。由此说来，“天有形体，所据不虚”，“如实论之，天体，非气也”。天与地的关系，如同夫与妇的关系。“天地，夫妇也，合为一体。天在地中，地与天合，天地并气，故能生物。……

① 《论衡·自然》。
② 《论衡·谈天》。

天平正与地无异。"①由于"天地"为"含气之自然",而为"夫妇","合为一体",彼此交合、互动,产生人和万物,"天地并气,故能生物"。王充之所以一再申明,强调天为体,与地同,意在批驳神学家和俗儒者以"天"为"气"而将"天"神秘化、神圣化。王充说:

> 说《易》者曰:"元气未分,浑沌为一。"儒书又言:溟涬濛澒,气未分之类也。及其分离,清者为天,浊者为地。如说《易》之家,儒书之言,天地始分,形体尚小,相去近也。近则或枕于不周之山,共工得折之,女娲得补之也。
>
> 儒者曰:"天,气也,故其去人不远。人有是非,阴为德害,天辄知之,又辄应之,近人之效也。"如实论之,天体,非气也。②

据此,王充驳斥、批判了神学家和俗儒者依靠"天,气也"所建立的天人感应,天人一体的神学理论及其存在的理论基础。

王充由此出发,阐明了天道自然无为的自然观,进一步批判、驳斥了天的意志性、神圣性、目的性。既然天是"自然也",天地是"含气之自然也",当然"自然"者,便是"无为"者也。王充说:

> 夫天道,自然也,无为。如谴告人,是有为,非自然也。③
>
> 天之动行也,施气也,体动气乃出,物乃生矣。由人动气也,体动气乃出,子亦生也。夫人之施气也,非欲以生子,气施而子自生矣。天动不欲以生物,而物自生,此则自然也。施气不欲为物,而物自为,此则无为也。谓天自然无为者何?气也。恬淡无欲,无为无事者也。④

---

① 《论衡·说日》。
② 《论衡·谈天》。
③ 《论衡·谴告》。
④ 《论衡·自然》。

所谓“天道自然”，“自然无为”，是说天的行动，是无目的、无意识、无欲求的自然运动，而不是神学家、神学目的论所说的天是有目的、有意识、有欲念而产生人和万物的。王充以天道无为的自然论，批判了神学目的论的故生论。

王充明确地指出，天地作为“含气之自然”者，产生人和万物，都是自然而然的，无故自生的，不像神学目的论者所说的“故”生的。这如同夫妇合气子自生一样，是一种不知不觉的自然活动的结果。王充说：

> 天地合气，万物自生，犹夫妇合气，子自生矣。万物之生，含血之类，知饥知寒，见五谷可食，取而食之，见丝麻可衣，取而衣之。或说以为天生五谷以食人，生丝麻以衣人，此谓天为人作农夫桑女之徒也，不合自然，故其义疑，未可从也。
>
> 夫天覆于上，地偃于下，下气蒸上，上气降下，万物自生其中间矣。……物自生，子自成，天地父母，何与知哉!①
>
> 儒者论曰：“天地故生人。”此言妄也。夫天地合气，人偶自生也。犹夫妇合气，子则自生也。夫妇合气，非当时欲得生子。情欲动而合，合则生子矣。且夫妇不故生子，以知天地不故生人也。……夫天不能故生人，则其生万物，亦不能故也。天地合气，物偶自生矣。②

汉代神学家和儒学唯心主义者，大肆宣扬“天地故生人”，“天故生万物”，夫妇之道取法于天地，所以人和万物，都是天神“故”生出来的，不是自然生出来的。“故”为有意识、有目的的神意活动。针对这些谬论，王充反复申明、强调人和万物不是“天”神“故”生出来的，而是自然生出来的，“天地合气，万物自生”，“犹夫妇合

① 《论衡·自然》。
② 《论衡·物势》。

气，子自生矣”，“天地合气，物偶自生矣”，这种阴阳二气，上升下降，彼此交会，化生万物，是不知不觉的自然运动，不是有目的、有意志的“故生”万物。一句话就是：“天地之性，自然之道也。”①所以说“故”生论，“此言妄也”，是虚妄之言，神怪之论，不足取信。

既然天道自然无为，不是有目的、有意识地产生人和万物，当然天与人不能互相感应，天亦不能降灾异谴告人、降符瑞奖赏人，各种异常现象的发生，都是阴阳二气自然运动变化的表现，亦是天道自然的体现。据此，王充对汉代神学家所炮制的天人感应论，灾异谴告说和符瑞说，进行了深刻的揭露和批判。他说：

> 夫天无为，故不言，灾变时至，气自为之。夫天地不能为，亦不能知也。
>
> 夫天之不故生五谷丝麻以衣食人，由其有灾变不欲以谴告人也。……如天瑞为故，自然焉在？无为何居？……天能谴告人君，则亦能故命圣君。……今则不然，生庸庸之君，失道废德，随谴告之，何天不惮劳也！②
>
> 论灾异，谓古之人君为政失道，天用灾异谴告之也。……灾异为谴告……此疑也。……夫天道，自然也，无为。如谴告人，是有为，非自然也。③

因为天道自然无为，各种灾异、符瑞的发生，都是阴阳二气运动变化的自然表现，不是天有意识谴告人君失道或奖赏人君有道。如果天能有意识赏善罚恶，谴告人君，那它为什么不选择尧、舜那样的圣明人君治理天下，为什么选择汉代那些“庸庸之君，失道废德”，天还要随时谴告之，这不是太劳累了吗？王充明确地指出，灾异现象的发生，是“阴阳不和”，“气自为之”的“天道自然”。“阴阳不

① 《论衡·寒温》。
② 《论衡·自然》。
③ 《论衡·谴告》。

和，灾变发起，或先世遗咎，或时气自然。”各种灾异发生，都是“自然之气也”。① 由于“人不能以行感天，天亦不随行而应人”②，所以天不能赏善罚恶而谴告人、奖赏人。如此说来，谴告说，符瑞说，是可疑之论，虚妄之言，不足凭信。

王充进一步指出，谴告之说，不过是汉代俗儒按照自己的思想意愿、政治主张编造出来的谎言，使帝王推行自己的思想主张，并欺骗、愚弄人民。王充说：

> 《六经》之文，圣人之语，动言天者，欲化无道、惧愚者。之言非独吾心，亦天意也。及其言天犹以人心，非谓上天苍苍之体也。变复之家，见诬言天，灾异时至，则生谴告之言矣。验古以今，知天以人。……皆以人心效天意。……皆以人身效天之意。……上天之心，在圣人之胸，及其谴告，在圣人之口。不信圣人之言，反然灾异之气，求索上天之意，何其远哉？世无圣人，安所得圣人之言？③

在王充看来，汉代神学家、儒学者所编造出来的谴告说，意在把天神秘化，把帝王神圣化，并以天意表达自己的意愿，以圣人之口表达天意。究其实“世无圣人”，到哪里求得“圣人之言”？所以谴告说是骗人的虚妄之言。

既然如此，谴告说为什么能编造出来而且能流行呢？王充认为，这是王朝末日的“衰世之语”，故能自欺欺人。王充说：

> 末世衰微，上下相非，灾异时至，则造谴告之言矣。……谴告之言生于今者，人以心准况之也。……德弥薄者信弥衰。心险而行诐，则犯约而负教，教约不行，则相谴告，谴告不

① 《论衡·感类》。
② 《论衡·明雩》。
③ 《论衡·谴告》。

改，举兵相灭，由此言之，谴告之言，衰乱之语也。①

谴告说之所以产生，是由于王朝末世，人心险恶，行为邪僻，不从俗而诐行，教约不行，灾异时至，于是便制造出谴告之说，以相谴告，究其实质，与上天无关，非上天所为。所以“谴告之言，衰乱之语也”，一语中的，十分可贵。

汉代统治者及其御用俗儒，为了给帝王统治寻找、制造统治理论根据，说明“君权神授”，证明其统治的天意性、合理性而炮制符瑞说。他们说帝王是受命于天的，帝王之兴，都有凤凰、麒麟、嘉禾、醴泉、甘露、朱草等祥瑞之物出现，是应帝王之德而生的。王充明确指出，这些说法“其实非真”，“未得实也”。他认为：“瑞物皆起和气而生，生于常类之中，而有诡异之性，则为瑞矣。”②帝王出生，瑞物出现，完全是一种自然的现象，偶然的巧合。如果认为，“诸瑞有知，应吉而至，误矣”③。如实论之，恐无其实，纯为虚妄、荒谬、错误之论。

王充以天道自然无为论，全面而深刻地批判了汉儒的天人感应论，神学目的论，显示了他的唯物主义的批判精神和可贵品格。

第二节　神依于形的形神论

王充在“天道自然无为”的唯物主义自然观的基础上，总结了先秦以来的形神理论的经验教训，发展了桓谭的唯物主义形神观，具体论证了形体与精神的相互关系，肯定了没有形体就没有精神，也没有感觉、知觉。王充的形神论，上承桓谭，下启范缜，在中国古代形神理论的发展史上，作出了重要的贡献，产生了深远的影响。

王充的时代，正是谶纬迷信，长生不死、“得道仙去”的宗教

① 《论衡·自然》。
② 《论衡·讲瑞》。
③ 《论衡·指瑞》。

神学进一步泛滥的时代。在这个神学妖雾弥漫的时代，王充高举“疾虚妄”的战斗批判旗帜，批判了灵魂不死，人死为鬼的有神论，阐明了唯物主义的形神论。

王充认为，人和万物都是禀气而生，含气而长的。他说：

> 人禀元气于天，各受寿夭之命，以立长短之形。①
>
> 人禀气而生，含气而长，得贵则贵，得贱则贱。②
>
> 俱禀元气，或独为人，或为禽兽；并为人，或贵或贱，或贫或富，富或累金，贫或乞食，贵至封侯，贱至奴仆，非天禀施有左右也，人物受性有厚薄也。③

人和万物都禀元气于天而生。既然如此，为什么还有人与物之别，人之中还有高下、贵贱、贫富、寿夭等不同差别呢？王充认为，这是由于禀气的多少、厚薄所决定的，不是天神所安排的。据此，王充提出了“气寿”说。他在《论衡·气寿》篇中说：

> 夫禀气渥则其体强，体强则其命长，气薄则其体弱，体弱则命短。命短则多病，寿短。……人之禀气，或充实而坚强，或虚劣而软弱。充实坚强，其年寿；虚劣软弱，失弃其身。

人禀元气而生，因所禀之气不同，而有不同之性，故有不同的寿命。人的死生，“无象在天，以性为主，禀得坚强之性，则气渥厚而体坚强，坚强则寿命长，寿命长则不夭死；禀性软弱者，气少泊而性羸窳，羸窳则寿命短，短则早死”。④ 人禀不同之气而生，是一种自然而然的自然过程，不是天神主宰的有目的的活动。“天地合气，人偶自生也。”这种自然过程，当然是“自然无为”的，这就

① 《论衡·无形》。

② 《论衡·无形》。

③ 《论衡·幸偶》。

④ 《论衡·命义》。

是“天之道也”。

王充指出，人和万物都禀元气而生，人与物的重要区别就在于人有意识活动、知识智慧、认识能力。他说：“夫倮虫三百六十，人为之长。人，物也，万物之中有智慧者也。”①就人与物“俱禀元气”，“禀气于元”来说，人与物无异，“人，物也”，“与物无异”。由于人与物所禀的元气不同，而使人与物有异。其异在于人有意识、智慧、认识能力，人之所以能如此，是因为人有“血脉”，“含五常之气”而有“精神”。王充说：

> 人之所以聪明智慧者，以含五常之气也；五常之气所以在人者，以五藏在形中也。五藏不伤，则人智慧；五藏有病，则人荒忽。荒忽则愚痴矣。人死，五藏腐朽，腐朽则五常无所托矣，所用藏智者已败矣，所用为智者已去矣。形须气而成，气须形而知。②

王充依据当时的医学知识，说明五脏是存藏精气——五常之气的。因为五脏存在精气，所以人具有意识活动、聪明智慧、认识能力。五脏为“藏智者”，“五常之气”为“智者”。精神、意识的智慧作用，依赖于五脏和形体。五脏和形体健康，人便有智慧、认识活动；五脏和形体有病，人的精神恍忽、意识不清；人死了形体腐朽了，精神无所寄托而散失，人失去了知觉、意识、智慧，也就没有认识了。形体须具有精气而有生命，精神须具有形体才有知觉、智慧。精神不能离开形体而单独存在。

根据这种精神依赖于形体的形神论，王充在《论衡·论死》篇中，全面而系统地批判了“人死为鬼”、“鬼能害人”的神学谬论。

王充指出：“世谓人死为鬼，有知，能害人。试以物类验之，人死不为鬼，无知，不能害人。”这是王充“无鬼”的总纲，在这个

① 《论衡·辨祟》。

② 《论衡·论死》。

总纲的统摄下，他作了具体的论证：

第一，“人，物也；物，亦物也。物死不为鬼，人死何独能为鬼?”人作为一种物，与物一样，物死不能为鬼，人为什么却能单独为鬼呢？当然不能了。

第二，“人之所以生者，精气也，死而精气灭，能为精气者，血脉也，人死血脉竭，竭而精气灭，灭而形体朽，朽而成灰土，何用为鬼?”精神由血脉产生，血脉枯竭了，生命就死亡了，精神也就消灭了。形体腐朽，化成灰土，何以为鬼？

第三，“人见鬼若生人之形，以其见若生人之形，故知非死人之精也。……人之精神藏于形体之内。……死而形体朽，精气散。……精气散亡，何能复有体而人得见之乎？……如死，其形腐朽……不能复化。”人的生命、精神依赖于形体而存在，人死了，形体腐朽了，精神也就散亡了，当然也就不能为鬼了。

第四，“天地之性，能更生火，不能使灭火复燃；能更生人，不能令死人复见。……案火灭不能复燃以况之，死人不能复为鬼，明矣。”死灰不能复燃，证明人死也不能为鬼。

第五，“天地开辟，人皇以来，随寿而死。若中年夭亡，以亿万数。计今人之数不若死者多，如人死辄为鬼，则道路之上，一步一鬼也。人且死见鬼，宜见数百千万，满堂盈廷，填塞巷路，不宜徒见一两人也。”自古至今，人皆有死，死者数百千万。如人死为鬼，则到处有鬼，处处见鬼，事实上谁见过鬼？所以人死不能为鬼也。

王充进一步指出，人死不能为鬼，鬼亦无知矣。因为有形体、有生命者，才有知觉、认识，人死了，五脏腐朽，形体毁坏，当然不会有知觉、认识了。“形须气而成，气须形而知。天下无独燃之火，世间安得有无体独知之精?”人之死，如同火之灭，火灭不能照明，人死不能有知。“人病且死，与火之且灭何以异？火灭光消而烛在，人死精亡而形存，谓人死有知，是谓火灭复有光也。”所以“论者犹谓死有知，惑也”。王充以“形须气而成，气须形而知”的形神论，证明人死不能有知。

人死不能为鬼，亦不能有知，当然也就不能害人了。王充接着对人死不能害人作了具体的论证。

王充指出，“人之所以能言语者，以有气力也，气力之盛，以能饮食也”。人有生命、能言语、有气力，其动力是“能饮食”，具备这些条件，方可害人。人死了，不具备这些条件，当然不能害人了。在这个论纲指导下，王充论证了人死不能害人的根据。

第一，“夫人之怒也用气，其害人用力，用力须筋骨而强，强则能害人。……夫死，骨朽筋力绝，手足不举，虽精气尚在，犹呴吁之时无嗣助也，何以能害人也？凡人与物所以能害人者，手臂把刃，爪牙坚利之故也。今人死，手臂朽败，不能复持刀，爪牙堕落，不能复啮噬，安能害人？……气为形体，形体微弱，犹未能害人，况死，气去精神绝……何能害人！”

第二，“人之所以勇猛能害人者，以饮食也，饮食饱足则强壮勇猛，强壮勇猛则能害人矣。人病不能饮食，则身羸弱，羸弱困甚，故至于死。病困之时，仇在其旁，不能咄叱，人盗其物，不能禁夺，羸弱困劣之故也。夫死，羸弱困劣之甚者也，何能害人？……死人精神去形体……何能害生人之身？”

第三，“人梦杀伤人，梦杀伤人若为人所复杀，明日视彼之身，察己之身，无兵刃创伤之验。夫梦用精神，精神，死之精神也。梦之精神不能害人，死之精神安能为害？……安能害人？”

第四，“夫物未死，精神依倚形体，故能变化，与人交通；已死，形体坏烂，精神散亡，无所复依，不能变化。夫人之精神犹物之精神也。物生，精神为病；其死，精神消亡。人与物同，死而精神亦灭，安能为害祸！”

第五，“凡能害人者，皆五行之物。金伤人，木殴人，土压人，水溺人，火烧人。使人死，精神为五行之物乎？害人，不为乎，不能害人。”

由上述可见，王充在《论衡·论死》篇中，对人死不能为鬼的问题作了详尽地论证。结论是：“夫论死不为鬼，无知，不能害人。则夫所见鬼者，非死人之精；其害人者，非其精所为，明矣。”以此对俗儒世论“人死为鬼，有知，能害人”的说法，进行了全面而有力地批判和驳斥。

王充明确地认识到，人禀元气而生，有生必有死，死而复归于元气，这种生与死的转化，是一种自然的变化，所以没有长生不死之人。他说：

> 人未生，在元气之中，既死，复归元气。元气荒忽，人气在其中。
>
> 鬼神，荒忽不见之名也。……鬼者，归也；神者，荒忽无形者也。或说：鬼神，阴阳之名也，阴气逆物而归，故谓之鬼；阳气导物而生，故谓之神。神者，申也。申复无已，终而复始。人用神气生，其死复归神气。阴阳称鬼神，人死亦称鬼神。气之生人，犹水之为冰也。水凝为冰，气凝为人；冰释为水，人死复神。其名为神也，犹冰释更名水也。①
>
> 有血脉之类，无有不生，生无不死。以其生，故知其死也。……死者，生之效；生者，死之验也。夫有始者必有终，有终者必有始。唯无终始者，乃长生不死。人之生，其犹(冰)也。水凝而为冰，气积而为人。冰极一冬而释，人竟百岁而死。人可令不死，冰可令不释乎?②

人由元气而生，死而复归于元气。鬼神是阴阳之名。鬼者，归也，阴气逆物而归，所以叫做鬼；神者，申也，阳气导物而生，所以叫做神。阴阳变化称为鬼神，人之死亦称为鬼神。人之生死，如同水凝为冰，冰释为水。有生必有死，有始必有终，生是人之始，死是人之终。冰凝一冬而化为水，人活百岁而死回归为气。所以人的生死不是神秘不可解的仙化过程，而是一种阴阳二气变化的自然过程。如此说来，也没有长生不死之人了，当然更没有得道成仙之人了。

---

① 《论衡·论死》。

② 《论衡·道虚》。

第三节　实知实然的求知论

王充在唯物主义自然观和无神论的基础上，提出实知实然的求知论，驳斥了唯心主义先验论。

王充针对神学唯心主义所宣扬的圣人“前知千古，后知万世”的先验论，肯定人的认识、知识是感官与外界接触而获得的。如果离开感知，人类是无法，亦不可能获得认识、知识的。王充说：

> 行事，文记谲常人言耳，非天地之书，则皆缘前因古，有所据状。如无闻见，则无所状。凡圣人见祸福也，亦揆端推类，原始见终，从闾巷论朝堂，由昭昭察冥冥。谶书秘文，远见未然，空虚暗昧，豫睹未有，达闻暂见，卓谲怪神，若非庸口所能言。放象事类以见祸，推原往验以处来事，贤者亦能，非独圣也。①

王充认为，认识、知识的来源，不是神学家“谶书秘文”所说的那样，靠神秘主义的虚妄想象，超人神授，而是“缘前因古，有所据状”。否则，“如无闻见，则无所状”。“状”就是耳目闻见依靠外界事物的形态状况所获得的感性认识。如果没有感官所获得的感性认识，人们也就无从认识事物，获得知识，即使“圣贤”亦不例外。所以说：“圣贤不能性知，须任耳目以定情实。”②就是说，连圣贤也是通过自己的耳目闻见来确定事物的真实情况，而不是超感官而知的神异之人，神圣之知。不如此而知，人类就无从而知，其所获得的知识，也是靠不住的。王充还举例论证道：“使一人立于墙东，令之出声，使圣人听之墙西，能知其黑白、短长、乡里、姓字所自从出乎？沟有流澌，泽有枯骨，发首陋亡，肌肉腐绝，使圣人询之，能知其农商、老少，若所犯而坐死乎？非圣人无知，其知无

---

① 《论衡·实知》。

② 《论衡·实知》。

以知也。”[1]这是说，耳目等感官不见事物的真实形状，不听其真实声音，便无法认识事物，获得真知。由此说来，不是圣人无知，而是离开耳目闻见，无法知也。所以说：“不目见口问，不能尽知也。”[2]没有耳目闻见的感觉为基础，任何人都不可能获得知识。

那么人的认识是否以耳目闻见获得感性知识就完结了呢？不是的，要“揆端推类”，“案兆察迹”，“必开心意”。人的认识，“其任耳目也，可知之事，思之辄决”。[3] 获得知识，既需要耳目闻见之知，又需要思维的决断作用。以感觉为认识的起点，以经验为推理的根据，以思维认识事物的本质。王充说：

> 夫论不留精澄意，苟以外效立事是非，信闻见于外，不诠订于内，是用耳目论，不以心意议也。夫以耳目论，则以虚象为言；虚象效，则以实事为非，是故是非者不徒耳目，必开心意。墨议不以心原物，苟信闻见，则虽效验章明，犹为失实。[4]

王充认为，立论不留意澄清思虑而单凭耳目感觉的现象来判断是非，不用理性思维进行论证，就会把虚假的表面现象当成真的，把事物的实质认识错了。为了正确地认识事物，判断是非，不仅要靠耳目，而且要靠思考，“以心原物”，“必开心意”。墨家的“明鬼”说，就是不以心原物，所以失其实。失实之议，难以教人，这是墨学失传的主要原因。王充此论，极为中肯。就是说，通过感性获得初步认识，经过理性思考加以深化提高，才会使理论不断发展。

关于如何进行理性思考的问题，王充作了具体的论证，即“揆端推类，原始见终，从闾巷论朝堂，由昭昭察冥冥”。“案兆察迹，推原事类。春秋之时，卿大夫相与会遇，见动作之变，听言谈之

---

① 《论衡·实知》。
② 《论衡·实知》。
③ 《论衡·实知》。
④ 《论衡·薄葬》。

诡，善则明吉祥之福，恶则处凶妖之祸。……明福处祸，远图未然，无神怪之知，皆由兆类。”①根据事物的预兆、端倪，推断事物的发展、结果。根据这种类推，就可以由昭察冥，由微知著，由小见大，由始知终，知一通二，达左见右，以知方来。王充在承认耳目闻见的同时，强调思虑的推理作用，这是很可贵的。

由此出发，王充认为，人的知识不是凭空产生的先验之知，而是由学而知。就是说，人是“学而知之”，不是“生而知之”。他说：

> 不学不问不能知也。不学自知，不问自晓，古今行事，未之有也。……故智能之士，不学不成，不问不知。……人才有高下，知物由学，学之乃知，不问不识。……天地之间，含血之类，无性(生)知者。……实者，圣贤不能性知，须任耳目以定情实。……孔子曰：“吾尝终日不食，终夜不寝以思，无益，不如学也。”②

不论什么人，要想认识事物，获得知识，就必须学、问，不学、不问，不能知也。古今中外，概莫能外，即使圣贤，亦是如此。凡是人都由学问而知，而非生而知之，更非空而知之。

据此，王充列举大量证据，批判、驳斥圣人“神而先知”，“不学自知”的谬论。他说：

> 儒者论圣人，以为前知千岁，后知万世，有独见之明，独听之聪，事来则名，不学自知，不问自晓。故称圣，(圣)则神矣。③

王充认为，儒者如此论圣人，“此皆虚也”，因为这种“神怪之言”，都是图谶之书所记载的，皆为神学家的“虚妄之言”。因为“不学自知，不问自晓，古今行事，未之有也”，所以根本不存在“圣人”

① 《论衡·实知》。
② 《论衡·实知》。
③ 《论衡·实知》。

“前知千古，后知万世”，“不学自知，不问自晓”之事。王充指出，如果说孔子是圣人，是生而知之者，那他为什么却不知道自己是宋国大夫子氏的后代呢！足见孔子不是生而知之者，更不是前知千古，后知万世之人。如此说来，谶书所说的种种关于“圣人前知千岁之验”，都“不可信也”。

从这种思想认识出发，王充在《论衡·知实》篇中，举出16项证据，证明“圣人不能先知”，“孔子不能先知”。在列举这16项证据证明“圣人不能神而先知”之后，王充总结论述道：

> 圣人据象兆，原物类，意而得之。其见变名物，博学而识之。巧商而善意，广见而多记，由微见较。若揆之今睹千载，所谓智如渊海。……使圣人达视远见，洞听潜闻，与天地谈，与鬼神言，知天上地下之事，乃可谓神而先知，与人卓异。今耳目闻见与人无别，遭事睹物与人无异，差贤一等尔，何以谓神而卓绝?①

圣人也是由耳目闻见之知与思虑智识之知相结合，据象兆，原物类，多见多闻，博学而识，见广记多，意而得之，而不是“前知千古”，“神而先知”，“与人卓异”的“神而卓绝”者。所以圣人之知与众人之知“无异”也。

王充明确地指出，“所谓圣者，须学以圣。以圣人学，知其非圣”。② 圣人也是“学而知之”，而非“生而知之”，更非“神而先知”。王充肯定一切人的一切知识，都是学、问而来的。否则，便无从谈认识、知识。王充强调感知、心知、学知的重要性，反对神学唯心主义的先验论，这些思想都是可贵的。

尤其可贵的是王充强调从实践中学习，向有实际经验的人学习知识技能。因为任何博学多能者，都不可能掌握所有的知识技能，每个人都只能掌握自己本行业的知识技能，所以要向各行各业的人

---

① 《论衡·知实》。

② 《论衡·实知》。

学习不同的知识技能。不论是儒生、文吏、将领、田夫、商贾等，都具有各自的专长和殊奇之处，都值得学习。据此，王充批评世俗学问者，不懂得向他人学习，只重视自己的知识，而轻薄他人的行为，故不能相互学习，取长补短。王充在列举各种“世俗之论”的错误行为之后，总结道：

是以世俗学问者，不肯竟经明学，深知古今，急欲成一家章句，义理略具，同趋学史书，读律讽令，治作请奏，习对向，滑习跪拜，家成室就，召署辄能。徇今不顾古，趋仇不存志，竞进不案札，废经不念学。是以古经废而不修，旧学暗而不明，儒者寂于空室，文吏哗于朝堂。材能之士，随世驱驰；节操之人，守隘屏窜。驱驰日以巧，屏窜日以拙。非材顿知不及也，希见阙为，不狎习也。盖足未尝行尧、禹问曲折，目未尝见孔，墨问形象。①

因为人的知识技能来源于实践，各个不同职业的人，都从自己的实践活动中，获取知识，增长技能。王充说：

齐部世刺绣，恒女无不能；襄邑俗织锦，钝妇无不巧。日见之，日为之，手狎也。使材士未尝见，巧女未尝为，异事诡手，暂为卒睹，显露易为者，犹愦愦焉。方今论事不谓希更，而曰材不敏；不曰未尝为，而曰知不达。失其实也。……今俗见不习谓之不能，睹不为谓之不达。……从农论田，田夫胜；从商讲贾，贾人贤。今从朝廷谓之，文吏，朝廷之人也，幼为干吏，以朝廷为田亩，以刀笔为耒耜，以文书为农业，犹家人子弟生长宅中，其知曲折愈于宾客也。宾客暂至，虽孔、墨之材，不能分别。②

① 《论衡·程材》。
② 《论衡·程材》。

人的知识技能来源于“日见之，日为之，手狎也”，如此熟能生巧，材敏知达。相反，“希更”而“不为”，则无知无能。论治国，文吏强；论用兵，将帅能；论耕田，田夫胜；论商贾，贾人贤。各有所能，各有所长，各种实践，使之材敏知达，这就是知识技能来源于实践的道理。然而，当今儒生，俗见论人，却以“不习谓之不能”，“不为谓之不达”，这是“失其实”之见。王充的这些思想有力地驳斥了儒生之论，世俗之见，所以是十分可贵的。

王充还有一个极为有价值的理论，是真理论的问题。

王充认为，人的认识是否正确地反映了世界，是不是真理，必须经过事实的验证。“订其真伪，辨其虚实”，就必须“引事物，以验其言行”。因此，王充提出了“效验”论，反对当时儒者“好信师而是古，以为贤圣所言皆无非，专精讲习，不知难问”①的做法。王充指出，如果以为“贤圣所言”定是无非，就必然造成“奇怪之语”“虚妄之文”广为流行的混乱局面。因为谬论、奇谈、怪论，可以不经过效验，事实证明，“违实不引效验”，只凭“空说虚言”就可以欺骗群众，愚弄人民。为了批驳“虚妄之言”，“奇怪之语”，王充反复强调“效验”的重要作用。他说：

> 凡论事者，违实不引效验，则虽甘义繁说，众不见信。论圣人不能神而先知，先知之间，不能独见；非徒空说虚言，直以才智准况之工也。事有证验，以效实然。②
>
> 道家论自然，不知引物事以验其言行，故自然之说未见信也。③
>
> 事莫明于有效，论莫定于有证。空言虚语，虽得道心，人犹不信。④

① 《论衡·问孔》。

② 《论衡·知实》。

③ 《论衡·自然》。

④ 《论衡·薄葬》。

这就是说，凡是论事说理，都要以“效验”、“事实”加以证明、验证。反之，不管你说得如何好听动人，但是没有事实根据，不经过事实验证，就不是真理，人们就不会相信。王充断定，一切理论、言论、认识、知识，都要以实事、实效验证，经过验证，便可以论定是非、真伪。所以说：

> 论则考之以心，效之以事，浮虚之事，辄立证验。①
>
> 凡天下之事，不可增损，考察前后，效验自列。自列，则是非之实有所定矣。②

王充在批判、驳斥神学唯心主义的先验论的虚妄之言时，处处强调“效验”、“实证”，常常责问他们：“天地之间有鬼”，“人病见鬼”，“何以效之?”③“儒者曰：‘日朝见，出阴中；暮不见，入阴中。阴气晦冥，故没不见。’如实论之，不出入阴中。何以效之？……何以验之?”无以“效之”、“验之”，所以“世儒之论，竟虚妄也”。④ 在王充看来，不论是证明命题的对错，还是判定学说的真妄，都要以“效验”为原则，为标准。王充《论衡》全书贯穿着“效验”的思想。所谓“效”，即是效果、实效；“验”，即是证验、检验。按照王充的思想观点，人们的认识是否正确地反映了事物的本来面目，要看这种认识是否具有实际效果；认识是否反映客观实际，要看其是否得到验证。经过事实的验证符合客观实际就是真理，否则就是“空说虚言”、“虚妄之言”。

王充还以实例证明自己的这个理论。如：“盛夏之时，雷电迅疾，击折树木，坏败室屋，时犯杀人。”世俗认为这是“天怒，击而杀之”，王充“推人道以论之”，证明这是“虚妄之言也”。⑤

---

① 《论衡·对作》。

② 《论衡·语增》。

③ 《论衡·订鬼》。

④ 《论衡·说日》。

⑤ 《论衡·雷虚》。

王充指出：

> 雷者火也。以人中雷而死，即询其身，中头则须发烧燋，中身则皮肤灼燌，临其尸上闻火气，一验也。道术之家，以为雷烧石色赤，投于井中，石燋井寒，激声大鸣，若雷之状，二验也。人伤于寒，寒气入腹，腹中素温，温寒分争，激气雷鸣，三验也。当雷之时，电光时见，大若火之耀，四验也。当雷之击，时或燔人室屋及地草木，五验也。夫论雷之为火有五验，言雷为天怒无一效。然则雷为天怒，虚妄之言。①

王充以事实效验，证明雷为火，其烧死人，击死人，是一种自然现象，而不是天震怒以雷杀人的神灵意志，因为“论雷之为火有五验，言雷为天怒无一效”，以此“效验”证明“雷为天怒，虚妄之言”。

第四节　性有善恶的人性论

关于人性问题，王充在《论衡·本性》篇中，对先秦以来的人性理论进行了综合总结、分析评论，并提出了自己的人性观点。

关于孟子的性善论。王充评论道：“孟子作性善之篇，以为人性皆善，及其不善，物乱之也。谓人生于天地，皆禀善性，长大与物交接者，放纵悖乱，不善日以生矣。若孟子之言，人幼小之时，无有不善也。……性本自然，善恶有质。孟子之言情性，未为实也。然而性善之论，亦有所缘。或仁或义，性术乖也。动作趋翔，性识诡也。面色或白或黑，身形或长或短，至老极死，不可变易，天性然也。皆知水土物器形性不同，而莫知善恶禀之异也。”王充指出，孟子的性善论，以为人性皆善，人生之初，幼小之时，无有不善，长大之后，与物接触，放纵物欲，而有恶行。对此论，王充认为，既是“未为实也”，又是“亦有所缘”。所谓“未为实”，从

① 《论衡·雷虚》。

“性本自然，善恶有质”来说，人的自然资质有善有恶，只说“人性皆善”，不全面、不确切，故“未为实”。然而，人的自然天性确实有善的方面及其表现，故为“有所缘”，即有一定的理论根据。王充的分析评论，可谓实然。

关于告子的性无善恶论，王充评论道：“告子与孟子同时，其论性无善恶之分，譬之湍水，决之东则东，决之西则西，夫水无分于东西，犹人无分于善恶也。夫告子之言，谓人之性与水同也。使性若水，可以水喻性，犹金之为金，木之为木也。人善因善，恶亦因恶。初禀天然之姿，受纯壹之质，故生而兆见，善恶可察。……故知告子之言，未得实也。夫告子之言，亦有缘也。”所谓告子的性无善恶论，“未得实也”。因为在王充看来，人性的自然资质是有善恶的，而告子的性无善恶论与此相反，加之告子犯了无类的逻辑错误，以湍水喻人性，如同金之为金，木之为木，同语反复，恶性循环。“人善因善，恶亦因恶”，用事物的原因说明原因，结果什么也不能说明，故为“未得实也”。所谓“亦有缘也”，即亦有一定的根据，是指善恶“在所习焉，习善而为善，习恶而为恶也”。王充同意这种习行的观点，故认为“亦有缘也”。

关于荀子的性恶论，王充评论道：“孙卿有反孟子，作《性恶》之篇，以为人性恶，其善者伪也。性恶者，以为人生皆得恶性也。伪者，长大之后，勉使为善也。若孙卿之言，人幼小无有善也。……夫孙卿之言，未为得实。然而性恶之言，有缘也。”所谓荀子的性恶论，“未为得实”，是因为王充认为人性有善恶资质，只讲人性恶，不讲人性善，当然不全面，“未为得实”了。所谓“有缘也”，是指“其善者伪也”，人可以教化成善，“勉使为善也”，所以说“有缘也”。

关于陆贾的以礼义为性论，王充评论道：“陆贾曰：‘天地生人也，以礼义之性。人能察己所以受命则顺，顺之谓道。’夫陆贾知人礼义为性，人亦能察己所以受命。性善者，不待察而自善；性恶者，虽能察之，犹背礼畔义，义挹于善不能为也。故贪者能言廉，乱者能言治。……明能察己，口能论贤，性恶不为，何益于善？陆贾之言未能得实。”在王充看来，陆贾的以礼义为性，察己受命，则是顺命得道而为善。然而，历史上和现实中，却是性善者不待察而自善；性恶者虽察之而背叛礼义，不能为善。人们口是心非，言行不一，虽能察己，却不为善，“何益于善?”由此说来，陆贾的人性观点是不对的。

关于董仲舒的性为阳、为善，情为阴、为恶论，王充评论道：“董仲舒览孙、孟之书，作情性之说曰：‘天之大经，一阴一阳。人之大经，一情一性。性生于阳，情生于阴。阴气鄙，阳气仁。曰性善者，是见其阳也。谓恶者，是见其阴者也。’若仲舒之言，谓孟子见其阳，孙卿见其阴也。处二家各有见，可也。不处人情性，情性有善有恶，未也。夫人情性同生于阴阳，其生于阴阳，有渥有泊。玉生于石，有纯有驳，情性于阴阳，安能纯善？仲舒之言，未能得实。”王充认为，董仲舒综合孟子的性善论和荀子的性恶论，附之于自己的阴阳说，而建立了情性论，把性说成是生于阳，为仁、为善；把情说成是生于阴，为鄙、为恶。王充认为，气有厚薄、纯驳，生于阴阳之气的情性，不能说是纯善、纯恶的，而是有善有恶的。所以说董仲舒的情性说“未能得实”。

关于刘向的性为阴，情为阳的人性论，王充评论道：“刘子政曰：‘性，生而然者也，在于身而不发。情，接于物而然者也，出形于外。形外则谓之阳，不发者则谓之阴。’夫子政之言，谓性在身而不发。情接于物，形出于外，故谓之阳；性不发，不与物接，故谓之阴。夫如子政之言，乃谓情为阳，性为阴也；不据本所生起，苟以形出与不发见定阴阳也。必以形出为阳，性亦与物接，造次必于是，颠沛必于是。恻隐，不忍；不忍，仁之气也。卑谦辞让，性之发也。有与接会，故恻隐卑谦，形出于外。谓性在内不与物接，恐非其实。不论性之善恶，徒议外内阴阳，理难以知。且从子政之言，以性为阴，情为阳。夫人禀情，竟有善恶不也?”王充认为，刘向以性在身内而不发，不与物接为阴；以情出于形外，接于物为阳，这种不以善恶论人性，而以内外阴阳论情性，是于理难知，与事实相违的，所以王充予以反驳。

王充在对先秦以来诸家的人性理论作了分析评论后，认为他们都没有真正解决人性的善恶问题。王充经过分析比较后，较为赞同世硕人性有善有恶的人性观点。这就是：

> 周人世硕，以为人性有善有恶，举人之善性，养而致之则善长；性恶，养而致之则恶长。如此，则性各有阴阳，善恶在所养焉。故世子作《养书》一篇。宓子贱，漆雕开，公孙尼子之徒，亦论情性，与世子相出入，皆言性有善有恶。①

王充同意世硕的人性有善有恶，养善而使善长为善，养恶而使恶长为恶的人性论，肯定这是“颇得其正”的切实、正确之论。

王充在总结、评论各家的人性理论后，提出人性有善有恶，人性有三品的人性理论。他说：

> 自孟子以下至刘子政，鸿儒博生，闻见多矣。然而论情性，竟无定是。唯世硕、公孙尼子之徒颇得其正。由此言之，事易知，道难论也。……实者，人性有善有恶，犹人才有高有下也。高不可下，下不可高。谓性无善恶，是谓人才无高下也。禀性受命，同一实也。命有贵贱，性有善恶。谓性无善恶，是谓人命无贵贱也。
>
> 九州田土之性，善恶不均，故有黄赤黑之别，上中下之差。水潦不同，故有清浊之流，东西南北之趋。人禀天地之性，怀五常之气，或仁或义，性术乖也；动作趋翔，或重或轻，性识诡也；面色或白或黑，身形或长或短，至老极死不可变易，天性然也。余固以孟轲言人性善者，中人以上者也；孙卿言人性恶者，中人以下者也；扬雄言人性善恶混者，中人也。若反经合道，则可以为教；尽性之理，则未也。②

王充认为，自孟子至刘向，论人性者很多，但是却没有定论，原因是“道难论也”。这就是说，人性问题很复杂，很难论。他经过历

① 《论衡·本性》。

② 《论衡·本性》。

史考察和总结分析之后，认为世硕和公孙尼子的人性有善有恶，善恶在所养，养善而为善，养恶而为恶的人性观点，很合乎道理。他指出，人性有善有恶，如同人才有高有下，所以不能说人性无善无恶，亦不能说人性纯善，纯恶。因此，王充明确地把人性分为善、中、恶，即上、中、下三类。他说孟子讲的人性善，是指中人以上者；荀子讲的人性恶，是指中人以下者；扬雄讲的人性善恶混，是指中人。据此，王充认为，世硕的人性有善有恶论是“颇得其正”的。究其实，王充的人性观点与世硕，不尽相同。王充主张人性有纯善、纯恶、不善不恶三种。在中国人性论的发展史上，王充继董仲舒之后，明确提出人性分为上、中、下三品的性三品说。

王充的人性论是和他的元气论的自然观紧密相联系的。他认为，人是自然的一部分，人和万物一样，都是物，都是禀受天地之元气而生的，人生而有性，故性不离气，性不异物。他说：

> 夫人，物也，虽贵为王侯，性不异于物。……禀自然之性，非学道所能为也。①
>
> 人，物也，万物之中有智慧者也。其受命于天，禀气于元，与物无异。②
>
> 夫天地合气，人偶自生也。……人生于天地也，犹鱼之于渊，虮虱之于人也。因气而生，种类相产，万物生天地之间，皆一实也。③

人和万物一样，都是禀元气而生。就因气而生来说，人与物、王侯与庶民的本性是相同的。然而，为什么人性却有善恶的不同呢？王充指出，人性来自元气，由于气有种种不同，而人禀不同的气，故使每个人的性具有善恶的不同。他说：

---

① 《论衡·道虚》。
② 《论衡·辨祟》。
③ 《论衡·物势》。

> 小人君子禀性异类乎?譬诸五谷皆为用,实不异而效殊者,禀气有厚泊,故性有善恶也。……人受五常,含五脏,皆具于身。禀之泊少,故其操行不及善人,犹[酒]或厚或泊也。非厚与泊殊其酿也,曲蘖多少使之然也。是故酒之泊厚,同一曲蘖;人之善恶,共一元气,气有少多,故性有贤愚。①

由于元气有厚薄、清浊、精粗等不同,人所禀不同之气而生的性,故有善恶的不同。这如同酿酒中的曲蘖的多少决定酒味的美劣一样。王充把禀气不同作为人性善恶的物质基础。

既然人和物、王侯和庶民都禀元气而生,那么为什么会有这种差异呢?王充认为,这是由"命"决定的。由此,他把"性"和"命"联系起来了。他说:

> 人禀元气于天,各受寿夭之命,以立长短之形。……用气为性,性成命定。②
>
> 禀性受命,同一实也。命有贵贱,性有善恶。谓性无善恶,是谓人命无贵贱也。③

人的生死寿夭、富贵贫贱、本性善恶等不同,都与禀气受命有密切关系,所以说"命有贵贱,性有善恶","禀性受命","性成命定"。

王充进一步指出,人禀气而生,生而有性,由于气有多少、厚薄、精粗,清浊等不同,故禀不同之气而生的人具有善恶的本性。人虽有上、中、下三品不同的善恶之性,但不是一成不变的,而是可以改变的,善可以变成恶,恶亦可以变成善。王充在《论衡·率性》篇中这样说道:

---

① 《论衡·率性》。
② 《论衡·无形》。
③ 《论衡·本性》。

论人之性，定有善有恶。其善者，固自善矣；其恶者，故可教告率勉，使之为善。凡人君父审观臣子之性，善则养育劝率，无令近恶；近恶则辅保禁防，令渐于善。善渐于恶，恶化于善，成为性行。

在王充看来，人性虽然分为上、中、下三品，但极善之上品、极恶之下品是极少数，他们的本性是不容易改变的，而绝大多数的中品之性的中人，其本性是可以改变的。因此，王充在论人性时，着重在中人之性上，强调通过教育、劝勉、学习来改变中人之性，使之去恶为善。生来就性善的人，本性固自然为善，不需要改变了。生来就性恶的人，通过教育、劝勉、学习，是可以变恶为善的。所以王充说：

无分于善恶，可推移者，谓中人也，不善不恶，须教成者也。故孔子曰："中人以上可以语上也，中人以下不可以语上也。"告子之以决水喻者，徒谓中人，不指极善极恶也。孔子曰："性相近也，习相远也。"夫中人之性，在所习焉。习善而为善，习恶而为恶也。至于极善极恶，非复在习。故孔子曰："惟上智与下愚不移。"性有善不善，圣化贤教，不能复移易也。①

王充认为，上智之人的上品之性，是纯善、极善的；下愚之人的下品之性，是纯恶、极恶的。这种极善、极恶之性，即使是"圣化贤教"，也"不能复移易也"，是不可改变的。只有中人，通过后天的环境教育、社会习染、学习劝勉、圣贤教化，才可以由恶变为善，最终成为善人。这种后天环境习染所起的重要作用，如同染练丝一样，染之蓝则为青色，染之朱则为赤色。青赤之色，一旦形成，便与其真色无异了。《论衡·率性》篇论述道：

① 《论衡·本性》。

> 譬犹练丝，染之蓝则青，染之丹则赤。十五之子其犹丝也，其有所渐化为善恶，犹蓝丹之染练丝，使之为青赤也。青赤一成，真色无异。是故杨子哭岐道，黑子哭练丝也。盖伤离本，不可复变也。人之性，善可变为恶，恶可变为善，犹此类也。蓬生麻间，不扶自直；白纱入缁，不染自黑。彼蓬之性不直，纱之质不黑；麻扶缁染，使之直黑。夫人之性，犹蓬纱也，在所渐染而善恶变矣。

王充的这个习染善恶，即教化成善恶的人性观点，显然是对荀子的"化性起伪"、"注错习俗之所积"的人性思想的发展。王充和荀子一样，都用蓬之直、纱之黑，说明环境习染对人性善恶的重要作用，证明后天教育，可以改变人性的善恶，以此告诉人们加强善的教化，可以使人由恶变善，最终为善。

王充还用西门豹引漳水灌邺田和用一般矿石能够锻造出棠溪、鱼肠、龙泉、太阿等宝剑为例，证明通过引导、教育、学习可以改变人性。他还以"孟母三迁"等种种事例说明人性的善与恶就在于教化。他的结论是："由此言之，亦在于教，不独在性也。"①

王充在元气一元论自然观的基础上，建立了人性有善恶，教育可以改变善恶的人性理论，这对于反对先验的人性论有积极的意义。但由于王充没有真正地了解人性的本质和善恶的来源，尤其是当他把"性"与"命"联系起来时，他的人性理论出现了自相矛盾，这是他的时代所使之然的。因此，我们不可厚责这位重要的哲学大家。

第五节　逢遇幸偶的命定论

我们前面说过，王充在论述他的人性论时，把"性"和"命"联系起来，人禀元气而生，生而有性、有命，而"禀性受命，同一实也。命有贵贱，性有善恶"，"用气为性，性成命定"。由此出发，

---

① 《论衡·率性》。

王充阐发了他的命定论思想。

关于"性"和"命"的关系。王充认为，"性"和"命"有密切的联系。他说：

> 死生者，无象在天，以性为主，禀得坚强之性，则气渥厚而体坚强，坚强则寿命长，寿命长则不夭死；禀性软弱者，气少泊而性羸窳，羸窳则寿命短，短则早死。故言有命，命则性也。①

人禀气而生，禀厚、多之气而生，身体具有坚强"性"，故寿命长；禀薄、少之气而生，身体羸弱不健壮，故寿命短。就此而言，"性"与"命"是统一的，有密切的关系，所以说"命则性也"。

关于"性"与"命"的区别。王充认为，"性"和"命"毕竟是不同的，各有自己的内容、涵义。他说：

> 夫性与命异，或性善而命凶，或性恶而命吉。操行善恶者，性也；祸福吉凶者，命也。或行善而得祸，是性善而命凶；或行恶而得福，是性恶而命吉也。性自有善恶，命自有吉凶。使命吉之人，虽不行善，未必无福；凶命之人，虽勉操行，未必无祸。②

"性"是指善恶操行而言，"命"是指祸福吉凶而言。人的祸福吉凶与善恶操行，没有因果的必然联系，并非行善而得福吉，行恶而得祸凶，常常是与此相反，即行善而得祸凶，行恶却得福吉，这就是"性与命异"也。

关于"命"的内容、涵义。王充认为，禀气而生，含气而长的人，都有"命"。他说：

---

① 《论衡·命义》。

② 《论衡·无形》。

有死生寿夭之命，亦有贵贱贫富之命。自王公逮庶人，圣贤及下愚，凡有首目之类，含血之属，莫不有命。命当贫贱，虽富贵之，犹涉祸患矣。命当富贵，虽贫贱之，犹逢福善矣。故命贵，从贱地自达；命贱，从富位自危。①

“命”“有死生寿夭之命”，这叫做“寿命”；“亦有贵贱贫富之命”，这叫做“禄命”，凡是人，都有“命”，无一例外，“凡有首目之类，含血之属，莫不有命”，就是此义。“寿命”的长短，是由禀气厚薄、多少决定的，“禀寿夭之命，以气多少为主性也”。“夫禀气渥则其体强，体强则其命长；气薄则其体弱，体弱则命短。命短则多病、寿短。”②就是说，人的生死寿夭的“寿命”，完全是由其禀气厚薄、多少决定的，不是由天神决定的。

“禄命”也不由天神决定，正如子夏所言“死生有命，富贵在天”，而不是“死生在天，富贵有命”。那么禄命是由什么决定的呢？王充说：“所禀之气，得众星之精。众星在天，天有其象。得富贵象则富贵，得贫贱象则贫贱，故曰在天。在天如何？天有百官，有众星。天施气，而众星布精；天所施气，众星之气在其中矣。人禀气而生，含气而长，得贵则贵，得贱则贱；贵或秩有高下，富或赀有多少，皆星位尊卑小大之所授也。”③这是说，“禄命”不是由天神、天命决定的，而是由人所禀受的“众星之气”、“星象之位”决定的。王充不承认天神之天的决定作用，却接受星象学之天象“所授”的迷信思想，也是一大局限。

王充从上述“命义”论出发，展开了命定论的论述。他把“命”分为正命、随命、遭命，并作了具体的解释。他在《论衡·命义》篇中这样写道：

正命，谓本禀之自得吉也。性然骨善，故不假操行以求福

---

① 《论衡·命禄》。

② 《论衡·气寿》。

③ 《论衡·无形》。

而吉自至，故曰正命。随命者，戮力操行而吉福至，纵情施欲而凶祸到，故曰随命。遭命者，行善得恶，非所冀望，遭逢于外，而得凶祸，故曰遭命。凡人受命，在父母施气之时，已得吉凶矣。

“命”有此三种，并在父母施气之时，就已决定了吉凶、祸福、寿夭了。在这种阐释、论述中，我们可以看到，王充似乎同意“三命”之说。然而，在《论衡·命义》篇接下来的论述中，王充对“三命”之说，又表示了怀疑。他说：

言随命则无遭命，言遭命则无随命，儒者三命之说，竟何所定？且命在初生，骨表著见，今言随操行而至，此命在末，不在本也。

王充认为，“命”在人初生之时就已经决定了，哪里还有什么随命和遭命呢？如果随操行而至以定命，这是由于人的不同看法决定的，这种命不符合命的本义，“此命在末，不在本也”。由此说来，命在初禀之时，不在长大之后，随操行而至也。然而，说到最终，王充又承认：“正命者至百而死，随命者五十而死，遭命者初禀气时遭凶恶也，谓妊娠之时遭得恶也，或遭雷雨之变，长大夭死：此谓三命。”①由上述可见，王充从承认“三命”，到怀疑“三命”，最终又肯定“三命”，这就使他的命定论陷入了自相矛盾的窘境。

由于王充在命定论中陷入了自相矛盾的境地，为了解决这种矛盾，他只好求助于遭遇幸偶的偶然论了。他说：

人有命，有禄，有遭遇，有幸偶。命者，贫富贵贱也；禄者，盛衰兴废也。以命当富贵，遭当盛之禄，常安不危；以命当贫贱，遇当衰之禄，则祸殃乃至，常苦不乐。遭者，遭逢非常之变。……遇者，遇其主而用也。……幸者，谓所遭触得善

① 《论衡·命义》。

> 恶也。获罪得脱，幸也。……偶者，谓事君也。以道事君，君善其言，遂用其身，偶也。……故夫遭遇幸偶，或与命禄并，或与命离。遭遇幸偶，遂以成完；遭遇不幸偶，遂以败伤，是与命并者也。……故人之在世，有吉凶之性命，有盛衰之祸福，重以遭遇幸偶之逢。①

这就是王充的“命义”的内容、涵义、结论。人有死生寿夭之寿命，亦有贵贱贫富之禄命，其所以有此不同之命，都是由偶然性决定的，即由遭遇幸偶决定的、促成的。王充对遭、遇、幸、偶作了自己的解释。从王充的解释中，我们可以清楚地看到，遭、遇、幸、偶都是指偶然性、机遇性、巧遇性而言的。

王充以自然论来解释自然现象，面对纷繁复杂的社会现象、人间事物，他便无法解释，于是只好求助于偶然论。他在《论衡·偶会》篇开宗明义就说：“命，吉凶之主也。自然之道，适偶之数，非有他气旁物厌胜感动使之然也。”“命”是“适偶之数”，没有其他因素主使、主宰使之然的，就此而言，“适偶之数”与“自然之道”，“其实自然，非他为也”。

王充对“逢遇”、“幸偶”的偶然论，极为重视，并用多篇专文加以论述。他在《论衡》开卷第一篇《逢遇》篇就说：

> 操行有常贤，仕宦无常遇。贤不贤，才也；遇不遇，时也。才高行洁，不可保以必尊贵；能薄操浊，不可保以必卑贱。或高才洁行，不遇退在下流；薄能浊操，遇在众上。……进在遇，退在不遇。处尊居显，未必贤，遇也；位卑在下，未必愚，不遇也。

王充在《论衡·累害》篇中说：

> 修身正行，不能来福；战栗戒慎，不能避祸。祸福之至，

① 《论衡·命义》。

幸不幸也。

王充在《论衡·幸偶》篇中说：

凡人操行，有贤有愚，及遭祸福，有幸有不幸；举事有是有非，及触赏罚，有偶有不偶。……赏而信者未必真，罚而疑者未必伪。赏、信者偶，罚、疑不偶也。

由上述可见，在王充看来，人生的社会地位的尊卑高下和赏罚祸福，都在于遇与不遇、偶与不偶、幸与不幸的偶然性，不在于才能贤与不贤、操行洁与不洁、修身正与不正的内在性。这种偶然性的决定论，是王充的命定论的总的思想原则。在这个原则的指导下，他将其推广到各个方面、领域，而成为一切的决定者。

王充认为，人和万物都禀元气，或为植物，或为禽兽，或为人类；人类之中，或贵或贱，或贫或富，或尊或卑，或高或下，或为圣贤，或为庸人，都是由"幸偶"决定的。王充在《论衡》的许多篇章中，运用大量的自然、社会、历史、现实中的事例，说明、证明宇宙万物生成、人生前途发展、国家治乱兴衰等，都取决于幸偶，逢遇的命定，而不取决于人的德行、才能的修不修、高与下。

在王充的这种自然命定论中，我们看到，他把"命"视为"自然之道"（自然性），也视为"适偶之数"（偶然性），二者"其实自然，非他为也"。由于他夸大了偶然性的作用，而把偶然性视为必然性，所以取消了必然性的作用。所以我们说，王充把自然性、偶然性、必然性看成是一个道理，从而使他的命定论陷入了盲目性、矛盾性、混乱性。

第六节　汉盛于周的历史观

王充批评汉儒"尊古卑今"，称赞"五帝三王"的"天下太平"之世，而认为汉代"没有太平"，"汉不如周"的历史观点，认为"此言妄也"。由此他提出"周不如汉"、"汉盛于周"的历史观。

王充认为，儒者之言、世俗之论，妄称“上世之人侗长佼好，坚强老寿，百岁左右；下世之人短小陋丑，夭折早死”①的说法，是虚妄之言。对此，王充反驳道：

> 夫上世治者，圣人也；下世治者，亦圣人也。圣人之德，前后不殊，则其治世，古今不异。上世之天，下世之天也。天不变易，气不改更。上世之民，下世之民也，俱禀元气。元气纯和，古今不异，则禀以为形体者，何故不同？……一天一地，并生万物。万物之生，俱得一气。气之薄渥，万世若一。帝王治世，百代同道。②

王充依然以元气论作为理论基础加以说明。上世之人与下世之人，都是禀元气而生。元气不变，古今不异，帝王治世，百代同道。正因为上世之人与下世之人，“俱怀五常之道，共禀一气而生”，所以不能说“上世质朴，下世交薄”。究其实质，“万世若一”，“古今一也”。于此说来，“今世之士者，尊古卑今也”，“此言妄也”③。

王充初步认识到，由于历史是向前发展的，历史文化是有继承性的，后世是在前世的基础上继承、发展、前进的，而且是后世超过前世的，所以说：“周有郁郁之文者，在百世之末也。汉在百世之后，文论辞说，安得不茂？……汉氏治定久矣，土广民众，义兴事起，华叶之言，安得不繁？……滋茂汉朝者，乃夫汉家炽盛之瑞也。”④汉朝在百世之后，继承百世的成果，所以周朝虽有郁郁之文，而汉朝在周朝之后，故使汉朝文化枝叶繁茂，鸿儒辈出，奇而又奇，盛于周朝。

王充指出，汉儒“称五帝、三王致天下太平，汉兴以来，未有太平”，其所以如此，在于他们“见五帝、三王圣人也，圣人之德

① 《论衡·齐世》。
② 《论衡·齐世》。
③ 《论衡·齐世》。
④ 《论衡·超奇》。

能致太平；谓汉不太平者，汉无圣帝也，贤者之化，不能太平”。如实论之，“此言妄也”。[①] 王充在断定此为虚妄之言的同时，接着以大量的历史事实证明：汉代有太平之世，且汉代比周代强。

王充认为，所谓天下太平，就是指阴阳调和，万物发育，广大百姓安居乐业，这就是圣王之治。他说：

> 夫太平以治定为效，百姓以安乐为符。孔子曰：“修己以安百姓，尧、舜其犹病诸！”百姓安者，太平之验也。夫治人以人为主，百姓安而阴阳和，阴阳和则万物育，万物育则奇瑞出。……是故王道立事以实，不必具验。圣王治世，期于平安，不须符瑞。[②]

太平之世，以治人为主，以治定为效，百姓平稳，安居乐业，“不须符瑞”。圣王之治，在于平安，不在符瑞，所以论定、评定是否太平治世，要看百姓是否平安，不看是否有符瑞。不论是有符瑞，还是无符瑞，只要百姓平安，就是太平治世。“文帝有瑞，可名太平；光武无瑞，谓之太平。”为什么这样说呢？王充列举大量事例证明道：“帝王应瑞，前后不同。虽无物瑞，百姓宁集，风气调和，是亦瑞也。”光武帝封泰山，天晏然无云，太平之应也。汉宣帝时，瑞象迭出，异鸟各至。如“麒麟、神雀、黄龙、鸾鸟、甘露、醴泉”等。汉明帝时，“虽无凤皇，亦致麒麟、甘露、醴泉、神雀、白雉、紫芝、嘉禾、金出鼎见，离木复合”等。由此可见，“五帝、三王，经传所载瑞应，莫盛孝明。如以瑞应效太平，宣、明之年信五帝、三王也。夫如是，孝宣、孝明可谓太平矣。”[③]在王充看来，如果不以治人为主，民安为效，而以符瑞为应、为效，而定太平，则汉代宣帝、明帝的符瑞则信于五帝、三王之时，由此可以证明汉代为太平盛世了，并且盛于古代。王充的“如以瑞应效太

---

① 《论衡·宣汉》。

② 《论衡·宣汉》。

③ 《论衡·宣汉》。

平”，是假设命题，非事实定瑞，其本意则是“太平以治定为效，百姓以安乐为符”，这是前提，所以“不须符瑞”。假如以符瑞为效应，亦是“汉盛于周”也。

接着，王充又以周与汉比较，证明“周不如汉”，并以此驳斥世儒的后世未有圣人、汉不如周之论。他说：

> 周有三圣，文王、武王、周公并时猥出。汉亦一代也。何以当少于周？周之圣王，何以当多于汉？汉之高祖、光武，周之文、武也。文帝、武帝、宣帝、孝明、今上，过周之成、康、宣王。非以身生汉世，可褒增颂叹，以求媚称也；核事理之情，定说者之实也。……近与周家断量功德，实商优劣，周不如汉。①

世儒认为，历史上周朝有郁郁之文，故为太平盛世，而汉不如周。王充经过一番分析比较，而断定“周不如汉”。王充认为，汉代的帝王：高祖、光武、文帝、武帝、宣帝、明帝，章帝等，都是圣明帝王，故使世治民安，值得称赞，这是根据实在的政绩所论，不是媚上的虚言颂歌。如实论之，“实商优劣，周不如汉”。

为什么说“周不如汉”呢？王充列举事实证明汉盛于周，周不如汉。他说：

> 何以验之？周之受命者文、武也，汉则高祖、光武也。文、武受命之降怪，不及高祖、光武初起之祐；孝宣、孝明之瑞，美于周之成、康、宣王。……今上即命，奉成持满，四海混一，天下定宁，物瑞已极，人应斯隆。……今亦天下修仁，岁遭运气，谷颇不登，迥路无绝道之忧，深幽无屯聚之奸。周家越常献白雉，方今匈奴、鄯善、哀牢贡献牛马。周时仅治五千里内，汉氏廓土收荒服之外。牛马珍于白雉，近属不若远扬。古之戎狄，今为中国；古之裸人，今被朝服；古之露首，

① 《论衡·宣汉》。

> 今冠章甫；古之跣跗，今履高舄。以盘石为沃田，以桀暴为良民，夷坎坷为平均，化不宾为齐民，非太平而何？夫实德化则周不能过汉，论符瑞则汉盛于周，度土境则周狭于汉，汉何以不如周？独谓周多圣人，治致太平？儒者称圣泰隆，使圣卓而无迹；称治亦泰盛，使太平绝而无续也。①

王充从帝王圣明、国家安定、修德行仁、应付灾变，对付四邻、领土疆域、敦平化俗、符瑞多少等各个方面，证明“周不如汉”、“汉盛于周”。

王充证明“周不如汉”，“汉盛于周”的主要条件、标准，主要是修德安民，使人民安居乐业，社会安定。即使发生天灾，也不使民众流离失所，造成社会混乱。就此而论，亦是“汉盛于周”。王充说：

> 孝明加恩，则论徙边。今上宽惠，还归州里。开辟以来，恩莫斯大。……皇帝振畏，犹归于治，广征贤良，访求过阙。高宗之侧身，周成之开匮，励能逮此。……建初孟年，无妄气至，岁之疾疫也。比旱不雨，牛死民流，可谓剧矣。皇帝敦德，俊乂在官，第五司空，股肱国维，转谷振赡，民不乏饿，天下慕德，虽危不乱。民饥于谷，饱于道德，身流在道，心回乡内。以故道路无盗贼之迹，深幽迥绝无劫夺之奸，以危为宁，以困为通，五帝、三王，孰能堪斯哉！②

王充认为，汉朝明帝、章帝，就治德宽民、惠民而言，亦超过周朝的高宗、成王。他特别以建初孟年遇大灾而救灾为例，说明由于皇帝敦德，赈济灾民，而使民归心，以危为宁，以困为通，这是五帝、三王都做不到的，所以汉代可称得上太平盛世，值得称颂。

王充认为，自己歌颂汉代盛世是据实论之，是有事实根据的公

① 《论衡·宣汉》。
② 《论衡·恢国》。

正之论，就是孔子生活在汉代，也会这样称赞的。他说："孔子称周曰：'唐、虞之际，于斯为盛，周之德，其可谓至德已矣！'孔子，周之文人也，设生汉世，亦称汉之至德矣。"①

王充看到汉代的繁盛时期，社会安定、人民生活安宁，经济发展，文化繁荣等情况，而对汉朝政权唱赞歌，这既反映了一定的社会现实，也表现了他的今胜于古的社会发展观。

第七节　神学迷信皆为妄言

我们说过，董仲舒之后的汉代，正是神学迷信、儒学神化、世俗迷信等泛滥的时代。王充生活在这个神学妖雾弥漫的时代，除了以唯物主义形神观对灵魂不死、人死为鬼、鬼能害人等虚妄之论进行了批判、驳斥之外(我们对此在前面已作了分析论述，故在此不再赘述)，还对当时流行、盛行的各种神学迷信进行了批判、驳斥。我们择其要者，作简要论述。

第一，对儒家圣贤的批判。

汉代儒家学者，在把天神意志化、人格化的同时，又把儒家的圣贤神秘化、神圣化。他们认为，"圣贤"是超人之神，"五经"是神学教条。对此奇谈怪论，王充以自己的哲学智慧，过人胆识，进行了批判。

王充指出，儒者论圣人，以为圣人能前知千岁，后知万世，有独见之明，独听之聪，事来则名，不学自知，不问自晓，"故称圣则神矣"。他们还以孔子在临死之前，遗谶书说："秦始皇，上我之堂，踞我之床，颠倒我衣裳，至沙丘而亡"；"董仲舒乱我书"；"亡秦者胡也"。以此三件事的应验，证明"圣人后世万世之效也"。又以孔子生不知其父，以"吹律自知殷宋大夫子氏之世也"，而证明"圣人前知千岁之验也"。王充在引述这些儒者论圣人之言后，认定"此皆虚也"，而为"神怪之言"。② 故对儒者的圣人之论，进

① 《论衡·佚文》。

② 《论衡·实知》。

行了批驳。

王充将批评的矛头主要指向孔子，因为儒家学者把孔子神圣化、神异化，视为谶纬“正宗”的圣人，并制造种种奇谈怪论神化孔子，所以王充列举大量事实驳斥儒者神化孔子之论。王充在《论衡·问孔》篇开宗明义就说：

> 世儒学者，如信师而是古，以为贤圣所言皆无非，专精讲习，不知难问。夫贤圣下笔造文，用意详审，尚未可谓尽得实，况仓卒吐言，安能皆是？不能皆是，时人不知难；或是，而意沉难见，时人不知问。案贤圣之言，上下多相违；其文，前后多相伐者。世之学者，不能知也。

王充认为，由于世儒信师是古，美化圣贤，神化孔子，所以对孔子之言、之论，都认为皆是而无非，从而使人们对其只知讲习、赞颂，却“不知问”、“不能知”，这是一种迷信圣贤、贻误学者的坏学风。

王充指出，世儒美化孔子，以至认为“孔门之徒，七十子之才，胜今之儒”，“此言妄也”。① 为了问道求知，获得真知，证定是非，核道实义，反对妄言，王充对孔子之言、之文，提出了疑问、诘问。

王充认为，为学求知，学问之法，在于明辨是非，求得真知，不在于迷信圣人之言，言圣人之言，而不敢疑圣人之言，诘难圣人之非。有感当世儒者“不能实道是非”，只知言“孔子之言”，“遂结不解”的现实，王充明确地指出：“世之解说说人者，非必须圣人教告，乃敢言也。苟有不晓解之问，追难孔子，何伤于义？诚有传圣业之知，伐孔子之说，何逆于理？”②基于这种思想认识，王充在《论衡·问孔》篇中，接连提出16个问题，问难孔子，以孔子之言、之文中的前后不一、自相矛盾，说明“孔子之言无定趋”“则行

---

① 《论衡·问孔》。

② 《论衡·问孔》。

无常务矣”，从而证明“孔子之言，上下多相违；其文，前后多相伐者”，以此批驳“世儒学者”神化孔子，迷信圣贤是无道理、无根据。

王充在“问孔”之后，又“刺孟”。《论衡·刺孟》篇，专门批评孟子。其要者如下：

王充说：孟子见梁惠王，王曰：“叟！不远千里而来，将何以利吾国乎?”孟子曰：“仁义而已，何必曰利。”针对此问答，王充指出，“利”有两种：“有货财之利，有安吉之利。”梁惠王之问“何以利吾国”，“何以知不欲安吉之利，而孟子经难以货财之利也?”如《周易》的“利见大人”、“利涉大川”、“元亨利贞”等，“皆安吉之利也。行仁义，得安吉之利”。孟子应当问清梁惠王“何谓利吾国”，是指“货财之利”，还是指“安吉之利”？如果是指“货财之利”，方可如此回答。孟子没有弄清梁惠王所问的意思，经以“货财之利”回答。如果梁惠王是“问安吉之利”，“而孟子答以货财之利，失对上之指，违道理之实也”。所答非所问，当然是错误的了。

王充又说：“孟子言五百年有王者兴，何以见乎?”并以事实反驳了这个说法。帝喾王者，而尧又王天下；尧传于舜，舜又王天下；舜传于禹，禹又王天下。此圣之王天下，是继踵而兴。禹至汤是千岁，汤至周亦千岁，始于文王，传于武王。武王崩，成王、周公共治天下。从周到孟子之时，却七百年而没有王者，如此说来，“五百岁必有王者之验，在何世乎？云五百岁必有王者，谁所言乎？论不实事考验，信浮淫之语；不遇去齐，有不豫之色；非孟子之贤效与俗儒无殊之验也?”这是说，孟子此论，与历史事实相违背而没有“效验”。究其实质，与俗儒之论是没有区别的。据此，王充进一步批评道：

> 五百年者，以为天出圣期也，又言以天未欲平治天下也，其意以为天欲平治天下，当以五百年之间生圣王也。如孟子之言，是谓天故生圣人也。然则五百岁者，天生圣人之期乎？如是其期，天何不生圣？圣王非其期，故不生。孟子犹信之，孟

> 子不知天也。①

王充批评孟子的“五百年有王者兴”之论，不仅没有事实“效验”，而且没有理论根据，处处显现出逻辑混乱和推理矛盾，这种“天故生圣人”之论，只能是神学目的论的翻版。如实论之，“孟子不知天也”。王充还以孟子的言论，说明孟子“终始不一”之误。

王充对儒家最具指标性人物孔子、孟子的批评，意在驳斥俗儒把“圣贤”神圣化，是“失本离实”之论，是“皆虚妄言也”。

神学汉儒在神化圣贤的同时，又把儒家经典视为神学经典。王充对此深为反感，故对经书神学化作出批判。

王充指出，世儒造虚言以神化经书，使人信而无疑，作经书的奴隶，结果是欺人、误世。他说：

> 世信虚妄之书，以为载于竹帛上者，皆贤圣所传，无不然之事，故信而是之，讽而读之。睹真是之传与虚妄之书相违，则并谓短书，不可信用。……夫世间传书诸子之语，多欲立奇造异，作惊目之论，以骇世俗之人，为谲诡之书，以著殊异之名。②

由于儒者制造虚假之言，谲诡之书，立奇造异，以作惊目之论，使人对圣经贤传信之无疑，传而颂之，他们以此骇人惑众，博取殊名。这种“虚妄之书”，与事实相违，俱不可信。“世俗闻之，皆以为然。如实论之，殆虚言也。”王充认为，这些“儒书”、“传书”之言，虽为“虚言”、“妄言”而不可信，可是世俗之人不能辨，所以能欺人骇世，流毒甚广。“传书之言多失其实，世俗之人不能定也。”③为了辨别“儒书”真伪、虚实，王充以《书虚》篇，专论其伪、其虚，以定是非。

---

① 《论衡·刺孟》。
② 《论衡·书虚》。
③ 《论衡·书虚》。

为了考订虚实、真伪，王充经过研究、考证后，认定“经之传不可以，《五经》皆多失实之说”。这是说，经过儒者的譬喻增饰，造作更改，故使“事失正是，诚而不存；曲折失意，传伪说传而不绝”。[①] 如此说来，传之后世的经学与原来的《五经》已是面貌皆非，皆失其实，不足凭信了。王充说：

> 儒者说《五经》，多失其实。前儒不见本末，空生虚说。后儒信前师之言，随旧述故，滑习辞语。苟名一师之学，趋为师教授，及时早仕，汲汲竞进，不暇留精用心，考实根核。故虚说传而不绝。实事没而不见，《五经》并失其实。[②]

王充极力反对、驳斥儒者附会、造假之行，从而造成虚说盛传而不绝，事实湮没而不见，使《五经》失实，而欺世骇俗，贻误后人。

王充以《尚书》为例，揭露儒者造伪书之行。《尚书》或以为一百零二篇，遭秦始皇“焚书”之后，剩二十九篇。其实，“言秦燔《诗》、《书》是也；言本百两篇者，妄也。盖《尚书》本百篇，孔子以授也”。经过“焚书”，汉景帝时，《尚书》残不竟，只有二十余篇。汉宣帝时，“而《尚书》二十九篇始定矣”。到汉武帝时，鲁共王“得百篇《尚书》于墙壁中”。汉成帝时，“征为古文《尚书》学，东海张霸案百篇之序，空造百两之篇，献之成帝。帝出秘百篇以校之，皆不相应，于是下霸于吏。吏白霸罪当至死，成帝高其才而不诛，亦惜其文而不灭。故百两之篇，传在世间者，传见之人则谓《尚书》本有百两篇矣”。[③]《尚书》原本百篇，由于张霸空造两篇，成帝袒护，儒者、皇帝共同伪造，而使《尚书》增益成“百两之篇”。如此“事改篇更”，而说“圣人作经，贤者作书”，安得信乎?

不仅《尚书》如此，儒家的其他经书亦不例外。如：“《春秋》之经何以异《尚书》? ……说《尚书》者得经之实，说《春秋》者失圣之

---

① 《论衡·正说》。

② 《论衡·正说》。

③ 《论衡·正说》。

意矣。《春秋左氏传》：'桓公十有七年冬十月朔，日有食之。不书日，官之失也。'谓官失之言，盖其实也。……若夫公羊、穀梁之传，日月不具，辄为意使，失平常之事，有怪异之说，径直之文有曲折之义，非孔子之心。"①王充认为，由于儒者神化经传，拘守师法，死守章句，结果是既失圣人之意，又不得经传之旨。对此，王充十分反感、不满，而以种种事实批判其谬。与此同时，王充主张博览群书，创立新说，不做"章句之生"，"死人之徒"。

王充在汉代神化孔、孟，美化经书的情况下，敢于批评孔、孟之误和经书之谬，并由对圣贤的批判，进而转向对群经的批判，这种批判既动摇了统治阶级所树立的思想权威的政治地位，又挖掉了统治阶级的统治思想的理论基础，这种离经叛道、非圣无法的大无畏精神，确实令人敬佩，当然也引起封建统治者的恐慌。清朝乾隆帝就大骂王充"非圣灭道"，胡说："孔、孟为千古圣贤，孟或可问而不可刺，充则刺孟而且问孔矣。此与明末李贽之邪说何异？"②由此可证，王充批判儒家圣贤及儒家经典的战斗精神和思想价值。

第二，对神仙方术的批判。

神仙方术在汉代盛行泛滥，两汉之际又与道家结合起来，促使道家宗教化、神秘化。王充在批判儒学神学化的同时，对道家的宗教化也展开了批判。

王充在《论衡·道虚》篇中，集中批判了神仙、长生不死之说。其所批判的主要事例为：

一是黄帝采首山铜，铸鼎于荆山下。鼎成，有龙下迎黄帝，黄帝与君臣、后宫七十余人，骑龙上天仙去。王充认为"此虚言也"。

二是淮南王学道，天下道术之士，并会淮南，奇方异术，莫不争出。王遂得道，举家升天，畜产皆仙，鸡犬升天。王充认为"此虚言也"。

三是老子学道为仙，逾百不死，共谓之仙，成为真人。王充认为这是"好事之人"为之。

---

① 《论衡·正说》。

② 黄晖：《论衡校释·论衡旧译》引。

四是世人言东方朔是道人，变姓易名，游宦汉朝。外有仕宦之名，内乃度世之人。王充认为“此又虚言也”。

五是世人谓王子乔之辈以辟谷不食，逾度百世，遂为仙人。王充认为“此又虚也”。

根据种种事实，王充断定：“道家或以导气养性度世而不死。……此又虚也。”“道家或以服食药物，轻身盖气，延年度世。此又虚也。”“服食药物，轻身益气，颇有其验。若夫延年度世，世无其效。”服药治病，导气养性，可以使人健康长寿，却不可能使人得道成仙。“世无得道之效，而有有寿之人。”因为“人，物也，虽贵为王侯，性不异于物。物无不死，人安能仙?”“安能延年至于度世?”万物有生必有死，没有不死之物。人作为物的一种，亦不例外，故没有得道成仙、长生不死、延年度世之人。王充的结论是：

> 有血脉之类，无有不生，生无不死。以其生，故知其死也。天地不生，故不死；阴阳不生，故不死。死者，生之效；生者，死之验也。夫有始者必有终，有终者必有始。

有生必有死，是自然之道，人生之理，没有不死之人，更没有长生成仙之说。王充据事论理批判了神仙方术之论，进一步阐发了他的无神论学说。

第三，对世俗迷信的批判。

王充以天道自然无为论，对世俗流行的各种迷信进行了批判。他在《论衡》的《四讳》、《调时》、《讥日》、《卜筮》、《辨祟》、《难岁》、《诘术》、《解除》、《祀义》等篇，集中批判，破除各种世俗迷信。

王充指出，世俗迷信，范围很广，表现多种，其主要有：(一)四讳：一曰讳西盖宅，认为“西盖宅谓之不祥，不祥必有死亡”，“故世莫敢西盖宅”；二曰讳被刑为徒，不上立墟；三曰讳妇人乳子，以为不吉，“将举吉事，入山林，远行度川泽者，皆不与之交通”；四曰讳举正月，五月子，“以为正月、五月子杀父与母，不得已举之，父母祸死，则信而谓之真矣”。[1]（二）信时日：“世俗既信岁时，而又信日。……岁月之传既用，日禁之出亦行。世俗之人，委心信之。”[2]（三）信卜筮：“俗信卜筮，谓卜者问天，筮者问地，蓍神龟灵，兆数报应，故舍人议而就卜筮，速可否而信吉凶。……如实论之，卜筮不问天地，蓍龟未必神灵。”[3]（四）信祸祟：“世俗信祸祟，以为人之疾病死亡，及更患被罪、戮辱欢笑，皆有所犯。起功、移徙、祭祀、丧葬、行作、入官、嫁娶，不择吉日，不避岁月，触鬼逢神，忌时相害。”“如实论之，乃妄言也。”[4]（五）信解除，驱鬼神：“世信祭祀，谓祭祀必有福。又然解除，谓解除必去凶。”认为“鬼神有知”，“鬼神集止人宅”，如不驱除，“必将害人”[5]，所以必须以“解除”而“驱鬼神”。如此等等世俗迷信，祭祀禁忌，种类甚多，流传极广。王充在列举其各种表现形式后，认为这都是“虚妄迷”之举。他在《论衡·辨祟》篇中分析了世俗迷信产生的根源和流行的原因：

凡人在世，不能不作事，作事之后，不能不有吉凶。见吉则指以为前时择日之福，见凶则刺以为往者触忌之祸。多或择日而得祸，触忌而获福。工伎射事者欲遂其术，见祸忌而不言，闻福匿而不达，积祸以惊不慎，列福以勉畏时。故世人无愚智贤不肖、人君布衣，皆畏惧信向，不敢抵犯；归之久远，莫能分明，以为天地之书，贤圣之术也。人君惜其官，人民爱其身，相随信之，不复狐疑。故人君兴事，工伎满阁，人民有为，触伤问时。奸书伪文，由此滋生。巧惠生意，作知求利，惊惑愚暗，渔富偷贫，愈非古法度圣人之至意也。

---

① 《论衡·四讳》。
② 《论衡·时日》。
③ 《论衡·卜筮》。
④ 《论衡·辨祟》。
⑤ 《论衡·解除》。

由于人们求吉避凶、求福避祸的心理愿望而与其做事的结果相符合，久而久之，形成了传统习惯、思想认识，而一些从事神学迷信的好事者，欲遂其术，以谋其利，故制造奸书伪文，以售其奸，从而使人们信以为真，而无疑问。因此，使各种世俗迷信、禁忌不断滋生，广泛流行。“如实论之，乃妄言也”。王充从认识论、心理学上分析了世俗迷信的产生，可谓足智者之论。

我们通过以上的具体分析论述，可以清楚地说明，王充在哲学思想的各个方面，都有自己独特的理论贡献，显示了战斗无神论的无畏精神。王充的哲学思想沉重地打击了两汉神学经学的理论统治，有力地批判了各种世俗迷信的泛滥流行，大大地动摇了儒家学者的偶像崇拜。不仅牢固地确立了自己在两汉哲学发展史上的崇高地位，而且为后世中国哲学的发展提供了宝贵的思想智慧，并产生了重要的思想影响。王充的哲学思想体系是全面而完整的，其理论贡献是巨大而科学的。

第十六章　王符的思想

王符，字节信，安定临泾(今甘肃镇原)人。他的生卒年月不可详考，约生于公元85年，约卒于公元162年。

据《后汉书·王符传》云：王符"少好学，有志操，与马融、窦章、张衡、崔瑗等友善。安定俗鄙庶孽，而符无外家，为乡人所贱。自和、安之后，世务游宦，当涂者更相荐引，而符独耿介不同于俗，以此遂不得升进。志意蕴愤，乃隐居著书三十余篇，以讥当时失得，不欲章显其名，故号曰《潜夫论》"。王符生当东汉后期的衰世，外戚宦官专政弄权，朝政腐败黑暗，东汉王朝由盛而衰。

面对这种衰世的政治局面，王符作为著名的哲学家和进步的思想家，"耿介不同于俗"，终身不仕，隐居著书，讥评时政，他将自己的主要著作命名为《潜夫论》。从该书中，我们可以看到他的唯物主义哲学思想和爱国忧民的政治思想主张，并从他的"指讦时短，讨谪物情"中，可以充分地"观见当时风政"。① 我们依据《潜夫论》一书，对王符的思想作分析评论。

第一节　元气本体论的宇宙观

王符继承和发展了先秦以来的"气"、"元气"论，明确地提出和论证了元气本体论的宇宙观。

王符的《潜夫论》第三十二篇题名《本训》，"本"为根本、本原，"训"为说教、教训。"本训"即为"根本理论"。王符认为，要想达到五帝三王的"德化"盛世，就"必先原元而本本，兴道而致

① 《后汉书·王符传》。

和，以淳粹之气，生敦庞之民，明德义之表，作信厚之心，然后化可美而功可成也。”①《汉书·叙传》叙《律历志》云：“元元本本。”《汉书·薛宣传》注：“原，谓寻其本也。”《春秋繁露·重政》篇云：“元犹原也。”由此可证，王符的“必先原元而本本”，是说做任何事情，要想“化可美而功可成”，就必须探求宇宙万物、人生万象、社会万事的“元”和“本”，即“本原”、“本体”、“本根”、“初始”。《本训》篇的意旨，正是如此。彭铎在《本训》篇题旨按说：“此节系集中表现其唯物主义天道观之重要论著。以为元精自化，有道存乎其间，而道生于气。气有和有乖。凡四时五行，人类万物，吉凶变异，莫非二气迭相运而成之者也。和气生人，而人行能动天地，故理政以和天气，则可兴大化而致太平。盖旨远辞微，诸政论之义皆从此出。学者循是以读他篇，庶窥其思想体系之全矣。”这就是说，《本训》篇所论的“原元而本本”，是指人和万物的本根、本原，人们只有寻求、认识了这个本根、本原，抓住了这个宇宙万物之本，才能认识宇宙大化之道和人生行动之理，如此方可顺天应人，和气理政，天下太平，成就万事。只有把握《本训》篇的思想要旨，才能认识王符思想体系的全貌。

王符所说的“原元”或“本本”，当然是“元气”了。他以“元气”为人和宇宙万物的本原、始基，人和宇宙万物都由“元气”演化而产生。他在《本训》篇开宗明义就说：

> 上古之世，太素之时，元气窈冥，未有形兆，万精合并，混而为一，莫制莫御。若斯久之，翻然自化，清浊分别，变成阴阳。阴阳有体，实生两仪，天地壹郁，万物化淳，和气生人，以统理之。是故天本诸阳，地本诸阴，人本中和。三才异务，相待而成，各循其道，和气乃臻，机衡乃平。

上古之世，太素之时，元气浑沦，未有形迹，混而为一，由于元气的亿万斯年的运动变化，而使清浊分明，变成阴阳，清气浮升而为

---

① 《潜夫论·本训》。

天，浊气沉降而为地，中和之气而为人。这就是元气长期运动而形成天、地、人进而化生万物。元气的这种运动变化是其自己运动，“莫制莫御”、“翻然自化”，没有外力和神灵的推动和主宰。元气演化成人和天地万物的这种变化，不仅是自动、自化的，而且是有秩序、有规律的，“各循其道”，所以才能变而不乱，日臻完善，“和气乃臻”。

王符认为，元气化生的天、地、人“三才”，虽然不同，职能相异，但是又相互联系，彼此依赖，“相待而成”，所以说：“天道曰施，地道曰化，人道曰为。为者，盖所谓感通阴阳而致珍异也。……盖理其政以和天气，以臻其功。”①天道、地道、人道的变化、施为都是“元气”的变化、施为，都由“元气”“以统理之”，人只能理政和气，以臻其功。而不是《白虎通义·封禅》篇所说：“王者承天统理，调和阴阳。阴阳和，万物序，体气充塞，故符瑞并臻，皆应德而致。”王符以元气自动、自化，以人理政而“和天气，以臻其功”，而排除汉儒神学目的论、天人感应论的神圣帝王“承天统理”，“符瑞并臻”而成其功的神怪之论。

由上述可见，王符的元气本体论的宇宙观是明确的，元气自化论的运动观是可贵的，亦是确定无疑的。

然而，学术界有不同的看法，其缘起则是清代学者汪继培在《潜夫论笺·本训》篇中，将《潜夫论·德化》篇的177字，根据他自己的思想理解，而移至《本训》篇中，故引起争议、混乱。

据《四部丛刊》影印的宋写本原文为：

> 是故道德之用，莫大于气。道者之根也，气所变也，神气之所动也。当此之时，正气所加，非唯于人，百谷草木，禽兽鱼鳖，皆口养其气。

汪继培将《德化》篇的177字移入《本训》篇之后，则变为：

---

① 《潜夫论·本训》。

是故道德之用，莫大于气。道者，气(为汪所加之字)之根也。气(以下为汪氏所移字)者，道之使也。必有其根，其气乃生；必有其使，变化乃成。是故道之为物也。至神以妙；其为功也，至强以大。天之以动，地之以静，日之以光，月之以明，四时五行，鬼神人民，亿兆丑类，变异吉凶，何非气然？及其乖戾，天之尊也气裂之，地之大也气动之，山之重也气徙之，水之流也气绝之，日月神也气蚀之，星辰虚也气陨之，旦有昼晦，宵有，大风飞车拔树，偾电为冰，温泉成汤，麟龙鸾凤，蝥蠈蝝蝗，莫不气之所为也。以此观之，气运感动，亦诚大矣。变化之为，何物不能？

王符的原文是说，道德之用，莫大于气，气为“道者之根也”。由于“气”的神妙变化，而形成人和百谷、草木、禽兽、鱼鳖等万物。显然是说“气”为人和万物之本根、始基。汪继培改动、增益后，将王符的原意完全变了，即“道”为“气之根”，有了这个“道”之根，“其气乃生”，这显然是说“道”为“气”的本根、始基。“道”在中国古代唯物主义哲学中诠释为法则、规律，而道家则诠释为宇宙本体。“气”在中国古代哲学中诠释为物质。“道”为“气之根”，显然是唯心主义的观点；“元气”生万物，当然是唯物主义的观点。所以说汪继培的增益、移动之举，完全改变了王符哲学的唯物主义性质，使之变成了唯心主义，故引起了学术界的争议。我们作了这些引述，意在纠正汪氏之误，还王符哲学思想的本来面目。

在王符的哲学思想中，也使用“道”这个范畴。王符认为，“道”为“气”之道，“道”在“气”之中，不在“气”之先、之上，不是“气”的产生者、主宰者，而是“气”的运动变化作用、功能。这就是：

道之使也，必有其根，其气乃生；必有其使，变化乃成。是故道之为物也，至神以妙；其为功也，至强以大。①

① 《潜夫论·德化》。

道德之用，莫大于气。道者之根也，气所变也，神气之所动也。①

宇宙万物产生的本根是“气”，而“气”的自化作用则是“道”，“道使之也”。“气”的这种神妙莫测的变化，虽为“道使之”，但“必有其根”，“道者之根”当然是“气”了，“气所变也，神气之所动也”。所以说人和宇宙万物的产生、变化，“莫不气之所为也。”②这就是说，“气”、“元气”是人和万物的产生者和发展变化的所以然者。王符的元气本体论的宇宙观和“气”为“道之根”的气化论，是唯物主义的，而且是明确的、一贯的。

王符在这个宇宙观的基础上，建立了“人本中和”、“人道曰为”，人异于物的为学求知论。

王符认为，阳气成天，阴气成地，和气生人。天、地、人“三才异务，相待而成，各循其道”，而“天道曰施，地道曰化，人道曰为”。“为”是指人的主观能动作用，积极有为的有目的、有意识的行为、作为。“为者，盖所谓感通阴阳而致珍异也。”如此，则人“理其政以和天气，以臻其功”。“人道曰为”是说人能发挥自己的积极性，并在实际活动中获得知识，积累道德，提高能力，这是人所独具的能力。王符说：

有布衣积善不怠，必致颜、闵之贤，积恶不休，必致桀、跖之名。非独布衣也，人臣亦然，积正不倦，必生节义之志，积邪不止，必生暴弑之心。非独人臣也，国君亦然，政教积德，必致安泰之福，举错数失，必致危亡之祸。……孔子曰：“善不积不足以成名，恶不积不足以灭身。小人以小善谓无益而不为也，以小恶谓无伤而不去也，是以恶积而不可掩，罪大而不可解也。……由此言之，有希（布衣）人君，其行一也，

① 《潜夫论·本训》。

② 《潜夫论·德化》。

> 知己曰明，自胜曰强。①

知识、道德、能力，都由积习、积累而成，积与不积在于为与不为，不论人君，还是布衣，都是一样，没有超人的神知，只有认识这个道理，才是知者、智者、强者。“知己曰明，自胜曰强”，就是此义。

王符深知人非“生而知之”，而是“学而知之”的道理，所以人要获得知识，提升道德，成为强者，就必须学习，积极有为。就是说，人要实现“人道曰为”人生价值，而优异于物，就必须学习。因此，王符极为重视、强调学的问题。他的《潜夫论》第一篇就为《赞学》。他说：

> 天地之所贵者人也，圣人之所尚者义也，德义之所成智也，明智之所求者学问也。虽有至圣，不生而知，虽有至材，不生而能。故志曰：黄帝师风后，颛顼师老彭，帝喾师祝融，尧师务成，舜师纪后，禹师墨如，汤师伊尹，文、武师姜尚，周公师庶秀，孔子师老聃，若此言之而信，则人不可以不就师矣。夫此十一君者，皆上圣也，犹待学问，其智乃博，其德乃硕，而况于凡人乎？②

天地之性人为贵，人之所以为贵，在于人有知识、智慧，人之所以有知识、智慧，在于人能“学问”。因为人不是生而知之，是学而知之，不是生而能之，是学而能之。王符以中国历史上十一位“上圣”，都是拜师求知，从师获知，证明“上圣”都“学问”而知，更何况普通常人了。

王符指出，人通过学习，积累知识，可以使人聪明智慧，践行道德，这是一个积习的加工改造过程，它如同由物加工为篇一样。他说：

---

① 《潜夫论·慎微》。
② 《潜夫论·赞学》。

> 工欲善其事，必先利其器；士欲宣其义，必先读其书。《易》曰：“君子以多志前言往行以畜其德。”是以人之有学也，犹物之有治也。故夏后之璜，楚和之璧，虽有玉璞卞和之资，不琢不错，不离砾石。夫瑚簋之器，朝祭之服，其始也，乃山野之木，蚕茧之丝耳。使巧倕加绳墨而制之以斤斧，女工加五色而制之以机杼，则皆成宗庙之器，黼黻之章。……而况君子敦贞之质，察敏之才，摄之以良朋，教之以明师，文之以《礼》、《乐》，导之以《诗》、《书》，赞之以《周易》，明之以《春秋》，其不有济乎？
>
> 先圣之智，心达神明，性直道德，又造经典，以遗后人。试使贤人君子，释于学问，抱质而行，必弗具也；及使从师就学，按经而行，聪达之明，德义之理，亦庶矣。[①]

学习、求问，可以使人聪达明理，修德具义，成为贤人君子；圣贤君子，放弃学问，抱质而行，也不会有知识、德义，所以要学习、求问。而学习、求问，是一个实际的加工过程，没有这个过程，人不会变得聪明、智慧。

学问、求知，也是一个实实在在的实践过程，不可虚浮、虚伪，亦不可随声附和，随波逐流，更不可弄虚作假，装神弄鬼。王符说：

> 且闾阎凡品，何独识哉？苟望尘剽声而已矣。观其论也，非能本闺阃之行迹，察臧否之虚实也；直以面誉我者为智，谄谀己者为仁，处奸利者为行，窃禄位者为贤尔。岂复知孝悌之原，忠正之直，纲纪之化，本途之归哉？……谚曰：“一犬吠形，百犬吠声。”世之疾此固久矣哉？吾伤世之不察真伪之情也，故设虚义以喻其心。[②]

---

① 《潜夫论·赞学》。

② 《潜夫论·贤难》。

不求真知，不察真伪，弄虚作假，自欺欺人。这种恶劣的学风，不仅不能获得真正的知识，而且毒化社会风气，简直是衰世的征兆、表现。王符批评道："今学问之士，好语虚无之事，争著彫丽之文，以求见异于世，品人鲜识，从而高之，此伤道德之灾，而或蒙夫之大者也。……故衰暗之世，本末之人，未必贤不肖也。……此诚治之危渐，不可不察也。"①学问虚伪，知识掺假，既败坏学风，又贻误后生，更损害道德，实为"开乱危之原者也"。② 有见于此、有感于此，王符强调敦实学风，学习经典。他认为，先圣之智，心达神明，性直道德，其造经典，是为了教育后人，所以学习圣典可以使人心明眼亮，入贤近圣。王符说：

> 是故索物于夜室者，莫良于火；索道于当世者，莫良于典。典者，经也。先圣之所制，先圣得道之精者以行其身，欲贤人自勉以入于道。故圣人之制经以遗后贤也，譬犹巧倕之为规矩准绳以遗后工也。③

学问、求知，其要务在于学，学才可以明道，所以孔子说："吾尝终日不食，终夜不寝，以思，无益，不如学也。"④学就要学圣人之书，"夫道成于学而藏于书，学进于振而废于穷"。⑤ 圣人精心制造的经典，如同深夜之火光、明灯，照亮人们的心灵大道。学习了圣人之书，就可以明天地之道。"天地之道，神明之为，不可见也。学问圣典，心思道术，则皆来睹矣。此则道之材也，非心之明也，而人假之，则为己知矣。"⑥人在深夜中，幽黑无见，点燃盛烛，百

---

① 《潜夫论·务本》。
② 《潜夫论·务本》。
③ 《潜夫论·赞学》。
④ 《论语·卫灵公》。
⑤ 《潜夫论·赞学》。
⑥ 《潜夫论·赞学》。

物彰见。圣人之书，如火烛之耀，以目假之，万物皆明。如此，可知学习圣典对求知、明道的重要作用。

王符进一步分析道：就人的本性而言，差别不是很悬殊，其所以造成人的各种差别，关键是能否“善自托于物也”，这个“物”当然是经典了。他说：

> 是故君子者，性非绝世，善自托于物也。人之情性，未能相百，而其明智有相万也。此非其真性之材也，必有假以致之也。君子之性，未必尽照，及学也，聪明无蔽，心智无滞，前纪帝王，顾定百世。此则道之明也，而君子能假之以自彰尔。①

在王符看来，人们的先天本性材质，相差不是非常大。然而后天的才能、智慧、学识、道德，却相差甚远。其所以如此，关键在于学与不学。就君子而论，也不是先天绝世的超人，而是“善自托于物”、“能假之以自彰尔”，即借助经典以学习、求知，故能“聪明无蔽”，“心智无滞”，“德近于圣矣”。否则，不学不问，便是愚人了。因此，王符著《赞学》第一，强调学的重要意义。

第二节　民为国之本的政治论

王符继承和发展了先秦以来的民本思想，他生当衰世，目睹民之苦，深知民之重，故对民为国之本的政治论，作了精详的论述。

王符明确地认识到，国之所以为国在于有民，民为国之本，国之基的道理。他从各个方面阐发了“民者国之基”、“国以民为本”、“天以民为心”的民本论。

从这种思想认识出发，王符认为，明君贤臣，治国理政，必须“以民为本”，“以民为心”，遵天意，顺民心，这样国家方可昌盛。反之，国家必然危亡。任何人都不能为了求取个人的私利而不讲道

① 《潜夫论·赞学》。

义，不顾民生，尤其是天子更不能为一己之利而违天、逆民，而要以民为心，顺天应人。他说：“人皆智德，苦为利昏。行污求荣，戴盆望天。为仁不富，为富不仁。将修德行，必慎其原。”①任何人都不可为一己私利而不顾民众利益，却利令智昏，为富不仁，所以要“遏利”。这便是他写作《遏利》篇的宗旨、目的。所以王符说：

> 是故天子不能违天富无功，诸侯不能违帝厚私劝。非违帝也，非违天也。帝以天为制，天以民为心，民之所欲，天必从之。是故无功庸于民而求盈者，未尝不力颠也；有勋德于民而谦损者，未尝不光荣也。自古于今，上以天子，下至庶人，蔑有好利而不亡者，好义而不彰者也。②

王符所讲的天意，实为民心、民意，民心决定天意，“天以民为心，民之所欲，天必从之”，就是此义。天立君，是为了利民，为民除害，不是为了私君，役民而害民。“天之立君，非私此人也，以役民，盖以诛暴除害利黎元也。”③天以此为民立君，君要遵从天意，要重民心，合民意，这才是合天心，顺天意，如此便可以使天下太平。

王符此论，意在说明人君为政，要顺天应人，天以民为心，故为政在以民为本，顺乎民意，使国家安宁，万民和乐，这是人君治国为政的根本。王符说：

> 凡人君之治，莫大于和阴阳。阴阳者，以天为本。天心顺则阴阳和，天心逆则阴阳乖。天以民为心，民安乐则天心顺，民愁苦则天心逆。民以君为统，君政善则民和治，君政恶则民冤乱。君以恤民为本，臣忠良则君政善，臣奸枉则君政恶。……君臣法令之功，必效于民。故君臣法令善则民安乐，

---

① 《潜夫论·叙录》。

② 《潜夫论·遏利》。

③ 《潜夫论·班禄》。

民安乐则天心慰，天心慰则阴阳和，阴阳和则五谷丰，五谷丰而民眉寿，民眉寿则兴于义，兴于义而无奸行，无奸行则世平，而国家宁，社稷安，而君尊荣矣。是故天心、阴阳、君臣、民氓、善恶相辅至而代相征也。①

人君为政之本，治国之要，就在以民为本，以民为心，以民生为要务，以利民为功效，以善民为政要，不可违天心，违民心。其必须如此，就因为"民为国之本"，"国以民为基"。王符说：

夫民者国之基也，君者民之统也，臣者治之材也。②
国之所以为国者，以有民也。③
且夫国以民为基。④

就此而论，没有民，哪有国；没有民，哪有君。所以治国为政，必须以民为本、为基。否则，便失去了本根、基础，当然国也就不成其为国了。

基于这种思想认识，王符阐发了治国"以富民为本"的为政富民思想。他说：

凡为治之大体，莫善于抑末而务本，莫不善于离本而饰末。夫为国者以富民为本，以正学为[基]。民富乃可教，学正乃得义，民贫则背善，学淫则诈伪，入学则不乱，得义则忠孝。故明君之法，务此二者，以为成太平之基，致休征之祥。⑤

---

① 《潜夫论·本政》。
② 《潜夫论·本政》。
③ 《潜夫论·爱日》。
④ 《潜夫论·救边》。
⑤ 《潜夫论·务本》。

民为国本，本固邦宁，故治国必以富民为本，国治而民富，富而教，教而善，善而安。“富”与“教”是治国安民的根本大务。“帝王之所尊敬者天也，皇天之所爱育者人也。”①帝王之所以尊贵，在于有民，没有人民，何言帝王！所以帝王的本务、要务，是爱民、富民、养民，为万民着想、计虑、筹划。“王者以四海为一家，以兆民为通计。”②要关心民生民隐，爱惜民力，崇本抑末，不夺农时，发展农桑，使男耕女织，丰衣足食。王符说：

> 国之所以为国者，以有民也；民之所以为民者，以有谷也；谷之所以丰殖者，以有人功也；功之所以能建者，以日力也。治国之日舒以长，故其民闲暇而力有余；乱国之日促以短，故其民困务而力不足。③
>
> 夫富民者，以农桑为本，以游业为末；百工者，以致用为本，以巧饰为末；商贾者，以通货为本，以鬻奇为末；三者守本离末则民富，离本守末则民贫，贫则阨而忘善，富则乐而可教。④

国以民为本，民以谷为命，所以人君治国的根本要务是因天时，尽地利，用人力。只有使民务农桑，事本业，才是爱民、养民。“夫用天之道，分地之利，六畜生于时，百物聚于野，此富国之本也，游业末事，以收民利，此贫邦之原也。”⑤因此，必须务本而发展本业，禁止游业而巧取民利，否则国贫民穷。因为“一夫不耕，天下必受其饥者；一妇不织，天下必受其寒者”⑥，所以为政治国，必须以民为本；富民利民，必须以农桑为本。切不可使末业游手好闲

① 《后汉书·王符传》引《忠贵》。
② 《潜夫论·浮侈》。
③ 《潜夫论·爱日》。
④ 《潜夫论·务本》。
⑤ 《潜夫论·务本》。
⑥ 《潜夫论·浮侈》。

之人得利，浮侈不实之风盛行。王符对当时浮侈、虚假、不务本、不务实的世政、世风进行了中肯的批评：

> 今举世舍农桑，趋商贾，牛马车舆，填塞道路，游手为巧，充盈都邑，治本者少，浮食者众。商邑翼翼，四方是极。今察洛阳，浮末者什于农夫，虚伪游手者什于浮末。是则一夫耕，百人食之，一妇桑，百人衣之，以一奉百，孰能供之？天下百郡千县，市邑万数，类皆如此，本末何足相供？则民安得不饥寒？饥寒并至，则安能不为非？为非则奸宄，奸宄繁多，则吏安能无严酷？严酷数加，则下安能无愁怨？愁怨者多，则咎征并臻，下民无聊，而上天降灾，则国危矣。①

王符指出，由于当政的统治者不爱惜民力，不务正业，不务本业，故使人们舍农桑而求浮侈，弄虚作假，游手好闲之人，"什于农夫"，"什于浮末"，这样一人耕地，百人吃饭，一妇桑织，百人穿衣，结果是饥寒并至，奸宄从生，官吏严酷，百姓愁怨。王符的批判，真是切中时弊要害。

为了务本救弊，兴利除害，治国安民，王符提出了明君贤臣治国论。他说：

> 人君之称，莫大于明；人臣之誉，莫美于忠。此二德者，古来君臣所共愿也。……夫明据下起，忠依上成。二人同心，则利断金。②

要使国治民安，必须君明臣忠，君明臣忠，君臣同心，其利断金。人君明暗与否，关系到国家的治乱、兴衰、安危、存亡，所以人君要做明君，不可当暗君。因为"国之所以治者君明也，其所以乱者君暗也。君之所以明者兼听也，其所以暗者偏信也。是故人君通必

① 《潜夫论·浮侈》。

② 《潜夫论·明忠》。

兼听，则圣日广矣；庸说偏信，则愚日甚矣”。[1] 所以君必须明。治国不仅君必须明，而且臣必须忠，所以明君必须用忠臣，不可用奸臣。因为只有忠臣才能扶危定倾，所以要“进忠扶危”。[2] 只有如此，才能建立功业，获得成功。“是以明君……致其治而成其功。功业效于民，美誉传于世，然后君乃得称明，臣乃得称忠。此所谓明据下作，忠依上成，二人同心，其利断金也。”[3]这就是明君用忠臣所以为安、为治、为功的道理。

王符指出，作为忠臣，必须是贤者，亦只有忠直贤能之士与明君相知、相和，才能做到上下同心，共治国政，取得成功。王符说：

> 国以贤兴，以谄衰，君以忠安，以忌危。此古今之常论，而世所共知也。然衰国危君继踵不绝者，岂世无忠信正直之士哉？诚苦忠信正直之道不得行尔。
>
> 夫明君之诏也若声，忠臣之和也当如响应，长短大小，清浊疾徐，必相和也。
>
> 夫高论而相欺，不苦忠论而诚实。且攻玉以石，治金以盐，濯锦以鱼，浣布以灰。夫物固有以贱治贵，以丑治好者矣。智者弃其所短而采其所长，以致其功，明君用士亦犹是也。物有所宜，不废其材，况于人乎？……是故选贤贡士，必考核其情素，据实而言，其有小疵，勿强衣饰，以壮虚声。一能之士，各贡所长，出处语默，勿强所兼。……各以所宜，量材授任，则庶官无旷，兴功可成，太平可致。[4]

国以贤兴，君以忠安，明君治国安民，必用忠臣贤才，明君贤臣共同治国，和谐共济，上下同心，如同声响相应，形影相随。用贤不

① 《潜夫论·明暗》。
② 《潜夫论·明忠》。
③ 《潜夫论·明忠》。
④ 《潜夫论·实贡》。

可求全责备，而要用其所长，用其所宜，量材授任，方可成功。考核、观察一个人是否为贤才，不在高谈阔论，而在诚实有功。

据此，王符主张用贤在知贤，知贤在考功，有实功实绩者，为真正的贤者，真正的贤者方可选之、用之。做到名实相符，使“忠贤进”，则国可治，民可安，这才是“治国之道”。王符说：

> 凡南面之大务，莫急于知贤；知贤之近途，莫急于考功。功诚考则治乱暴而明，善恶信则直贤不得障蔽，而佞巧不得窜其奸矣。
>
> 古者诸侯贡士，一适谓之好德，再适谓之尚贤，三适谓之有功，则加之赏。其不贡士也，一则黜爵，再则黜地，三黜则爵土俱毕。……其受事而重选举，审名实而取赏罚也如此，故能别贤愚而获多士，成教化而安民氓。三代于世，皆致太平。①

依法选贤，“以选为本，选举实则忠贤进”②，以贤人治国，使奸佞失位，这便是善政。行善政则阴阳和，五谷丰，民安乐，国家宁，社稷安，君尊荣。三代之治，就是如此。为此，国君治政，必须尚贤、任贤，去奸除邪。反之，国家就会乱亡和危机。王符说：

> 何以知人之且病也？以其不嗜食也。何以知国之将乱也？以其不嗜贤也。……乱国之官，非无贤人也，其君弗之能任，故遂于亡也。……尊贤任能，信忠纳谏，所以为安也，而暗君恶之，以为不若奸佞阘茸谗谀之言者，此其将亡之征也。……是故养寿之士，先病服药，养世之君，先乱任贤，是以身常安而国永永也。③

---

① 《潜夫论·考绩》。

② 《潜夫论·本政》。

③ 《潜夫论·思贤》。

治国如治病，经常注意身体健康，预防疾病，才不会生病；经常注意国家的治乱，安不忘危，思贤用贤，才不会危亡。这正是老子所说：“夫唯病病，是以不病。”①《周易》所称：“其亡其亡，系于苞桑。”②如此国家才能长治久安。否则，听谗言，用奸佞，去贤能，“此其将亡之征也”。因此，“上医医国，其次下医医疾。夫人治国，固治身之象。疾者身之病，乱者国之病也。身之病待医而愈，国之乱待贤而治。……夫治世不得真贤，譬犹治疾不得真药也。”③治病不得真药则死，治国不得真贤则亡，所以明君治国，必须“思贤”、“求贤”、“尚贤”、“任贤”。

王符指出，古之圣王设立百官，旨在承天治地，治养万民，故有天子和百官之称，名实相符，官无废职，位无非人。《六韬·文韬·举贤》篇云：

> 文王问太公曰：“君务举贤而不获其功，世乱愈甚，以致危亡者，何也？”
>
> 太公曰：“举贤而不用，是有举贤之名而无举贤之实也。”
>
> 文王曰：“举贤奈何？”
>
> 太公曰：“将相分职，而各以官名举人，按名督实，选才考能，令实当其名，名当其实，则得举贤之道也。”

按照将相分职，百官任职的举贤之道，用人原则，做到贤者举之、用之，不肖者下之、去之，实当其名，名当其实，名实相符，举而用之，这才是真正实行了用贤之道。否则，举贤而不用，用而失其当，则“是有举贤之名而无用贤之实”，徒有举贤虚名，当然不能得举贤之道，亦不会获致其功的。王符继承了姜太公的“举贤”思想，主张“举贤”而“考绩”，“名理者必效于实，则官无废职，位无非人。夫守相令长，效在治民；州牧刺史，在宪聪明；九卿分职，

① 《老子》第七十章。

② 《周易·否九五》。

③ 《潜夫论·思贤》。

以佐三公；三公总统，典和阴阳：皆当考治以效实为王休者也”。[①] “知贤”而“用贤”，要“知贤”就必须以实绩“考功”，不“考功”则不能“知贤”而用“真贤”。为此，王符《潜夫论·考绩》篇专论此事。

王符此论，是有感而发，有的放矢之论。东汉末年，由于贵戚、宦官轮流专政，相互弄权，结党营私，而使贤者蔽而不用，从而造成了“贤难”的局面。王符说：

> 世之所以不治者，由贤难也。所谓贤难者，非直体聪明服德义之谓也。此则求贤之难得尔，非贤者之所难也。故所谓贤难者，乃将言乎循善则见妒，行贤则见嫉，而必遇患难者也。[②]

君主不明，贵戚当权，奸佞弄权，贤者受蔽，不得荐举，即使个别贤士得到荐举，进入朝廷，亦处境艰难，才非其用，故为“贤难”。

王符进一步指出，当世君主之昏庸，朋党比周之固位，各级官吏之贪鄙，结果造成官场贪腐，名实不相符，政治荒乱。王符揭露道：

> 今世主之于士也，目见贤则不敢用，耳闻贤则恨不及。……夫众小朋党而固位，谗妒群吠啮贤，为祸败也岂希？三代之以覆，列国之以灭。……呜呼！时君俗主不此察也。[③]

汉朝当时庸君，见贤而不敢用贤，却重用奸佞之人，使众小在位，谗妒贤能，朋党比周，为祸国家。三代就是这样灭亡的，汉代如此用人，亦离灭亡不远了。可悲的是“时君俗主不此察也”。王符继续分析道：当今各级官吏，不思立功，贪残专恣，不奉法令，侵冤小民，聚敛为奸，政务荒废，结果造成“尚书不以责三公，三公不

① 《潜夫论·考绩》。
② 《潜夫论·贤难》。
③ 《潜夫论·贤难》。

以让州郡，州郡不以讨县邑，是以凶恶狡猾易相冤也。……群僚举士者，或以顽鲁应茂才，以桀逆应至孝，以贪饕应廉吏，以狡猾应方正，以谀谄应直言，以轻薄应敦厚，以空虚应有道，以嚣暗应明经，以残酷应宽博，以怯弱应武猛，以愚顽应治剧，名实不相副，求贡不相称。富者乘其材力，贵者阻其势要，以钱多为贤，以刚强为上。凡在位所以多非其人，而官听所以数乱荒也”。① 王符的见解是独到的，预感是正确的，东汉王朝终于在庸君奸臣的操弄下，走向覆灭的坟地。

第三节　崇德重法的治民思想

王符从民为国之本的思想认识出发，认为治国要在治民，治民要以“德化”为主，并辅之以“法治”。因此，他阐明了崇德重法的治民思想。

王符作为儒家学者，当然推崇儒家的仁政德治思想，治国理民要崇尚道德，敦民化俗，以道德为本，施行仁政德治。王符名之曰“德化”。他说：

> 人君之治，莫大于道，莫盛于德，莫美于教，莫神于化。道者所以持之也，德者所以苞之也，教者所以知之也，化者所以致之也。民有性，有情，有化，有俗，情性者，心也，本也。化俗者，行也，末也。末生于本，行起于心。是以上君抚世，先其本而后其末，顺其心而理其行。心精苟正，则奸慝无所生，邪意无所载矣。②

人君治民，主要是推行道德教化，教化既施，邪恶不生，故要以道德教化为本。施行教化可以改变民心、民俗，民心为民之本，民俗为民之末，本末并举、兼治，则民心正，俗行敦，民得治，天下

① 《潜夫论·考绩》。
② 《潜夫论·德化》。

平。因为“民有心也，犹为种之有园也。遭和气则秀茂而成实，遇水旱则枯槁而生孽。民蒙善化，则人有士君子之心；被恶政，则人有怀奸乱之虑。故善者之养天民也，犹良工之为麴豉也”。[①] 所以人君治民要以德治，善政加于民，而使民心改变，民俗敦厚，民风淳朴。切不可使恶政强加于民。所以说：“夫化变民心也，犹政变民体也。德政加于民，则多涤畅姣好坚强考寿；恶政加于民，则多罢癃尪病夭昏札瘥。……君子修其乐易之德，上及飞鸟，下及渊鱼，无不欢忻悦豫。”[②]实行德政、善政，变化民心，使万民和德而生，合中和以成，人人都有“仁义之心，廉耻之志”，如此“崇美于前，而致刑措于后也”。[③] 崇尚道德，注重教化，治理民心，和乐万民，故为上圣之治也。所以王符说：

> 是故上圣不务治民事而务治民心，故曰：“听讼，吾犹人也。必也使无讼乎！”导之以德，齐之以礼，务厚其情而明则务义，民亲爱则无相害伤之意，动思义则无奸邪之心。夫若此者，非法律之所使也，非威刑之所强也，此乃教化之所致也。[④]

实行“德化”——以德教化万民，既可以化民心，又可以化民俗，这样“本”与“末”俱化，民无相害之心，又无相害之行，便可使天下太平了。“王者统世，观民设教，乃能变风易俗，以致太平。”[⑤]如此使民“无讼”、“无冤”，便可以不用法律、刑罚了。这才是上圣之治。

上圣之治，可以使君民相爱，君尊臣忠，人君进贤，人臣尽力，君臣相协，功效百姓，可成大功。这样的“忠贵”才为可贵。

---

① 《潜夫论·德化》。
② 《潜夫论·德化》。
③ 《潜夫论·德化》。
④ 《潜夫论·德化》。
⑤ 《潜夫论·浮侈》。

所以说:“夫位以德兴,德贵忠立,社稷所赖,安危是系。非夫谠直贞兆,仁慈惠和,事君如天,视民如子,则莫保爵位,而全令名。”①这便是《忠贵》篇的写作要旨。

王符指出,以德化民,还必须处理好各种人际关系,解决好各种社会矛盾。因为人与人之间有各种社会关系,所以要明白人的“交际之理”,以求合乎“人之情”。

在社会生活中,每个人都处于相应的社会地位,彼此形成各种各样的交往,而有种种不同的表现。“富贵则人争附之,此势之常趣也;贫贱则人争去之,此理之固然也。”②因为与富贵者相交,上有权位之用,下有货财之利;与贫贱者相交,大有钱贷之费,小有财物之损。“故富贵易得宜,贫贱难得适。”如此说来,人们争附富贵,争去贫贱,乃“势有常趣,理有固然”。③ 王符认识到,人与人的彼此相交际、相交往,说到底是一种“利”与“害”的相交。作为治国理民的人君,必须认识这个道理,解决人们交往中的矛盾,不为奸臣欺蔽,不使奸雄结党,不使民众遭祸,王符说:

> 夫交利相亲,交害相疏。是故长誓而废,必无用者也。交渐而亲,必有盖者也。俗人之相于也,有利生亲,积亲生爱,积爱生是,积是生贤,情苟贤之,则不自觉心之亲之,口之誉之也。无利生疏,积疏生憎,积憎生非,积非生恶,情苟恶之,则不自觉心之外之,口之毁之也。是故富贵虽新,其势日亲;贫贱虽旧,其势日疏,此处子所以不能与官人竞也。世主不察朋交(友)之所生,而苟信贵臣之言,此洁士所以独隐翳,而奸雄所以党飞扬也。④

人们之间的相互交往、交友,说到底是一种利害交际,明君贤主认

① 《潜夫论·叙录》。
② 《潜夫论·交际》。
③ 《潜夫论·交际》。
④ 《潜夫论·交际》。

识了这个道理，正确地解决了利害关系，化解了各种矛盾，便使民可治，国可安，天下平。所以说："交际之理，其情大矣。非独朋友为然，君臣、夫妇亦犹是也。当其欢也，父子不能间；及其乖也，怨仇不能先。是故圣人常慎微以敦其终。"①高明的治民者，要做到：富贵不必重，贫贱不必轻，更不可以富贵骄贫贱，使各种民众都"各安所为"，各施其能。

要想做到这些，王符提出要注意"四难"、"三惠"。"四难"为：恕、平、恭、守。"恕者仁之本也，平者义之本也，恭者礼之本也，守者信之本也。四者并立，四行乃具，四行具存，是谓真贤。四本不立，四行不成，四行无一，是谓小人。""恕"为：严于责己，宽以待人，仁者爱人，礼者敬人，"己欲立而立人，己欲达而达人"，不劳人，不扰民，常思民。"平"为平等待人，不媚世俗，不随波逐流，不谄上慢下，不讥贫贱，不忌富贵，不攀龙附凤，不结党营私，平均如一，无偏无颇。"恭"为：不论富贵贫贱，都以礼相待，其礼先人，其言后出，报答恩义，礼让贤人。"守"为：守住心思，情意专精，心思独睹，不惑众口，心坚金石，志轻四海，"故守其心而成其信"。此"四难"者，为人之难行也。"夫是四行者，其轻如毛，其重如山，君子以为易，小人以为难。"这就是"仁者""欲仁"而"仁斯至"的道理。所谓"三患"，则为："情实薄而辞称厚，念实忽而文想忧，怀不来而外克期。"②行"四难"，去"三患"，"近于仁"，则民可治，天下平矣。

要想做到这些，关键在于人君要加强自己的道德修养，先正己身，己身正而民自化，不令则行，人民自治。所以说："明王统治，莫大身化，道德为本，仁义为佐。思心顺政，责民务广，四海治焉，何有消长?"③这就是"德化"的宗旨，意义。

王符在崇尚、重视"德化"的同时，又注意、讲究"法治"。

在王符看来，"德化"不能使国家由"乱"之"治"，一些为乱，

① 《潜夫论·交际》。

② 《潜夫论·交际》。

③ 《潜夫论·叙录》。

作恶之人，不能以仁义道德、礼义规范来约束自己的行动，就要以法律、法令、刑法、赏罚来禁止他们的行动，这就是先王制法律、行赏罚的目的。他说：

> 先王因人情喜怒之所不能已者，则为之立礼制而崇德让；人所可已者，则为之设法禁而明赏罚。①
>
> 先王之制刑法也，非好伤人肌肤，断人寿命者也，乃以威奸惩恶除民害也。②

道德教化、礼义德让，当然重要，有其作用。然而，有的人不遵循礼义道德，而为非作歹，奸臣作乱，奸民行暴，尤其时至衰世、乱世，“德化”不起作用，则必须行“法治”。先王制定法律，施行赏罚，不是为了杀人，而是为了惩恶行，除民害也，所以治国理民，不能单靠“德化”，而要“德化”与“刑杀”并施。王符说：

> 议者必将以为刑杀当不用，而德化可独任。此非变通者之论也，非叔世者之言也。夫上圣不过尧、舜，而放四子，盛德不过文、武，而赫斯怒。……是故君子之有喜怒也，盖以止乱也。故有以诛止杀，以刑御残。③

独任德化，不足以治奸雄、化乱民，为了治世淑民，还必须用刑法，以杀止杀，以刑御残。王符认为：“法令赏罚者，诚治乱之枢机也，不可不严行也。”④法令赏刑是“治乱之枢机”，所以要严格执行法令。

因为执行法令，依法令治国行政，是自古以来就有之的，不以此治国则政令不行，民众不理。王符说：

---

① 《潜夫论·断讼》。
② 《潜夫论·救边》。
③ 《潜夫论·衰制》。
④ 《潜夫论·三式》。

且夫法也者，先王之政也；令也者，己之命也。先王之政所以与众共也，己之命所以独制人也，君诚能授法而时贷之，布令而必行之，则群臣百吏莫敢不悉心从己令矣。己令无违，则法禁必行矣。故政令必行，宪禁必从，而国不治者，未尝有也。此一弛一张，以今行古，以轻重尊卑之术也。①

法令赏罚是人君治国的枢机，驽驭臣民的衔辔，舍此则国不治，民不理，就会招致国乱、国亡。"行赏罚而齐万民者，治国也；君立法而下不行者，乱国也；臣作政而君不制者，亡国也。"②因为"法者"是"君之命也"，人君制法出令是为了治国御民，所以人君必须以法令治国而号令臣民，治理国家，做到令出必从，不可违抗，此为治国。反之，则为乱国，危国。王符说：

夫法令者，君之所以用其国也。君出令而不从，是与无君等。主令不从则臣令行，国危矣。

夫法令者，人君之衔辔箠策也，而民者，君之舆马也。若使人臣废君法禁而施己政令，则是夺君之辔策，而己独御之也。③

法令是人君治国的主要工具，驾驭群臣和人民主要靠这个工具。君主必须牢牢掌握这个重要工具。人民如同君主的车马，法令便是套在人民嘴上的笼头和打在他们身上的鞭子。君主不操纵这个驾驭车马的工具，而大权旁落让人臣掌握，国家就要危亡了。

由此可见，王符的法令所驾驭、统治、管制的对象，包括人臣和人民，即君主独掌法令大权，通过法令控制百官，百官执法而治国理民。如此，才可以使国治而不乱，民顺而不逆。王符说：

---

① 《潜夫论·衰制》。
② 《潜夫论·衰制》。
③ 《潜夫论·衰制》。

> 是故民之所以不乱者，上有吏；吏之所以无奸者，官有法；法之所以顺行者，国有君也；君之所以位尊者，身有义也。义者君之政也，法者君之命也。人君思正以出令，而贵贱贤愚莫得违也，则君位于上，而民氓治于下矣。人君出令而贵臣骄吏弗顺也，则君几于弑，而民几于乱矣。①

君主制定法令驾驭臣吏，臣吏执行法令治理人民，从而使君臣、君民、百官都各安其位，各守其序，顺而不乱，这才是治。否则，法令不行，君令不从，则会天下大乱。所以君主必须制法而奉法，出令而令行。“法禁所以为治也，不奉必乱。……法之奉与不奉，其秉皆在于君，非臣下之所能为也。”②“法以君为主，君信法则法顺行，君欺法则法委弃。君臣法令之功，必效于民。”③这是说，君主具有立法权、司法权、制法权，故不可违法、乱法、逆法，而要行法、奉法、顺法。这样才可以使臣执法，而民安乐。因为“国无常治，又无常乱，法令行则国治，法令弛则国乱；法无常行，亦无常弛，君敬法则法行，君慢法则法弛”④，所以说君主是实行以法治国的关键。王符以此告诫当时的君主应当严肃立法、司法、奉法、行法。

王符指出，君主立法令，意在诛邪恶而养正善，惩奸恶而除民害。为此，必须立公法、行公法，不可以行私法，以私术而乱法，尤其是不允许奸臣乱吏以法行私，侵法乱主，打击义士，离间君臣关系。王符说：

> 夫国君之所以致治者公也，公法行则轨(宄)乱绝。佞臣之所以便身者私也，私术用则公法夺。列士之所以建节者义

① 《潜夫论·衰制》。

② 《潜夫论·明忠》。

③ 《潜夫论·本政》。

④ 《潜夫论·救边》。

也，正节立则丑类代（伐）。此奸臣乱吏无法之徒，所为日夜杜塞贤君义士之间，咸使不相得者也。①

法之所以为法，在于公正、公平，“法者，平也”。法不公平，不为法也。《管子·任法》篇云：“法者，上之所以一民使下也。私者，下之所以侵法乱主也。”《韩非子·诡使》篇云：“夫立法令者，以废私也，法令行而私道废矣。私者，所以乱法也。……故《本言》曰：‘所以治者，法也；所以乱者，私也。法立，则莫得为私矣。’故曰：‘道私者乱，道法者治。’”王符的行公法之论，就是此义。意在说明国君致治，必须行公法，不使“奸臣乱吏无法之徒”以“私术”而“夺公法”，从而乱法行私以乱国害民。

立法、施法、行法，要因时因俗而宜，不可一成不变，意在适用有效，故要“轻重无常，各随时宜，要取足用劝善消恶而已”。②这正是《商君书·更法》篇所云：“各当时而立法，因事而制礼，礼法以时而定，制令各顺其宜。”因世度俗立法、行法，做到“劝善消恶”，此为圣君察民情而行法以成治也。

执法、行法，不可太严，亦不可太宽，要宽严适度，宽猛相济，视情而定。王符发挥孔子的相关思想，针对汉代当时违法废令的实际情况，主张严格执法，以除民怨，以申民冤。他说：

昔仲尼有言：“政宽则民慢，慢则纠之以猛；猛则民残，残则施之以宽。宽以济猛，猛以济宽，政是以和。”今者刺史、守相，率多怠慢，违背法律，废急诏令，专情务利，不恤公事。细民冤结，无所控告，下土边远，能诣阙者，万无数人，其得省治，不能百一。郡县负其如此也，故至敢延期，民日往上书。此皆太宽之所致也。③

① 《潜夫论·潜叹》。
② 《潜夫论·断讼》。
③ 《潜夫论·三式》。

有法不依，有令不从，官吏违法，诏令不行，背公谋私，侵渔百姓，聚敛为奸，民众有冤无处申告，这是法令失之太宽所致也。

刑罚的目的是惩奸恶，除民害以安国，惩罚的内容之一是赦免，赦免的前提是认罪改恶，赦免的诏令由天子或君主发布，故必须严肃、严格。只有大恶改化为善，才可以赦之；大恶不化而赦之，等于放纵奸贼。所以不可“骤赦”，“数赦”。王符指出：“君又骤赦以纵贼，民无耻而多盗窃。”①骤赦纵贼，数赦放奸，这种放纵恶人之举，给良民善人带来巨大的祸患。王符说：

> 今日贼良民之甚者，莫大于数赦。赦赎数，则恶人昌而善人伤矣。奚以明之哉？曰：孝悌之家，修身慎行，不犯上禁，从生至死，无铢两罪；数有赦赎，未尝蒙恩，常反为祸。②

“骤赦”、“数赦”，对大恶之奸人多次实行大赦，以至使他们用金钱赎罪免刑，这样会使恶人更加猖狂，而使善人大受其害。因为善人无铢两之罪，赦罪对他们丝毫无益。而恶人却逃脱惩罚，赦免之后，继续作恶，贼害良民。王符依据具体事实描述道：

> 轻薄恶子，不道凶民，思彼奸邪，起作奸贼，以财色杀人父母，戮人之子，灭人之门，取人之贿，及贪残不轨，凶恶弊吏，掠杀不辜，侵冤小民，皆望圣帝当为诛恶治冤，以解蓄怨。反一门赦之，令恶人高会而夸诧，老盗服臧而过门，孝子见仇而不得讨，亡主见物而不得取，痛莫甚焉。③

受害的百姓原本期望圣明帝王为他们惩恶报仇，申冤雪恨，而朝廷却屡屡大赦恶人，使他们继续作恶，杀人盗货，招摇过市，肆无忌惮，受害的良民善人，却毫无办法，冤不得申，仇不能报，恨不能

① 《潜夫论·班禄》。
② 《潜夫论·救边》。
③ 《潜夫论·救边》。

雪。这种奸不能除，恶不能化，实为“纵贼”、“劝奸耳”。

当时有人议论说：“久不赦则奸宄炽，而吏不制，故赦赎以解之。”针对此论，王符指斥：“此乃招乱之本原，不察祸福之所生者之言也。”因为“凡民之所以轻为盗贼，吏之所以易作奸匿者，以赦赎数而有侥望也。若使犯罪之人终身被命，得而必刑，则计奸之谋破，而虑恶之心绝矣”。① 如此“数赦”，不仅不能除奸惩恶，反而却纵贼劝奸，实为民之大害，所以王符称赞大司马吴汉临终前对光武帝刘秀的遗诫：“臣愚不智，不足以知治，慎无赦而已矣。”②王符的“述赦”而反对“骤赦”、“数赦”之论，是有感而发的中肯之论。

第四节　安疆固国的军事思想

王符以民本思想为基础，阐发了他的军事思想主张。他明确地认识到，用兵作战，不是为了“好武”而穷兵黩武，而是为了“安疆宇”、“固国土”、“救民祸”以讨伐侵略者、无道者的暴行。他说：

> 且夫国以民为基，贵以贱为本。是以圣王养民，爱之如子，忧之如家，危者安之，亡者存之，救其灾患，除其祸乱。是故鬼方之伐，非好武也，猃狁于攘，非贪土也，以振民育德，安疆宇也。古者，天子守在四夷，自彼氐、羌，莫不来享，普天思服，行苇赖德。况近我民蒙祸若此，可无救乎？③

王符的“救边”、“实边”、“安疆”的军事思想主张，正是以民为国之基、国之本的思想为基础的。他吸取了先秦以来儒家的民本思想、仁德思想，墨家的兼爱思想、非攻思想，兵家的仁智用兵，爱

① 《潜夫论·救边》。
② 《潜夫论·救边》。
③ 《潜夫论·救边》。

兵如子思想等，构建了自己的军事思想。

王符针对当时异族侵扰，西羌坐大，边疆不固，边民受祸，朝政荒乱，军力不振，士大夫唯图苟安，欲弃边委寇的现实，力排众议，力主实边、救边、安疆。因此，他反复议边，陈述救民于水火的道理、政策，痛斥当权者的无理、非策。

王符指出，由于当权的统治者不顾人民的死活、安危，只顾自己“端坐”京畿，和乐陶陶，忘却边民之祸、之灾，而不救边民之苦、之难，结果使敌人往来横行，深入境内劫掠，造成边民巨祸。对于这种不救边民于水火的苟安行径，王符揭露道：

> 今苟以己无惨怛冤痛，故端坐相仍，又不明修守御之备，陶陶闲澹，卧委天[职]。羌独往来，深入多杀，己乃陆陆，相将诣阙，谐辞礼射，退云(无)状，会坐朝堂，则无忧国哀民恳恻之诚，苟转相顾望，莫肯违止，日晏时移，议无所定，己且须后。后得小安，则恬然弃忘。旬时之闲，虏复为害，军书交驰，羽檄狎至，乃复怔忪如前。若此以来，出入九载，庶曰式臧，覆出为恶，佪佪溃溃，当何终极！《春秋》讥“郑弃其师”，况弃人乎？一人吁嗟，王道为亏，况百万之众，叫号哭泣，感天心乎？①

王符在这里具体地描述了羌虏之害，边民之苦和当政者之状。由于“羌虏”的大肆侵掠，造成了“边害震如雷霆，赫如日月，而谈者皆讳之”。可是当权的统治者却不管广大边民的生命安危，相互推诿，不想除掉边害，其原因就在他们无爱国之心，无忧民之意，所以就无伐敌之行，无救民之举，无应敌之策。事不关己，见死不救。王符批判说：“谚曰：‘痛不著身言忍之，钱不出家言与之。’假使公卿子弟有被羌祸，朝夕切急如边民者，则竞言当诛羌矣。”②真是打中了当权者的要害之处了。

① 《潜夫论·救边》。

② 《潜夫论·救边》。

王符极为痛恨那些不备边守御，不兴兵诛虏，而任敌侵掠，主张媾和的投降派。他在《潜夫论·救边》篇中讽刺道：

> 前羌始反，公卿师尹咸欲捐弃凉州，却保三辅，朝廷不听。后羌遂侵，而论者多恨不从惑议。余窃笑之，所谓媾亦悔，不媾亦有悔者尔，未始识变之理，地[不可]无边，无边亡国。是故失凉州，则三辅为边；三辅内入，则弘农为边；弘农内入，则洛阳为边。推此以相况，虽尽东海犹有边也。今不厉武以诛虏，选材以全境，而云边不可守，欲先自割，示偄寇敌，不亦惑乎？

当政的统治者不修边振武，为民伐敌除患，却去求和，一再退让，任敌侵扰，不断深入境内，这才是货真价实的惑者、愚者。

王符明确地指出，这种不修边振武，不御敌击羌的做法，其实就是不思民、不爱民。他以古圣王之政兼爱万民的事实，反讥苟安和议之非策，故在《救边》篇中开宗明义就说：

> 圣王之政，普覆兼爱，不私近密，不忽疏远。吉凶祸福，与民共之，哀乐之情，恕以及人，视民如赤子，救祸如引手烂。是以四海欢悦，俱相得用。

圣王爱民如赤子，吉凶祸福，安乐冷暖，与民共之，关心民生，解民痛苦，故使万民欢悦，安居乐业。王符深知边民之苦，故力主救边抗敌保民。因为边不救则国不保，这如同“唇亡齿寒，体伤心痛”一样。为了救边保民，安疆固国，就必须尽早制定合理的军事策略，明确打击敌人的主要战法。因为“危者易倾，疑者易化。今虏新擅边地，未敢自安，易震荡也”。如果时日既久，敌人“蓄积富贵，各怀安固之后，则难动矣”，所以“战守之策，不可不早定也”。① 只要战略策略正确，攻守战法合理，趁羌敌立足未稳之机，

① 《潜夫论·救边》。

适时攻守，就能取得胜利。

王符的“救边”之策，是与“实边”之策密切相联的。所谓“实边”，就是加强边防、边疆建设，发展生产，加强兵力，群策群力，保卫家邦。王符在《潜夫论·实边》篇中开宗明义就说：

> 夫制国者，必照察远近之情伪，预祸福之所从来，乃能尽群臣之筋力，而保兴其邦家。

找出战争祸乱的根源和表现，才能制定出正确的战守之策，做到攻则取，守则固。王符指出，当时西羌是战争祸乱的根源，表现为西羌的侵掠。西羌之所以屡屡入侵，为祸不断，实质是因汉朝君主之惑邪说，君臣之欲苟安，将帅不知兵，致使边疆虚而不实，欲弃而不救，羌敌乘虚而入，独往独来，烧杀劫掠。据此，他力主“实边”。他在《潜夫论·实边》篇中这样论述道：

> 百工制器，咸填其边，散之兼倍，岂有私哉？乃所以固其内尔。先圣制法，亦务实边，盖以安中国也。譬犹家人遇寇贼者，必使老小羸软居其中央，丁强武猛卫其外。内人奉其养，外人御其难，蛩蛩距虚，更相恃仰，乃俱安存。

王符在这里阐发了一个重要思想，即“实边”与“固内”的关系问题。他认为，只有加强边防、边疆建设，才能巩固内地的安全，即只有“实边”，方可“固内”。他以制器修其边，遇寇护老幼为喻，来说明固国要实边的道理。王符的这些思想，既深刻，又辩证，实在是智者之论。

王符的“实边”思想，既是以民本思想为基础的，又是针对当时执政者的非策有感而发，是有的放矢的确论。由于羌敌骚扰，为害国家，殃祸百姓，而“今公卿内不伤士民灭没之痛，外不虑久兵之祸，各怀一切，所脱避前，苟云不当动兵，而不复知引帝王之纲维，原祸变之所终也”。“今公卿苟以己不被伤，故竞割国家之地以与敌，杀主上之民以喂羌。”①“而将帅皆怯劣软弱，不敢讨击，但坐调文书，以欺朝廷。实杀民百则言一，杀虏一则言百；或虏实多而谓之少，或实少而谓之多。倾侧巧文，要取便身利己，而非独忧国之大计，哀民之死亡也。”“太守令长，畏恶军事，皆以素非此土之人，痛不著身，祸不及我家，故争郡县以内迁。”②文臣武将，各级官吏，不思治国，不务除患，不关心边民之苦、之患，只为自己的私利着想，欺上瞒下、欺骗朝廷，假报军情，不顾国家安危，不管边民死活，任凭羌敌为殃祸。结果造成羌敌坐大，为祸日甚。为了消除当时的弊政、鄙风，为民兴利除害，解除边民之祸，王符主张开荒固土，充实边境，固结民心，加强战备，抵抗虏寇。他指斥当时边策之弊是：

> 夫土地者，民之本也，诚不可久荒以开敌心。且扁鹊之治病也，审闭结而通郁滞，虚者补之，实者泻之，故病愈而名显。伊尹之佐汤也，设轻重而通有无，损积余以补不足，故殷治而君尊。贾谊痛于偏枯躄痱之疾。今边郡千里，地各有两县，户财置数百，而太守周回万里，空无人民，美田弃而莫垦发；中州内郡，规地拓境，不能半边，而口户百万，田亩一全，人众地荒，无所容足，此亦偏枯躄痱之类也。③

为了解救当时边民之祸、之苦，就要找出病根、病因，制定适宜的救边之策，这就是以“实边”而防御羌患。充实边防、边备，是“安中国之要术也”。所以王符把治边与富民、救边与治政，实边与用兵，紧密地结合起来，这个军事思想主张是合理的。

为了备边、国疆，用兵对敌，王符对战争的起源、用兵的目的等一系列军事问题作了探讨、论证。

王符指出，初民时期，民风古朴，没有争夺，没有战争，圣人

① 《潜夫论·边议》。
② 《潜夫论·实边》。
③ 《潜夫论·实边》。

行无为之治，而民则自化。后来，由于生产力发展，有了剩余财产，贫富之分，上下之别，人们便有了私欲、邪心，于是发生了争夺、侵掠，而产生了战争。圣人为了以威止杀，制定了礼法，设立了兵备。于此说来，战争由来已久，并经历了长期的演变过程。他说：

> 太古之民，淳厚敦朴，上圣抚之，恬澹无为，体道履德，简刑薄威，不杀不诛，而民自化，此德之上也。德稍弊薄，邪心孳生，次圣继之，观民设教，作为诛赏，以威劝之，既作五兵，又为之宪，以正厉之。《诗》云："修尔舆马，弓矢戈兵，用戒作则，用逖蛮方。"故曰：兵之设也久矣。涉历五代，以迄于今，国未尝不以德昌而以兵强也。①

太古时代，人类社会没有阶级、上下、争夺，民风古朴，恬淡无为，践履道德，没有刑威，没有兵戈，人民自化。由于历史发展，社会前进，道德弊薄，而发生了争夺、杀戮，圣王为了诛暴禁乱，除害利民，而设立兵备，制造兵器，消灭祸乱。这是说，战争由来已久，设兵由来已久，兴兵意在诛暴禁乱。没有兵备不行，专事武力也不行，故要"以德昌而以兵强也"。这才是为国者之大务也。

既然战争由来已久，设兵由来已久，自古以来就有战争，有战争就有兵，所以不能偃兵、息兵、去兵，而要有兵、备兵、强兵。王符说：

> 《易》制御寇，《诗》美薄伐，自古有战，非乃今也。《传》曰："天生五材，民并用之，废一不可，谁能去兵？兵所以威不轨而昭文德也，圣人所以兴，乱人所以废。"……《书》曰："天子作民父母。"父母之于子也，岂可坐观其为寇贼之所屠剥，立视其为狗豕之所啖食乎？②

① 《潜夫论·劝将》。

② 《潜夫论·边议》。

战争关系到人民的生死，国家的存亡，用兵旨在诛暴乱，昭文德，保国家，安万民，所以兵不可废，亦不能废，而要树兵，强威。尤其是汉朝面对羌敌大患，不可坐观其为寇贼而屠剥，立视万民为狗豕而噉食，所以要兴兵、强兵。如此才能固国保民。王符认为，要想兴兵、强兵，就要从实际出发，修己备兵，恃己兵之强而使敌不敢侵犯，不侥幸求敌之不来侵犯。因此，要实己备兵，以实力，求必胜。他说：

> 明于祸福之实者，不可以虚论惑也；察于治乱之情者，不可以华饰移也。是故不疑之事，圣人不谋；浮游之说，圣人不听。何者？计不背见实而更争言也。是以明君先尽人情，不独委夫良将，修己之备，无恃于人，故能攻必胜敌，而守必自全也。①

战争是敌我双方的实力较量，只有修己备战，增强实力，以实击虚，方能攻必取，守必固。如果不能充实自己的实际作战能力，而惑于虚说，崇尚华饰，轻信游说，必然上当受骗，而不能自保。因此，王符极为重视实备、实强的问题，反对浮华虚说误国害民。

王符指出，实备、实强是为了保卫国家，防御外患，打败羌虏，不是为了穷兵黩武，扩充领土，侵略别国。兴兵作战，意在除暴击乱，除弊兴利，固国安民。他说：

> 除其仁恩，且以计利言之。国以民为基，贵以贱为本。愿察开辟以来，民危而国安者谁也？下贫而上富者谁也？故曰：“夫君国将民之以，民实瘠，而君安得肥？”夫以小民受天永命，窃愿圣主深惟国基之伤病，远虑祸福之所生。……今边陲骚扰，日放族祸，百姓昼夜望朝廷救己，而公卿以为费烦不可。……今但知爱见薄之钱谷，而不知未见之待民先也；知徭

① 《潜夫论·边议》。

役之难动，而不知中国之待边宁也。[①]

羌敌屡次侵掠给西北广大边民造成祸患，制造生业被毁，财货亡失，生灵被戮的惨状，而当政者却熟视无睹，安坐虚论，徒守仓蓄，不肯救边。因此，王符力主兴兵，讨伐羌虏，为民除害。

在王符看来，这种以有道之兵，讨伐不义之贼，就是贤人君子的仁义之举，正义之行。“贤人君子，推其仁义之心……爱居世之民犹子弟也。……是故贤人君子，既忧民，亦为身作。夫盖满于上，沾溥在下，栋折榱崩，惧有厥患。故大屋移倾，则下之人不待告令，各争其柱之。仁者兼护人家者，且自为也。……仁惠之恩，忠爱之情，固能已乎？”[②]安疆域，固国土，伐不道，除祸乱，除民害，兴民利。这种举义兵讨逆贼的战争，是为民，亦为己的行动，是贤人君子爱国爱民的正义行动。因为仁者爱人，义者聚人，智者知人，勇者救人，所以才有救民于水火的战斗精神。

王符进一步指出，西羌之祸，与东汉相始终，而在安、顺之时，更为巨祸。其所以如此，就在于士无死敌之勇，将无会变之奇，故不能神智用兵，审时度势，乘机击敌，乘势取胜。有见于此，王符对选兵择将，变势出奇，克敌制胜的问题，极为关注，并作了具体的论证。内中不乏精辟之见。

王符在对敌我双方军力、军备等作了分析比较之后，指出东汉王朝虽然兵械盈库，将帅喜论“孙、吴之言”，“然诸将用之，进战则兵败，退守则城亡”，究其原因则是“彼此之情，不闻乎主上，胜负之数，不明乎将心，士卒进无利而自退无畏，此所以然也”。[③]就是说，要克敌制胜，就要熟知胜负之数，深明敌我之势，君主有道，了解将心，奖励有功，责罚有过，赏罚严明；将帅有智，明于战势，指挥适当，因势胜敌；士卒勇敢，赴死不畏，勇往直前，拼命杀敌，具备这些条件，便能战无不胜。

---

① 《潜夫论·边议》。

② 《潜夫论·释难》。

③ 《潜夫论·劝将》。

王符在分析东汉军队当时战况后，明确指出：

> 军起以来，暴师五年，典兵之吏，将以千数，大小之战，岁十百合，而希有功。历察其败，无他故焉，皆将不明于变势，而士不劝于死敌也。其士之不能死也，乃其将不能效也，言赏则不与，言罚则不行，士进有独死之祸，退蒙众生之福。此其所以临阵亡战，而竟思奔北者也。①

王符深知，战争中敌我态势是千变万化、瞬息万变的，要想克敌制胜，就必须明察敌我双方的动态变化。只有“明于变势”，才能陷敌于死地。东汉军队之所以在与羌敌的战争中屡战屡败，而很少胜敌立功，“无他故焉，皆将不明于变势，而士不劝于死敌也”。将帅不深明战争多变的战势，士卒不肯冒死而英勇杀敌。针对这种情况，王符继承古代兵家的重势、任势思想，主张用兵明势、任势、因势而胜。他不仅强调“势”在战争中的重要作用，而且提出了“明于变势”的思想，肯定了军无常势，择人而任势，因势而求胜的克敌制胜之道。

王符在说明战争形势的多变性，将帅要“明于变势”的同时，极为重视将帅在战争中的主导作用。他在《潜夫论·劝将》篇中，对将帅的问题作了全面的论证、规定。因为他深知“千军易得，一将难求”的道理。

关于将帅的重要性，王符说：

> 孙子曰：“将者，民之司命，而国家安危之主也。”是故诸有寇之郡，太守令长不可以不晓兵。今观诸将，既无断敌合变之奇，复无明赏必罚之信，然其士民又甚贫困，器械不简习，将恩不素结，卒然有急，则吏以暴发虐其士，士以所拙遇敌巧。此为将吏驱怨以御仇，士卒缚手以待寇也。②

① 《潜夫论·劝将》。

② 《潜夫论·劝将》。

将帅是国君之辅弼，人民之司命，主宰着国家的安危。担当如此重任的将帅，一定要熟知战略战术，运用奇正相生、变化无穷的战法，做到料敌合变，出奇制胜。

王符认为，只有能“料敌合变之奇”的将帅，才能出奇无穷，应敌无穷，以奇取胜。这正是对《孙子·势篇》的“凡战者，以正合，以奇胜。……奇正相生，如环之无端，孰能穷之哉”等思想的引申。在王符看来，战争是非常之事，将帅是非常之人，只有用非常之人，行非常之事，方可建立非常之功。他说：

> 夫世有非常之人，然后定非常之事，必道非常之失，然后见[非常之功]。是故选诸有兵之长吏，宜踔跞豪厚，越取幽奇，材明权变，任将帅者。不可苟惟基序，或阿亲戚，使典兵官。此所谓以其国与敌者也。①

由于将帅在战争中起着决定、主导作用，掌握人之生死，国之存亡的大权，所以要选择才德非常之人担任将帅，指挥军队，与敌人决战，这样才能在战争这个非常之事中，建立非常之功。如果选择平庸听话的人或亲戚兄弟为将帅，就等于把国家送给敌人。因此，王符力主选贤任智，反对“阿亲戚”，使庸才。他发挥了孙武的将帅素质论，而对将帅的品质、条件作了明确的规定。他说：

> 孙子曰：“将者，智也，仁也，敬也，信也，勇也，严也。”是故智以折敌，仁以附众，敬以招贤，信以必赏，勇以益气，严以一令。故折敌则能合变，众附爱则思力战，贤智集则英谋得，赏罚必则士尽力，勇气益则兵势自倍，威令一则惟将所使。必有此六者，乃可折冲擒敌，辅主安民。②

---

① 《潜夫论·劝将》。

② 《潜夫论·劝将》。

王符在这里引申了《孙子·计篇》的“将者，智、信、仁、勇、严也”的思想，又加上了“敬”，并作了具体的规定，说明将帅应当具备这些品质、条件。只有具备这些品质、条件的将帅，才能统兵御敌，攻取战胜，辅主安民，所以必须坚持条件，严格、认真地选择将帅。

王符进一步指出，将不能统兵，兵不能战斗，则如同无兵，这种无兵之兵，是为将之过也，所以说：

> 夫将不能劝其士，士不能用其兵，此二者与无兵等。无士无兵，而欲合战，其败负也，理数也然。故曰：其败者，非天之所灾，将之过也。①

无智无能的将帅，不能治军，不知合变，不会用奇，用这种将帅统兵作战，必然失败。这是人事所致，将帅之过，不是天之灾。王符把唯物论与战争观结合起来，这是十分可贵的思想。

王符认为，既然按标准、条件，严格、认真地选任了将帅，令他们统兵与敌人作战，就要充分信任，授予全权，实行孙武的“将在军，君命有所不受”的原则，使他们充分地发挥自己的才能、智略，战胜敌人。所以说：“夫国不可从外治，兵不可从中御。”②如果任命了将帅而不信任，不授予全权，而限制将帅的指挥权，干预军中之事，使将帅不能发挥才能、智略，同样会打败仗的。

王符指出，治军劝士，要使士卒勇猛杀敌，还要靠威令、赏罚，即要纪律严明，赏罚分明。士兵冒死杀敌不得赏，退却蒙生而不得罚，这样的军队只能是失败的。

王符还从人的本质属性来阐发这种思想主张的理论根据。因为人的本性是趋利避害的，所以重赏之下必有勇夫。他说：

> 先登陷阵，赴死严敌，民之祸也。然节士乐之者，以明君

① 《潜夫论·劝将》。

② 《潜夫论·劝将》。

> 可为效死也。凡人所以肯赴死亡而不辞者，非为趋利，则因以避害也。无贤鄙愚智皆然，顾其所利害有异尔。不利显名，则利厚赏也；不避耻辱，则避祸乱也。非此四者，虽圣王不能以要其臣，慈父不能以必其子。明主深知之，故崇利显害以与下市，使亲疏贵贱贤鄙愚智，皆必顺我令乃得其欲，是以一旦军鼓雷震，旌旗并发，士皆奋激，竞死于敌者，岂其情厌久生，而乐害死哉？乃义士且以徼其名，贪夫且以求其赏尔。①

人的本性是趋利避害，显名避耻的，依据人的本性，赏其功，罚其过，便会使其为求名、贪赏、邀功而舍生忘死，奋勇杀敌，所以要明赏罪而赏信罚必，令行禁止。只有这样，军队才会有战斗力。王符的这些思想主张是针对东汉军队的实际情况而提出来的，因而不乏合理之处。

① 《潜夫论·劝将》。

第十七章 汉末的社会批判思想

东汉末期，大地主、大商人的势力膨胀，外戚、宦官轮流专政、弄权，政治黑暗、腐败，各种矛盾日趋尖锐、激化。

与此同时，一些有良知的士大夫和进步的思想家，对腐朽黑暗的政治和奢侈浮华的风气十分不满，并展开了思想批判，形成了社会批判思潮，亦提出了一些进步的改良思想主张，以求摆脱黑暗势力的枷锁。其中以崔寔、荀悦、仲长统等为思想代表者。

第一节 崔寔的社会批判思想

崔寔，字子真，一名台，字元始，涿郡平安(今河北涿县)人。生年不详，约公元170年病卒。

据《后汉书·崔寔传》载：崔寔"少沉静，好典籍"。桓帝初，诏公卿郡国举至孝独行之士，崔寔"以郡举，征诣公车，病不对策，除为郎。明于政体，吏才有余，论当世便事数十条，名曰《政论》指切时要，言辩而确，当世称之"。仲长统对《政论》的评论是："凡为人主，宜写一通，置之坐侧。"是见，《政论》一书有多么重要的思想价值。

崔寔在《政论》中，不仅指斥时政之弊，而且提出解决的办法。他为官执政，亲民爱民。教民耕织，反对贪腐，为民除害。他"为五原太守。五原土宜麻枲，而俗不知织绩，民冬月无衣，积细草而卧其中，见吏则衣草而出。寔至官，斥卖储峙，为作纺绩、织纴、练缊之具以教之，民得以免寒苦。是时胡虏连入云中、朔方，杀略吏民，一岁至九奔命。寔整厉士马，严烽候，虏不敢犯，常为边最。"他痛恨贪官污吏的恶行，而自己力行清官道德，做一名清官。

这是崔氏的家风熏陶所致。

崔寔的父亲崔瑗，为官清正而有政绩。崔瑗为汲县令，“在事数言便宜，为人开稻田数百顷。视事七年，百姓歌”。“居常蔬食菜羹而已。家无担石储，当世清之。”崔瑗临终前对儿子崔寔的遗嘱是：“夫人禀天地之气以生，及其终也，归精于天，还骨于地。何地不可藏形骸，勿归乡里。其赗赠之物，羊豕之奠，一不得受。”寔奉遗命，遂留葬洛阳。崔寔葬父之后，家中“资产竭尽，因穷困，以酤酿贩鬻为业，时人多以[此]讥之，寔终不改。亦取足而已，不致盈余。及仕官，历位边郡，而愈贫薄。建宁中病卒。家徒四壁立，无以殡敛”。《后汉书》作者范晔对崔氏这样评论道：

> 崔氏世有美才，兼以沉沦典籍，遂为儒家文林。骃、瑗虽先尽心于贵戚，而能终之以居正，则其归旨异夫进趣者乎！……寔之《政论》，言当世理乱，虽晁错之徒不能过也。①

崔寔《政论》，全书已佚。《隋书·经籍志·政论》五卷，宋以后不见著录，现有《后汉书》所存片断及《群书治要》辑本一卷。据此对崔寔的思想作分析评述。

崔寔生当东汉衰世，朝政混乱，上下懈怠，风俗凋敝，人心涣散，而当政者却不思中兴之策，对这种弊端，崔寔有清醒的认识，并作了深刻的分析，进而提出了救世之术。他说：

> 自汉兴以来，三百五十余岁矣。政令垢玩，上下怠懈，风俗凋敝，人庶巧伪，百姓嚣然，咸复思中兴之救矣。且济时拯世之术，岂必体尧蹈舜然后乃理哉？期于补绽决坏，枝柱邪倾，随形裁割，取时君所能行，要措斯世于安宁之域而已。故圣人执权，遭时定制，步骤之差，各有云施，不强人以不能，背所急而慕所闻也。昔孝武皇帝策书曰：“三代不同法，所由殊路而建德一也。”盖孔子对叶公以来远，哀公以临民，景公

① 以上引文均见《后汉书·崔骃传》。

以节礼，非其不同，所争异务也。……然疾俗人拘文牵古，不达权制，奇玮所闻，简忽所见，策不见珍，计不见信。夫人既不知善之为善者，又将不知不善之为不善，乌足与论国家之大事哉！

崔寔指出，汉朝建国三百五十多年了，政令已经不起作用，上下完全松懈，风俗十分败坏，人民极为奸巧，百姓骚动不安，期望找到救世的良策。救世济时的方法，不一定是蹈袭尧、舜的遗策才算最理想的。只要能把破的补好，邪的扶正，依据实际情况加以调整，照着当时的君主做得到的去做，使社会达到安定的局面，也就是很好了。所以圣人能够权衡轻重，按照时势来订立制度，步骤的不同，是因形势的差别，绝不强迫人们去做那些做不到的事情。所以不能放弃当世最迫切最重要的事务，去模仿做那些古代所传闻的。因为时代不同，形势各异，各种政治制度，法律法令，社会礼节，都要因时制宜，适时调节，合乎实际，方可成功。俗人受旧章和古制的约束，不懂得因时制宜的道理，把听到的传闻旧说视为宝贝，忽略亲眼看到的现实情况，不肯采纳好的政策，不肯取信好的计谋。人若是不知好的是好的，也就不知道坏的是坏的，怎么能够与这种人讨论决策国家的大事呢！

崔寔在分析朝廷“政令垢玩，上下怠懈”，用非其人，好坏不分，奸贤不辨，官吏污浊，朝政昏乱，官逼民反的形势的同时，明确地指出：

方今承百王之敝，值厄运之会。自数世以来，政多恩贷，驭委其辔，马骀其衔，四牡横奔，皇路险倾。

东汉王朝，已是最为衰败的末世，积弊丛生，天灾频仍，人祸横行，朝纲毁坏，法制废弛，如同驾车的人失去了马的缰绳，而马又挣脱了嘴里的嚼子，四匹牡马拉着车子横奔乱跑，无人能阻挡、驾御。

崔寔针对东汉王朝末世的积弊，失政的具体形势、情况，在进行严厉批判的同时，提出了救弊、扶危之政策。

崔寔认为，东汉末世的危机，在于失政、失策，而失政、失策的主要表现是不任贤能，不安民众，故使朝政松弛，纪纲破坏，民怨甚多，上下不安。为此，他提出了治国之策、中兴之要是任贤、安民两大要务。

崔寔说：

> 自尧、舜之帝，汤、武之王，皆赖明哲之士，博物之臣；故皋陶陈《谟》而唐、虞以兴，伊、箕作《训》而殷、周用隆。及继体之君，欲立中兴之功者，曷尝不赖贤哲之谋乎！

圣明帝王、开国之君，为了建立政治制度，法律规章，思想意识，道德秩序，都需要依靠明哲之士出谋划策，献智献力，故能建立功业，留名史册。继体之君、中兴之主，要想使国家政治稳定，上下协调，人民安乐，中兴复国，就更需要依赖“贤哲之谋”了。特别是东汉王朝已步入末世、衰世，积弊丛生，积重难返，无贤哲之谋根本无法解救国家积弊，化解各种矛盾，所以更要“赖贤哲之谋乎！”崔寔此论，有感而发。

崔寔认识到：每个朝代开国之君，都有一定的作为，国家经过一段繁荣稳定之后，就逐渐产生弊端而不安。如果当政者没有清醒的认识，而及时改革更张，而“率由旧章”，使弊病发展，最终则会使朝代灭亡，陷入可悲的结局。所以崔寔说：

> 凡天下之所不治者，常由世主承平日久，俗渐弊而不寤，政寖衰而不改，习乱安危，逸不自睹；或荒耽嗜欲，不恤万机；或耳蔽箴诲，厌伪忽真；或犹豫歧路，莫适所从；或见信之佐，括囊守禄；或疏远之臣，言以贱废。是以王纲纵弛于上，智下郁伊于下，悲夫！

用现代的话说，天下之所以会不太平，就是因为太平久了，风俗逐渐败坏了，却不觉悟，政治逐渐腐朽了，却不改革，习惯了混乱的状态，看不到危险的局势，只知贪图安逸，却什么都不知道；或者只顾满足自己的物欲，却不理朝政；或不听取良好的劝谏，却喜欢说谎话的人，厌恶说真话的人；或站在歧路口上犹豫不决，不知往哪里走；或宠信的大臣什么都不说，都不做，只顾保住自己的官位；或疏远的小臣，说的话不当回事。所以造成上面朝纲废弛，下面贤才困穷，真是可悲啊！

究其原因，是那些守业继体的君主，继承了上代衰败的统绪，好像坐在一辆破烂不堪的车上，应该找能工巧匠来修理一下，把断裂的接好，把松缓的楔紧，该补的补，该换的换，这样才可以变旧为新，“新新不已，用之无穷”。如果不加修理，继续乘坐这个破车，还当做好车来用，终有一天会拉断分裂，土崩瓦解，无法收拾。崔寔指出，这种能工巧匠，就像殷朝武丁找到的傅说，周宣王找到的申甫一样，他们才是真正的“巧工”，只有这样的“巧工”，才能修理“弊车”——治理好国家。

由此出发，崔寔引申到当今的东汉王朝。他认为，当时的东汉王朝，就是一辆“弊车”，急需傅说、申甫这样的“巧工”来修理，而当权的统治者却没有认识到颓势、危局。“夫风俗者国之脉诊也，年谷如其肥肤。肥肤虽和而脉诊不和，诚未足为休。《书》曰：‘虽休勿休。’况不休而可休乎！”本来脉搏与肌肉已失去了正常，已不是健康的身体。即使是好了也不要认为已全好，更何况把不好的竟然认为是很好的呢！这显然是对当政统治者的警告，东汉王朝应当认识当时的社会积弊，国家的政治危机，而尽快用贤才而革新，修理朝政。

崔寔指出，历来一般的君主都标榜选贤、任贤，莫不愿意得到像孔子、孟子那样的人来辅佐自己，可是当他们得到了贤才，却未必重视、重用。孔子、孟子的才能、长处，当时列国的君主并不是不知道，但是他们仍旧被人轻视，不受任用，以致到处困厄流浪，心力憔悴，受人讥笑，被人诬陷。为什么会这样呢？崔寔明确道出其中的原因：

夫淳淑之士，固不曲道以媚时，不诡行以邀名，耻乡原之誉，绝比周之党，必待题其面曰“鲁仲尼”、“邹孟轲”，不可得也。而世主凡君，明不能别异量之士，而适足受谮润之愬，前君既失之于古，后君又蹈之于今，是以命世之士，常抑于当时而见思于后人。以往揆来，亦何容易！向使贤不肖相去，如泰山之与蚁垤，策谋得失相觉，如日月之与萤火，虽顽嚣之人犹能察焉。常患贤佞难别，是非倒纷，始相去如毫厘，而祸福差以千里，故圣君明主其犹慎之。

因为淳美完善的贤人，决不肯走邪门歪道去献媚取宠，用奇怪恶劣的行径来骗取名声，也不愿做一个无原则的伪君子，勾结朋党骗取称誉，要他们脸上写出“鲁国孔丘”、“邹国孟轲”的字样，是万万不可能的。那些平凡的君主，根本没有辨别贤才的见识，只听信奸人的诬陷诽谤。过去的君主已经走错了的路，后来的君主沿着老路继续走，所以高人的贤才，在当时总是受到压抑，直到死后才被人思念。以过去推测将来，要想改变是不容易的。如果贤人与奸人的区别如同泰山与土堆那样显著，策谋的正确与错误如同日月与萤火那样清楚，就是极愚蠢的人也能分辨明白。然而，贤人与奸人确实很难辨别，而且是常常颠倒纷乱，初看好像只差毫厘，实施之后所产生的祸福却相差千里，所以圣明君主对此应当小心谨慎方可。崔寔这些忠告、警告，对于“承百王之敝”的东汉王朝，已经是无济于事了。“夫以文帝之明，贾生之贤，绛、灌之忠，而有此患，况其余哉!”东汉王朝，已经不可救药，只有灭亡之路一条了。

崔寔认为，东汉之弊，既在不用贤，又在不爱民。正因为不用贤才治国，才使朝政昏乱，官吏腐朽，民事荒芜，民怨极大，仇满天下，从而造成国不为国，君不爱民的乱局。

崔寔深刻地认识到，国之所以为国，在于有民，故提出“国以民为基”的论断。针对当时的实际情况，他明确地指出：

夫民，善之则畜，恶之则仇。仇满天下，可不惧哉！是以有国有家者，甚畏其民。既畏其怨，又畏其罚。故养之如伤病，爱之如赤子，兢兢业业，惧以始终。

有国有家者，必须以民为本，爱民养民，敬民畏民。因为民为国之本、之基，水可载舟，亦能覆舟，“养之则畜，恶之则仇”。如果当政者不爱民、养民、畜民，而恶民、害民、仇民，结果造成“仇满天下”，则只有覆灭的下场了。

然而，当朝的统治者及其各级官吏，对待民众却不是爱之、养之、善之，而是恶之、害之、仇之，言而无信，不讲官德，违反常理，坑害百姓，欺骗人民，贪官污吏甚于强盗。有感于此，有见于此，崔寔淋漓尽致地揭露、批判道：

> 今官之接民，甚多违理，苟解面前，不顾先哲，作使百工及从民市，辄设计加以诱来之，器成之后，更不与直。老弱冻饿，痛号道路，守关告哀，终不见省，历年累岁，乃才给之。又云“逋直请十与三”，此逋直岂物主之罪邪？不自咎责，反复减之，冤抑酷痛，足感和气，既尔，复平弊败之物与之。至有车舆、故谒者冠，卖之则莫取，复之则不可。其余杂物，略皆此辈。是以百姓创艾，咸以官为忌讳，遁逃鼠窜，莫肯应募，因乃捕之，劫以威势。心苟不乐，则器械行沽，虚费财用，不周于事。故曰“上为下效然后谓之教”，上下相效殆如此，将何以防之！罚则不恕，不罚则不治。是以风移于诈，俗易于欺，狱讼繁多，民好残伪。为政如此，未睹其利。斯皆起于典藏之吏不明为国之体，苟割胫以肥头，不知胫弱亦将颠仆也。《礼》讥“聚敛之臣”，《诗》曰：“贪人败类。”盖伤之也。

这是说，现在的官吏对待人民，很多事都违反情理，只图眼前私利，不顾先哲的教训，如使用百工和向人民买东西，常常用欺骗的手法，引诱他们前来，到器物制成和东西买到之后，却不付钱，致使他们家中老小饥寒冻馁，满路号哭。守在门外苦苦哀求，却没人理睬，一直过了数年才付钱，并说“这是旧欠，要打三折”。这是什么理由，难道这旧欠是债主之罪吗？当官的不责备自己，却克扣百姓，从而造成冤枉痛苦的惨状感天动地，铸成灾难。而且已经打了三折，还不发给现钱，只给一些破旧的物品作代价，诸如皇帝或大官用过的破车子、旧帽子，百姓拿去之后，出卖没人要，用之为犯法。其他杂物，大都如此。因此，百姓极为痛苦，不敢再与官吏打交道，官府叫他们去，就逃避流窜，不肯应募。官府只好派人搜捕，威胁逼迫。百姓心里不高兴，制成的器物十分粗劣，不能使用，白费钱财，一点用处都没有。古人说："上面人做的事情有可以叫下面人仿效的叫做教。"如今上面叫下面仿效的是这样，又怎么能防备下面不干坏事呢！如果罚他们是不公平，不罚则民不能治。所以风俗变成诈伪、欺骗，刑罚因而繁多，人民变得凶横狡诈。如此行政，没有好处。这些都是由主管财务的官吏胡作非为，不顾国体，只知割了腿上的肉补脑袋，却不知腿软弱了就会摔倒。《礼记·大学》讽刺："聚敛财富的官吏不如强盗。"《诗经》说："贪腐的人会带坏同类。"现在官吏的这种种情况太可悲了。

崔寔针对当时官吏的恶劣行径，提出做官为政应当爱民、养民，使人民丰衣足食、安居乐业，合理地满足各种生活需求，再施以教化，这样天下就太平了。他说：

> 昔明王之统黎元，盖济其欲而为之节度者也。凡人情之所通好，则恕己而足之。因民有乐生之性，故分禄以顾其士，制庐井以养其萌，然后上下交足，厥心乃静。人非食不活，衣食足，然后可教以礼义，威以刑罚，苟其不足，慈亲不能畜其子，况君能检其臣乎！故古记曰："仓廪实而知礼节，衣食足而知荣辱。"

明君治理国家，统治人民，都是要满足人民适度的生活欲望。一般人都有共同的爱好，从自己想到别人，使大家都得到满足。因为人都有追求快乐的本性，所以要有俸禄去养官吏，建造房屋开凿水井去养人民，上下满足，人心安定。人不吃饭不能生活，丰衣足食才可以用礼义教化，用刑罚惩戒他们。如果衣食不足，连慈爱的父母都不能养活子女，君主怎么能检束臣民呢？所以古书上说："仓廪实而知礼节，衣食足而知荣辱。"而当今的君主对待百官和人民，却恰恰与此相反，官吏俸禄很少，养活不了父母和妻子，怎么能管理好百姓呢！百姓贫穷，无法生活，怎么能讲礼节，守法度呢！崔寔认为，由于当今朝廷“甚失养民之道”，所以虽然诏令屡下，法令繁多，却是“劳思而无功，华繁而实寡”。人民与朝廷是不共戴天的仇敌，当然只有起来造反而寻求生路了。

崔寔面对末世、乱世的颓势，认为要想“济时拯世”，单用道德礼义是解决不了社会积弊的，他继承和综合了先秦以来的法治思想，主张治乱世必要“重赏深罚”。他说：

> 量力度德，《春秋》之义。今既不能纯八代，故宜参以霸政，则宜重赏深罚以御之，明著法术以检之。自非上德，严之则理，宽之则乱。……明于君人之道，审于为政之理，故严刑峻法，破奸轨之胆，海内清肃，天下如密。

这是说，治理乱世，当然要考虑力量的大小和威德的高低。春秋是乱世，东汉也是乱世，所以《春秋》的治世法度在东汉是适宜的。治乱世，当然不能纯粹用三皇五帝八代的德政教化治理国家，“故宜参以霸政”，采取“重赏深罚”的政策，以“明著法术”治理国家。如汉宣帝就“明于君人之道，审于为政之理”，所以采取“严刑峻法，破奸轨之胆”，而使国家得治，天下太平。而汉元帝即位后，“多行宽政，卒以堕损，威权始夺”，而成为“汉室基祸之主”。两者比较，“政道得失，于斯可监”。孔子当年作《春秋》，“褒齐桓，懿晋文，叹管仲之功”，则是“诚达权救敝之理也”，这是孔子能与世推移，深明治道的结果。“而俗士苦不知变”，食古不化，固守道德之治，以为守上古“结绳之约”，就可以“复理乱秦之绪”，真是痴人说梦。

崔寔说：

> 夫能经鸟伸，虽延历之术，非伤寒之理；呼吸吐纳，虽度纪之道，非续骨之膏。盖为国之法，有似理身，平则致养，疾则攻焉。夫刑罚者，治乱之药石也；德教者，兴平之粱肉也。

夫以德教除残，是以粱肉理疾也；以刑罚理平，是以药石供养也。

治国如同养身，身无病在调养，身有疾在用药，治大病下猛药；国无病在德教，国无治则用法，国家乱必用严法。刑罚是治乱世的药石，所以处乱世必用严刑峻法。德教只适用于治世。国家昏乱之时，必须“以严致平，非以宽致平也”，否则，会愈来愈乱，最终灭亡。

崔寔在主张“重赏深罚”、“严刑峻法”的同时，又反对“滥赦”、“大赦”。他认为，“大赦”是开国帝王“讨乱除残”的一项法律措施，意在“诛其鲸鲵，赦其臣民”。惩处罪大恶极的元凶，赦免普通臣民的罪过，体现新君感化之意，使犯罪者知道感恩，受到感化，不再犯罪。如果像东汉当时屡颁赦令，滥赦罪犯，却是助长犯罪，使奸人得逞，愈赦愈犯。崔寔说：

顷间以来，岁且壹赦。百姓忸忕，轻为奸非，每迫春节，缴幸之会，犯恶尤多。近前年一期之中，大小四赦。谚曰：“一岁再赦，奴儿喑噁。”又况不轨之民，孰不肆意。遂以赦为常俗。

年年都颁布赦令，一年多次行赦，结果使一些人“赦以趋奸，奸以趋赦，转相驱踧，两不得息”。[①] 滥赦、数赦，不但达不到赦罪而感化教育犯人的目的，反而使奸人罪犯肆意妄为，不断作恶，危言更大。

崔寔面对东汉衰世的积弊、乱象、鄙俗，所提出的社会批判思想和“济世救世之术”，确实是切中时要，言辩而确，是“当世理乱”的良药，亦为后世明君贤臣所效法，故产生了重要的思想影响。

① 以上引文均见《政论》。

第二节 荀悦的社会批判思想

荀悦，字仲豫，颍川颍阴(今河南许昌)人。生于公元148年，卒于公元209年。

荀悦是先秦伟大的唯物主义哲学家荀卿的后裔，其祖父荀淑是荀卿的十一世孙，荀淑生子八人："俭、绲、靖、焘、汪、爽、肃、专，并有名称，时人谓之'八龙'。"①长子荀俭是荀悦的父亲。

荀悦自幼好学，12岁时，"能说《春秋》。家贫无书，每之人闲，所见篇牍，一览多能诵记"。② 汉灵帝时，因宦官专权，以有病而隐居不仕。汉献帝时，应曹操征召，任黄门侍郎、秘书监、侍中等职，与从弟荀彧、名士孔融同在宫中侍讲。后来荀彧、孔融为曹操杀害，荀悦则"以寿终"。

汉献帝好典籍，常以班固《汉书》文繁难读，便令荀悦依《左氏传》体改写。荀悦依《左传》体裁，用编年体改成《汉记》三十篇，"辞约事详，论辨多美"，为时人称赞，流传至今。其序之曰：

> 昔在上圣，惟建皇极，经纬天地，观象立法，乃作书契，以通宇宙，扬于王庭，厥用大焉。先王光演大业，肆于时夏，亦惟厥后，永世作典。夫立典有五志焉：一曰达道义，二曰章法式，三曰通古今，四曰著功勋，五曰表贤能。于是天人之际，事物之宜，粲然显著，罔不备矣。世济其轨，不陨其业。损益盈虚，与时消息。臧否不同，其揆一也。汉四百有六载，拨乱反正，统武兴文，永惟祖宗之洪业，思光启乎万嗣。圣上穆然，惟文之恤，瞻前顾后，是绍是继，阐崇大猷，命立国典。于是缀叙旧书，以述《汉记》。中兴以前，明主贤臣得失之轨，亦足以观矣。③

① 《后汉书·荀淑传》。

② 《后汉书·荀悦传》。

③ 《后汉书·荀悦传》。

曹操掌权后，荀悦“谋无所用”，而作《申鉴》五篇。《申鉴》五篇为《政体》、《时事》、《俗嫌》、《杂言上》、《杂言下》。《申鉴》是探讨、议论当时国家政体、社会问题的重要政治理论著作。“申鉴”者，鉴往古而申来今的治国安民之道也。荀悦明确指出：

> 夫道之本，仁义而已矣。《五典》以经之，群籍以纬之，咏之，歌之，弦之，舞之，前鉴既明，后复申之。故古之圣王，其于仁义也，申重而已。笃序无疆，谓之“申鉴”。①

《政体》为《申鉴》之首篇。“政体”就是国家的政治体制，国家要治理得好，就必须确立合理的政治体制，从而更好地治国理民。荀悦对此有明确的认识，并对之作了具体而系统的论证。他说：

> 凡政之大经，法教而已。教者，阳之化也；法者，阴之符也。仁也者，慈此者也；义也者，宜此者也；礼也者，履此者也；信也者，守此者也；智也者，知此者也。……天作道，皇作极，臣作辅，民作基。惟先哲王之政，一曰承天，二曰正身，三曰任贤，四曰恤民，五曰明制，六曰立业。承天惟允，正身惟常，任贤惟固，恤民惟勤，明制惟典，立业惟敦，是谓政体也。②

为政的大纲、原则，就是法治与教化两个基本方面。教化是阳的方面，法治是阴的方面。阳刚阴柔，刚柔并济，所建立的人道，就是仁和义，用仁义治国理民，就是常道。所以仁、义、礼、信、智五德，就是为了实现法治和教化而设立的。天作为道的最高原则，帝王作为天下的中心，群臣作为帝王辅弼，人民作为国家的基础。先哲圣王治理国政，一是承奉上天，二是端正自身，三是任用贤人，

① 《申鉴·政体》。
② 《申鉴·政体》。

四是爱惜人民，五是修明制度，六是建立功业。承奉上天要非常忠诚，端正自身要经常不懈，任用贤人要坚信不疑，爱惜人民要尽心尽力，修明制度要宜于实行，建立功业要经久不息，这就叫做政体。为政治国，必须确立、实行这6个方面，只有如此，才是好的“政体”。

为了实行这种“政体”，就必须讲究“致治之术”，即使天下太平的方法。为此，荀悦提出“屏四患”，“崇五政”之术。他说：

> 政治之术，先屏四患，乃崇五政：一曰伪，二曰私，三曰放，四曰奢。伪乱俗，私坏法，放越轨，奢败制，四者不除，则政末由行矣。俗乱则道荒，虽天地不得保其性矣；法坏则世倾，虽人主不得守其度矣；轨越则礼亡，虽圣人不得全其道矣；制败则欲肆，虽四表不能充其求矣；是谓四患。兴农桑以养其生，审好恶以正其俗，宣文教以章其化，立武备以秉其威，明赏罚以统其法，是谓五政。①

这就是说，治理国家，使天下太平的方法，先要除掉四种祸患：第一是虚伪，虚伪就会败坏风俗；第二是自私，自私就会破坏法制；第三是放纵，放纵就会越出常轨；第四是奢侈，奢侈就会破坏制度。这四患不除，政事就无法推行。如行，治道混乱，法制破坏，社会堕落，礼制丧失，贪欲横行，国家不治，天下就要大乱了。所以必须消除“四患”。与此同时，还必须发展农桑以保证人民的生活，不乱用个人好恶来矫正人民的习俗，发展教育事业来提高人民的文化，建立强大军队来提高国家威力，严明赏罚来整饬国家的法律，这是治国必须崇尚的“五政”。

荀悦《申鉴·政体》篇的主旨是论述政治体制要在德刑。故在这个思想指导下，第二篇《时事》主要论述“德刑并用”的问题。有人问德教和法律并用的道理，他的回答是：

---

① 《申鉴·政体》。

常典也，或先或后，时宜。刑教不行，势极也；教初必简，刑始必略，事渐也。教化之隆，莫不兴刑，然后责备；刑法之定，莫不避罪，然后求密。未可以备，谓之虚教；未可以密，谓之峻刑。虚教伤化，峻刑害民，君子弗由也。①

德教和法律都是治理国家常用的方法，二者或先或后，须要因时制宜。德教和法律都不能施用，形势就困难了。最初施行德教和法律的时候，都很简略，事情是逐渐进行的。德教兴盛通行以后，再求完全；法律确定没人犯法以后，再求严密。德教和法律，都要从实际出发，不可伤害风俗、残害人民，而要使人民做得到、行得通，这便是德教和法律并行的道理。

关于“俗嫌”，《申鉴》第三篇为《俗嫌》，是对谶纬符瑞、黄白之术等提出的批判。《俗嫌》以问答的形式，对当时流行的各种神学迷信一一进行驳斥、批判。如云：

或问：“日时禁忌。”曰：“此天地之数也，非吉凶所生也，东方主生，死者不鲜；西方主杀，生者不寡；南方火也，居之不燋；北方水也，蹈之不沉。故甲子昧爽，殷灭周兴；咸阳之地，秦亡汉隆。”②

再如：神仙、卜筮、风水、骨相、祈祷、黄白等各种迷信，都是荒诞不经的，毫无道理的，圣人是不学的。对这类荒谬之论，荀悦的态度、主张是：

在上者不受虚言，不听浮术，不采华名，不兴伪事，言必有用，术必有典，名必有实，事必有功。③

① 《申鉴·时事》。
② 《申鉴·俗嫌》。
③ 《申鉴·俗嫌》。

荀悦以“四不”、“四必”的原则，反对虚妄、浮华，归于实事、实功，这是其唯物主义无神论思想的突出表现。

荀悦的《申鉴》五篇，旨在经世论政，申明历史经验，批判时政之弊，供君主参考借鉴。其最重要的思想是阐发了人性三品说。

荀悦对先秦以来各家的人性理论进行了总结、分析、评述。有人问荀悦：孟子讲人性善，荀子讲人性恶，公孙子讲性无善恶，扬雄讲人性善恶混，刘向讲性情相应，性不独善，情不独恶。究竟哪一种说法合乎道理呢？荀悦回答道：

> 性善则无四凶，性恶则无三仁，人无善恶，文王之教一也，则无周公、管、蔡，性善情恶，是桀、纣无性而尧、舜无情也，性善恶皆浑，是上智怀恶而下愚挟善也，理也未究矣。唯向言为然。①

荀悦指出，如果说人性是善的，就不应该有共工、驩兜、三苗、鲧这四凶了；如果说人性是恶的，就不应该有微子、箕子、比干这三个仁人了；如果说人性是没有善恶的，那么受文王同样教育的儿子，就不应该有周公与管叔、蔡叔的不同了；如果说性是善的，情是恶的，那么桀、纣就没有性，而尧、舜就没有情了；如果说性是善恶混的，那么上智的人应该有恶，下愚的人应该有善了，这些说法都不合乎道理。只有刘向的性非专善，情非专恶的说法，才是合乎道理的。在这个总结、评论的基础上，荀悦论证了自己的人性学说。

关于什么是人性？荀悦作了界说：

> 或问：“性命。”曰：“生之谓性也，形神是也；所以立生终生者谓命也，吉凶是也。夫生我之制，性命存尔。君子循其性以辅其命，休斯承，否斯守，无务焉，无怨焉。②

---

① 《申鉴·杂言下》。

② 《申鉴·杂言下》。

荀悦这个“生之谓性”的定义，与告子是相同的。人人都有生而具有的性和命，“夫生我之制，性命存尔”。“性”包括人的形体和精神两个方面，所以说“形神是也”。有性即有命，命为伴随人终生的吉凶。人应当依循本性以辅其命，不能违抗命，命好就接受，命不好要忍受，既不追求，也不怨恨。

人性包括形神，形神都来自所禀之气。所以说：

> 凡言神者，莫近于气。有气斯有形，有神斯有好恶喜怒之情矣。故神有情，由气之有形也。气有白黑，神有善恶，形与白黑偕，情与善恶偕。故气黑非形之咎，性恶非情之恶也。①

由此说来，“性”包括气、形、神、情。有气才有形，有神才有好恶喜怒之情。情与善恶相依而存在。性之发动便有情、意、心、志的感情意志，所以说：“凡情、意、心、志者，皆性动之别名也。情见乎辞，是称情也；言不尽意，是称意也；中心好之，是称心也；以制六志，是称志也；惟所宜各称其名而已，情何主恶之有！”②荀悦认为，人的情出之于性，是合乎人性的，故不能把情视为罪恶和主恶者。他为情辨诬，肯定情是人生所具有者，是无罪、且不可去者。他的“性”的内容是丰富的，含义是多种的。

在荀悦看来，由于人性有善有恶，所以人性分为上、中、下三品。这就是：

> 或问：“天命之事。”曰：“有三品焉，上下不移，其中则人事存焉尔。命相近也，事相远也，则吉凶殊矣。故曰：‘穷理尽性以至于命。’”③

① 《申鉴·杂言下》。
② 《申鉴·杂言下》。
③ 《申鉴·杂言下》。

有生即有性，有性即有命，天命与人生、人性同在，故天命与人事的关系相当，都分上、中、下三品，由此说明人性分为三品。上、下二品是不可改变的，只有中品才是天命与人事的关系最为密切。荀悦又把上、中、下三品各分为三品，这样便成了九品，九品中的“上智与下愚不移”者，都是极少数。他主张对绝大多数的中品者要施行教化，对极少数的不移者，只要不放过教化，也可以使之“微移”，最终会使绝大多数的人教化成善。据此，他提出了法教论。他说：

> 或曰：“善恶皆性也，则法教何施?”曰：“性虽善，待教而成；性虽恶，待法而消。唯上智与下愚不移，其次善恶交争，于是教扶其善，法抑其恶。得施之九品，从教者半，畏刑者四分之三，其不移大数九分之一也。一分之中，又有微移者矣。然则法教之于化民也，几尽之矣。”①

荀悦认为，人性共分为九品，从教者有一半，畏刑者四分之三，余下的九分之一的不移者中，又有微移者。只要很好地运用教育和法治，就可以使几乎所有的人改变恶性而为善，性善待教而成，性恶待法而消。因此，他十分注重法教，“法教得则治，法教失则乱”。② 凡人皆有“人性”，根据不同的人性施行法教，使之同归于善性而不为恶。

荀悦指出，情出于性，善恶都属于性，故不能说性善情恶，更不能说情主罪、有罪。他说：

> 或曰：“仁义，性也；好恶，情也。仁义常善，而好恶或有恶，故有情恶也。”曰：“不然。好恶者，性之取舍也，实见于外，故谓之情尔，必本乎性矣。仁义者，善之诚者也，何嫌

① 《申鉴·杂言下》。

② 《申鉴·杂言下》。

其常善?好恶者,善恶未有所分也,何怪其有恶?"①

荀悦认为,人的形体和精神是人天生的本性,性包括情,情属于精神,故亦属于性。形体是人的外在表现,精神是人的内心活动。有人说仁义是人的本性,好恶是人的情欲;仁义总是常善的,好恶有时是恶的,由此得出性善情恶论。荀悦指出,这种看法不对,好是指性所取用者,恶是指性所舍弃者,性表现在外面的活动叫做情,情是性之动,从性中发出的。所以说性不独善,情不独恶,情属于性,当然无罪了。

荀悦还对善恶的来由作了说明。他认为,人性有好恶,有好恶就有选择,有选择便有善恶。人性好恶的选择,在于机会,善的机会多就选择善,恶的机会多就选择恶。人们对于"义"和"利"的选择,也同样如此。所以说:

> 或曰:"人之于利,见而好之;能以仁义为节者,是性割其情也。性少情多,性不能割其情,则情独独行为恶矣。"曰:"不然。是善恶有多少也,非情也。有人于此,嗜酒嗜肉,肉胜则食焉,酒胜则饮焉,此二者相与争,胜者行矣,非情欲得酒,性欲得肉也。有人于此,好利好义,义胜则义取焉,利胜则利取焉,此二者相与争,胜者行矣,非情欲得利,性欲得义也。其可兼者,则兼取之;其不可兼者,则只取重焉;若苟只好而已,虽可兼取矣;若二好钧乎,无分轻重,则一俯一仰,乍进乍退。"②

有人说:人见利就喜欢,凡是能用仁义约束自己的人,是因为他能够用善性去抑制恶情。可是由于性比情少,情比性多,性不能控制情,情就独自为恶了。荀悦认为,不是这样的。他指出,这种情况的出现,是由善恶的多少决定的,不是由情造成的。比如说一个人

① 《申鉴·杂言下》。
② 《申鉴·杂言下》。

爱喝酒，也爱吃肉，肉多时就吃肉，酒多时就喝酒，这是因为多的战胜少的，并非是因为情爱喝酒，性爱吃肉。再比如说有一个人爱得利，也爱行义，义多时就取义，利多时就取利，义与利二者相互斗争，多者胜而少者败，并非是因为情要得利，性要取义所造成的。荀悦还说，如果两种所欲之物同样多少，则可以二者同时取得之；如果不能同时取得两种所欲之物，则可以取一种偏爱之物，如果没有偏爱，则有时取这一种，有时取另一种。如果两种都一样的爱好，又多少是一样的，他就分不出轻重，有时这一种取得多一些，有时那一种取得多一些，有时向这边走，有时向那边走。由此说来，性不完全善，情不一定恶。性有善有恶，情亦有善有恶。

荀悦用人之好恶所取舍，来说明人的善恶，就其承认情欲的非恶而言，有其合理性。但是，用人的取舍来证明人性有善有恶，人性亦可有善有恶，这依然没有道出人的性情的本质及其善恶的根源问题。这是荀悦的时代所不可能解决的问题。

第三节 仲长统的社会批判思想

仲长统，字公理，山阳高平(今山东邹县西南)人。生于公元179年，卒于公元220年。

仲长统自幼好学，博览群书，赡于文辞。“年二十余，游学青、徐、并、冀之间，与交友者多异之。”①当时并州刺史高干为袁绍的外甥，素贵有名，招致四方游士，士多归附。仲长统见高干，高干善待之，并问询当时之事。仲长统对高干说：“君有雄志而无雄才，好士而不能择人，所以为君深戒之。”而高干自以为是，“不纳其言，统遂去之。无几，干以并州叛，卒至于败。并、冀之士皆以是异统。”②

仲长统为人豪爽，洒脱不拘，敢于直言，不矜小节，语默无常，时人称之为“狂生”。“每州郡命召，辄称疾不就。常以为凡游

① 《后汉书·仲长统传》。

② 《后汉书·仲长统传》。

帝王者，欲以立身扬名耳，而名不常存，人生易灭，优游偃仰，可以自娱，欲卜居清旷，以乐其志。”①故论之说：

> 使居有良田广宅，背山临流，沟池环布，竹木周布，场圃筑前，果园树后。舟车足以代步涉之艰，使令足以息四体之役。养亲有兼珍之膳，妻孥无苦身之劳。良朋萃止，则陈酒肴以娱之；嘉时吉日，则烹羔豚以奉之。踟躇畦苑，游戏平林，濯清水，追凉风，钓游鲤，弋高鸿。讽于舞雩之下，咏归高堂之上。安神闺房，思老氏之玄虚；呼吸精和，求至人之仿佛。与达者数子，论道讲书，俯仰二仪，错综人物。弹《南风》之雅操，发清商之妙曲。消摇一世之上，睥睨天地之间。不受当时之责，永保性命之期。如是，则可以陵霄汉，出宇宙之外矣。岂羡夫入帝王之门哉!②

仲长统向往、追求的是自然闲适、恬静高雅、富足安逸、不受束缚的田园生活，不为虚名官位枷锁禁锢而入帝王之门，足见其为人品格和道德情操。

尚书令荀彧闻仲长统声名，很惊奇，遂推举为尚书郎。“后参丞相曹操军事。每论说古今及时俗行事，恒发愤叹息。因著论名曰《昌言》，凡三十四篇，十余万言。”汉献帝逊位时，仲长统卒。其友人缪袭称赞仲长统的才能文章“足继西京董、贾、刘、杨”③，就是说，可与董仲舒、贾谊、刘向、扬雄之文论相当。

仲长统的名著《昌言》的题义，《后汉书·仲长统传》注曰：“昌，当也。《尚书》曰：‘汝亦昌言。’”意为“昌言”为确当、恰者，当言之言。《昌言》三十四篇，十余万言。而今只有《理乱》、《损益》、《法诫》三篇，皆出于《后汉书·仲长统传》，余皆佚失，《群书治要》整理部分残篇，而无篇名。现据仅存之文，对仲长统的社

---

① 《后汉书·仲长统传》。
② 《后汉书·仲长统传》。
③ 《后汉书·仲长统传》。

会批判思想略作分析评述。

仲长统面对东汉末年衰世之弊，直言敢论，切中时弊。他在揭露、批判时政积弊、政治腐败、社会黑暗、时俗之鄙时，直指皇帝、外戚、宦官为大害。

仲长统认为，廉明贞洁者是道德之令，流逸奔随者是行为之污。风有所从来，欲有所由起，治病之末在挖其根，憎恶其流者在塞其源，找到了社会病根，才能根治病症。而当时的弊政、鄙俗，已到了不可治理的地步。“污风诡俗，生淫长奸，莫此之其，不可不断者也。”①对造成这种严重政局、诡俗的根源，仲长统分析道：

> 汉兴以来，皆引母妻之党为上将，谓之辅政。而所赖以治理者甚少，而所坐以危亡者甚众。妙采于万夫之望，其良犹未可得而遇也，况欲求之兆妄之党，取之于骄盈之家，缴天幸以自获其者哉！②

从汉兴以来，就用母妻之党羽辅政，如吕后、赵飞燕、傅昭仪等，都是以父兄子弟为党羽而把持朝政，这些人只知尽孝顺于慈母，而不干国家政事。汉景帝时，“显位刺史者，皆是宦臣子弟。犹如豺狼守肉，鬼魅侍疾”。③ 从此外戚与宦官轮番专政弄权，愈演愈烈。仲长统说：

> 后暨孝元，常抱病留好于音乐，悉以枢机委之石显，则昏迷雾乱之政起，而仇忠害正之祸成矣。……孝桓皇帝，起自蠡吾，而登至尊。侯览、张让之等，以乱承乱，政令多门，权利并作，迷荒帝主，浊乱海内。……（孝）灵皇帝，登自解犊，以继孝桓。中常侍曹节、侯览等，造为维纲，帝终不寤，宠之日隆。唯其所言，无求不得。凡贪淫放纵，僭凌横恣，扰乱内

---

① 《全后汉文》卷八十九。
② 《全后汉文》卷八十九。
③ 《全后汉文》卷八十九。

> 外，鳌噬民化(众)，隆自顺、桓之时，盛极孝灵之世，前后五十余年，天下亦何缘得不破坏邪!①

仲长统对东汉王朝弊政的尖锐批判，真是挖到了老根。

为了挽救东汉危亡之政，仲长统在神学妖雾弥漫之下，不是求助于谶纬迷信、天命神意，而是强调尽人事而以人事为本，并以此批判了统治者的神学观、自然之符和吉凶之险。他说：

> 昔高祖诛秦、项而陟天子之位，光武讨篡臣而复已亡之汉，皆受命之圣主也。萧、曹、丙、魏、平、勃、霍光之等，夷诸吕，尊大宗，废昌邑而立孝宣，经纬国家，镇安社稷，一代之名臣也。二主数子之所以震威四海，布德生民，建功立业，流名百世者，唯人事之尽耳，无天道之学也。然则王天下、作大臣者，不待于知天道矣。所贵乎用天之道者，则指星辰以授民事，顺四时而兴功业，其大略也。吉凶之祥，又何取焉?故知天道而无人略者，是巫医卜祝之伍，下愚不齿之民也；信天道而背人事者，是昏乱迷惑之主，覆国亡家之臣也。②

汉高祖刘邦诛灭秦朝和项羽，做了皇帝，光武帝刘秀讨伐篡臣王莽而恢复已亡掉的汉朝，都是受天命的圣主。萧何、曹参、丙吉、魏相、陈平、周勃、霍光等，消灭吕氏，尊奉汉室，废除昌邑王，拥立孝宣帝，使国家太平，社稷安定，都是一代名臣。这两个君主和几个名臣之所以能够威震天下，布德施民，建立功业，名传后世，只是由于专尽人事而已，没有崇奉天道迷信。由此可知，君主和大臣治理国家，决不可靠天道。应用天道，只是顺天应时而兴办各种事业，至于小小的吉凶预兆，何必管他呢！所以只知天道而不知人谋略的，都是巫医卜卦算命借装神弄鬼而骗人的一伙人，是被人瞧

---

① 《全后汉文》卷八十九。

② 《全后汉文》卷八十九。

不起的下愚之民；迷信天道而放弃人事的，都是昏乱迷惑的君主，亡国灭家的臣仆。这样的君臣，没有一个有好下场的。

有人问仲长统：你说天道的可取之处仅仅限于配合四时的变化，人事的专一才是治乱的实质，如此说来，《周礼》春官登台观察星辰的冯相氏和从星辰变化辨别吉凶的保章氏，都没有用处了吗？仲长统的回答是："大备于天人之道耳，是非治天下之本也，是非理生民之要也。"①这些观察星象以辨吉凶的占星官的意见，只能作为一般的参考，而不是治天下的根本，更不是管理民众的要务。天道自然只是治理国家的考虑因素，而不是治理国家的根本要务。治理国家的根本要务在于人事，要以"人事为本"。所以当有人问仲长统治国理民的"本与要"究竟是什么时，他的回答是：

> 王者官人无私，唯贤是亲，勤恤政事，屡省功臣，赏赐期于功劳，刑罚归乎罪恶，政平民安，各得其所，则天地将自从我而正矣，休祥将自应我而集矣，恶物将自舍我而亡矣，求其不然，乃不可得也。王者所官者，非亲属则宠幸也，所爱者，非美色则巧佞也，以同异为善恶，以喜怒为赏罚，取乎弱女，怠乎万机，黎民冤枉类残贼，虽五方之兆不失四时之礼，断狱之政不违冬日之期，蓍龟积于庙门之中，牺牲群丽碑之间，冯相坐台上而不下，祝史伏坛旁而不去，犹无益于败亡也。从此言之，人事为本，天道为末。②

治国理民的根本方针和重要事务，是君主不徇私情，任用贤人，办理政事，爱惜功臣，赏赐有功劳的人，惩罚恶人，政平民安，各得其所，天地自然就会正常运行，祥瑞自然就会云集，自然灾害就会消除。反之，任人唯亲，宠幸佞臣，好坏不分，滥用刑罚，玩弄美人，不顾百姓，冤枉人民，即使天天卜祝祷告，乞求神佑，亦是要败亡的。由此说来，人事才是根本，天道只是末事。这种"人事为

① 《全后汉文》卷八十九。

② 《全后汉文》卷八十九。

本，天道为末”的天人观，在汉代天人感应、天命神授、天命主宰人事的迷雾弥漫下，实在是大胆而可贵的见解。

仲长统在“人事为本，天道为末”的唯物主义天人观的指导下，把“王者”对“天道”与“人事”的不同态度、取向分为上、中、下三种情况：

> 审我已善，而不复恃乎天道，上也；疑我未善，引天道以自济者，其次也；不求诸己，而求诸天者，下愚之主也。令夫王者诚忠心于自省，专思虑于治道，自省无愆，治道不谬，则彼嘉物之生，休祥之来，是我汲井而水出，爨灶而火燃者耳，何足以为贺者耶？故欢于报应，喜于珍祥，是劣者之私情，未可谓太上之公德也。①

确信自己能够行善治理国家，不依靠天道，是上等国君；怀疑自己能否行善治理国家，想借助天道，是次等国君；完全不靠自己能力治理国家，只求上天保佑，是愚蠢的昏君。做为国君应该忠诚老实地反省自己，专心治理好国家，不犯错误，把国家治理得太平，祥瑞就会出现。否则，相信天佑，追求报应，乞求祥瑞，喜欢吉兆，这是下愚之人的自私心理，而不是上智之人为公的品德。

仲长统指出，汉代流行的忌讳灾变、吉祥之术、符瑞之说等种种荒诞不经的神学迷信，都是些鬼、力、乱、神之说，不足凭信。他说：

> 和神气，惩思虑，避风湿，节饮食，适嗜欲，此寿考之方也。不幸而有疾，则针石汤药之所去也。肃礼容，居中正，康道德，履仁义，敬天地，恪宗庙，此吉祥之术也。不幸而有安，则克已责躬之所复也。然后有祷祈之礼、史巫之事者，尽中正，竭精诚也。下世其本，而为奸邪之阶，于是淫厉乱神之礼兴焉，侜张变怪之言起焉，丹出厌胜之物作焉。故常俗忌讳

① 《全后汉文》卷八十九。

可笑事，时世之所遂往，而通人所深疾也。且夫掘地九仞以取水，凿山百步以攻金，入林伐木不卜日，适野刈草不择时，及其构而居之，制而用之，则疑其吉凶，不亦迷乎！简郊社，慢祖祢，逆时令，背大顺，而反求福佑于不祥之物，取信诚于愚惑之人，不亦误乎！彼图家画舍，转局指天者，不能自使室家滑利，子孙富贵，而望其德致之于我，不亦惑乎！……君臣士民，并顺私心，又大乱之道也。……所贵于善者，以其有礼义也，所贱于恶者，以其有罪过也。今以所贵者教民，以所贱者教亲，不以悖乎！①

仲长统将当时的政治、教化、时俗、官风、迷信等，概括为“迷”、“误”、“惑”、“悖”四个字，揭露、批判统治者荒淫无道，是非混淆。

仲长统的天人观，意在解决社会政治问题，而顺天应时发展农业生产则是一项重要的思想内容和社会任务。贾思勰在《齐民要术序》中援引的一段重要的言论是：

天为之时，而我不农，谷亦不可得而取之。春春生焉，时雨降焉，始之耕田，终之簠簋，惰者釜之，勤者钟之，矧天不为，而尚乎食也哉？②

自然条件是重要的，自然规律是不可违反的，但人不因时尽力，适时耕种，勤奋劳作，也不会有收成，当然也就没有饭吃了。

仲长统指出，人要适应自然，利用天之道，以尽人之事，就必须认识自然，掌握自然规律、条件，方可因时制宜，因势利导，取得丰收。他说：

丛林之下为仓庾之坻，鱼鳖之堀为耕稼之场者，此君长所

---

① 《全后汉文》卷八十九。

② 《全后汉文》卷八十九。

用心也。是以太公封而斥卤播嘉谷，郑、白成而关中无饥年。盖食鱼鳖而薮泽之形可见，观草木而肥垅之势可知。

鲍鱼之肆，不自以气为臭，四夷之人，不自以食为异，生习然也。居积习之中，见生然之事，孰自知也。斯何异蓼中之虫，而不知蓝之甘乎!①

认识自然，适应自然，就可以利用自然，为人类造福，做到衣食足而物不匮。仲长统在“人事为本，天道为末”的天人观的基础上，所阐发的“顺四时而兴功业”，适天时而勤劳作，知自然而取丰收的认知思想，是十分有道理而可取的。

仲长统在他的唯物主义哲学思想的指导下，对当时的种种社会弊端，政治积弊等进行了揭露、批判并提出了救弊、理乱的思想理论。

关于“理乱”之论、之术。仲长统生活的时代，是战乱不息，乱象不止，经济凋敝，民生困苦的时代。仲长统认为，历史的变迁，王朝的兴亡，国家的治乱，其基本趋势是由乱而治，再由治而乱的乱——治——乱的循环变化。这种变不是“天命”主宰的，而是“人力”较量的结果。

第一个阶段是豪杰争战，夺取政权，天下大乱。这就是：

豪杰之当天命者，未始有天下之分也，无天下之分，故战争者竞起焉。于斯之时，并伪假天威，矫据方国，拥甲兵，与我角才智，程勇力，与我竞雄雌，不知去就，疑误天下，盖不可数也。角知者皆穷，角力者皆负，形不堪复伉，势不足复校，乃始羁首系颈，就我之衔绁耳。夫或曾为我之尊长矣，或曾与我为等侪矣，或曾臣虏我矣，或曾执囚我矣。彼之蔚蔚，皆匈詈腹诅，幸我之不成，而以奋其前志，讵肯用此为终死之分邪?②

---

① 《全后汉文》卷八十九。

② 《全后汉文》卷八十八《昌言·理乱篇》。

豪杰打着“天命”的旗号，却没有保天下的本分，所以纷纷爆发战争，争夺天下。在这个时代，他们都假借天威，各霸一方，拥有军队，彼此斗智，相互角力，竞争雄雌，使天下人都迷失方向，不知该支持谁，反对谁，这种人数也数不清。智力穷尽，没有胜者，到了无法较量的时候，只好把绳索套在脖子上，做了俘虏，这些人至死也不服，还期望实现自己的争霸野心。

第二个阶段则是战乱平定后，豪杰被缚，民心安定，国家得治，天下太平。这就是：

> 及继体之时，民心定矣，普天之下，赖我而得生育，由我而得富贵，安居乐业，长养子孙，天下宴然，皆归心于我矣。豪杰之心既绝，士民之志已定，贵有常家，尊在一人。当此之时，虽下愚之才居之，犹能使恩同天地，威侔鬼神。暴风疾霆，不足以方其怒；阳春时雨不足以喻其泽；周、孔数千，无所复角其圣；贲、育百万，无所复奋其勇矣。①

平定战乱，继承上代帝位的君主，情况则不同了。这时民心已平定，天下人都依靠我来过活，求得富贵，安居乐业，生养子孙，平安无事，人心归向。豪杰争夺的野心死了，士民的意志定了。皇帝一家一人受尊敬。这时，即使低能的人做皇帝，亦能恩同天地，威如鬼神，春风时雨，动感天下，有几千个周公、孔子也比不上他的圣明，有几百万个孟贲、夏育也胜不过他的勇武。这是天下“治”的阶段。然而，这个阶段却是短暂的。

第三个阶段则是由“治”到“乱”。由于庸君、愚主认为天下太平，国家得治而放纵私欲，胡作非为，贪污腐败，不理朝政，祸乱天下，于是人民起来造反，天下大乱。这就是：

> 彼后嗣之愚主，见天下莫敢与之违，自谓若天地之不可亡

① 《全后汉文》卷八十八《昌言·理乱篇》。

也，乃奔其私嗜，骋其邪欲，君臣宣淫，上下同恶，目极角觝之观，耳穷郑、卫之声，入则耽于妇人而不反，出则驰于田猎而不还，荒废庶政，弃亡人物，澶漫弥流，无所底极。信任亲爱者，尽佞谄容说之人也，宏贵隆丰者，尽后妃姬妾之家也。使饿狼守庖厨，饥虎牧牢豚，遂至熬天下之脂膏，斫生人之骨髓，怨毒无聊，祸乱并起，中国扰攘，四夷侵叛，土崩瓦解，一朝而去。昔之为我哺乳之子孙者，今尽是我饮血之寇仇也。至于运徙势去，犹不觉悟者，岂非宝贵生不仁，沉溺致愚疾邪？存亡以之迭代，政乱从此周复，天道常然之大数也。①

继承王位的后代昏君，认为天下的人不敢反抗自己，自以为会像天地一样永存不亡，于是便放纵私欲，邪欲膨胀，君臣淫乱，上下作恶，眼看游戏，耳听邪声，耽恋女色，驰骋田猎，毫无节制，荒废政事，抛弃人物，荒淫无度，如洪水泛滥弥漫，没有穷尽。所亲爱信任的人都是谄媚拍马的坏人，宠幸尊贵的人全是后妃姬妾的本家。用饿狼守厨房，用饥虎牧牛羊，煎熬人民的油脂，敲剥人民的骨髓，民怨极大，祸乱并发，国内叛乱，外族侵扰，一夜之间，土崩瓦解，全无所有。这一切都是由为富不仁，为贵不道，骄奢淫逸，昏乱无道所造成的。这种存与亡的交替，治与乱的循环，是天道运行的根本法则。

由此说来，掌握政权的人，只是依据当时的情况来处理政务，并不能考虑贤人与愚人的区别，从而造成盛世和衰世的不同变化，所以说政治愈变愈坏，今不如古，愈差愈远，难道历史发展不是这样的吗？

基于这种思想认识，“日不如古，弥以远甚”，仲长统联系现实，对汉朝政权的腐朽、邪风作了说明：

汉兴以来，相与同为编户齐民，而以财力相君长者，世无数焉。而清洁之士，徒自苦于茨棘之间，无所益损于风俗也。

① 《全后汉文》卷八十八《昌言·理乱篇》。

豪人之室，连栋数百，膏田满野，奴婢千群，徒附万计。船车贾贩周于四方，废居积贮满于都城，琦赂宝货，巨室不能容，马牛羊豚，山谷不能受，妖童美妾，填乎绮室，倡讴伎乐，列乎深堂，宾客待见而不敢去，车骑交错而不敢进，三牲之肉，臭而不可食，清醇之酎，败而不可饮，睇盼则人从其目之所视，喜怒则人随其心之所虑。此皆公侯之所乐，君长之厚实也。苟能运智诈者，则得之焉，苟能得之者，人不以为罪焉，源发而横流，路开而四通矣。求士之舍荣乐而居穷苦，弃放逸而赴束缚，夫谁肯为之者邪?①

这是说，汉朝从开国以来，没有官职的人依靠财富金钱剥削压迫人民，王公贵族依靠权力地位掠夺欺骗人民。清廉正直之人，在茅屋下苦熬，却对风俗好坏没有多大影响。富豪人家，高楼大厦，良田满野，奴婢成群，运货的车船通达四方，投机奇货满于都城，金银珠宝巨室难容，牛马猪羊大山难容，妖童美妾塞满房间，歌伎女乐陈列后堂，车水马龙，宾客求见，三牲之肉，臭不能食，美酒腐坏，多不能饮，作威作福，随心所欲。这些都是公侯的享乐，君长的权利。凡是能用奸谋诡计的人，都可以得到这些享乐、权利。得到了却不以为耻，反以为荣，不以为恶，反以为能。这种歪风邪气，像洪水一样遍地横流，却四通八达。在这种恶政歪风的主使下，谁肯放弃富贵，甘心穷苦，丢掉放荡，甘于束缚呢?

在这种恶政歪风的影响下，社会乱象只会越来越坏，越来越乱，结果使乱世长而治世短。仲长统说：

夫乱世长而化世短，乱世则小人贵宠，君子困贱。当君子困贱之时，跼高天，蹐厚地，犹恐有镇压之祸也。逮至清世，则复入于矫枉过正之检，老者耄矣，不能及宽之俗，少者方壮，将复困于衰乱之时，是使奸人擅无穷之福利，而善士挂不赦之罪辜。苟目能辩色，耳能辩声，口能辩味，体能辩寒温

① 《全后汉文》卷八十八《昌言·理乱篇》。

> 者，将皆以修洁为讳恶，设智巧以避之焉，况肯有安而乐之者邪！斯下世人主一切之愆也。①

混乱之世长，治化之世短，小人得宠、得志，君子穷困、卑贱。到了太平之世，老者快要死了，赶不上好日子，年轻人还没有成长，又遭遇到了乱世。奸人永远享受无穷的福利，善人永远承担不赦的罪过。人们都见机行事，谁肯安贫乐道呢！这就是后世君主只图当前享乐而不顾久远之治的错误所在。

仲长统依据这种乱——治——乱的三段循环论，且“乱世长而化世短”，愈乱愈长，愈乱愈坏的观点，以春秋至汉末近五百年的历史，证明自己的观点，并得出了怀疑论、悲观论。这就是：

> 昔春秋之时，周氏之乱世也。逮乎战国，则又甚矣。秦政乘并兼之势，放虎狼之心，屠裂天下，吞食生人暴虐不已，以招楚、汉用兵之苦，甚于战国之时也。汉二百年而遭王莽之乱，计其残夷灭亡之数，又复倍乎秦、项矣。以及今日，名都空而不居，百里绝而无民者，不可胜数，此则又甚于亡新之时也。悲夫！不及五百年，大难三起，中间之乱，尚不数焉。变而弥猜，下而加酷，推此以往，可及于尽矣。嗟呼！不知来世圣人救此之道，将何用也！又不知天若穷此之数，欲何至邪！②

在仲长统看来，社会历史的变化，是由小乱而大乱，且愈变愈乱，愈变愈坏，愈变愈可怕，这样变下去，将来可能使所有的人都死光了。不知将来的圣人用什么方法来挽救这种危局，亦不知道上天到何时才能改变这种情况！

仲长统作为社会思想批判家、政治家、思想家，在总结社会历史的发展中，虽然得出悲观主义的结论，但是他还是追求改革、进

---

① 《全后汉文》卷八十八《昌言·理乱篇》。

② 《全后汉文》卷八十八《昌言·理乱篇》。

步，力求治世延长，乱世缩短，故主张“理乱”。至于如何“理乱”？他提出“变”的观点。他认为，事物不可不变，“变”就是有“损”有“益”，使制度完善。如果“变而不如前”，也不可不复旧制。他在《损益篇》中，对这种损益与变复的原则作了说明：

> 作有利于时，制有便于物者，可为也。事有乖于数，法有玩于时者，可改也。故行于古有其迹，用于今无其功者，不可不变，变而不如前，易而多所败者，亦不可不复也。①

凡是对时代、人民有利的制度、事物，就应该兴作、实行。否则，就要改变、废掉。在古代行之有效，到现在却没有用的制度，就要改变。如果变了无效，反不如前，又多次失败，也只好恢复了。总之，损益和变复的原则，在于对时代、人民是否有利。

仲长统认为，对于各种制度，凡是变之善者，利于治者，就可以行也。如果变之不善，不利于治，不利于民者，就应该放弃，而恢复以前的制度。他以井田制变为私有制为例，证明这个道理：

> 井田之变，豪人货殖，馆舍布于州郡，田亩连于方国。身无半通青纶之命，而窃三辰龙章之服；不为编户一伍之长，而有千室名邑之役。荣过封君，势力侔于守令。财赂自营，犯法不坐。刺客死士，为之投命。致使弱力少智之子，被穿帷败，寄死不敛，冤枉穷困，不敢自理。虽亦由网禁疏阔，盖分田无限使之然也。今欲张太平之纪纲，立至化之基址，齐民财之丰寡，正风俗之奢俭，非井田实莫由也。此变有所败而宜复者也。②

自从废除了井田制而变成了私有制以后，富商豪族日益增多，遍布全国，兼并土地，巧取豪夺，扩充势力。他们没有官职，却穿上三

① 《全后汉文》卷八十八《昌言·损益篇》。

② 《全后汉文》卷八十八《昌言·损益篇》。

公的衣服，役使平民，荣华富贵，超过君主，威势权力，赛过守令，偷运私货，不受惩罚，豢养打手，为其卖命，平民百姓，冤死穷困，无处申诉。这固然是由于法纪松弛的原因所致，而最根本的原因是分田无限，土地兼并所带来的财富不均造成的。要解决这些恶劣政风，端正奢侈风俗，除了实行井田制，抑制土地兼并之外，没有别的好办法。这就是所谓变革失败了的应该恢复原来的制度。

仲长统所说的恢复井田制，并不是回到周朝的井田制，而是依靠国家政权限制豪族地主，富商巨贾兼并农民的土地，使农民有地可耕，有田可种。他总结前人的意见，综合整理提出了十六项政务原则，以建立良好的社会政治秩序。这就是：

> 明版籍以相数阅，审什伍以相连持，限夫田以断并兼，定五刑以救死亡，益君长以兴政理，急农桑以丰委积，去末作以一本业，敦教学以移情性，表德行以厉风俗，核才艺以叙官宜，简精悍以习师田，修武器以存守战，严禁令以防僭差，信赏罚以验惩劝，纠游戏以杜奸邪，察苛刻以绝烦暴。审此十六者以为政务，操之有常，课之有限，安宁勿懈惰，有事不迫遽，圣人复起，不能易也。①

综合治理国家，管好政务，非这十六条原则不可，它涉及政治、法律、经济、教化、官制、风俗、军事等方方面面。就土地制度而言，则是“限夫田以断并兼”，这是抑制“豪人货殖”扩充势力，毒化风俗的当务之急。

仲长统深知土地是财富之源，人民生活之本，没有合理的土地制度，人民无地可种，没有衣食来源，一旦遇到灾荒、战争之事，人民就会饿殍满野，转死沟壑，进而铤而走险，发生暴乱。他说：

> 今田无常主，民无常居，吏食日禀，禄班未定。可为法制，画一定科，租税十一，更赋如旧。今者土广民稀，中地未

① 《全后汉文》卷八十八《昌言·损益篇》。

垦，虽然，犹当限以大家，勿令过制。其地有草者，尽曰官田。力堪农事，乃听受之，若听其自取，后必为奸也。①

规定合理的土地制度，限制土地占有的数量，不使豪族大家兼并农民的土地，“勿令过制”，从而使田有常主，民有常居，官有定禄，地有人耕，人归本业，社会才会稳定。否则，什么人都可以占有土地，所其自取，终将发生祸乱的。如果“盗贼凶荒，九州代作，饥馑暴至，军旅卒发，横税弱人，割夺吏禄，所恃者寡，所取者猥，万里悬之，首尾不救。徭役并起，农桑失业，兆民呼嗟于昊天，贫穷转死于沟壑矣”。② 至此，国家就要灭亡了。

为了治国理政，敦民化俗，就要用贤能智者为政，以君子而化理政事，从一国之君，天下之王，到卒伍之长，州县之官，都应当如此。仲长统说：

寡者为人上者也，众者为人下者也。一伍之长，才足以长一伍者也；一国之君，才足以君一国者也；天下之王，才足以王天下者也。愚役于智，犹枝之附干，此理天下之常法也。③

唯才是举，因才而用，不仅各级官吏应如此，就连君主、皇帝亦应如此，而且这是“理天下之常法也”。仲长统看到汉代当时皇帝都是昏庸无能，愚蠢至极之辈，故提出这种大胆的见解、议论，实在难能可贵。

从这种认识出发，仲长统主张以“君子”“为政”。因为“君子用法制而至于化，小人用法制而至于乱，均是一法制也，或以之化，或以之乱，行之不同也”。④ 所以必须用君子为政治国，除烦去苛，化理天下。仲长统说：

---

① 《全后汉文》卷八十八《昌言·损益篇》。

② 《全后汉文》卷八十八《昌言·损益篇》。

③ 《全后汉文》卷八十八《昌言·损益篇》。

④ 《全后汉文》卷八十八《昌言·损益篇》。

> 夫人待君子而后化理，国待蓄积乃无忧患。君子非自农桑以求衣食者也，蓄积非横赋敛以取优饶者也。……故由其道而得之，民不以为奢，由其道而取之，民不以为劳。天灾流行，开仓库以禀贷，不亦仁乎！衣食有余，损靡丽以散施，不亦义乎！彼君子居位，为士民之长，固宜重肉累帛，朱轮四马。……夫选用必取善士，善士富者少而贫者多，禄不足以供养，安能不少营私门乎！从而罪之，是设机置阱以待天下之君子也。①

选用有道德、有才能的人治理国家。既然选用这种人为政治国，就要给他们优厚的俸禄，使他们不会犯剥削和贿赂的罪恶，而能专心致志办好政事、民务。遇到天灾，天仓放粮，救济百姓，便是仁政。吃穿有余，节省靡费，把钱财布施给穷人，是为义举。选用君子居于官职，为士民首长，应受到厚待，是理所当然。选用的官吏，必须为善士，既然选用了善士，就要给予厚待，使其能养家过活，廉洁自律，不受贿赂。否则，俸禄不够用，而接受贿赂，因此把他们治罪，这是设陷阱而坑害君子、善士。仲长统在这里提出了“奉禄诚厚”而养廉的问题，是非常有见地的观点。

仲长统在提出“损益”和“变复”的改革思想的同时，又主张以刑辅德，因时制宜，因势利导，实行德教与刑罚并用，相为表里，相互补充。他说：

> 德教者，人君之常任也，而刑罚为之佐助焉。古之圣帝明王，所以能亲百姓，训五品，和万邦，蕃黎民，召天地之嘉应，降鬼神之吉灵者，实德是为，而非刑之攸致也。②

道德教化是治理国家的根本，刑罚惩处是治理国家之辅助手段。自

① 《全后汉文》卷八十八《昌言·损益篇》。

② 《全后汉文》卷八十八。

古以来的圣明帝王之所以能亲密百姓，协调五伦，和协万邦，蕃育黎民，就是依靠教化，而不是靠刑罚惩治，这是治国的常道、常任。

然而，仅靠道德教化还不够，平常靠道德教化，当国家发生暴乱，遇到战争，以德教不能解决问题，就要采取刑罚手段解决问题，这是一时的权宜之计，这就是因“时势不同”的因时制宜。仲长统说：

> 至于革命之期运，非征伐用兵，则不能定其业。奸宄之成群，非严刑峻法，则不能破其党。时势不同，所用之数，亦宜异也。教化以礼义为宗，礼义以典籍为本，常道行于百世，权宜用于一时。①

非常时期，处理非常事件，则用非常措施，施用严刑峻法惩处奸宄乱党，这是因时势不同的权宜手段，而治国理政的常行之道则是礼义教化。

仲长统认为，德教和刑罚的运用，要做到德教明，法有常，有所依，有所据。如果“教不明”、“法无常”，则为“非治理之道”，也不能化理天下，取信于民，达不到治的目的。所以说：

> 法无常，则网罗当道路；教不明，则士民无所信。引之无所至，则难以致治；用之不可依，则无所取正；网罗当道路，则不可得而避；士民无所信，则其志不知所定，非治理之道也。②

德教要明，法治要常，不可妄加滥用。否则，使人心不常，志不定，无所信。为此，必须有法而依法，依法而法可行。要想如此，制法者，执法者，都必须持以公心，做到公平、公正，以身执法，

① 《全后汉文》卷八十八。

② 《全后汉文》卷八十八。

正已明教，身先士民，而为士民所贵。所以选择任用执政、执法官吏是十分重要的大事。仲长统说：

> 任循吏于大乱之会，必有恃仁恩之败；用酷吏于清治之世，必有杀良民之残，此其大数也。我有公心焉，则士民不敢念其私矣；我有平心焉，则士民不敢行其险矣；我有俭心焉，则士民不敢放其奢矣；此躬行之所征者也。开道涂焉，起堤防焉，舍我涂而不由，逾堤防而横行，逆我政者也。诰之而知罪，可使悔过于后矣。诰之而不知罪，明刑之所取者也。教有道，禁不义，而身以先之，令德者也。身不能先，而聪略能行之，严明者也。忠仁为上，勤以守之，其成虽迟，君子之德也。谲诈以御其下，欺其民而取其心，虽有立成之功，至德之所不贵也。①

依据不同时期，针对不同情况，选任不同官吏，作为当政者必须依法行事，施行教化，尤其是要自己端正身行，要"有公心"、"有平心"、"有俭心"，以此"躬行"勤政，严明自律，身先他人，则会上行下效，这便是以君子之德，行君子之教、之法、之政，故能成就功业。这也就是"君子用法制而至于化，小人用法制而至乱"的道理。

仲长统的治国"理乱"、"损益"、"法诫"的原则、策略，是在总结历史经验教训的基础上，针对东汉当时的实际情况而提出的。他说：

> 光武皇帝愠数世之失权，忿强臣之窃命，矫枉过直，政不任下，虽置三公，事归台阁。自此以来，三公之职，备员而已。然政有不理，犹加谴责。而权移外戚之家，宠被近习之竖，亲其党类，用其私人，内充京师，外布列郡，颠倒贤愚，贸易选举，疲驽守境，贪残牧民，骚扰百姓，忿怒四夷，招致

① 《全后汉文》卷八十八。

乖叛，乱离斯瘼。怨气并作，阴阳失和，三光亏缺，怪异数至，虫螟食稼，水旱为灾，此皆戚宦之臣所致然也。……又中世之选三公也，务于清悫谨慎，循常习故者。是妇女之检柙，乡曲之常人耳，恶足以居斯位邪？势既如彼，选又如此，而欲望三公勋立于国家，绩加于生民，不亦远乎？……至如近世，外戚宦竖请托不行，意气不满，立能陷人于不测之祸，恶可得弹正者哉！……自此以来，遂以成俗。继世之主，生而见之，习其所常，曾莫之悟。呜呼，可悲夫！……母后之党，左右之人，有此至亲之势，故其贵任万世。常然之败，无世而无之，莫之斯鉴，亦可痛矣。……如此，在位病人，举用失贤，百姓不安，争讼不息，天地多变，人物多妖，然后可以分此罪矣。①

由于东汉政权建立以后，外戚与宦官轮流专政，彼此弄权，胡作非为，为所欲为，已是习以为常，遂以成俗。继世之主，习其所常，而不觉悟。由此“常然”之俗，而招致“常然之败”则是必然的，代代如此，无世无之。如此行政，困敝百姓，举用失贤，百姓不安，冤狱林立，争讼不息，天灾人祸，妖异并至，令人痛心。凡此种种罪孽，都是汉朝当政者失德、失政所造成的。

由此可见，仲长统之论政、言政的见解是深刻的，议论是大胆的，分析是中肯的，真是挖到了东汉政权积弊的老根，读之令人感佩。

① 《全后汉文》卷八十八《昌言·法诫篇》。